Ellen Händler
Uta Mitsching-Viertel

UNERHÖRTE OSTFRAUEN

Lebensspuren in zwei Systemen

Bibliografische Information der Deutschen Nationalbibliothek

Die Deutsche Nationalbibliothek verzeichnet diese Publikation in der Deutschen Nationalbibliografie; detaillierte bibliografische Daten sind im Internet über http://dnb.d-nb.de abrufbar.

Bibliographic information published by the Deutsche Nationalbibliothek

Die Deutsche Nationalbibliothek lists this publication in the Deutsche Nationalbibliografie; detailed bibliographic data are available in the Internet at http://dnb.d-nb.de.

Coverabbildung: Evelyn Richter, Vor Wolfgang Mattheuers Bild »Die Ausgezeichnete«, 1973/74. Albertinum Dresden 1975.
Evelyn Richter Archiv der Ostdeutschen Sparkassenstiftung im Museum der bildenden Künste Leipzig (Reproduktionsfoto: Harald Richter, Hamburg). Abdruck mit freundlicher Genehmigung.

Anfragen an die Autorinnen: kontakt@unerhörte-ostfrauen.de

∞
Gedruckt auf alterungsbeständigem, säurefreien Papier
Printed on acid-free paper

ISBN-13: 978-3-8382-1230-2
© *ibidem*-Verlag, Stuttgart 2019
Alle Rechte vorbehalten

Das Werk einschließlich aller seiner Teile ist urheberrechtlich geschützt. Jede Verwertung außerhalb der engen Grenzen des Urheberrechtsgesetzes ist ohne Zustimmung des Verlages unzulässig und strafbar. Dies gilt insbesondere für Vervielfältigungen,
Übersetzungen, Mikroverfilmungen und elektronische Speicherformen sowie die Einspeicherung und Verarbeitung in elektronischen Systemen.

All rights reserved. No part of this publication may be reproduced, stored in or introduced into a retrieval system, or transmitted, in any form, or by any means (electronical, mechanical, photocopying, recording or otherwise) without the prior written permission of the publisher. Any person who does any unauthorized act in relation to this publication may be liable to criminal prosecution and civil claims for damages.

Printed in the EU

Unerhörte Ostfrauen:
„Ich wollte unbedingt genauso viel wie die Männer verdienen"

Lebensläufe von Ostfrauen, jüngeren und älteren Jahrgängen, gut ausgebildet mit breiter Berufskompetenz, selbstbewusst und authentisch.

Diese Biografien spiegeln Lebensrealität im Osten Deutschlands, sind aber zugleich ein Bündel an weiblichen Kompetenzen, Alltagsbezügen und Visionen. Diese Frauen klagen nicht, sie gestalten, meistern ihren Alltag mit all den Anforderungen und Überlastungen. Wer sich auf die Texte einlässt, gewinnt einen anderen Blick auf die Ostfrauen, auf ihre Kompetenzen und Beanspruchungen.

Wichtig sind ihnen die menschlichen Beziehungen, ihre Kinder, ihre Partner, und nicht zu vergessen die Großeltern, ohne die sie den Alltag nicht meistern könnten.

Sie verstecken wenig, sprechen über das, was sie stark gemacht hat, wie sie sich unter den Bedingungen der damaligen DDR verselbstständigt haben. Beschrieben wird ihre Emanzipation, ihr Kompetenzzuwachs, ihr Umgang mit den alltäglichen Lebensbedingungen, ihren Wünschen und Visionen. Diese Frauen ermutigen, haben mit ihren Lebensmustern Vorbildcharakter für die nachwachsende Generation. Diese Frauen haben sich eingestellt auf die Realitäten, sie für sich verändert und Stärken entwickelt. Eine beachtenswerte Sammlung, ein Buch, dem ich viele Leser wünsche.

Prof. Dr. Rita Süssmuth,
Bundestagspräsidentin a.D.

Inhalt

Zu Beginn 9

Dankbar 11

Ines | Ich wollte unbedingt genauso viel wie die Männer verdienen 13

Dörthe | Wenn es dicke kommt, setzt sich der Mann eben eher durch 20

Sonja | Hartes Brot gibt gute Zähne 26

Gerda | Auf Sonja kann man nur stolz sein 34

Marianne | Meine Kindheit war nicht so schön 36

Christine | Nach der Wende wollte keiner eine alleinerziehende
Mutter einstellen 42

Heidi | Mit den Kindern wuchsen mir immer so viele Kräfte zu 47

Edeltraut | Edeltraut mit t 53

Dagmar | In der DDR war ich mit 27 Spätgebärende 60

Heike | Mama, du hast es allein geschafft, dann schaffe ich es auch 66

Anja | Ich kam mir als Hausfrau und Mutter ausgegrenzt und
minderwertig vor 74

Annelis | Ich wurde immer in die nächste Aufgabe geschubst 81

Christa L. | Frauen hatten das größere Päckchen zu tragen 88

Christa B. | Vor allen Dingen nicht danebenstehen, sondern sich einbringen 97

Helga H. | Beide Partner müssen die Kinder gemeinsam formen und ausbilden 105

Ingrid P. | Hauptsache, du bleibst eine Frau 111

 Ehemalige DDR-Frauen erleben die westliche Berufswelt
 Abschrift einer Sendung des Sender Freies Berlin vom 7. Dezember 1985 120

Hanne | Du hast als Frau in der DDR eine Chance mehr bekommen
als ein Mann 124

Gundi | Das Wichtigste an der Wende ist mir die Förderung meiner
behinderten Tochter 131

Ingrid G. | Ich hätte gerne noch eine Tochter bekommen, aber noch einmal
daheim bleiben wollte ich auf keinen Fall 136

Ilse | **Kann ich in diesem Staat weiterhin Lehrerin bleiben?** 143

Johanna | **Ich habe als Mädchen keinen Beruf erlernen dürfen** 151

Kerstin | **Mein Geld verdiene ich selbst, weil mich das frei macht** 153

Sabine | **Ein Leben für den Frauenfußball** 159

Monika | **Mein Mann meinte: Emanzipation ja, aber die Frau muss es mit Haushalt und Kindern alleine schaffen** 162

Sieglinde | **Gleichberechtigung haben wir erst dann, wenn ich sagen kann: »Ich helfe meinem Mann im Haushalt«** 167

Elsa | **Wenn ich etwas machen will, dann tue ich es** 173

Annelie | **Ich war im Westen anders, ich ging trotz zwei Kindern arbeiten** 178

Ursula | **Alles wäre nie möglich gewesen ohne die Unterstützung meines Mannes** 186

Waltraud | **Ich wollte alles dafür tun, nicht das Leben meiner Mutter nachleben zu müssen** 193

Renate H. | **Für mich hatte immer eigenes Geld Priorität** 202

Renate K. | **Wir haben nicht alles Sozialistische mitgemacht** 209

Helga K. | **Manchmal habe ich mich abgewandt, damit sie meine Tränen nicht sahen** 214

Anne | **Oft haben sie sich lieber auf mich und meine Entscheidungen verlassen** 221

Ute | **»Die Schweine sind die gleichen, aber die Tröge ändern sich«** 227

Maya | **Heute kann ich mit Stolz sagen: Ich habe es geschafft, auch wenn ich aus dem Osten kam** 235

Christa M. | **... aber dann sollen die Männer die gleichen Steine in den Weg geschmissen kriegen wie die Frauen!** 242

Zum Schluss: Stark, selbstbewusst und verletzlich – Frauenleben in zwei Welten 251

Ostfrauen in beiden deutschen Systemen. Ein Diskurs 254

Glossar 280

Zu Beginn

Als was man sie nicht alles bezeichnet hat, **die** DDR-Frauen: als Kittelheldinnen, Rabenmütter, multitaskende Viertaktweiber oder gebärfreudige Arbeitsbienen, die sich in einem System, in dem Berufsautomatismus herrschte, kaum individuell entwickeln konnten – kollektivistische Gleichmacherei statt Gleichberechtigung. Stimmen diese landläufigen Annahmen? War das die Lebenswirklichkeit von Frauen in der DDR, werden so ihre Empfindungen über Arbeits- und Familienleben widergespiegelt?

Wir, die Autorinnen, haben selbst in der DDR gelebt. Und wir wollten wissen, wie andere Frauen ihr Leben in Ost und West beurteilen, was sie über Familie, Karriere und Gleichberechtigung zu sagen haben. Denn wir meinen, dass es dreißig Jahre nach der Wende an der Zeit ist, Mythen in Ost und West abzubauen und Illusionen zu begraben.

Es geht um die heutigen »Alten«, die 60- bis 80-Jährigen. Sie gingen zur Schule, erlernten Berufe, studierten, arbeiteten, liebten, heirateten, brachten Kinder zur Welt und lebten vierzig Jahre in einem System, das nicht die Markenklamotten, nicht das Schönheitsideal, sondern die ökonomische Unabhängigkeit der Frau durch eigene Arbeit als wichtigen Sinn des Lebens propagierte. Darüber kann man streiten, es aber auch als einen Modernisierungsvorsprung aus vierzig Jahren DDR anerkennen.

37 Frauen erzählen uns ihre Lebensgeschichten, ziehen ihr Fazit aus beiden Systemen, gesellschaftlich und privat. Ihre Geschichten sind so wertvoll, weil diese Generation zwei deutsche Staaten erfahren hat, weil sie vergleichen und bewerten kann. Sie sind Zeitzeugen und erzählen, wie sie die BRD-isierung des Ostens, die Ausgrenzung oder Integration unter Wert hautnah miterlebten. Diese Empfindungen mitzuteilen ist ihnen wichtig, weil die Jüngeren, auch ihre Kinder, eine andere Perspektive auf gesellschaftliche Entwicklungen haben und zu anderen Bewertungen kommen.

Unsere Interviews sind nicht repräsentativ. Die Frauen kommen aus 17 unterschiedlichen Berufszweigen – von der Köchin bis zur Politikerin, von der Eisenbahnerin bis zur Wissenschaftlerin. Uns war es wichtig, dass möglichst alle mindestens zwanzig Jahre im Osten und zwanzig Jahre im Westen gearbeitet haben. Und wir wollten sie zu Wort kommen lassen, ohne Vorgaben und Fragenkatalog, denn alle hatten etwas zu sagen. Es sind narrative Interviews, biografische Momentaufnahmen, authentisch und einmalig, Stimmen, die bewahrt werden sollten. Die Sicht auf die Geschichte der Interviewten ist nicht rückwärtsgewandt. Es geht nicht um Ostalgie oder die Beschönigung des ewig Gestrigen. Es geht um eine differenzierte Betrachtung ostdeutscher Frauenwirklichkeit. Es muss einfach zu den Akten gelegt werden, dass Frauen bis heute dem Druck von allein westdeutschen Familienmodellen ausgesetzt sind, die ihre Berufung in Heim und Herd oder als Zuverdienerin durch geringfügige Teilzeitarbeit propagieren. 37 berufstätige Ostdeutsche beweisen, dass es anders geht.

Unsere Frauen sprechen über schöne und weniger schöne Kindheitserinnerungen, über Wünsche und Träume mehrerer DDR-Generationen. Sie bekennen sich dazu, als Mütter oft mit einem schlechten Gewissen gekämpft zu haben, weil ihnen lange Arbeitszeiten weniger Zeit mit ihren Kindern ließen. Gleichzeitig berichten sie, Gleichberechtigung im Beruf als Errungenschaft empfunden und dennoch unter der Ignoranz einiger Männer gelitten zu haben. Gemeinsam ist ihnen die Auffassung, dass sie in die Lebenswelt der Bundesrepublik viel eingebracht haben, dass sie gerade bei Gleichberechtigung und Vereinbarkeit von Beruf und Familie einen Erfahrungsvorsprung besitzen, den sie sich nicht nehmen lassen.

Die Frauen für unsere qualitative Befragung haben wir nach dem Schneeballprinzip gefunden und uns dabei an der neuen Sozialforschung orientiert. Nach dieser Methode sollen die Befragten von innen heraus berichten, um ganz unterschiedliche, subjektive Perspektiven und soziale Hintergründe beleuchten zu können. Diese Herangehensweise setzte eine Offenheit, eine Vertrautheit in der Kommunikation zwischen uns und den erzählenden Frauen voraus. Denn erst der persönliche Zugang ermöglichte es, die Haltungen innerhalb der Lebenswelten in der hier vorliegenden Variationsbreite zu erfassen und mit diesem Buch vorzustellen. Die Interviews zeichnen sich gerade wegen der Spontanerzählungen durch eine tiefe Erinnerungsarbeit aus, sind damit sehr emotional und ergreifend und haben die Frauen in ihrer jetzigen Realität betroffen. Sie sind in einem Prozess von Interaktion und Kommunikation entstanden. Wir gehen davon aus, dass die Frauen das Fazit, das sie aus ihrem Leben ziehen, diese gelebten DDR-Erfahrungen, die entstandenen Lebensansprüche ein bis heute schwelender Konflikt sind, der die innerdeutsche Einheit belastet. Mit der Zurücknahme der Bedürfnisse der Frauen ist deshalb sicher nicht zu rechnen, im Gegenteil: 30 Jahre nach dem Mauerfall ist die Entwicklung in Deutschland weitergegangen und Gleichstellung hat heute einen Anspruch für das 21. Jahrhundert. Das Zeitalter der Digitalisierung erfordert neue weitergehende Lebenskonzepte für Männer und Frauen. Die Ostfrauen sollten dabei nicht erneut vernachlässigt werden.

Dankbar

sind wir vielen Unterstützern, Motivatoren, Diskussionspartnern, vor allem den ostdeutschen Frauen, die sich uns mit ihren Lebenserinnerungen vertrauensvoll öffneten und so die vorliegenden Erzählungen ermöglichten.

Unterstützung waren uns auch österreichische Gleichbehandlungsbeauftragte, die mit Spannung und vielen Fragen zu der ihnen weitgehend unbekannten Welt der DDR die Entwicklung des Projektes begleiteten.

Ganz besonders danken wir Frau a.o. Universitäts-Professorin Dr. Marija Wakounig vom Institut für Osteuropäische Geschichte an der Universität Wien. Sie machte Uta bereits im Jahr 2013 darauf aufmerksam, dass »die wunderbaren ostdeutschen selbstbewussten Frauen mit ihren Erfahrungen aus 40 Jahren DDR so wenig gehört werden, und dass dies unbedingt erfolgen muss, bevor es zu spät ist«.

2016 überzeugte Uta Ellen, an diesem Projekt mitzuwirken. Ellen legte neben den Interviews ihren Schwerpunkt auf die theoretische Betrachtung des Anspruchs und der tatsächlichen Umsetzung der Frauenpolitik der DDR. Dabei konsultierte sie insbesondere Prof. Dr. Herta Kuhrig, die Nestorin der Frauenforschung der DDR. Wir sind Herta sehr dankbar, dass sie sich dabei nicht scheute, die vielen Schwierigkeiten, Auseinandersetzungen, politischen Vorgaben, eigenen Haltungen und Fehler damaliger DDR-Politik zu benennen; und das trotz ihres hohen Alters und gesundheitlicher Einschränkungen.

Insgesamt 42 Frauen erzählten über sich, ihre berufliche Entwicklung, ihre Familien und teilten uns persönliche Meinungen zur Gleichstellung in Ost und West mit. Beachtenswert fanden wir, dass fünf Frauen, die in der DDR in hohen Führungsfunktionen tätig waren, über ihr Leben offen mit uns sprachen.

Traurig dagegen stimmte uns, dass fünf Frauen aus unterschiedlichen Gründen einer Veröffentlichung ihres Interviews letztlich nicht zustimmten.

Allen Frauen sind wir dankbar.

Gefreut haben wir uns sehr, dass Frau Prof. Dr. Rita Süssmuth, die sich in vielen führenden Positionen in der Bundesrepublik für die Gleichberechtigung der Frauen eingesetzt hat, und Frau Prof. Dr. Meier-Gräwe, die an der Universität Gießen dazu lehrte, unser Projekt so positiv bewerteten.

Das gilt auch für Valerie Lange – unsere junge Lektorin. Sie hatte es nicht immer leicht mit uns, denn sie könnte unsere Enkelin sein. Doch ihre konsequente, freundliche Art der Zusammenarbeit war so überzeugend, dass wir uns für den *ibidem*-Verlag entschieden.

Interessant fanden wir die Karikaturen von Beate Kern, einer jungen Künstlerin, mit ihrem heutigen Blick auf das Projekt »Unerhörte Ostfrauen«.

Dank gilt zudem Evelyn Richter. Die ostdeutsche Fotografin gab uns die Lizenz, das Foto »Vor Wolfgang Mattheuers ›Die Ausgezeichnete‹ im Dresdner Albertinum (1975)« als Umschlagsbild zu nutzen. Dieses Bild löste bereits während der Kunstausstellung der DDR 1974 kontroverse Diskussionen aus.

Letztlich wäre das Projekt nicht realisiert worden, hätten uns unsere Kinder und Freunde nicht in stundenlangen Diskussionen zugehört, wäre mit Ihnen nicht in vielen Streitgesprächen am Projekt gefeilt worden. Danke.

Ellen Händler und Uta Mitsching-Viertel
Berlin, November 2018

Ich wollte unbedingt genauso viel wie die Männer verdienen

Ines, Jahrgang 1960

Ost: Schneiderin, Büglerin

West: Straßenbahnfahrerin, Frauenvertreterin bei der BVG*, Abgeordnete der Linksfraktion im Abgeordnetenhaus

Eigentlich wollte ich nach der zehnten Klasse Technische Zeichnerin werden. Meine Mutti wollte das nicht und schlug mir dagegen vor, wie sie Schneiderin zu werden. So wurde es. Geboren wurde ich in Berlin-Friedrichshain, nah am Fischmarkt, und lebte dort mit Bruder und Mutter. Die Schulzeit habe ich in guter Erinnerung, ich war immer der Pausenclown. Besonderen Spaß gemacht hat mir der Russischunterricht. Russisch lernen und die russische Literatur waren schon immer meine absolute Nummer eins. Nach der Schule begann ich meine Ausbildung bei VEB* Treffmodelle, in der schweren Damenoberbekleidung. Schwer bedeutete Kostüme und Mäntel im Unterschied zur leichten Bekleidung, den Kleidern und Blusen. Nach der Lehre arbeitete ich dreieinhalb Jahre dort in der Schneiderei. Wir waren alles Frauen.

In der Abteilung Bügelei über uns arbeiteten nur Männer und die verdienten dreihundert Mark mehr als wir Frauen. Das wollte ich auch. Also nutzte ich die Gelegenheit als der Meister im Urlaub war und fing da oben an. Das war eine riesengroße Bügelei mit zehn Dampfpressen, Riesenpuppen und fünf Tischen mit jeweils neun Kilo Bügeleisen zur Futterbügelei. Die Männer wollten keine Frauen bei sich aufnehmen und haben es mir nicht leicht gemacht. Ich dagegen wollte immer mit dazu gehören. Das, was sie mit mir getrieben haben, war teilweise schon mehr als verletzender Schabernack. Sie meinten: »In kurzer Zeit bist du sowieso wieder verschwunden.« Also haben sie mir böse Streiche in den Pausen gespielt, die Elektroeisen, wie gesagt neun Kilo schwer, mit Senf beschmiert, zum Feierabend meine Schuhe an den Heizungsrohren hochgebunden, sie gefüllt mit Knöpfen, und als ich sie herunterholte, stand ich da wie Goldmarie. Und zu allem musste ich lächeln. Ich wollte unbedingt dazugehören und bin zehn Jahre geblieben. Ich wollte die Anerkennung der Männer, habe alle Sprüche über mich ergehen lassen und alles mitgemacht. Die anderen Frauen haben am Band genäht für 600-700 Mark. Die Männer im Zuschnitt und in der Bügelei haben 1.000 Mark bekommen. Dafür hat sich das gelohnt. Es hat mir schon gefallen und ich war noch unverheiratet.

In der Bügelei zu arbeiten war natürlich am Anfang schwer. Zum Schluss haben fünf oder sechs Frauen dort gebügelt. Da war ich eine Art Vorreiterin, aber es hat Spaß gemacht. Ich konnte selber mitbestimmen und finde es nach wie vor richtig, dass ich gekämpft habe. Und da ich an den Wochenenden die kleinen Zusatzverdienste hatte, ging es mir gut. Ich habe diese Freiheit genossen.

1989, als ich bereits verheiratet war und wir unseren Sohn hatten, gehörten wir mit zu denjenigen, die ausreisen wollten. Wir hatten miterlebt, wie auf der Prenzlauer Allee der letzte 7. Oktober gefeiert wurde, wie Leute in die Hausflure geschubst und dort verprügelt wurden. Das wollten wir nicht mehr mitmachen. Mir selbst ging es nicht schlecht. Ich habe in der Woche gearbeitet, am Wochenende Kleider genäht und sie am Ostbahnhof verkauft. Wir versuchten noch vergeblich, mit unserem Trabbi abzuhauen. Aber als wir kurz vor der tschechischen Grenze ankamen, wurde sie geschlossen. Das war, als Genscher in Prag in der Botschaft erklärt hatte: »Ihr dürft ausreisen.« Also haben wir eine Reise nach Rumänien gebucht, sind dorthin geflogen, dann zurück mit dem Zug nach Budapest, von Budapest mit dem Bus über Österreich nach Westdeutschland. Das war, schätze ich, zehn Tage vor der offiziellen Grenzöffnung. Wir landeten in Bamberg. Im Aufnahmelager brauchten wir gar nicht erst auszupacken. Abends kamen Leute und suchten bestimmte Fachleute. Die anderen schliefen in Kasernen, alles belegt mit Ostdeutschen.

Uns nahm eine Familie mit einer großen Heizungsfirma auf, Familie K. Mein Mann war Heizungsbauer. Bei mir als Frau war es mit Arbeit natürlich nicht gleich möglich. Also habe ich als Putzfrau angefangen und abends in einer Hausfrauenrunde Rohrschellen montiert. Das ging von 20:00 Uhr bis 22:00 Uhr. Wir bekamen keinen Stücklohn, sondern Stundenlohn. Einige Frauen versuchten besser als andere zu sein, denn sie hofften für die nächste Woche wieder auf neue Arbeit. Schließlich fing ich in einer Strickbude an, in der Stricksachen zugeschnitten, genäht und gebügelt wurden. Ich arbeitete wieder bei den Büglern. Da wurde ich das erste Mal mit dem blanken Kapitalismus konfrontiert. Die Frau neben mir am Tisch hatte die Lohnsteuerklasse 3 mit drei Kindern alleinstehend und ich hatte die Lohnsteuerklasse 4. Solche unterschiedlichen Löhne habe ich ja vorher aus dem Osten nicht gekannt. 500 Mark Unterschied, obwohl wir die gleichen Stückzahlen bearbeiteten. Ich war total fix und fertig.

Der Kindergarten war in Bayern ein Riesenproblem. Morgens brachte ich das Kind zu einer Tagesmutter, die es um 08:00 Uhr in den kirchlichen Kindergarten brachte, mittags um 12:00 Uhr abholte und von 15:00 bis 17:00 Uhr wieder hinbrachte. Ich war ja ganz anderes aus den staatlichen Kindergärten in Berlin gewöhnt. Das ging auf Dauer für uns und den Jungen nicht gut. Irgendwann holte ich mir einen Termin bei meinem Chef, nachdem ich erfahren hatte, dass meine Firma sich mit 70 Prozent finanziell an dem Kindergarten beteiligte. Die anderen Frauen schlugen die Hände über den Kopf zusammen. Man macht doch als Frau keinen eigenen Termin beim Chef, meinten sie. Wir haben uns dann zusammengesetzt. Er hatte gesehen, dass ich arbeiten kann, dass ich mein selbst verdientes Geld benötige und diesen Kindergartenplatz über die Mittagszeit brauchte. Im

Ergebnis hat der Chef dafür gesorgt, dass unser Sohn über Mittag im Kindergarten bleiben durfte. Er konnte dort sogar schlafen.

Das und anderes führte zu Auseinandersetzungen. Einmal stritt ich mit meiner Vorarbeiterin darüber, wer welche Sachen zugewiesen bekam. Ich habe sie gebeten, mir auch mal die besseren Sachen zu geben. Sie sagte: »Nein, Ines, du bist ja noch nicht lange dabei.« Also nahm ich mir diese Sachen einfach so. Ein riesiger Aufschrei! Alle gaben mir zu verstehen: Du kommst aus dem Osten, und du willst uns erklären, wie man arbeitet und uns die besseren Sachen wegnehmen? Eine der Frauen wollte mich regelrecht verhauen, so wütend war sie.

Wie wurde ich in Bamberg aufgenommen? Ein paar Sachen bekamen wir geschenkt, das war hilfreich. Ansonsten mussten wir uns alles hart erarbeiten. Ich hörte im Supermarkt zwei Frauen schimpfen, dass die Ossis hier die besten Wohnungen bekämen, wir uns hier im Westen alles schenken ließen, das ganze Geld mitnehmen, dann wieder zurückgehen würden, dass wir sowieso nicht arbeiten könnten. Das hat echt wehgetan, das war total verletzend. Es stimmt, wir haben eine Couchgarnitur geschenkt bekommen und für einen Kredit haben wir uns einen alten Passat kaufen können. Aber wie weit kommt man mit 1.000 DM Begrüßungsgeld? Ich war wütend, denn ich hatte mich sofort selbst um Arbeit bemüht, bin abends noch putzen gegangen. Ja, geputzt habe ich, weil ich diese tollen Weihnachtskugeln kaufen wollte. Die waren richtig teuer. Die Putzerei war schwer, die ganze Werkstatt wischen, dazu Klo und Büro.

Ich habe die Familie, die uns damals aufgenommen hat, jedes Jahr weiter zu Ostern besucht. Erst vor vier Jahren habe ich aufgehört, nach Bamberg zu fahren. Nun hat die Tochter das Unternehmen vom Vater übernommen. Sie hat meine ganze Karriere mit verfolgt, gesehen, wie ich in die Politik eingestiegen bin. Sie selbst ist eine der wenigen sehr selbstständigen Frauen, die ich in Bamberg kennengelernt habe. Sie hat studiert. Und obwohl sie verheiratet ist und zwei Kinder hat, gehört ihr der Laden und sie managt ihn allein. Inzwischen haben sie einen Bürgerverein gegründet, in dem sich alle Hausfrauen zusammentun und sich jeden Tag eine andere um alle Kinder kümmert. Die sind inzwischen fortschrittlicher als die Kirche. Frau K. hat mich am Sonntag manchmal in die Kirche mitgenommen. Da saß ich oben auf der Empore und die von unten ließen mich ihre Sorge spüren, dass ich ihnen etwas wegnehmen könnte.

Bevor ich nach Bamberg kam, kannte ich ja das Leben im Westen nur aus dem Fernsehen. Die Rolle der Frauen ändert sich nach meiner Beobachtung im Verlauf ihres Lebens ganz grundlegend. Ich kann zwar nur von Bamberg sprechen, aber das ist mir aufgefallen. Die Frauen fangen frühzeitig an zu arbeiten und das, bis sie 30 Jahre alt sind. Dann haben sie genug für den Hauskredit gespart, Vati kann das Haus bauen und sie bekommen die Kinder. Das Kinderkriegen war im Prinzip in der DDR zwischen 20 und 25 Jahren erledigt. Mit 30 waren die DDR-Frauen bereits wieder fleißig im Beruf aktiv. Bei den Westfrauen beginnt alles erst ab 30 Jahren. Ab dann bleiben sie zu Hause, kümmern sich um die Kinder, fahren sie überall hin, und es fehlt ihnen an Geld. Zumindest an eigenem Geld. So nehmen sie Hausfrauenjobs an. Die sind aus meiner Sicht pure Ausbeutung, mehr als alle anderen. Und wenn man keinen Stücklohn, sondern nur Stundenlohn erhält und mit der Nachbarin im Akkord arbeitet, bloß um beim nächsten Anruf wieder einen Job zu bekommen, ist das schlimm. Und du siehst die Ungerechtigkeit in der Bezahlung. Was ist das für ein Leben, die Frau muss darauf warten, was der Mann jeden Monat nach Hause bringt. Und sie muss es einteilen und weiß doch, dass es vorne und hinten nicht reicht. Die Frauen sind dadurch völlig unselbstständig. Ja, und wenn die Kinder aus dem Haus sind, suchen die Frauen Jobs, finden sie aber nicht mehr in ihrem Beruf und bleiben abhängig vom Mann.

In der Zeit in Bamberg habe ich in der Zeitung gelesen, dass eine Kindergärtnerin nach einer Scheidung nach 25 Jahren aus dem kirchlichen Kindergarten entlassen worden sei, »weil so eine Person die Kinder nicht mehr erziehen könne«. Am nächsten Tag habe ich mit meinen Kollegen darüber gesprochen und gesagt: »Das kann doch nicht euer Ernst sein.« Die waren alle über meine Reaktion total erstaunt. Da sagte ich: »Die Kirche ist ja schlimmer als die Partei zu DDR-Zeiten.« Damals keimte erstmals der Gedanke auf, wieder nach Hause, in unser Berlin, zurück zu gehen. Das hing auch mit der Einschulung unseres Sohnes zusammen. Wir sollten entscheiden, ob er evangelisch oder katholisch eingeschult werden sollte. Da habe ich Nein gesagt, er solle später selbst entscheiden, ob er in die Kirche eintreten wolle. Die Antwort: »Dann kann er nicht eingeschult werden.« Es kamen ganz viele Faktoren zusammen, ehe wir unsere Sachen packten und wieder nach Berlin kamen. Zu Hause habe ich wie ein Schlosshund geheult.

Zunächst arbeitete ich in Westberlin als Büglerin. Aber irgendwann wollte ich das nicht mehr, ich wollte etwas mit Menschen machen. Und ich suchte etwas, bei dem ich sicher sein konnte, dass ich genauso viel wie Männer verdienen kann. Da kam ich auf die Idee, Straßenbahnfahrerin zu werden. 1993 begann ich, Straßenbahn zu fahren. U-Bahn fahren war nichts für mich, dass ist zu depressiv im Dunkeln, und Busfahren war mir zu heikel wegen der vielen engen Baustellen. 1994 kam der Personalrat auf mich zu und fragte, ob ich Lust hätte, Frauenvertreterin zu werden. Sie meinten: »Du gehst jetzt nach Hause und besprichst das mit deiner Familie und entscheidest dich nach der Adenauer-Methode: das Für und Wider aufschreiben.« Die Frauenvertreterin hat gewonnen, und das war ich 20 Jahre lang. Ich wurde eine von acht Gesamtfrauenvertreterinnen in Berlin.

In der Zeit habe ich viele Projekte, zum Beispiel zur Werbung für Ausbildungsplätze für Mädchen an Schulen, angeschoben, eng mit der Agentur für Arbeit zusammengearbeitet, den dritten Frauenförderplan für jeweils sechs Jahre neu verhandelt und habe damit viel für die Personalentwicklung von Frauen im Unternehmen tun können.

Nach 20 Jahren rief DIE LINKE bei mir an und fragte: »Ines hast du nicht Bock, bei uns frauenpolitische Sprecherin zu werden?« Ich sollte einen Wahlkreis übernehmen, dort Wahlwerbung machen. Ich fand das verwirrend, spannend und habe zugesagt. Meinen Wahlkreis als Direktkandidatin habe ich leider bei der letzten Wahl noch nicht geschafft. Der ging an die AfD. Das wird sich bis zur nächsten Wahl ändern. Über einen Listenplatz bin ich nun frauenpolitische Sprecherin im Abgeordnetenhaus von Berlin. Das ist auf dem Papier ein Halbtagsjob. Im wahren Leben ist das eine Wahnsinnsarbeit, was ich da auf meinen Buckel geladen habe. Mit der anderen Hälfte arbeite ich noch in der BVG*, dazu im Aufsichtsrat als Arbeitnehmervertreterin und bei Verdi* in ganz vielen Gremien. Da muss ich noch einiges abbauen.

Inzwischen bin ich eine total zufriedene Frau. Von meinem Mann habe ich mich 1994 getrennt. Nach einer Reihe von unterschiedlichen Partnerschaften mit älteren und jüngeren Männern habe ich meine Partnerin kennengelernt. Wir werden jetzt in diesem Jahr im Oktober heiraten. Dann sind wir neun Jahre zusammen. Ansonsten bin ich glücklich ohne Ende und wachse jetzt tagtäglich an meinen neuen Herausforderungen. Ich lerne die unterschiedlichsten Berliner Frauenprojekte kennen. Wenn ich vorher schon gedacht habe, 14.000 Beschäftigte bei der BVG*, das ist groß – nein, das ist lächerlich, wenn du siehst, was in Berlin passiert. Das macht so viel Spaß, das hätte ich echt nicht gedacht. Und natürlich will ich in meinem Wahlkreis weiterarbeiten, ich will ihn in fünf Jahren für DIE LINKE zurückbekommen, ihn der AfD abnehmen. Dazu muss ich noch einmal ganz viel lernen über die Probleme der kleinen Frau, des kleinen Mannes, muss gucken, wie ich das alles packe, aber es macht Spaß ohne Ende.

Wenn ich auf die DDR zurückblicke, muss ich zuerst daran denken, wie viel ich vor meiner Hochzeit verreist bin. Das Reisen war meine Sache. Ich war überall, wo man zu Ostzeiten hinkonnte, Moskau, Leningrad, Taschkent, Prag, Budapest, das Paris des Ostens. Dabei habe ich mich wohlgefühlt. Und dann wollten sie mich doch zum Ingenieurstudium für Bekleidung schicken, forderten vom Betrieb meine Unterlagen an. Ich hatte aber kein Parteibuch und es war nicht so einfach mit mir, mit meiner großen Fresse. Hat irgendwie nicht geklappt. Gestört hat mich, wie sie manchmal mit den Menschen umgegangen sind, die immer unzufriedener mit dem System wurden. Da reagiere ich schon unwirsch, wenn man erlebt, wie sie einigen mitgespielt haben. Viele störte, dass sie nicht reisen konnten, dass alles ein bisschen bieder war, dass es keine große Auswahl an Farbfernsehern und Couchgarnituren gab. Aber dafür war die Miete niedrig, dafür war Brot, Milch billig und Strom und Wasser preiswert und es gab ein kostenloses Gesundheitswesen. Wie es wirklich im Westen war, wusste ich ja nicht. Ich kannte doch nur die Werbung im Fernsehen, in der alles schön war. Mit meiner schulischen Bildung wusste ich es nicht besser. In der Zwischenzeit habe ich viel dazu gelernt, habe das Fachabitur abgelegt, wurde sogar Projektmanagerin. Wenn ich das zur Wende schon gehabt hätte, möchte ich wetten, dass ich viel weiter wäre als ich jetzt bin.

Wenn ich an meine schwere Damenoberbekleidung denke, 97 Prozent dessen, was wir produziert haben, ging in das NSW*. Wir haben für Otto, für Quelle produziert, die ganzen Kataloge waren voll von billig in der DDR gearbeiteten Klamotten. Und der Rest, die 3 Prozent, war für uns. Der war wiederum nicht so billig und die Leute mussten dafür Schlange stehen. Von diesen Widersprüchlichkeiten – und das macht mich besonders wütend – haben die Oben nichts mitbekommen, die Leute mussten erst auf die Straße gehen. Die DDR-Bürger waren aber wegen des Mangels sehr erfinderisch, wir konnten alles selbst bauen, wir konnten den Schnaps selber brennen, wussten, wen man anrufen musste, um Rosenthaler Kadarka* oder Ersatzteile für den Trabbi zu kriegen. Und Sonnabend, wenn die Männer unten am Trabbi bauten, die Frauen alle Wäsche aufhängten und tratschten, saß man abends beim Schnaps zusammen. Da gab es nicht so viele Hunde, dafür viele Kinder. Die konntest du in der Wohnung alleine lassen, hast im Haus Bescheid gesagt, die Nachbar-Omi hatte den Schlüssel. Das war alles möglich. Es gab einen Zusammenhalt, die Tür draußen war nicht abgeschlossen und du warst doch ein Stück weit willkommen. Die Kriminalität war damals in diesem kleinen Land nicht so schlimm. Das Haus war nicht so bunt und so schön, aber die Menschen waren glücklicher, sind anders miteinander umgegangen.

Wenn ich gefragt werde, warum ich eigentlich gegangen bin, sage ich: »Weil ich reisen wollte.« Es wurde alles zu eng, du wolltest nicht mehr nach Raufaser und Rosenthaler Kadarka* anstehen. Du wolltest nach Österreich in die Berge oder nach Frankreich oder nur nach Westberlin fahren. Vielleicht wollte man da ja nicht bleiben, vielleicht wären wir zurückgekommen. Ab dem 7. Oktober sind viele aufgewacht, um mit für die Freiheit zu kämpfen, haben gerufen: »Wir sind das Volk.« Es entstand eine Umbruchstimmung. Und alles ging ohne jede Art von Waffengewalt ab, einfach nur: »Macht die Grenzen auf!« Bestimmt sind damals viele nur in den Westen gegangen, um zu sehen, wie die Freiheit aussieht. Später sah die Freiheit für andere eher schlecht aus, weil sie keine Arbeit fanden und Männer oft von den arbeitenden Frauen abhängig wurden.

Und zu dieser Zeit ist meine Ehe gescheitert. Ich war 1994 in der BVG*, als ich endlich den Schritt zum Gericht gegangen bin. Die Beziehung ist innerlich zerbröselt. Erst habe ich gedacht: »Er ist doch der Vater deines Kindes«, und dann wieder: »Nein, du bist du, und du bist nicht für ihn verantwortlich.« Und es war richtig. Ja, mein Mann wurde handgreiflich, als ich von der Scheidung sprach. Jetzt erinnere ich mich erstmalig wieder daran. Als ich so richtig verprügelt wurde, stand mein Entschluss ganz fest: »Diese Trennung wird vollzogen.« Ich glaube, ich brauchte die Erfahrung, dreimal verprügelt zu werden, ehe ich endgültig Schluss gesagt habe.

Mein Selbstbewusstsein war schon immer ganz schön stark. Ich habe mich nie unterdrücken lassen. Das war auch damals in der Bügelei so. Aus heutiger Sicht ist das vielleicht Mobbing, damals war es zwar nicht immer lustig, wenn die Jungs sich einen Streich einfallen ließen. Aber ich habe mich nicht diskriminiert gefühlt, ich konnte selbstbestimmt über mich und mein Leben entscheiden.

Wenn es dicke kommt, setzt sich der Mann eben eher durch

Dörthe, Jahrgang 1944

Ost: Verkäuferin, Buchhalterin, Finanzwirtin, Betriebswirtin   West: Sachbearbeiterin

Im Juli 1945 ist mein Vater aus unserem Haus in Berlin abgeholt worden und nicht wieder gekommen. Wir wissen heute, dass er bereits im November 1945 in einem Internierungslager in Sachsen verstorben ist, aber mehr hat meine Mutter nie erfahren. Er war Kriminalbeamter. Ob er in der Partei war, wissen wir nicht genau, aber meine Mutter sagt Nein. Das alles haben wir erst vor einigen Jahren erfahren. In Halbe befindet sich eine Kriegsgräberstätte und eine Gedenktafel. Dort ist er beerdigt. Als ich dort war, empfand ich es als sehr ergreifend. Als ich die Grabplatte betrachtete, dachte ich: »Ihn hat es ja doch gegeben.«

Eigentlich bin ich Berlinerin. Geboren bin ich jedoch in Freiburg im Breisgau, weil meine Eltern durch den Krieg im Schwarzwald wohnten. Als ich ein Jahr alt war, zogen wir nach Berlin, und hier lebe ich bis heute. Meine Mutter hat uns drei allein großgezogen. Zwei große Jungs und mich. Zwischen den beiden Großen gab es noch einen Bruder, der gestorben ist. Meine Mutter hat immer auf ihren Mann gewartet und ihn erst für tot erklären lassen, als sie Rentnerin wurde. Darauf habe ich gedrungen. Sie hat immer gehofft. Deshalb hat sie um alles kämpfen müssen, zum Beispiel um eine Halbwaisenrente für uns, da mein Vater offiziell nicht tot war. Vielleicht ging man davon aus, dass er irgendwo mit einer anderen Frau lebt.

Meine Mutter war von Beruf Handelskauffrau. Aber sie hat sich nach dem Krieg eine Tätigkeit suchen müssen, mit der sie Geld verdient und die sich mit der Betreuung von uns Kindern vereinbaren ließ. Sie arbeitete zunächst bei einer Zahnärztin als Reinigungskraft, dann als Helferin und später machte sie in der Abendschule ihren Abschluss zur Stomatologieschwester*.

Wir sind nicht in den Kindergarten gegangen. Meine Mutter kannte eine alte Dame, die mit ihrem Ehemann nach dem Krieg keine Bleibe hatte. Sie nahm das Ehepaar bei uns im Haus in einem Zimmer auf. 1948 starb der Mann, die Frau ist bei uns geblieben und wurde sozusagen unsere zweite Mutter und hat uns betreut. Das eine war die Mutti, das andere die Mutter.

Es war eine schöne Zeit, wir hatten nichts, aber das Haus mit dem Garten gehörte uns, wir waren viele Kinder, spielten draußen. In dem großen Garten pflanzten wir Kartoffeln und Gemüse an und die alte Dame trug durch ihre Rente ein bisschen zur Haushaltskasse bei. Mein Großvater lebte in Angermünde und besaß eine Autowerkstatt. Er hat uns unterstützt, er reparierte zum Beispiel das Dach, weil es durchregnete.

Die Sorgen unserer Mutter in der schweren Nachkriegszeit haben wir mitbekommen, obwohl sie versuchte, sie uns gegenüber zu verheimlichen. Es ging ihr sicher vieles durch den Kopf, vor allem die finanzielle Situation. Ich schlief mit ihr zusammen im Ehebett und merkte, dass sie wenig schlief.

1950 bin ich in die Grundschule gekommen und ohne Unterbrechung bis zur achten Klasse dorthin gegangen. Nach der achten Klasse begann ich eine Lehre als Textilfachverkäuferin. Ich wusste einfach nicht, was ich werden wollte, Friseuse oder Technische Zeichnerin. Technische Zeichnerin habe ich verpasst, weil ich mich an der falschen Stelle angemeldet hatte. Ich bin im Nachhinein nicht traurig, dass ich diesen Beruf nicht erlernt habe, denn es wäre nicht meine Welt gewesen. Verkäuferin hat mir Spaß gemacht. Nach drei Jahren Lehre arbeitete ich schon in einem großen Warenhaus.

Meinen Mann habe ich 1963 kennengelernt und 1966 geheiratet. Er ist Diplomwirtschaftler, studierte an der Humboldt-Uni und arbeitete beim Magistrat in Berlin bis zur Wende. Danach war er beim Senat.

Mein Mann hat ein leidenschaftliches Hobby, er segelt, schon sein ganzes Leben. Als wir uns kennenlernten, hat mir das Hobby gefallen und es wurde ein gemeinsames. Mit meiner Arbeit als Verkäuferin im Warenhaus war das aber schwer zu vereinbaren, weil sonnabends gearbeitet wurde. Insbesondere im Sommer war das ein Hindernis. Später verlängerten sich auch noch die Verkaufszeiten, schon damals bis 18:00 Uhr. Das war nicht mehr schön und ich hörte im Warenhaus auf und verließ den Handel ganz.

Ich habe kein anderes Hobby als das Segeln. Wir beide sind im Segelverein, das macht viel Arbeit, auch ehrenamtlich. Wir machen im Verein alles selbst. Es ist ein Arbeitersegelsportverein, in den mein Schwiegervater schon 1928 eintrat. Alle Traditionen haben wir aufrechterhalten, von DDR-Zeiten bis heute.

Als ich den Handel verließ, ging ich an die Humboldt-Uni als Buchhalterin. Damit begann sozusagen der »finanzielle und rechnerische Teil« meines Arbeitslebens. Das habe ich vier Jahre gemacht, dann wechselte ich erneut, da ich mit einem Fernstudium begonnen hatte. Ich studierte vier Jahre Finanzwirtschaft an der Fachschule Gotha und schloss sie als Finanzwirt ab. Während der Studienzeit habe ich nochmal die Anstellung gewechselt und bin vom Staatshaushalt in die Wirtschaft gegangen. Ich habe beim VEB* Schiffselektronik Rostock, mit Standort Berlin, gearbeitet, und war dort als Betriebswirt im Forschungsbereich tätig.

Ich wollte das Studium machen, bemühte mich selbst darum, denn ich hatte für diese Berufsrichtung keine Ausbildung. Eigentlich wollte ich nur den Facharbeiter machen, aber mein Chef sagte: »Machen Sie mal gleich ein richtiges Studium, denn das Zeug dazu haben Sie.« Das Programm war ein Fernstudium als Frauensonderstudium*, das sich dadurch auszeichnete, dass man einen Tag Konsultation an der Schule vor Ort hatte und einen Studientag. Wir waren also zwei

Tage von der Arbeit freigestellt. Das war eine schöne Sache. Man musste seine Arbeit natürlich trotzdem schaffen. Manchmal habe ich deshalb sonnabends gearbeitet. Wenn man das eine will, muss man eben das andere auch machen. Gleichzeitig musste ich den Abschluss der zehnten Klasse nachholen. Das ging in einem Vorbereitungslehrgang über ein Jahr, der ebenfalls über ein Frauensonderstudium lief. Der Betrieb bot das an, kümmerte sich um alles und es war kostenlos.

Mein Kind, eine Tochter, ist 1973 geboren. Wir als Eltern haben sie 1977 erhalten. Der Versuch, eigene Kinder zu bekommen, war erfolglos, obwohl wir uns letztlich sogar mit einer Hormonbehandlung bemühten. Wir entschieden, ein Kind zu adoptieren. Der Antrag lief und es wurde geprüft, ob wir geeignet, die Familienverhältnisse in Ordnung sind, und und und. Es gab aber noch kein Angebot. Die Frau meines Chefs hatte eines Tages ein kleines Mädchen an der Hand und sagte: »Mein Bruder ist an Lungenkrebs gestorben, seine Ehe war geschieden, und die Kleine ist ihm als Vater zugesprochen worden.« Das Mädchen war drei Jahre alt und immer bei der Oma oder bei anderen ihrer Kinder, die bereits Kinder hatten. Die Frau meines Chefs hatte zwei eigene, sodass die Situation für das Kind kompliziert war. Und der Mann wollte das alles nicht. Da habe ich gesagt: »Na, dann gib sie doch uns.« Und weil wir ohnehin einen Antrag gestellt hatten, ist das alles für uns gut gelaufen.

Elternzeit gab es damals nicht. Ich hätte frei nehmen müssen. Ich habe aber einen Kindergartenplatz bekommen. Das war problemlos. Ich arbeitete nicht voll, auch nicht vor der Adoption. Mein Mann konnte im Haushalt nicht viel machen, und um das alles zu schaffen, auch mit dem Studium, habe ich verkürzt gearbeitet, sechs Stunden.

Die Großmutter hatte das Mädchen auf die Adoption vorbereitet und ihr gesagt, dass sie heute zu ihrem Vater komme. Mein Mann hatte wohl tatsächlich eine gewisse Ähnlichkeit mit ihrem leiblichen Vater, sodass sie ihn von Beginn an akzeptierte. Sie sagte bei der Übergabe: »Papa, endlich bist du wieder da.« Es war eine herzzerreißende Szene. Sie hatte eine verschwommene Erinnerung an ihren Vater, weil sie ihn im Krankenhaus immer besucht hatte. Bewusst war ihr nicht, dass sie adoptiert wurde, aber später haben wir ihr es gesagt.

Das Kind haben wir großgezogen. Es war sehr schwer. Sie hat oft nicht das gemacht, was wir wollten oder empfahlen. Sie sagte immer »ja, ja«, hat aber das Gegenteil gemacht.

Sie ist leider ihren Weg nicht gegangen, hat es nicht geschafft, den Abschluss der zehnten Klasse zu bekommen. Wir nahmen sie nach der achten Klasse von der Schule. Die Schule hat zugestimmt, damit sie eine Berufsausbildung als Gärtnerin machen konnte, da sie sich für Pflanzen interessierte. Es hat ihr Spaß gemacht, aber es fehlte ihr teilweise an Konzentration und Geduld. So war sie leider auch da immer am letzten Ende. Die Wende fiel in ihre Ausbildungszeit, und so war es auch damit vorbei. Heute kommt sie zurecht.

Ich bin der Meinung, dass wir im Osten ganz frei groß geworden sind. Gleichberechtigung von unten war nicht nötig. Wir sind ja nicht unterdrückt worden von irgendjemandem, auch nicht vom Chef.

Wir saßen in Leitungssitzungen zusammen, redeten, berieten, ich habe da nie etwas Negatives empfunden. Der Mann ist eben ein Mann. Das darf man mit der Gleichberechtigung nicht so eng sehen. Wenn der Mann der Hauptverdiener ist und den ganzen Tag unterwegs ist und spät nach Hause kommt, hast du als Frau viel mehr im Haushalt erledigt und bist mehr damit verwachsen. Da musstest du eben Frau sein. Beim Studium hat mich mein Mann unterstützt. Er hat mir die Zeit gegeben, wenn ich für die Schule etwas machen musste. Das war vor allem am Wochenende. Er hat dann im Haushalt etwas gemacht. Es ist trotzdem für mich noch viel übrig geblieben. Das sehe ich als Arbeitsteilung an. Mein Mann hat nicht weniger gearbeitet.

Zu DDR-Zeiten hatten wir nicht so viele technische Küchengeräte. Wenn wir etwas gebrauchen konnten, kauften wir das gemeinsam. Geld war da, um etwas zu kaufen, um Arbeitserleichterung zu schaffen. Das ist heute noch so. Küchengeräte geschenkt hat mir mein Mann nie, ein Geschenk war eher etwas Persönliches.

Das Verhältnis zwischen meinem Mann und mir ist normal. Wenn es Dicke kommt, setzt sich der Mann eher durch, aber ich auch. Jetzt sind wir 53 Jahre verheiratet.

In unserer Familie gab es viele politische Diskussionen. Mein Mann war sozialistisch erzogen, meine Familie nicht. Mein Schwiegervater hatte die Grausamkeiten zweier Weltkriege erlebt und wollte eine bessere Gesellschaft. Mein Mann ist in seiner Familie dadurch geprägt worden. Wir beide haben keine großen Unterschiede im Denken. Aber da wir nunmehr beide Systeme miterlebt haben, haben meine Geschwister und wir inzwischen eine differenziertere Anschauung.

Die Wende haben wir am Fernseher verfolgt und den Fernseher keine Minute ausgeschaltet, um auf dem Laufenden zu sein. Als es hieß, dass die Grenzen für immer offen seien, kam ich gerade vom Sport. Ich bin aber bei Grenzöffnung nicht gleich losgerannt. Am nächsten oder übernächsten Tag ging ich mit meiner Tochter rüber. Der Menschenauflauf war unglaublich. Ich habe die 100 DM geholt und habe ihr alles gezeigt, denn ich bin ja früher immer in den Westen gefahren. Meine Mutter hatte dort eine Bekannte. Ich wusste also vieles aus meiner Jugendzeit. Es war für mich spannend, wieder einmal in das KaDeWe zu kommen. Für meine Tochter war das nicht so interessant, auch heute nicht, sie geht kaum in den Westen. Der große Kaufrausch blieb bei uns aus. Wir waren ja in der DDR nicht unzufrieden. Wir hatten unser Auskommen, wenn es doch manchmal stressig war. Man konnte natürlich andere verstehen, die die Mangelwirtschaft nervig fanden.

Die hätte meines Erachtens nicht sein müssen, denn wir haben in der DDR genug produziert, aber haben alles in den Westen verkauft.

Nach der Wende wurde ich arbeitslos. Unsere Außenstelle fiel weg und ich ging zurück in die Hauptfirma. Zu DDR-Zeiten arbeitete ich in einer Leitungsfunktion als führende Ökonomin, nun als Sachbearbeiterin in der Kalkulation. Ich habe noch einmal eine Weiterbildungsmaßnahme gemacht, die vom Arbeitsamt angeboten wurde und sich auf die kapitalistische Wirtschaft bezog. Mein Mann vermittelte mich danach zu einem Bauinstitut. Da habe ich als Ökonomin gearbeitet. Unter den Beschäftigten gab es mehr Wessis. Wir aus dem Osten haben die freien Plätze bekommen und wurden akzeptiert. Es war ein nettes Verhältnis.

Auch finanziell war es gleich, kein Unterschied Ost/West. Es wurde nach Tarif bezahlt. Ich habe nicht voll gearbeitet, aber die Fachkräfte schon. Nach viereinhalb Jahren bin ich mit sechzig in Rente gegangen, das wollte ich so, obwohl ich eine Rente mit Abzügen habe. Ohne das Geld meines Mannes wäre es eng.

Die erweiterten Reisemöglichkeiten nach der Wende haben wir gut genutzt. Ich sehe es so, dass das System der DDR positive Seiten hatte, weil wir offen, ehrlich und frei miteinander umgingen. Wir kannten unsere Gehälter, haben politisch und fachlich im Arbeitsprozess diskutiert und den anderen akzeptiert. Letzten Endes haben wir uns geeinigt, einen gemeinsamen Weg gefunden. Auch im Westen hatte ich keine Probleme. Herablassendes Verhalten, weil ich ein Ossi bin, habe ich nicht erlebt. Auch nicht meine anderen Kolleginnen.

Ich bin in beiden Systemen gut klar gekommen. Die Gleichberechtigung war meiner Meinung nach zu DDR-Zeiten wesentlich besser und der Schwache wurde mehr mitgenommen. In der DDR waren wir zwölf Leitungsmitglieder, darunter war ich die einzige Frau. Wenn einer gegen mich war, ist mir kein anderer zur Seite gesprungen. Aber meine Strategie war, mir einen Sympathisanten zu suchen. Dann haben wir beide nachgedacht und eine Lösung gefunden. Vielleicht hängt das mit meiner Kindheit zusammen, weil ich lernen musste, andere Meinungen zu akzeptieren. Und dafür darf man nicht stur sein.

Ich würde heute in jedem Falle allen Frauen empfehlen, arbeiten zu gehen. Das schafft Freiheit und Selbstbewusstsein. Natürlich spielt eigenes Geld eine Rolle. Arbeit schafft Selbstbewusstsein und Selbstwertgefühl. Nur Hausfrau zu sein wäre für mich absolut nichts gewesen, ich hätte mich nicht wohlgefühlt. Auch wenn man im Kollektiv ist, bestimmte Sachen erstreiten und nach Lösungen suchen muss, bringt es Vorteile und erweitert den Horizont. Man ist charakterlich nicht so verbohrt. Für den Menschen ist das unheimlich wichtig.

Versetzung. © copyright 2018, Beate Kern

Hartes Brot gibt gute Zähne

Sonja, Jahrgang 1948

Ost: Elektrozeichnerin, Diplom-Mathematikerin, Wissenschaftliche Mitarbeiterin

West: Marketingleiterin, Mitarbeiterin einer Technologievermittlungsagentur, Referentin Vorstandsstab DKB

Das absolute Wunschkind kann ich ja nicht gewesen sein, denn meine Mutter hatte mich gerade einem Monat nach ihrem 19. Geburtstag und ihrer Hochzeit entbunden. Sie sagte mir mal, sie hätte es vorher gar nicht gemerkt, denn zu ihrer Hochzeit war sie so schlank, dass das Konfirmationskleid noch passte. Ein Punkt, der mich mein ganzes Leben lang beschäftigte. Aber dank meiner Oma habe ich wirklich eine sehr gute Kindheit erlebt.

Meine Eltern waren in ihrer politischen Arbeit engagiert. Sicherlich wollten sie immer das Beste für mich, aber ob das wirklich das Beste für mich war, ist eine ganz andere Sache. Ich hätte wahrscheinlich andere Sachen gut gefunden, statt im Kinderheim Königsheide oder in den Wochenheimen in Erfurt und in Berlin-Kaulsdorf untergebracht zu werden. Das muss man als kleines Kind nicht unbedingt gut finden. Ich hätte vielleicht manchmal lieber zu Hause geschlafen. Geholfen haben mir viele Gespräche mit meiner aus einem Taschentuch geformten Gesprächspartnerin.

Warum ich in einem Kinder- und in Wochenheimen war? Ich vermute, dass meine Eltern davon überzeugt waren, dass das während ihrer beruflichen Abwesenheit die beste Möglichkeit war, ihre Tochter sozialistisch zu erziehen, also im Sinne einer neuen Zeit. Eine Gemeinschaftseinrichtung und Koedukation waren schon etwas, was vor allen Dingen mein Vater, der ja nach dem Zweiten Weltkrieg als Neulehrer anfing, als sehr richtig empfand. Sicherlich glaubten sie, dass es mir dort an nichts fehlen würde, dass ich dort Freunde finde und ich in dieser schwierigen Zeit richtig verpflegt werde. Alles Dinge, die sie aufgrund ihrer Verpflichtungen nicht immer hätten gewährleisten können. Und da ich nicht zu meiner Oma konnte, weil mein Opa Tuberkulose hatte, denke ich, dass meine Eltern wirklich davon ausgegangen sind, dass es das Beste für mich war, während mein Vater zum Studium in der Sowjetunion und meine Mutter zu einem Lehrgang in Erfurt war. Es war nicht das Beste für mich, aber ich habe es überlebt.

Viele Erlebnisse aus der Kindheit überträgt man ins Alter. Ich habe mir in den letzten Jahren eine wunderbare alte Puppenstube neu zusammengekauft. Denn ich habe immer sehr gerne mit Puppen gespielt. Jetzt erinnere ich mich, wie meine Mutter eines Tages einfach eine meiner zwei Puppen verschenkt hat, weil die Nachbarskinder wohl keine hatten. Ohne mich zu fragen, eine Puppe war einfach weg. Das fand ich nicht so toll. Nun denke ich an eine Episode aus dem

Kinderheim Königsheide. Sie haben uns öfter im Bett angebunden. Ich war ja noch klein und habe mit meinen Füßen immer auf dem Bettlaken gerieben, bis ich plötzlich merkte, dass es an den Füßen warm wird. So habe ich erkannt, dass Reibung Wärme erzeugt. Das habe ich damals fürs Leben gelernt. Ich denke, dass ich da fünf Jahre alt war.

Das Beste war meine Oma. Sie hat mir ganz viel Liebe gegeben. Das war ein wunderbarer Ausgleich zu meinen sicherlich sehr ehrgeizigen Eltern. Ich bin ihr mein Leben lang dankbar gewesen. Sie war tatkräftig, hat aus jeder Situation das Beste herausgeholt, für ihre Familie gekämpft und immer etwas Gutes auf den Tisch gebracht. Meine Oma war von Beruf Schneiderin. Aus alten Stoffen zauberte sie Neues zum Anziehen für mich, auch weil es bei meiner Figur oft nichts Passendes zu kaufen gab. In den Ferien fuhr ich immer zu ihr. Sie war für meinen Sohn eine ganz wunderbare Urgroßmutter.

Meine Eltern wollten natürlich eine schöne und kluge Tochter haben. Das war ich nicht, klug ja, ich hatte aber leider immer ein paar Pfund zu viel. Sicherlich wird man als hübsches Mädchen mit blonden Zöpfen von allen ein bisschen mehr beachtet und geliebt. Ich musste mir vieles erkämpfen, ohne dass ich dabei unglücklich wurde. Im Gegenteil, ich bin sehr stolz darauf, wie ich mich entwickelt habe. Im Laufe des Lebens habe ich mir gesagt: »Hartes Brot gibt gute Zähne, und du hast dann für dein Leben vielleicht ein bisschen mehr davon.«

Die Schulzeit war harmonisch, ich hatte immer gute Leistungen und habe mit dem Abitur den Beruf einer Elektrozeichnerin erlernt. Danach studierte ich Mathematik, weil ich erstens einen Mathelehrer hatte, der der schönste Mann der Schule war, und mir zweitens dachte, was Jungs können, das kann ich auch. Während des Studiums habe ich natürlich den FDJ*-Sekretär geheiratet. Dem schloss sich ein Mathematik-Forschungsstudium an. Ziel war die Dissertation. Mein Betreuer war der Bruder von Tanja Bunke, der Freundin von Che Guevara. Wir wurden aber keine Freunde. Er betreute als Forschungsstudenten zwei Jungs und mich. Ich musste jeden Mittwoch antanzen und über das Erreichte berichten. Die Jungs dagegen hatten Freiraum. Als ich fand, die Doktorarbeit sei fertig, meinte mein Betreuer: »Ja, sie ist gut, allerdings als Diplomarbeit. Als Dissertation bekommst du ein neues Thema und kannst von vorne anfangen.« Darauf hatte ich keine Lust. Ich habe also das Diplom genommen und das Studium mit Auszeichnung abgeschlossen. Im Anschluss bewarb ich mich völlig selbstständig ohne die zentrale Studentenvermittlung im Geräte- und Regler-Werk Teltow (GRW), Betriebsteil Berlin. Sie stellten mich als Programmierer ein.

1975 kam das erste Kind und ein Jahr darauf das zweite, was leider mit einer Behinderung geboren wurde. Ich bin mir sicher, dass die Ursache nicht etwa ein genetischer Defekt war, sondern Probleme in der ersten Schwangerschaftshälfte, die ich genau datieren kann. Ich erhielt ein Parteiverfahren, weil ich mich sträflicher Weise traute, im Beisein meines Kaderleiters zu sagen: »Das Buch von Solschenizyn ›Archipel Gulag‹ müsste Pflichtliteratur für alle Genossen sein.« Ich konnte danach nicht weiter im GRW arbeiten. Leider ist das Baby verstorben. Man hatte noch versucht, es zu operieren. Aber zu dem Zeitpunkt gab es noch keine Herz-Lungen-Maschine für kleine Säuglinge. Heute wäre das möglicherweise kein Problem mehr. Das hat mich hart getroffen, ich war monatelang nicht arbeitsfähig. Dann stellte ich mich eines Tages morgens im EAW* zu allen anderen Arbeitssuchenden an die Pforte. Ich habe mich heulend beworben. Eine Kaderleiterin erbarmte sich meiner. Sie wies mir eine Stelle in der Betriebsorganisation zu. Dort war ich ein Jahr und musste als Diplom-Mathematikerin Ordnerrücken mit Normschrift beschriften, weil ich das ja als Elektrozeichner gelernt hatte. Dass das nicht lange gut gehen konnte, war klar. Schließlich entdeckte mich dort ein ehemaliger Schulkamerad und schlug mir vor, in die Abteilung Wissenschaft und Technik zu wechseln. Nichts lieber als das.

Dieser Wechsel hat sicherlich meinen ganzen weiteren Lebensweg beeinflusst. Ich wurde wissenschaftliche Mitarbeiterin beim Direktor der Abteilung Wissenschaft und Technik. Da war ich 30 Jahre alt. Als eine Anforderung aus dem Ministerium für Elektrotechnik und Elektronik kam, schaute man auf mich: Frau und keine Westverwandtschaft. Ich hatte überhaupt keine Lust, dorthin zu gehen, und so formulierten wir in den Vertrag, dass ich nach einer gewissen unbestimmten Zeit zurückkommen konnte. Dieser Vertragszusatz hat mir geholfen, nach der Wende vom Ministerium für Elektrotechnik und Elektronik wieder in das EAW zurückzugehen. Ich habe mich einfach auf dieses Schriftstück berufen. Im Ministerium war ich für den Staatsplan Wissenschaft und Technik verantwortlich. Hier lernte ich alle Kombinate und vor allem deren Forschungsdirektoren kennen, was mir später nach der Wende in all meinen Tätigkeiten sehr geholfen hat. Mir hat die Arbeit sehr großen Spaß gemacht. Sie haben mich auf die Bezirksparteischule geschickt und mich im Jahr der Wende zum Sekretär der Abteilungsparteileitung gewählt. Das war nicht mein Ding, jeden Monat einmal über Planerfüllung zu reden.

Stattdessen besorgte ich mir immer interessante Leute, die von ihren Erfahrungen berichten konnten. Einmal war der ehemalige Kulturminister Hans Bentzien unser Gast, einmal eine Sinologin der Humboldt-Universität, die über China nach den Ereignissen auf dem Platz des Himmlischen Friedens sprach. So habe ich interessante Parteiversammlungen organisiert, was mir den Ruf einbrachte, eine Vertreterin der neuen Generation zu sein. Ich glaube, dass das eigentlich die Grundlage für meine Tätigkeit nach der Wende war, als ich Messen, Kongresse, Veranstaltungen organisiert habe, bis zu den Eliteforen der Deutschen Kreditbank (DKB). Alles hat etwas damit zu tun, sich selbst interessante Themen auszudenken, sich zu überlegen, was die anderen interessiert und mutig die entsprechenden Referenten dazu zu holen. Ein Fazit meines Berufslebens wäre, dass alles aufeinander aufgebaut hat. Dass ich nicht einen Tag arbeitslos war, verdanke ich dieser Einstellung und Fähigkeit, auf die ich schon stolz bin.

Das Thema Wissenschaft und Technik ließ mich nach der Wende nicht los. Wieder zurück im EAW war schnell klar, dass die Strategie des EAW, sich mit AEG zu vereinigen, nicht aufgehen wird. Das Forschungszentrum nutzte die Chance, sich im Rahmen eines Management-Buy-out auszugründen. Ich habe mit über vierzig Gesellschaftern »aucoteam« gegründet und wurde Marketingleiterin, weil das keiner machen wollte. Den Namen habe ich erfunden. Von Marketing hatte ich natürlich keine Ahnung, habe viel gelesen, bin oft in die Amerika-Gedenkbibliothek gegangen.

Und da spielt ein Bild, was in meinem Leben immer wichtig war, eine Rolle, und zwar der Butterfrosch. Es gibt eine Geschichte, die geht so: Zwei Frösche fallen in einen Brunnen, gefüllt mit Milch und Sahne. Der eine Frosch geht unter, und der andere strampelt wie ein Irrer, bis er aus dieser Sahne Butter geschlagen hat. Dann klettert er aus dem Brunnen heraus. Das war meine Devise: Du musst immer aus allem etwas machen, treten, treten, trampeln, also die Milch so lange schlagen, bis daraus Butter wird. Und wenn man dir Steine in den Weg legt, kannst du noch etwas Schönes daraus bauen.

Ja, als Marketingleiterin ging ich in den Marketing-Club Berlin. Ich dachte, West- und Ostexperten sollten zusammenkommen, voneinander lernen. Die Westexperten wollten wohl lieber wie Heuschrecken in die Ostunternehmen einfallen und dort alles in die Hand nehmen. Das habe ich dort laut gesagt, denn wir konnten Vieles, waren durchaus in der Lage, uns schnell auf neue Situationen einzustellen und eins und eins zusammenzuzählen. Im Ergebnis habe ich sieben Arbeitsangebote aus Westunternehmen bekommen. Ich wechselte zunächst in eine Technologie-Vermittlungsagentur, eine Selbsthilfeeinrichtung der Berliner Wirtschaft für kleine und mittlere Unternehmen. Das war in einem Projekt des Bundesministeriums für Wirtschaft und Arbeit für Technologietransfer und Innovationsförderung in den neuen Bundesländern.

Mir halfen meine Kontakte zu den Forschungsdirektoren, die nun oft Betriebsdirektoren waren. Ich habe die erste Laser-Optik Messe in Berlin organisiert, eine Kongressmesse. Und ganz besonders stolz bin ich, dass ich für eine dieser Messen Konrad Zuse, den Erfinder des Computers, bei seinem letzten Berlin-Besuch, bevor er gestorben ist, gewinnen konnte. Dieses Thema bearbeitete ich auch im Innovationsteam neue Bundesländer in der Deutschen Bank, ehe ich mich bei der DKB bewarb, meiner letzten beruflichen Station. Das war eine wirklich interessante Aufgabe, die mich die letzten fünf oder sechs Jahre meines Berufslebens im Vorstandsstab der DKB beschäftigt hat, nämlich die Entwicklung und Organisation von Eliteforen zu den Themen Bildung, Gesundheit und erneuerbare

Energien. Es hat sich keiner beschwert, dass ich zu alt bin, sondern im Gegenteil, wir waren wirklich immer ein gutes Team. Einige Kollegen versuchen heute noch, in Kontakt mit mir zu bleiben.

Zu meiner Familie. Der erste Sohn wurde 1975 geboren, der zweite 1976. Er ist 1977 verstorben. Ich frage mich heute manchmal, wie mein Sohn diese Zeit überhaupt erlebt hat. Zum Glück war das ja die unbewusste Zeit, aber ich konnte mich, glaube ich, nicht viel um ihn kümmern. Ich kann mich nicht erinnern, wann er laufen und sprechen gelernt hat, weil ich natürlich mit der Sorge um den Kleinen voll zu tun hatte. Nach dessen Tod sind wir zuerst einmal zu meiner Oma gefahren. Sie hat uns beide wirklich aufgepäppelt. Als mein Sohn wieder in die Krippe kam, fragten sie mich, was ich denn mit dem Kind gemacht hätte. Er sähe jetzt gesund und wohlgenährt aus. In der Zeit haben mein Mann und ich uns die Arbeit natürlich geteilt. Mein Mann hat ihn in die Krippe gebracht, und da wir kein Auto hatten, mussten wir ein ganzes Stückchen laufen, und das bei Wind und Wetter. Das war manchmal nicht einfach, denn meine Arbeit im EAW begann um 6:45 Uhr. Das hieß um 6:00 Uhr vor der Krippe stehen und war eine starke Belastung für mich und meinen Sohn. Das änderte sich zum Glück mit dem Wechsel in den Kindergarten, ganz in unserer Nähe.

Die Anmeldung in die Musikschule ging auf eine Initiative seiner Kindergärtnerin zurück. Dafür waren wir ihr sehr dankbar, denn unser Sohn hat gut Flöte spielen gelernt. Er ging in die gleiche Schule wie ich. Seine Klassenlehrerin schlug nach zwei Jahren den Wechsel an die Schule mit erweitertem Russischunterricht vor, wo die besten Schüler des Bezirks Treptow zusammengezogen waren. Auf diese Idee wäre ich selbst nicht gekommen und kann nur sagen: Danke. Er hat dort ganz gute Leistungen erreicht, gute Freunde gefunden, die er heute noch hat, und viel fürs Leben gelernt. Heute ist er Analyst – zum Glück nicht Fondsmanager. Er ist verheiratet und sie haben einen fünfjährigen Sohn. Beide arbeiten in Frankfurt. Mein Enkelsohn geht in die Kita. Sie wohnen in Mainz, dadurch gibt es für mich leider wenige Möglichkeiten, schnell mal hinzufahren. Aber wir telefonieren, skypen, und ich bin immer in der Fastnachtszeit da.

Meine Ehe mit meinem ersten Mann, dem Mathematiker, war nicht unkompliziert. Zu DDR-Zeiten hatte er eine außerplanmäßige Professur, die nach der Wende natürlich nicht mehr anerkannt war. Er fiel in ein Loch. Irgendwann kaufte ich eine Zeitung und schlug ihm vor, sich auf eine Stellenausschreibung in K. zu bewerben. Da wir kein Auto hatten und er nicht jede Woche nach Hause kam, führten wir eine Fernbeziehung. Und wenn er nach Hause kam, gab es in meiner Erinnerung für ihn folgende Reihenfolge: Schachcomputer an, erst kam die weiße, dann die schwarze Dame, und danach ich. So empfand ich das. Wir entfremdeten uns. Dies trug sicherlich dazu bei, dass ich eine alte Beziehung aus dem EAW wieder aufgriff. Er war mittlerweile Geschäftsführer eines mittelständischen

Maschinenbauunternehmens, Witwer und hatte einen elfjährigen Jungen. Ich sah es als meine Aufgabe an, ihm und dem Sohn zur Seite zu stehen, und wir haben geheiratet. Ich denke, ich habe wesentlichen Anteil daran, dass der Sohn das Fachabitur geschafft hat. Die Ehe hielt aber nicht sehr lange. W. neigte sich seiner 16 Jahre jüngeren Buchhalterin zu. Und ich nutzte die Zeit, um mich voll auf meine Arbeit zu konzentrieren. Das fiel zeitlich zusammen mit meinem Wechsel zur DKB, wo ich mich mit den Worten beworben habe: »Meine Scheidung läuft gerade, ich kann mich jetzt voll auf meine Arbeit konzentrieren.« Schließlich war ich 54 Jahre. Andere denken da schon an den Ruhestand. Aber das hätte ich mir nicht leisten können, denn mit meiner Scheidung übernahm ich die Schulden für meine Eigentumswohnung. Das hieß, sehr sparsam leben, um den Kredit abzubezahlen. Es ist mir gelungen, und darauf bin ich recht stolz.

Sehr gute Kontakte habe ich zu ehemaligen Mitschülern aus meinem Abiturjahrgang. Da ich ja Zeit hatte, familiär nicht mehr so gebunden war, konnte ich mich in der Organisation eines Jahrgangstreffens anlässlich unseres 40-jährigen Abiturjubiläums engagieren. Dazu wollte ich unbedingt den Kontakt zu einem Schüler aus der damaligen Parallelklasse aufnehmen, weil ich wissen wollte, was aus dem Jungen geworden war, der das Abitur mit 1,0 schaffte und besser als ich war. Ich fand ihn in England und wir haben einen sehr intensiven Kontakt über E-Mails und Telefon. In der Zeit, als ich alleine war und eine Scheidung zu verarbeiten hatte, hat er mir sehr beigestanden, kluge Ratschläge gegeben und mir geholfen, wieder zu mir selbst zu finden. Damals begann ich, etwas zu dichten, einige Gedichte sind sogar veröffentlicht worden. Jetzt schreibe ich vor allen Dingen zu Ostern und zu Weihnachten ein bisschen politische Festtagslyrik.

Eigentlich kann ich sagen, dass ich mit meinem Leben zufrieden bin. Seit einiger Zeit absolviere ich ein Fernstudium als Spitzenklöpplerin für Torchonspitze. Dazu regte mich meine Puppenstube an, ich benötigte doch Gardinen.

Noch im Jahr 2010 ist B., ein ehemaliger Schulkamerad, in mein Leben getreten. Eigentlich hatte ich mich auf ein Sololeben eingerichtet. Zwei meiner Gruppenkontakte zeigten mir an, dass er Geburtstag hatte. Also rief ich ihn an. Einen Termin zu vereinbaren, erwies sich als kompliziert. Der auf Wochen einzige freie Termin war am gleichen Tag. Also trafen wir uns. Ich kann mir nicht erklären, warum ich ihm mein ganzes Leben erzählt habe. Und er lächelte nur. Mir war aber klar, dass aus uns nichts werden konnte, denn alle meine Männer hatten im Vornamen als zweiten Buchstaben ein »O«. Als ich ihm das sagte, entgegnete er: »Mein eigentlicher Name ist Lorenz.« Und das andere Komische hing mit seiner Visitenkarte zusammen. Auf der befand sich eine Ameise. Von Ameisen hatte ich am Vorabend Besuch erhalten, sie waren in einer langen Prozession durch meine Wohnung zogen und ich hatte nach Mitteln gesucht, sie wieder loszuwerden. Das konnte alles kein Zufall sein. Irgendwann stand er mit dem Koffer vor meiner Tür und zog langsam bei mir ein. Meine Wohnung sieht jetzt nicht mehr so aufgeräumt aus wie zuvor, und den Keller kann man nicht mehr betreten. Wir haben die Prüfung für den Bootsführerschein für Motorboote gemacht, B. hat es sofort geschafft, ich bei der Wiederholung. Jetzt fahren wir Boot. Unser Boot heißt Super Sonja, mittlerweile II, und ist knallrot.

Gleichberechtigung, das ist ja eine Gewissensfrage. Ich denke, ich bin in dem Gefühl einer Selbstverständlichkeit aufgewachsen. Ich habe mich Jungs nie unterlegen gefühlt. Allerdings sollte es keine Gleichmacherei geben. Die Kohlen können die Jungs weiter aus dem Keller holen und die Mädchen können von mir aus das machen, was sie besser als Jungs können. Jeder Mensch hat andere Stärken. Später ist mir schon klargeworden, dass die Gleichberechtigung noch nicht vollständig durchgesetzt war. In der DDR, hatte ich den Eindruck, konnte man als Frau ganz gut Karriere machen, wenn man es wollte, die notwendige Unterstützung fand, sein Familienleben organisieren konnte, das Kind gut versorgt war und man selbst frei war, sich zu entwickeln.

Heute sehe ich, dass Frauen deutlich weniger verdienen als Männer. Vielen Frauen fehlt der Mut und das Selbstbewusstsein. In der Bundesrepublik war die Gesellschaft ganz anders organisiert. Da war der Mann durchaus der Dominante, der das Sagen hat, der sich auch materiell um die Familie kümmern musste, die Verantwortung trug. Es wurde ihm nicht so leicht gemacht, sich scheiden zu lassen. Die Frauenbewegung hat ihren großen Anteil daran, bestimmte Dinge überhaupt erst einmal zu hinterfragen. Es wurde auch ganz viel geschafft, etwa als die jungen Menschen in der 68er-Bewegung einiges geradegerückt haben.

Ich fühlte mich in der Zeit nach der Wende nicht zurückgesetzt. Natürlich hätte ich gerne mehr verdient. Zunehmend gibt es mehr Männer, die begreifen, dass es für sie besser ist, wenn sie Frauen als gleichberechtigte Partnerinnen erkennen, dass man eine Frau nicht nur auf Äußerlichkeiten reduzieren muss, sondern dass sie viel zu leisten und viel zu geben haben. Da kann ich nur Angelina Jolie unterstützen, die gesagt hat, dass eine gut ausgebildete Frau eine wesentliche Stütze der Gesellschaft ist. Frauen müssen viel selbstbewusster die Gleichberechtigung für sich in Anspruch nehmen und dürfen nicht fordern: »Ich möchte gleichberechtigt sein.« Das muss man sich einfach nehmen, das ist auch ein Recht, dass wir haben, das wir uns erkämpfen müssen. Die sprachlichen Genderäußerungen finde ich ganz schrecklich. Ich beobachte mich, dass ich überhaupt nicht mehr auf den Inhalt höre, wenn so eine Sprechblase kommt mit »Innen« oder »*«, wenn von Bürgerinnen und Bürgern, Politikerinnen und Politikern geschrieben und gesprochen wird. In einem meiner Gedichte habe ich geschrieben: »Wir sagen bald Tomatinnen und Tomate.« Diese *political correctness* lenkt vom Inhalt ab und hat mit dem Wesentlichen der Gleichberechtigung überhaupt nichts mehr zu tun. Ich empfand es nie als Nachteil, dass ich Elektrozeichner gelernt habe und

Mathematiker nach dem Studium war. Wir sind alles Menschen, warum muss man hier immer diese Unterscheidung treffen? Eine Gleichberechtigung in der Tat ist mir lieber als eine Gleichberechtigung im Wort, die alles künstlich aufbläht und eigentlich nicht wirklich auf den Inhalt abzielt.

Auf Sonja kann man nur stolz sein

Gerda, Sonjas Mutter, Jahrgang 1929

Ost: Vorsitzende Kindervereinigung in Thüringen, Kaderleiterin

West: Rentnerin

Schon von klein auf war sie stark. In der Schule war sie Klassenbeste. Ihre ganze berufliche Karriere ist bewundernswert. Was die Kinderheime betrifft, das ist einer unserer Streitpunkte. Ich war ja berufstätig, wollte unbedingt arbeiten. Kennengelernt haben Klaus und ich uns im Haus der Frau von Stein in Weimar. Zusammen fanden wir uns bei einer Fahrt mit Kindern nach Schwarzburg wieder. Gegner der FDJ* gab es, einige haben mich 1947 in den Löschteich geworfen. Und dann war ich im achten Monat schwanger. Erst da bemerkte ich das.

Warum wir Sonja diesen Namen gaben? Vielleicht weil wir froh waren, dass die Russen uns nach dem Zweiten Weltkrieg befreit hatten. Ein russischer Name im katholischen Krankenhaus war für die katholischen Schwestern ein bisschen zu viel. Gewohnt haben wir im Haus meiner Eltern. Mein Vater hat sich sehr um Sonja gekümmert. Ich weiß noch, das Bettchen stand im Wohnzimmer und sie hat immer an die Wand gepieselt, und mein Vater hat daneben gestanden und sich gefreut, dass sie ihnen die Tapete kaputt gemacht hat.

Mein Mann war ja immer in wichtigen Funktionen eingesetzt. Klaus kam nach Berlin in die Zentrale der Kindervereinigung und ich habe das in Thüringen gemanagt, bis wir im März 1949 nach Berlin-Treptow gezogen sind, wo wir bis heute wohnen. Kinderkrippen und Kindergärten wie heute gab es doch nicht. Klaus hat überall herumgefragt, welches Heim das Beste für Sonja wäre. Deswegen haben wir in keiner Weise daran gedacht, dass es ihr nicht gefallen könnte. Wir haben sie in die Königsheide gegeben. Das hat sie mir bis heute nicht verziehen. An den Wochenenden war sie zu Hause. Das Leben ging so schnell über uns hinweg, wir waren immer beschäftigt. Ich weiß nicht, was dort passiert ist, jedenfalls macht sie uns das zum Vorwurf, dass wir sie dorthin gebracht haben. Sonja kam in das Kinderheim in Erfurt, als ich dort zur Weiterbildung war. Ich weiß noch, dass Erfurt für Sonja so belastend war, dass sie einmal ausgerissen und zur Oma gekommen ist. In der Zeit, als ich Lehrerin auf der Kreisparteischule war, ging Sonja in Kaulsdorf ins Wochenheim. Daran erinnert sich Sonja noch, dass dort ein Mädchen Flax und Krümel, Kinderfiguren aus dem Fernsehen, kannte. Sonja freute sich auf Sonntagabend, wenn ihr die Freundin aus dem Vierbettzimmer das Neueste von dieser Sendung erzählte, weil es bei uns zu Hause noch keinen Fernseher gab. Das muss also 1954 gewesen sein.

Sie war viel bei Oma Ida. Oma hat sich rührend um sie und um ihren Sohn, als er kleiner war, gekümmert. Beide hatten ein ganz tolles Verhältnis zur Oma. Ich weiß, dass sie als Kind unwahrscheinlich gerne bei ihr war.

Im Jahr 1955 wurde ich noch einmal schwanger. Von da an blieb ich viele Jahre zu Hause. Nun brauchte Sonja natürlich nicht mehr in einen Kindergarten zu gehen. Ich habe viele ehrenamtliche Tätigkeiten im Wohngebiet übernommen. Ab 1968 fing ich im Deutschen Theater als Kaderleiterin an und habe dort bis zur Wende gearbeitet. Ich hatte Glück, dass ich mit 60 in Rente gehen konnte, sodass ich mit der Wende beruflich keine Probleme mehr bekam. Klaus war damals schon 65. Ihm wurde ja 1985 böse mitgespielt. Im Zusammenhang mit den vielen Ausreiseanträgen von Künstlern wurde er aller Funktionen im Fernsehen enthoben. Er konnte nicht verstehen, wie man mit denen umging, die ausreisen wollten. Von nun an saß er auf dem Flur, aber er ging aus Protest jeden Tag zur Arbeit und nahm Telefonanrufe mit Beschwerden von Bürgern entgegen. Es traf ihn und die ganze Familie schwer, dass er sein Arbeitsleben auf diese Weise abschloss. Er wurde depressiv und schaute nur noch an die Wand. Ich habe ihn mir geschnappt und wir sind jeden Tag spazieren gegangen, ganz viel im Park gelaufen. Dann war es plötzlich vorbei und wir begannen zu reisen.

Gerda ist am 7. September 2017 verstorben.

Meine Kindheit war nicht so schön

Marianne, Jahrgang 1948

Ost: Köchin, Küchenleiterin   West: Bankangestellte

Die meisten Leute haben gedacht, ich bin die Tochter des großen Bruders, da meine Schwägerin genau so alt war wie mein zweiter Bruder. Ich bin ein Nachkriegskind mit zwei Brüdern. Der elf Jahre jüngere ist bereits 1963 gestorben, der 19 Jahre ältere 1979. Meine Eltern waren alte Eltern, er 45, sie 42. Unser Familienleben war dadurch bunt. Vater und Mutter fühlten sich oft ausgelacht. Wenn es zu so einer Situation kam, zum Beispiel am Abendbrottisch, musste ich meine Stulle nehmen und auf der Treppe essen. Das war nicht toll, und für Kinderlachen gab es kein Verständnis.

Wir hatten ein kleines Reihenhaus. Meine Mutti war Invalidenrentnerin und Hausfrau, sie hatte schweres Rheuma und oft Schmerzen. Zu der Zeit gab es ja nicht die gleichen Behandlungsmöglichkeiten wie heute. Ursprünglich lernte mein Vater Bleigießer, konnte aber wegen ständiger Gelbsucht den Beruf nicht ausüben. Nach dem Krieg ging er in den Betriebsschutz als Wachmann und wurde von der Volkspolizei übernommen. Mein Bruder hatte in der Zwischenzeit geheiratet, war aus dem Haus, und der elf Jahre ältere hat mit mir in einem Zimmer geschlafen, in einer kleinen Dachschräge, wie das üblich war. Der hatte Maurer gelernt und hat gerne über den Durst getrunken. Das gab natürlich Probleme mit den Eltern.

Meine Kindheit war nicht so schön. Ich hatte keine gute Beziehung zu meinem Vater, weil er trank. Für sich hatte er immer Geld, aber nicht für die Familie. Meine Mutti hat jeden Pfennig zweimal umgedreht, meine Kleider mehrmals gewendet. Wie ich manchmal rumgelaufen bin! Schlimm waren unsere Familienfeiern. Mein Vater war ein alter Kommunist und in der kommunistischen Jugend. Bei der Köpenicker Blutwoche* ist er gerade so mit dem Leben davongekommen. Aber seine anderen Geschwister hielten es mit den Sozialdemokraten. Mit Alkohol gerieten sie in Streit und unsere Feiern arteten aus.

In den Kindergarten bin ich nicht gegangen. Das war nicht üblich. Meine Schule ist normal verlaufen, bis zur fünften Klasse. Dann kamen die pubertären Zeiten, hier mal ein Freundchen und da mal ein Freundchen. Da ist der alte Herr bald verrückt geworden und hat mich eingesperrt. Ich durfte nicht raus, zu bestimmten Zeiten musste ich zu Hause sein. Ich glaube, dass das der Grund ist, dass ich mit 18 schon schwanger war. Die zehnte Klasse habe ich abgeschlossen.

Meine Lehre begann in einem Hotel, *dem* Hotel in Berlin. Es war eine gute Lehre, sie hat großen Spaß gemacht. Ich wurde Köchin, obwohl ich eigentlich Kellnerin werden wollte. Aber mein Vater hat gesagt, dass seine Tochter in keine verräucherte Kneipe gehe und dass ich außerdem als Kaltmamsell immer schon gerne vieles ausprobiert hätte. Leider hat mir in der Lehre gerade das gar keinen Spaß gemacht. Meine Ausbildung beinhaltete Küchenfleischer, Küchenkonditor, kalte Küche, Kaffeeküche. Auf eine umfassende Ausbildung wurde damals Wert gelegt. Ich habe nur zwei Jahre gelernt, weil ich schwanger wurde. In die Berufsschule ging ich bis zum Schluss, aber in der Küche durfte ich nicht mehr arbeiten. Den Vater des Kindes lernte ich während der Lehre kennen, der war zwei Jahre weiter, hatte ausgelernt, als ich ins zweite Lehrjahr kam. Dann war er weg.

Ich bin stolz, meine Lehre mit der Note 1 gemacht zu haben, trotz der Unterbrechung. 14 Tage nach meinem 18. Geburtstag ist mein Sohn geboren. Die Kollegen haben mich häufig auflaufen lassen. Ich bin als Fräulein mit Kind angesprochen worden. »Wenn du meine Tochter wärst, dich würde ich rausschmeißen«, haben sie gesagt. Ich bin durch die Hölle gegangen. Und der Küchenchef war überzeugt, dass Frauen in der Küche nichts zu suchen haben. »Der Beruf des Kochs ist eine Berufung für den Mann.« Die weiblichen Lehrlinge hat er entsprechend behandelt. Das war 1967. Wir haben chinesisch kochen gelernt, weil der Chef in China war. Alle Leute, die in der DDR was zu sagen hatten, ob Politik, Schauspiel oder so, die waren bei uns essen.

1961, während des Mauerbaus, war ich in der Sächsischen Schweiz bei meinem Bruder. Der hatte eine Gastronomie, und da verdiente ich mir ein wenig Taschengeld. Ich arbeitete als Serviererin. Am Tag des Mauerbaus sagte mein Bruder: »Du bleibst hier, wer weiß, was in Berlin alles passiert.« Ich bin erst zu Beginn der Schulzeit nach den Ferien wieder zurück. Ich hatte keine Verwandten im Westen, und deshalb haben mich diese Vorgänge nicht so interessiert.

Ich war drei Jahre alleinerziehend, keinerlei Unterstützung, auch nicht vom Staat. Der Kindesvater war bei der Armee, da gab es 40 Mark plus 20 Mark Kindergeld und 60 Mark Lehrlingsgeld. Mein Vater sagte damals zu mir: »Du kannst bei uns kostenlos wohnen, kriegst dein Essen, aber für dein Kind musst du selbst aufkommen.« Und verdient habe ich 360 Mark. Ich hatte das Glück, dass mein Neffe ein halbes Jahr vorher geboren worden war, da gab es vieles Abgelegtes, wie den Kinderwagen, das Bett. Einen Krippenplatz gab es noch nicht.

Meine Eltern sagten, dass sie meinen Sohn bis zum dritten Lebensjahr tagsüber betreuen könnten, also hauptsächlich meine Mutti, denn sie war ja zu Hause. Dann kam die Diagnose, dass mein Vater Lungenkrebs hatte. Er ist verstorben und alles fiel zusammen, das war furchtbar. Eine Nachbarin hat manchmal das Kind genommen, denn ich arbeitete ja inzwischen in der Gastronomie in Schichten, Sonnabend, Sonntag, Feiertag. Ich wusste oft nicht, wohin mit meinem Sohn. Meine Mutter konnte nicht immer. Es war einfach so. Ich habe mich über mich selbst geärgert, dass ich beim ersten Mal, als ich mit einem Kerl zusammen gekommen bin, gleich schwanger wurde. Abtreibung gab es ja nicht. Obwohl eine

Nachbarin mir gesagt hatte, dass sie mir helfen würde. Sie kenne da jemanden, aber das habe ich mich nicht getraut. Ich glaube, dass meine Schwangerschaft vor allem aufgrund dieser seelischen Belastungen kompliziert war.

Mit drei Jahren hat mein Sohn einen Kitaplatz bekommen und ich lernte einen Mann kennen, habe geheiratet, wollte aber nie wieder ein Kind haben, darin waren wir uns einig. Wir wollten leben. Er war auch aus der Gastronomie. Wir sind ausgegangen, haben es krachen lassen, etwas nachholen, was die ganzen Jahre nicht möglich war. Mit ihm war ich fünf Jahre verheiratet.

Gleichzeitig wollte ich in dieser Zeit ein Studium anfangen oder einen Meister machen. Aber mein Mann wollte das nicht. Er wollte weiter leben, ausgehen, tanzen. Als man mir an einer Berliner Universität in der Küche einen Posten anbot, fing ich als jüngste Küchenleiterin mit 22 Jahren an. Mit vier Leuten kochte ich für 350 Personen, dann für 1.200, ich leitete Menschen, ich lernte Lehrlinge an, war inzwischen zusätzlich Diätköchin geworden.

Mein Mann hatte Weibergeschichten. Immer wieder. Ich schmiss ihn raus, und er ging nahtlos in die Wohnung der nächsten Frau über. Ich reichte die Scheidung ein, das war damals problemlos, ging schnell. Finanzielles spielte keine Rolle. Das Haus gehörte noch meiner Mutter. Er brach ein, holte Möbel raus und räumte den Kühlschrank leer. Das Kapitel war zu Ende. Ich war wieder allein mit meinem Sohn, aber er war nun schon ein paar Jahre älter. Einfacher ging es trotzdem nicht, denn Unterstützung gab es nicht. Ich verdiente Geld, der Sohn war in der Schule, ein Raubein; das Hausaufgabenheft, alles rot, es war manchmal schlimm. Durch Zufall lernte ich ein Dreivierteljahr später meinen zweiten Mann kennen.

Wir heirateten, ratzfatz. Es hat gepasst, und dann habe ich noch einmal ein Kind bekommen, obwohl ich nie wieder ein Kind wollte. Die Entscheidung war bewusst, seine Familie wollte es, die ist groß, denn jedes Jahr lag bei den Geschwistern meines Mannes für die Großeltern ein Kind unterm Weihnachtsbaum. Es ist ein Mädchen geworden. Aber im Nachhinein sage ich, dass es ein Fehler war. Ein Kind, das man in die Ehe mitbringt, und ein zweites, neues, das haut nicht hin. Obwohl mein zweiter Mann sich Mühe gegeben hat, aber er hatte auf einmal ein Kind vor seiner Nase, das acht Jahre alt war. Und das Kind sagte: »Der Alte kann mich mal.« Es gab also immer Spannungen, und wir wohnten noch mit meiner Mutti im Haus zusammen, das war schwer.

Trotzdem waren es noch einmal vierzig Jahre Ehe. Einen Tag vor meinem 40. Hochzeitstag bin ich geschieden worden, 2013. Ich war es, die sich wieder trennte. Bis zur Wende war alles gut, DDR-Zeit, er war Genosse. Aber nach der Wende nahmen die Probleme zu. Ich habe bei einer anderen Firma angefangen, weil mein Betrieb abgewickelt wurde. Er war eine ganze Zeit arbeitslos; wir hatten viele politische Diskussionen, weil mein Mann aus einer Familie von Genossen kam, alle in höheren Positionen, meine Schwiegermutter war hoch angebunden, auch ihr ehemaliger Mann. Sie war Direktorin an einer Schule und ging in einen neuen Betrieb als Kaderleiterin. Der Vater war bei der Armee und ist tödlich verunglückt. Mein Mann ist so groß geworden. Er wurde mit der Wende nicht fertig, wollte, dass alles bleibt wie früher. Er musste völlig neu anfangen und sich umstellen. Er hat ein Fernstudium, Rechnungswesen, gemacht. Dann arbeitete er als Vertreter, als Außendienstmitarbeiter.

Die eigentliche Wende haben wir verschlafen. Meine Tochter haben wir in der Früh wie immer zur Schule geschickt. Ich ging einkaufen und sah, dass alle mit Sekt die Maueröffnung feierten. Ich habe gefragt, was denn los sei. Meine Tochter kam von der Schule zurück, weil keiner da war. Am Montag bin ich mit meinen Arbeitskollegen in den Westen gefahren und habe mir meine 15 DM abgeholt. Ich bin von der Fülle erschlagen worden und wusste gar nicht, was ich machen sollte. Ich habe mir von den 15 DM eine Stricknadel gekauft, weil ich leidenschaftlich gerne stricke und es die bei uns nicht gab. Da lache ich heute noch drüber, die hat einen Ehrenplatz in meiner Wohnung. Und meine Tochter hatte Hunger, und ich war entsetzt über den Preis von 50 Pfennig für ein Brötchen! Das waren die ersten Erfahrungen.

Ich hatte mich bei einer Bank mit viel Zahlungsverkehr beworben, weil ich auch in meinem alten Betrieb für Lohnzahlungen verantwortlich gewesen war. Zum 01. Januar 1990 bin ich dort angestellt worden. Ich habe im Buchungszentrum gearbeitet, zum Anfang mit Papierüberweisungen, Zahlungsverkehr. Ich musste zum Speziallehrgang und noch einmal eine neue Ausbildung machen, vor allem in Technik. »Um Gottes Willen«, habe ich zum einen gedacht, aber andererseits hat mich das auch fasziniert. Ich habe viele verschiedene Abteilungen durchlaufen, die ganze Technik gelernt, das war sehr schön – aber nicht das Arbeitsklima.

Wir waren nur Frauen. Die Filialen im Osten wurden aufgelöst, ich war Anfang 40, und Frauen in dem Alter wollte man in den Filialen nicht mehr. Die Währungsunion habe ich noch vor Ort im Osten gemacht. Wir haben 12 bis 14 Stunden pro Tag gearbeitet, Fleischkisten voller DDR-Geld, die mussten gebündelt und gezählt werden, bis es stimmte. Wir haben Massen an Geld verarbeitet.

Am 1. August 1990 bin ich vorgestellt worden: »Das ist unsere neue Kollegin.« Am zweiten Tag habe ich jedem »Guten Morgen« gewünscht, die Hand gereicht. Die Reaktion der Kollegen: »Deine Ostmanieren brauchen wir nicht, das musst du dir abgewöhnen.«

Das Arbeitsfeld war fremd, die Einrichtung war schön, alles in gelb und blau gehalten. Aber die Kollegen waren das Letzte. Die hatten Angst um ihren Arbeitsplatz, weil immer mehr aus dem Osten kamen. Wir hatten einen Ablaufzettel für den Tag, was zu schaffen war. Eine Kollegin, die war schon 60 Jahre alt, kam nicht klar. Der habe ich geholfen. Dafür bin ich zusammengestaucht worden, ich möchte das doch bitte sein lassen. »So etwas gibt es hier nicht, diese Unterstützung«, sagte der Prokurist, »die Zeiten sind vorbei.« Wir haben uns manchmal über Privates unterhalten, auch das wurde regelmäßig unterbunden. Es gab viele Konflikte unter den Frauen.

Ich bin nie jemand gewesen, der seinen Mund gehalten hat. Eine Kollegin meinte zu mir, sie habe gelesen, dass die Kinder im Osten, die in den Kindergarten gegangen sind, alle geschädigt seien. Ich habe mich sofort angegriffen gefühlt, weil meine beiden Kinder dorthin gingen und nicht geschädigt, sondern intelligent sind. Meine Tochter hat studiert. Da bin ich mit der Kollegin zusammengerasselt, sodass ich ihr sagte: »Wir arbeiten zusammen, aber wenn du über mein Leben Bescheid wissen willst, frag' mich, statt in die BILD-Zeitung zu gucken.« Sie ist nach Hause gegangen, wollte mit mir nicht mehr zusammenarbeiten und ich durfte ihre Arbeit mitmachen. Einmal erzählte ich, dass ich ein kleines Haus habe. Eine Kollegin sagte: »Die, die im Osten ein Haus hatten, waren entweder SED-Bonzen oder Spitzel.« Ich habe die Fassung verloren, es ging sogar der Prokurist dazwischen. Sie musste sich entschuldigen. Eine andere Kollegin hat mich nur kritisiert und jeden Fehler herausgepickt. Der habe ich eine Kneifzange zur Weihnachtsfeier geschenkt. Es passierten täglich viele solcher Dinge.

Wir haben Silvester arbeiten müssen, bis zum Schluss, etwa gegen 22:00 Uhr. Die Damen aus dem Westen durften zwischendurch einkaufen gehen, und als ich gehen wollte, haben sie gesagt: »Nein, Sie haben Ihre Arbeit noch nicht geschafft.« Die Schikanen gingen weiter. »Die Ostler stinken«, haben sie gesagt. »Aber das ist bestimmt euer Trabbi, deswegen stinkt ihr. Ihr habt ja auch immer die gleichen Sachen an, schon das zweite Jahr den gleichen Pullover.« Meine West-Kolleginnen sind nur arbeiten gegangen, um zu Hause nicht rumsitzen zu müssen, sie haben maximal sechs Stunden gearbeitet, wir immer acht. Und dann noch unsere oft weiten Heimfahrten.

Ich habe im Westen immer mehr Geld verdient als mein Mann. Das war in meiner Ehe ein Problem. Es kam schleichend, dass jeder nur noch sein Ding gemacht hat. Er war Hobbymusiker und gründete mit alten Kumpels nach der Wende eine kleine Kapelle. Das war der Knackpunkt. An Wochenenden und Feiertagen machte er Musik. Gemeinsame Interessen gab es nicht: »Geh du mal allein, mich interessiert das nicht.« Er hatte seine Musik. Ich dagegen gehe sehr gerne in Konzerte, ins Kino, würde auch mal ein Glas Wein trinken, ein Bierchen. Das machte er aber nicht. Aber bei seiner Musik habe ich Eintrittskarten mit verkauft, war immer dabei. Die Kapelle war sein Heiligtum und alles andere zählte nicht. Silvester oder an anderen Feiertagen habe ich wie Sauerbier rumgesessen und er hat gespielt. Ich bin später nicht mehr mitgefahren zu den Veranstaltungen.

Die Tochter ist ausgezogen, sie hat studiert, wollte mit Freunden zusammen sein, und mein Mann und ich hatten uns nichts mehr zu sagen. Irgendwann wollte ich nicht mehr. 2013 kam die Scheidung.

Auf der Arbeit wurden durch verschiedene Maßnahmen viele Abteilungen aufgelöst, und da war ich mit dabei. Ich bin nicht gekündigt worden, sondern ging in den Vorruhestand, ich wollte das selbst. Ich habe keine Abfindung bekommen. Die Betriebsrente erhielt ich zu einem Minimalsatz. Ich zahle Versorgungsausgleich an meinen Mann. Dass er zu DDR-Zeiten viel mehr verdiente, spielte bei der Aufrechnung keine Rolle. Durch die Scheidung bin ich mein Elternhaus losgeworden. Aber ich muss sagen, dass es mir in meinem ganzen Leben noch nie so gut ging wie jetzt. Obwohl die Rente nicht hoch ist.

Das Arbeitsleben war zu DDR-Zeiten viel positiver. Wir haben uns untereinander geholfen, es war kollegial, einfach rundherum anders, obwohl wir körperlich schwerer arbeiten mussten als heute.

Meine Kollegen aus dem Westen dagegen waren sich einig: Sie wären nie in den Osten arbeiten gefahren, wenn es andersherum gekommen wäre. Sie hatten eine völlig falsche Vorstellung vom Osten. Auch nachdem ich in den Vorruhestand gegangen bin, treffen sie sich regelmäßig. Der Betrieb organisiert Weihnachtsfeiern, aber die Ostler, und zwar alle, werden nie eingeladen. Wir waren und bleiben die Ostler. Am meisten hat mich gekränkt, dass ich von den Westkollegen eines Tages erfahren habe, dass diese für lange Zeit monatlich 300 DM zusätzlich erhalten haben, um die Ostkollegen anzulernen. Das macht mich heute noch sprachlos.

Nach der Wende wollte keiner eine alleinerziehende Mutter einstellen

Christine, Jahrgang 1957

Ost: wissenschaftliche Mitarbeiterin für Berufsausbildung, Ökonomin, Leiterin für Arbeitsökonomie **West:** Bankangestellte, freigestellte Personalrätin

Ich wollte nie zum Arbeitsamt gehen, bin an verschiedenen Institutionen in Magdeburg vorstellig geworden, hatte Berufserfahrung, mehrere Qualifikationen. Aber es gab immer Absagen. Ich habe zwar immer gesagt, dass ich, obwohl ich alleinerziehend bin, stets gearbeitet habe und meine Eltern mich unterstützten. Alle bedankten sich nett, aber dann kamen die Worte: »Der Posten ist leider schon besetzt, zwei Kinder, hm, na ja.« Man hat genau gespürt, dass die Sache im Prinzip damit erledigt war. Nach der Wende wollte keiner eine alleinerziehende Mutter einstellen, das muss man ehrlicher Weise sagen.

Ich bin in Magdeburg geboren und habe noch zwei Brüder. Einer ist Architekt, der andere promovierter Chemiker. Mein Elternhaus kann man als bürgerliche Intelligenz beschreiben. Meine Mutter hat in der staatlichen Zentralverwaltung für Statistik gearbeitet, mein Vater im Schwermaschinenbau Magdeburg. Er war Leiter der Datenverarbeitung. Bis zu meinem 14. Lebensjahr wohnte noch meine Omi bei uns im Haushalt. Meine Mutter war zu Hause und sie ging erst wieder arbeiten, als meine Oma starb. Direkt an meinem 14. Geburtstag.

Mein Abitur habe ich 1975 mit Auszeichnung gemacht. Danach habe ich studiert. Die Richtung habe ich mir selbst ausgesucht. Ich wollte in Magdeburg bleiben und ging an die TU, um Arbeitswissenschaften, Arbeitsgestaltung, Betriebsgestaltung zu belegen. Das war der große Bereich Technologie der metallverarbeitenden Industrie. 1979 schloss ich das Studium als Diplom-Ingenieur ab. Ich arbeitete an der Technischen Universität weiter als wissenschaftliche Mitarbeiterin mit dem Ziel, zu promovieren. Dabei ist mir aber meine Tochter dazwischengekommen. Ich habe entschieden, die wissenschaftliche Arbeit aufzugeben, die Promotion nicht durchzuziehen, weil ich mich um meine Tochter kümmern wollte. Deshalb nahm ich dort an der Hochschule eine andere Tätigkeit auf, bei einer technischen Zeitschrift. Ich habe nicht aufgehört zu arbeiten, sondern den Mutterschutz in Anspruch genommen. Danach bin ich wieder arbeiten gegangen, weil ich allein verdienend war, denn mein Mann studierte zu diesem Zeitpunkt noch. Wir haben 1977 geheiratet, 1980 kam die Tochter, sie ging in die Krippe, tagsüber.

Ich habe noch ein zweites Kind bekommen, einen Sohn, 1982. Nach dessen Geburt konnte ich ein Jahr zu Hause bleiben. Danach arbeitete ich bei der staatlichen Zentralverwaltung für Statistik als wissenschaftliche Mitarbeiterin für Berufsausbildung. Ich bewarb mich dort, weil das ein Sechs-Stunden-Job war. Ich wollte mehr Zeit für meine Kinder haben. 1987/88 begann ich, Vollzeit zu arbeiten. Dann kam die Scheidung. Mein Mann hatte mir immer beim Studium geholfen, mich unterstützt, hat im Haushalt gearbeitet, die Kinder betreut. Er hat mich auch unterstützt, als ich ein Zusatzstudium gemacht habe. Das war ein Fernstudium als Ökonomin mit Zusatzabschluss an der Hochschule für Ökonomie und Planung in Berlin. Es wurde von der Statistischen Zentralverwaltung gefordert und betraf Beschäftigte, die diesen Abschluss nicht hatten. Ich konnte das wahrnehmen, weil mein Mann und meine Eltern eingesprungen sind, ich also Unterstützung von allen Seiten hatte.

1988 hatte ich den Wunsch, meine Oma im Westen zu besuchen. Das durfte ich nicht, weil ich in der Statistik gearbeitet habe. Deshalb kündigte ich dort und nahm einen neuen Job bei der Gaststättenvereinigung in Magdeburg als Leiterin der Arbeitsökonomie an. Dann konnte ich sofort meine Oma besuchen. Sie lebte im Altersheim, wo ich sie noch einmal sehen konnte, bevor sie starb. Ich konnte ja nicht wissen, dass die Grenzen geöffnet werden würden.

Ich habe immer Wert gelegt auf ökonomische Unabhängigkeit, auf eigenes Geld. Gleichberechtigung war für mich normal und selbstverständlich. Die Frau ging arbeiten, es war ganz selten, dass eine Frau nicht arbeiten ging, das war etwas Besonderes. Es hat immer Spaß gemacht, es war ja nicht so, dass man keine Lust hatte.

Dann kam die Wende. An dem Abend habe ich voller Sorge und voller Schrecken vor dem Fernseher gesessen, weil ich mir darüber im Klaren war, was da auf mich zukommt, denn ich war geschieden und Alleinverdienerin.

Mit zwei Kindern war das eine schlimme Zeit, unabhängig davon, dass Oma und Opa zur Unterstützung da waren. Denn ich wusste, dass ich in der DDR gut aufgehoben war, abgesichert, und dass das auch für meine Kinder galt, die berufliche Entwicklung der Kinder war sicher. An diesem Abend ratterte das alles in mir. Ich fragte mich, was mit meinem Beruf werden würde, mit meinen Kindern, mit der Ausbildung. Wie würde es überhaupt weitergehen?

Ein Jahr später lernte ich meinen neuen Mann kennen, wir haben in einem Wohngebiet gewohnt. Aber in der Kindererziehung hat er mich nicht unterstützt. Von dieser Seite her war ich alleinerziehend. Finanziell hatte ich keine Vergünstigung, das gab es nicht. Der Vater der Kinder hat Unterhalt gezahlt, es gab kein Kindergeld. Es war insgesamt schwer.

Auf gut Glück habe ich mich bei der Bank beworben, wo ich heute noch arbeite. Auch hier wurde mir beim Vorstellungsgespräch gesagt, dass man mich nicht entsprechend meiner Qualifikation beschäftigen könnte, aber es würden Leute gesucht. Für mich war das Gehalt ausschlaggebend, und ich habe sofort zugesagt. Ich musste aber wieder ganz unten anfangen, egal, was ich studiert hatte. Es war ein harter Neustart. Hinzu kam, dass ich nie pünktlich Feierabend hatte. Die

Aufbauzeit im Osten war schon anstrengend. Es funktionierte aber, auch durch die Unterstützung meiner Mutter. Sie war zu diesem Zeitpunkt schon Rentnerin.

Ich durchlief in der Arbeitsstelle verschiedene Stationen, habe lange Fahrwege auf mich genommen. Die Kinder waren schon größer, als ich die Möglichkeit hatte, aufzusteigen, und so habe ich das genutzt. Sonst hätte ich keine Chance gehabt. Sie hatten bereits drei Frauen angesprochen, die schon über eine bestimmte Vorbildung verfügten, ich war aber die einzige, die das Angebot angenommen hat. Zwei Jahre bin ich 97 km eine Strecke gefahren, mit dem Auto, täglich. Ich habe manchmal vor Ort in einem Appartement übernachten können, auf Kosten der Firma, wenn es sehr spät wurde.

Seit Anfang der 1990er Jahre bin ich im Personalrat. Das war schon immer mein Ding, denn ich konnte noch nie meinen Mund halten. Während der Pendelei habe ich das allerdings ruhen lassen. Aber 2002 wurde ich in den Vorstand des Personalrates gewählt, bei gleichzeitiger voller Freistellung von der Arbeit. Das habe ich gemacht, 14 Jahre lang. Als freigestelltes Personalratsmitglied musste ich mich über Jahre wieder neu durchbeißen. Da wurde ich genau beobachtet und habe bewiesen, dass ich das kann.

Mit den Kindern habe ich lange Zeit allein gelebt, mit meinem Mann in getrennten Wohnungen, ohne verheiratet zu sein. Erst seit 2011 bin ich verheiratet. Unser Versuch, mit den Kindern zusammen zu ziehen, ist misslungen. Meine Kinder waren es nicht gewohnt, dass jemand, also mein Mann, mal seine Ruhe haben wollte und um halb 11:00 Uhr ins Bett ging, eine Uhrzeit, zu der die Kinder gerade in die Disco loszogen.

Später bin ich allein zu ihm gezogen.

Ich erlebte Teamarbeit im Osten und im Westen, es war beides gut. Männer haben mich akzeptiert, und Frauen auch. Aber ich hatte eine Kollegin aus dem Osten, mit der ich mich besonders gut verstand und mit der ich manches bereden konnte. Das war mir wichtig. Einige Ansichten der westdeutschen Kolleginnen und Kollegen waren einfach anders, zum Beispiel zum Kindergarten. Die Frauen waren meist Teilzeitbeschäftigte und nutzten den Kindergarten nur einige Stunden. Häufig sagten Westfrauen zu mir: »Mein Mann fährt auch jeden Tag so lange Strecken.« Ich habe immer gedacht, na ja, aber das sind eben die Männer und ihr verdient nur dazu, für Urlaub, für Schuhe und so. Eine direkte Diskriminierung habe ich nicht erlebt.

Meine Abschlüsse wurden nicht anerkannt. Ich fing bei Null an, ganz unten, trotz Diplom. Ich habe die Chance bekommen aufzusteigen, bin höher gekommen, aber nicht so, dass es meinem Abschluss entsprochen hätte. Das war und ist mir bewusst. Letztlich habe ich meinen Frieden gefunden, eine Arbeit, die interessant ist und Spaß macht. Trotzdem gab es eine Zeit des Haderns.

Für mich war immer die ökonomische Unabhängigkeit als Frau wichtig, Geld zu verdienen, nicht nur wegen der Kinder. Das habe ich an meine Tochter weitergegeben. Die lebt das genauso wie ich. Zu meinem letzten runden Geburtstag hat sie mir geschrieben, dass sie genauso sein möchte wie ich. »Ich bin froh, dass ich dich habe, so wie du mir das vorgelebt hast, so will ich das auch machen.« Das ist schön für mich. Sie hat Karriere gemacht, zwei Kinder, arbeitet Teilzeit mit der Option, wieder voll einsteigen zu können. Sie hat Elternzeit genommen, ist aber immer im Arbeitsprozess geblieben. Der Papa nahm auch Elternzeit, ich glaube drei Monate, sodass meine Tochter die Möglichkeit hatte, wieder einzusteigen, und das war gut.

Ich war in beiden Systemen zufrieden, nutze aber heute natürlich die großen Reisefreiheiten, die wir nicht hatten. Allerdings sage ich, wer heute nicht so viel Geld verdient, kann sich das auch nicht erlauben. Das muss man sehen. Ich war im Osten sicher aufgehoben, habe von vorne begonnen im Westen und blicke auf ein insgesamt erfülltes Berufsleben zurück. Ich habe immer versucht, das Schicksal in für mich richtige Bahnen zu lenken.

Bei den jungen Frauen nähert sich heute vieles an. Die Ostfrauen sehen, dass sie sich mehr in Teilzeit begeben können, solange die Kinder klein sind. Das finde ich gut, denn Kinder sind das Schönste, das es gibt. Die Westfrauen machen das auch, obwohl sie früher häufiger gesagt haben, dass sie gar nicht arbeiten gehen und lieber einen reichen Mann heiraten. Ich kenne durch meine Tochter viele junge Frauen, die alle arbeiten, in unterschiedlichem Ausmaß, aber sie arbeiten. Die haben nebenbei Familie, Haushalt, Kinder und Mann.

Wenn die Frauen nicht den Absprung schaffen zur Vollzeit, droht ihnen die Altersarmut. Ein ganz heikles Thema. Die Teilzeit hat nur Nachteile für die Frauen. Ich kenne keinen Mann, der sich freiwillig für Teilzeit entscheidet. In der DDR waren ja die Betreuungsmöglichkeiten gut und flächendeckend ausgebaut. Meine Kinder sind damals in einen Kindergarten gegangen in einem Neubaugebiet, in dem wir wohnten, der war schön, eine Außenanlage, gute Inneneinrichtung. Vor kurzem wurde bei uns ein Betriebskindergarten eingerichtet. Der sieht genauso aus wie der, in dem meine Kinder vor dreißig Jahren waren. Da hat der Westen heute noch Nachholbedarf, unabhängig von den Kosten, den Gebühren usw.

Ich finde, dass sich Ostfrauen in den Westen eingebracht haben. Wir haben immer gearbeitet, egal ob es für die Familie nötig war oder nicht. Ich glaube, dass die Ostfrauen überlebensfähiger sind, härter im Nehmen. Das wurde bei meinem Arbeitgeber auch gesagt, die Ostfrauen sind belastbarer. Denen kann man das Gleiche zumuten wie den Männern. Auch körperlich. Frauen dürften eigentlich nicht so schwer heben, aber sie haben gesagt: »Ich packe jetzt hier mit an.« Das ist mir aufgefallen. Heute ist das vielleicht nicht mehr ganz so, weil wir alle älter geworden sind. Aber auch die Männer haben ihre Wehwehchen.

Meine Kinder haben mir nie vorgeworfen, arbeiten gegangen zu sein und keine Zeit für sie gehabt zu haben. Ich hatte erst nach der Wende das Problem, dass ich nicht pünktlich Feierabend machen konnte. Im Osten hatte ich günstigere Bedingungen. Nach der Wende fragte keiner danach, ob du Frau bist oder nicht, alleinerziehend oder verheiratet. Und jene, die vieles wegen der Kinder nicht machen konnten, stehen heute immer noch da, wo sie mal waren. Wer keine Oma hat, oder keinen Mann, der unterstützt, der hat es schwer. Auch die Mieten sind nach der Wende gestiegen. Das war ein Schock, weil man nicht wusste, wie man mit dem Geld zurechtkommen sollte.

Wenn eine Frau heute ihre Karriere in den Vordergrund rückt und sie wirklich will, klappt es auch. Es kommt auf die Frau an. Ich glaube, dass es an den Frauen liegt, wenn es nicht richtig mit der Führungsfunktion klappt. Ich selbst wollte immer in einer mittleren Position bleiben, weil die Belastung in einer höheren Position schwer auszuhalten ist.

Wenn Frauen ihre Ausbildung und Qualifikation einbringen, werden sie auch gefördert – vielleicht nicht überall, noch gibt es zu wenig Unterstützung. Manchen Karrierefrauen fehlt aber die soziale Anbindung, weil sie sich für Familien nicht interessieren. Sie haben kein echtes Familienleben, tragen es nur vor sich her, weil es ihnen nicht gelingt, Beruf und Familie zu leben.

Mit den Kindern wuchsen mir immer so viele Kräfte zu

Heidi, Jahrgang 1958

Ost: Unterstufenschullehrerin, Freundschaftspionierleiterin

West: Bürokraft, Grundschullehrerin

Als ich geboren wurde, schaffte man gerade die letzten Lebensmittelkarten ab. Meine Mutter hat mir erzählt, dass sie mich mit acht Wochen schon in die Krippe gegeben hat, weil sie es als moderne Frau als Pflicht empfand, wieder zu arbeiten. Sie hatte ja ein Studium abgeschlossen und wollte nun auch tätig sein. In der Zeit zwischen Herbst und Frühjahr, als der Erntekindergarten geschlossen wurde, betreuten mich meine Großeltern. Mein Vater lebte als einziger von fünf Söhnen noch. Und mit mir als Enkeltochter kam das erste Mal ein Mädchen ins Haus. Das war eine wunderbare Zeit. Ich habe später oft gedacht, du hattest so viel Freiheit, Licht, so eine Liebe, mein erstes Paradies. Da entstand, glaube ich, der Wunsch, mit freiem Blick in die Natur zu leben. So hat meine Familie später immer gewohnt.

Zunächst bekamen meine Eltern eine Wohnung in einem von zwei kleinen Wohnblöcken, die die MTS* bauen ließ. Dorthin zogen junge Familien aus der Landwirtschaft mit Kindern. Das wurde mein nächstes Paradies. Wie anders lebt da meine Tochter in Neukölln. Ich muss mich jedes Mal darauf einstellen: Vierter Stock, die drei Kinder können niemals alleine spielen gehen, ständig nur unter Aufsicht, und der starke Straßenverkehr. Einfach die Kinder frei laufen zu lassen, wie das zu unserer Zeit möglich war, geht heute gar nicht. Alle Spielplätze sind eingezäunt. Schade.

Als ich vier Jahre alt war, kam meine Schwester zur Welt. Eine sehr schöne Erinnerung, im Wäschekorb das Himmelbettchen, da lag ein ganz kleines Baby mit klitzekleinen Fingern und kleinen Beinchen und Ärmchen. Eine Freude. Für mich war relativ schnell klar, Kinder gehören zum Leben. Die Frage nach dem Kinderwunsch war eine wichtige Frage an meinen späteren Mann. Die Antwort passte, also nahm ich ihn.

In meiner Schulzeit hat es eine ganze Weile gedauert, ehe bei mir die Erkenntnis gereift war, dass ich selbst mehr tun muss. Allerdings habe ich schon sehr früh begonnen, überall zu lesen. Meine Eltern hatten immer viele Bücher: Lexika, Fachbücher, Naturbücher, Belletristik. So entwickelten sich bei mir schon sehr frühzeitig viele unterschiedliche Interessen.

Im Urlaub fuhren wir immer zu unseren Verwandten nach Dresden. Es gab ja für meine Eltern in der Landwirtschaft keine Ferienplätze des FDGB*. Dresden hieß von früh bis abends Kultur, schon, weil es in der Wohnung der Tante mit

Besuch sehr eng war. Das hat sich bis heute nicht geändert. Ich fahre immer noch oft nach Dresden und genieße die Kultur.

Ich erinnere mich an meine Schulzeit, an mein ausgeprägtes Selbstbewusstsein, mein Mitteilungsbedürfnis und mein langsames Arbeitstempo bei der Erledigung der Hausaufgaben. Nie habe ich die in der dafür vorgesehenen Zeit geschafft. Das kommt mir oft in den Sinn, wenn ich die vielen Probleme meiner Schüler sehe. Wir müssen ihnen einfach ein bisschen mehr Zeit lassen.

Die Schule schloss ich mit der zehnten Klasse ab, nachdem ich nicht zur EOS* delegiert worden war. Ich bin überhaupt nicht auf den Gedanken gekommen, das Abitur später oder auf dem zweiten Bildungsweg abzulegen. Als man mich in der neunten Klasse fragte, ob mir eine Fachschulausbildung als Grundschullehrerin gefallen würde, sagte ich ja. Letztendlich war nur die Kombination Unterstufenlehrer und Pionierleiter möglich. Unser Institut für Lehrerbildung (IFL*) in Potsdam war im »Alten Militärwaisenhaus« untergebracht. Auf der einen Seite waren wir frei und fort von zu Hause, auf der anderen Seite mit 16 Jahren noch nicht volljährig, und wir wurden sehr kontrolliert und mussten pünktlich abends im Internat sein. Ich habe aber schon gemerkt, dass ich gut mit Kindern arbeiten kann. Wir waren ja in jedem Studienjahr im Schulpraktikum. Und in den Sommerferien sind wir in die Ferienlager als Erzieher gefahren.

Mit 20 Jahren waren wir ausgebildete Lehrer/Pionierleiter und nur vier Jahre älter als die ältesten Schüler in der Schule. Das war schon eine tolle Sache. Als Pionierleiterin habe ich ja an der Schule mit den Kindern von der ersten bis zur zehnten Klasse im außerunterrichtlichen Bereich zusammengearbeitet. Wir haben gemeinsam Veranstaltungen durchgeführt. Ich habe eine Singegruppe gegründet. Das waren sehr schöne, intensive Zeiten. Schule, Arbeit, Freizeit gingen oft ineinander über. Wir gründeten einen Jugendklub in Löwenberg. Mit den aktivsten Mädchen bin ich noch jetzt eng befreundet. Toll war, dass wir uns ausprobieren konnten. Man ließ uns ziemlich freie Hand.

Mit 23 Jahren habe ich meinen Mann kennengelernt und mit 24 kam meine Tochter zur Welt. Diese erste Pause war wunderbar. In der Zeit, auch später, als die Kinder klein waren, fiel es mir nie schwer, meine eigenen Wünsche zurückzustellen. Als die Tochter da war, wollte ich sofort das nächste Kind. Mein Sohn Alexander ist nur ein Jahr, einen Monat und einen Tag jünger als seine große Schwester. Mir war so, als wären mir in der Zeit Kräfte zugewachsen. Das war unglaublich, ich fühlte mich richtig gut als junge Frau. Es kam die Zeit, als mein Mann für eineinhalb Jahre zur Armee musste. Mit 26 war ich plötzlich ganz alleine, habe voll gearbeitet, und das mit zwei kleinen Kindern. In der ersten Zeit hatte ich nur das Fahrrad zur Verfügung. Wenn ich am Wochenende nach Hause zu meinen Eltern wollte, bekamen die Kinder kleine Rucksäcke auf, ein Kind vorn und eins hinten auf dem Rad und so zur überfüllten Bahn. Die Schaffnerin nahm mir die

Kinder ab und setzte sie neben den Zugführer. Ich saß mit dem Fahrrad im Gepäckteil. Mit dem dritten Kind wollten wir warten, bis mein Mann von der Armee zurück war. Unser Sohn meldete sich planmäßig 1986 an.

Nun wollten wir ein Haus bauen. Damit begann der Stress: Baugenehmigung einholen, Grundstück suchen, Kredit bekommen. Also ein bisschen verrückt, aber sehr schön.

Das Haus war fertig, da kam die Wende. Wir hatten drei Kinder. Und plötzlich denkt man, dass der Boden unter den Füßen zu wanken beginnt. Es war völlig unklar, wie es weiter geht, wo es hin geht. Die große Angst: Wie wird die Zukunft unserer Kinder? Zwischen 1989 und 1990 bin ich wieder zur Schule gekommen und habe festgestellt, wie sich meine Schule verändert hatte, wie meine Kollegen untereinander nicht mehr so offen und ehrlich sprachen. Der Ton hatte sich geändert, keiner traute dem anderen, jeder verschloss sich. Die Art und Weise des Umgangs war anders geworden. Man überlegte genau, mit wem man ehrlich über seine Meinung sprach. Es wurden plötzlich Anschuldigungen erhoben. Es wurden Stimmen laut: Was hast du als Pionierleiter eigentlich gemacht? Womit hast du deine Arbeitszeit ausgefüllt? Das war so deprimierend für mich, ich war schließlich mit vielen über Jahre befreundet. Dieser neue Ton hat mich sehr verunsichert. Es war damals eine große Angst unter den Kollegen, eine Existenzangst. Und diese Sorgen äußerten sich in unverständlichen Anschuldigungen und Unterstellungen. Das war für mich schwer zu ertragen. Diese Angst hat die Leute klein gemacht. Es wird immer von der unsäglichen Angst vor der Stasi und den Stasi-Mitarbeitern gesprochen. Aber diese Verhaltensweisen, dieses »Fähnchen in den Wind hängen«, das war für mich viel deprimierender.

In dieser Zeit hat sich mein Mann als Handwerker selbstständig gemacht. Am Ende des Schuljahres, ich arbeitete inzwischen mit einem Lehrer-Arbeitsvertrag, war klar, dass ich meine zweite Klasse als Klassenleiterin nicht weiterführen werde. Meine Tochter war in der Parallelklasse, mein Sohn ging in die erste. Ich sollte im nächsten Jahr als Springer eingesetzt werden und alle Musikstunden in der Schule geben. Man gab mir zu verstehen, dass meine Kündigung nur noch eine Frage der Zeit wäre. Ich kam dem zuvor und habe selbst gekündigt. Mein Lehrerleben war erst einmal zu Ende. Das hat mich schwer belastet. Ich konnte keine Kindergruppen an Wandertagen mehr sehen. Ich musste mich wegdrehen, weil mir die Tränen kamen. Ich mied die Schule. Zu Elternversammlungen musste mein Mann gehen. Und dann war ich das vierte Mal schwanger. Das war nicht geplant, nicht wie bei den anderen drei. Ja, das war 1992, als in allen Zeitungen stand, wir hätten ein Geburtentief im Osten, die Zeiten seien so unsicher, da wolle keiner Kinder kriegen. Als wir uns dann entschlossen haben, war das ein wirklich sehr schönes Gefühl. Die ersten Kinder bekamen wir zu sozialistischen Zeiten und dieses vierte nach der Wende. Kinder in beiden Systemen also.

Die Schwangerschaften, die Geburten und das Aufwachsen der vier Kinder waren immer sehr, sehr schöne Zeiten. Im März 1993 wurde unser viertes Kind geboren, anschließend war ich anderthalb Jahre zu Hause. Was mir neben vier Kindern, einem großen Haushalt und der Mitarbeit bei meinem Mann an freier Zeit blieb, nutzte ich für mich, für meine Kulturprojekte, zum Lesen und für meine Aktivitäten mit den ehemaligen Häftlingen des KZ Ravensbrück.

Ab September 1994 begann ich wieder zu arbeiten. In der Firma meines Mannes kümmerte ich mich um Buchführung, Telefonate, Absprachen mit Kunden. Eigentlich war das nicht mein Ding. Es kamen problematische Zeiten für die Baubranche mit Zahlungsausfällen, später folgte die Insolvenz. Ich war ein Jahr arbeitslos.

Meine Familie war für mich sehr wichtig in dieser Wendezeit. Wenn alles sich änderte, hier fand ich meine Kraft und Stabilität. Wir entschlossen uns, unser Haus aufzugeben und auf dem Grundstück meiner Eltern in N. neu zu bauen und in die Kreisstadt zu ziehen. Die Schwiegermutter zog zu uns, als es ihr gesundheitlich schlechter ging. Wieder musste ich mich um vieles allein kümmern, denn mein Mann arbeitete zu dieser Zeit ein Jahr lang auswärts an einem großen Bauvorhaben im Harz und kam nur an den Wochenenden nach Hause. Als seine Mutter 2001 starb, kam die Zusage für ein Zurück in die Schule. Als Berlin und Brandenburg dringend Lehrer suchten, ergab sich die Möglichkeit, wieder einzusteigen. Ich war nur glücklich. Mir war egal, dass ich jeden Tag fast 50 km hin- und zurückfahren musste. Ich glaube, ich war die einzige, die so glücklich-naiv durch die Schule rannte, den Geruch von Schule und Kindern in den Fluren und Klassenräumen aufsog, mich auf Dienstbesprechungen freute. Nach zehn Jahren kam ich in eine völlig veränderte Schule zurück. Ich musste mich ganz schön umstellen. Die Stelle war auf 2 ¼ Jahre befristet. Die nächste Schule war 40 km entfernt, wieder ein Vertrag für zwei Jahre. Bis 2012 bin ich täglich 50 km hin und zurück gependelt. Dieses Fahren frisst viel Zeit, kostet viel. Ich habe zu einem Großteil nur für das Auto gearbeitet. Noch immer hatte ich keinen festen Vertrag. Den habe ich mir mit Hilfe der Gewerkschaft eingeklagt, allerdings nur für 20 Stunden. Die normale Arbeitszeit für Grundschullehrer betrug damals 28 Stunden. Obwohl Lehrer fehlten, musste ich diese acht Stunden immer wieder neu beantragen. Sie wurden mir »gewährt«, obwohl klar war, dass keine anderen Lehrer zur Verfügung standen.

Mein Mann hatte in der Zeit wenige Aufträge und so habe ich einen großen Teil des Familieneinkommens erwirtschaftet. Das war für mich okay. Wir haben uns immer gut ergänzt, fand ich. Er hatte goldene Hände, er konnte so gut arbeiten. Ich wieder war für andere Sachen verantwortlich. Unsere unterschiedlichen Sichtweisen ergänzten sich sinnvoll, er das Handwerkliche, das Praktische, ich das Kulturelle. Dann kam das Jahr 2006, das mein ganzes weiteres Leben veränderte. Nach einer Silvesterparty mit befreundeten Ehepaaren eröffnete mir mein Mann am Neujahrsmorgen, dass er künftig mit einer dieser Freundinnen leben möchte. Ich war völlig geschockt und fragte mich, wann sich unser Verhältnis verändert hatte, und wollte wissen, warum man nicht noch einmal über alles sprechen könne. Ich war überhaupt nicht auf diese Nachricht gefasst, es kam für mich aus heiterem Himmel. Ich hatte das Gefühl, dass mir der Boden unter den Füßen weggezogen würde. Und dann die Frage: Wie weiter mit den Kindern und der Familie? Ich fühlte mich schrecklich. In der Zeit habe ich über 15 Kilo abgenommen. Und die Kinder merkten die Veränderungen, obwohl ich lange schwieg.

Im August hat er sich endgültig entschieden zu gehen. Ich fühlte mich in dieser Zeit existenziell bedroht. Um aus dieser Depression heraus zu kommen, begann ich zunächst zu laufen. Dann haben wir zu tanzen angefangen. W. ist ein guter Freund aus meiner Jugend, eigentlich war er immer ein Nichttänzer. Aber wir haben uns zum Tanz verabredet. Wir hatten schnell Freude dabei. Und plötzlich bist du in einem Kreis, der dich auffängt. So entstand ein Kreis, ein Netzwerk. Und jetzt tanzen wir Standard und vor allem Tango, das ist wunderbar. Das genieße ich. Wie schon gesagt: laufen hilft, tanzen hilft auch. Irgendwann hörte ich einen Frauenchor. Der war so fröhlich, so lebensbejahend. Und nun singe ich wieder. Das habe ich in all den Familienjahren nicht mehr geschafft und immer wieder machen wollen.

Beruflich hatte ich irgendwann das ganze unverbindliche Vertrösten satt. Ich musste jetzt allein zurechtkommen. Nach einem bitterbösen Brief an den Schulrat bekam ich endlich nach Jahren eine Stelle in N. mit 28 Stunden. Dafür musste ich schweren Herzens meine geliebte Grundschule verlassen. Die neue Schule ist fünf Minuten mit dem Rad entfernt. Nun habe ich von 25 Kindern viele, deren Familien Grundsicherung des Staates empfangen. Hier spielt nur ein Kind ein Instrument. Wenn manchmal von bildungsfernen Elternhäusern gesprochen wird, dann treffe ich hier einige. Aber trotz dieser Probleme leisten wir an unserer Schule eine gute Arbeit. Diese Kinder brauchen unsere Liebe, unser Vertrauen und auf jeden Fall ein besseres Bildungssystem als das derzeitige.

Und nun sind meine Kinder erwachsen, jetzt bin ich Oma Heidi und wieder für die Familie da. Zehn Jahre nach der Trennung geht es mir eigentlich gut. Hier auf diesem Grundstück kommt die ganze Familie immer zusammen. So war es schon bei meinen Eltern und Großeltern. Und auch jetzt ist dieser Ort eine Art Familienzentrum. Und ich bin froh, mittendrin zu wohnen.

Gleichberechtigung, dazu gehört für mich, dass die Frau ein Recht auf Arbeit und Bildung hat. Meine Mutter hatte den gleichen Anspruch. Sie hat die Schule abgeschlossen und die Chance genutzt, zu studieren. Sie hat ihre Augen für Bildung und Kultur geöffnet und dies an uns weitergegeben. Ich war nicht die Beste in der Schule, aber ich hatte immer viele unterschiedliche interessante Sachen im

Kopf, die andere nicht wahrgenommen haben. Ich wollte meine Arbeit immer so erledigen, dass ich zufrieden bin, und vor allem, dass es den Kindern dabei gut geht.

Heute ist alles schön herausgeputzt und trotzdem ist in dieser Gesellschaft zu wenig Wärme für Kinder. Kinder stehen oft im Wege. Der gesellschaftliche Wind ist so viel kälter geworden. Deswegen freut es mich so, dass sich meine Kinder schon sechsmal für Nachwuchs entschieden haben. Im April kommt mein siebentes Enkelkind, ein Mädchen. Wenn sie alle hier sind, wenn sie miteinander spielen, das ist harmonisch, das sind einfach wunderschöne Momente, schöner geht es nicht. Kinder sind für mich das Prinzip Hoffnung.

Gleichberechtigung der Frauen ist heute, trotz aller Gleichstellungsgesetze, oft eine Farce. Frauen verdienen ca. zwanzig Prozent weniger als Männer, haben den Spagat zwischen Berufstätigkeit und Mutterschaft/Familie oft ohne genügend Hilfe, gesellschaftliche Akzeptanz und Unterstützung zu schaffen. Partnerschaften werden instabiler und oft beendet, ohne dass man an ihrem Erhalt ernsthaft genug arbeitet. Die oft dramatischen Auswirkungen auf die Kinder erlebe ich in meiner Schule täglich. Sehr selten sind alleinerziehende Väter. Meist sind es die Mütter, die versuchen, das Leben mit Kindern vaterlos in den Griff zu bekommen. Oft genug am Rande der Existenz.

Edeltraut mit t

Edeltraut, Jahrgang 1953

Ost: Verkehrskauffrau   West: Angestellte im Callcenter

Auf das t in meinem Namen lege ich großen Wert. Ich bin ein Arbeiterkind, habe keine Geschwister und bin in Schwerin geboren. Mein Vater hat bei der Bahn gearbeitet, meine Mutter in einem Werk als Arbeiterin am Fließband. Ich kann sagen, dass meine Kindheit sehr schön war. Ich ging in die Krippe, in den Kindergarten, und das sehr gerne. Meine Mutter arbeitete erst Vollzeit und dann Teilzeit. Sie wechselte den Betrieb, war erst in der Bonbonfabrik, dann in einer Getränkefabrik am Flaschenband und später in der Molkerei am Fließband in der Dosenherstellung, das war eine Kondensmilchverarbeitung.

Ich bin 1960 in Schwerin in die Schule gekommen, die war nur über die Straße. Ich habe dort zehn Klassen gemacht. Nach der achten Klasse hatte ich die Chance, auf die Erweiterte Oberschule zu gehen, heute heißt das Gymnasium, aber das wollte ich nicht. Mein Klassenlehrer sagte: »Du hast das Zeug dazu, mach es.« Meine Eltern wollten das auch nicht, aber trotzdem habe ich es versucht. Für mich zeigte sich ein innerer Widerspruch, und der war so groß, dass ich nicht schlafen und nicht essen konnte. Ich weiß nicht, warum ich das nicht wollte. Aber ich war damals schüchtern, hatte gute Freundinnen, von denen ich mich nicht trennen wollte, sodass ich wirklich unglücklich war, als ich dorthin ging. Nach drei Wochen war ich aber wieder in meiner alten Schule zurück, war ein ganz anderer Mensch, glücklich, und habe zehn Klassen gemacht.

Danach wollte ich bei der Bank anfangen, weil ich gerne einkaufen war, Geld zählen mochte, aber es gab zu viele Bewerber. Eine Nachbarin bei uns aus dem Haus arbeitete bei der Bahn und sagte, ich könnte in ihrem Betrieb anfangen. Da mein Vater 1969 verstarb und ich mit meiner Mutter allein lebte, fand ich das gut. Ich fing im Bahnbetriebswerk Schwerin als Verkehrskauffrau meine Ausbildung an. Ich bin durch sämtliche Stationen in der Reichsbahndirektion gegangen und habe nach zwei Jahren meinen Abschluss gemacht. Wir waren mehr Mädchen. In der sogenannten Dreierklasse lernten Leute von der Bahn, vom Kraftverkehr und von der Seeschifffahrt. Das war eine schöne Zeit. Das Beste war für mich, dass wir Uniform trugen, komplett, Käppi immer auf, schon in der Lehre. Die schloss ich mit Gut ab. Die Lehre lief zwei Jahre, 1970 angefangen, 1972 aufgehört. Meinen Mann lernte ich da bereits kennen. Unser Betrieb war im Obergeschoß, seiner, der Kraftverkehr, unten. Er war zuständig für LKW und von Beruf Kraftfahrer, er hat Material gefahren, von A nach B. Ich lief immer über den Hof, und so haben wir uns kennengelernt. Im Mai 1973 war unsere Hochzeit. Meine große Tochter ist im Oktober 1973 geboren, die Jüngere 1977. Ich bin 1975 in das Verkehrsabrechnungsamt gewechselt, weil ich bei der alten Arbeit Sonnabend und Sonntag Bereitschaft machen musste. Mit einem Kind Bereitschaft, das wollte ich nicht. Mit meinem Mann habe ich beratschlagt, ob ich den Wechsel machen soll, denn es war bekannt, dass im Abrechnungsamt nur Alte arbeiteten. Das änderte sich schlagartig, als aus den verschiedensten Gründen, vor allem aber durch Mütter mit Kindern, viele Junge dorthin gingen.

Meine Kinder sind in die Krippe gegangen, in die Tageskrippe. Ich musste morgens rechtzeitig los, denn Arbeitsbeginn war 7:00 Uhr. Ein Kind musste dahin, das andere dorthin. Mir tat das manchmal leid, wenn ich mit den Kindern so früh aus dem Haus ging, aber das war zu der Zeit so. Sie sind gerne gegangen.

Wenn man jung ist, geht es nach dem Geld, und da wäre Teilzeit nicht möglich gewesen. Wir wollten ja Anschaffungen machen. Als ich meinen Mann heiratete, hatte er eine Wohnung, also ein Zimmer mit einer Kochnische. Die Wäsche habe ich bei meiner Mutter gewaschen. Als meine Tochter ein Jahr alt wurde, sind wir im gleichen Haus ganz nach oben gezogen, in drei Zimmer mit Küche, und die Frau, die oben wohnte, ist nach unten in unsere Wohnung gezogen. Wohnungssuche war zu DDR-Zeiten immer schwierig. Wir haben privat getauscht. Natürlich waren wir interessiert an einer Neubauwohnung.

In unserer gab es Ofenheizung, die qualmte, die Toilette war nicht in der Wohnung, sondern im Keller, drei Treppen tiefer. Und dann hatten wir noch weiter unten immer Eingewecktes aus dem Garten. Eine Neubauwohnung war uns wichtig, weil wir etwas Zusammenhängendes und Warmes wollten. Wir erhielten einen kombinierten Ofen, der einmal beheizt alle Zimmer warm werden ließ. Mein Onkel setzte den, denn er war Ofensetzer. Kohlen musste man immer noch schleppen.

1978 hatte ich eine Knieoperation und konnte schlecht Treppen laufen. Meine Mutter kam morgens und hat die Kinder weggebracht, das war über vier Monate für alle eine schlimme Zeit. Wir hatten damals noch einen Garten. Die Kinder haben dort viel gelernt. Es war eine Kleingartenanlage und wir waren Mitglied. Am Wochenende schliefen wir dort und hatten eine kleine Küche und Toilette angebaut. Es war ein anderes Gefühl, im Garten zu schlafen, obwohl die Wohnung nicht weit weg war. Später haben wir den Garten verkauft.

Diese Zeit war schön: Arbeiten gegangen, Kinder geholt und ab in den Garten.

1986 kam die ersehnte Neubauwohnung in der Platte, ein großes Glück. Bei meinem Mann im Betrieb gab es immer jemanden, der für Wohnungen zuständig war. Derjenige, der dafür verantwortlich war, hat eine Wohnung bekommen, und wenn dieser dann die Wohnung hatte, wurde ein anderer verantwortlich, und der hat auch eine Wohnung bekommen. 1986 waren wir dran, eine Wohnung in einem Zehngeschosser, in Zusammenarbeit mit der Bahn gebaut. Wir konnten uns eine Wohnung aussuchen, weil mein Mann das alles gemanagt hat, und entschieden uns für eine im zehnten Stock. Das war ein toller Blick, sehr schön, allein die Balkone, sechs Meter lang. Wir waren glücklich, haben uns sehr wohl gefühlt. Vom Altbau in den Neubau, zusammenhängende Räume, Natur ringsum, wir konnten raus ins Grüne in unseren Garten, und die Einkaufsmöglichkeiten waren nicht weit.

Dann kamen meine Kinder in die Schule und mussten über die Ampel, das haben wir geübt. Wir sind in der Schule regelmäßig zu den Elternversammlungen gegangen, aber sonst waren wir nirgendwo drin, kein Elternaktiv und so. Wir haben uns interessiert, was los war, aber direkt mitgearbeitet – nein. Bei meinen Kindern war mir wichtig, dass sie viel aufnehmen konnten und viel beigebracht bekamen. Dass sie gutes Wissen erwerben und eine gute Grundlage für das spätere Leben erhalten. Mein Mann und ich schauten erst mal, wie das Lernverhalten war. Beide waren gute Schülerinnen, haben die Möglichkeit gehabt, das Abitur zu machen. Wir hatten nichts gegen das Abitur, die Kinder wollten das, im Unterschied zu mir damals. Die Große kam genau in den Umschwung, die Wende. Keiner wusste genau, wo und wie das Abitur gemacht wird. Sie erhielt einen Platz am Sportgymnasium, obwohl sie keinen Sport gemacht hat. Bei der Zweiten war es einfacher, sie ging auch auf ein Sportgymnasium. Beide machten ein gutes Abitur. Wir haben ihnen überlassen, in welche Richtung sie weitergehen wollen. Wir haben nie gesagt: »Du musst das oder das machen.« Es wurde gemeinsam beredet.

Die Große hat nicht studiert, sie lernte Versicherungskauffrau. Die Kleine arbeitete im Zoo, machte ein ökologisches Jahr und eine Lehre als Tierpflegerin, denn meine Schwiegereltern hatten hier Kaninchen, Enten, Hühner, und sie war glücklich. Sie hat aus dieser Zuneigung zur Natur und Tieren noch Umwelt- und Naturschutz studiert.

Mein Mann hat mehr Geld verdient als ich. Mein Mann war ein Glücksfall. Weil er schon zeitig aus dem Elternhaus seinen eigenen Weg ging, sich immer alleine verpflegen musste, war er sehr häuslich. Ich habe ihn erst kennengelernt, als er 35 war. Unser Altersunterschied betrug 15 Jahre. Im Haushalt half er, am liebsten hat er aber gekocht. Er kümmerte sich um die Kinder, hat sie sich geschnappt, ist losgegangen, und ich habe den Haushalt gemacht, oder wir haben alles gemeinsam erledigt und sind zusammen irgendwo hingegangen. Wir waren ja auch viel im Garten. Er brachte sie in den Kindergarten, holte sie ab, da kann ich nicht meckern. Ich hatte eine glückliche Ehe. Mein Mann hat nicht gesagt, dass er mir zur Erleichterung ein Haushaltsgerät oder so etwas schenkt, wenn, dann haben wir das gemeinsam gemacht und ich habe eher gesagt, dass ich so etwas haben möchte. Aber zum Geburtstag bekam ich so etwas nicht.

Mein Mann ist 1999 verstorben, ich war 26 Jahre verheiratet. Seitdem lebe ich allein. Die erste Zeit war das für mich sehr schwer. Ich habe daran knabbern müssen, dass er nicht mehr da war. Vielleicht weil wir so eine gute Ehe und Harmonie hatten. Es gibt heute noch Momente, wo ich daran denke. Als Ehepaar legten wir Wert darauf, dass unsere Kinder ihren eigenen Weg gehen, und haben versucht, den Kindern das zu vermitteln, was wir für das Beste hielten. Mein Mann kam von der Landwirtschaft, ich aus der Stadt. Wir haben uns bemüht.

Nach der Lehre als Verkehrskauffrau bin ich in dem Betrieb geblieben, drei Jahre. Früher wurden alle Fahrkarten handschriftlich ausgestellt und geprüft. Ich prüfte die Fehler und sorgte dafür, dass sie korrigiert werden, wie das zu DDR-Zeiten war. Ich bekam Belobigungen, aber nie Geld als Prämie. Ich war in der Gewerkschaft, aber nie in der Partei. Mein Mann ebenso, ihn wollten sie immer, aber er wollte nicht. In der Kirche waren wir auch nicht. Ich bin getauft worden, bin durch meine Freundin ab und zu in die Christenlehre gegangen. Das gefiel meiner Horterzieherin nicht, und sie ist zu uns nach Hause gekommen und hat zu meiner Mutter gesagt, dass ich da nicht hin solle. Das passe nicht zu unserem Staat, die Kirche. Dann bin ich nicht mehr hingegangen. Als das mit der Kirchensteuer zur Wende war, sind wir ausgetreten.

Ich habe die Wende gar nicht richtig mitbekommen. Wir sind zeitig schlafen gegangen und erfuhren erst am nächsten Morgen, was geschehen war. Ich verstand gar nicht, wie das passieren konnte. Wir sind nicht gleich ab nach drüben. Die Kinder konnten nicht fassen, dass man in den Westen reisen konnte. Aber sie wollten hin, und wir haben gesagt, dass wir das machen werden, aber alles mit Ruhe. Wir sind, glaube ich, in Ratzeburg gewesen, alle zusammen. In manchen Läden gingen einem die Augen über. Das kannten wir ja nicht. Der Unterschied war wie Tag und Nacht.

Wir kauften nur Kleinigkeiten, so richtig ausgegeben haben wir an dem Tag nichts. Später schafften wir uns eine Musikanlage an, weil die in der DDR teurer war. Vorher ging es nur um Süßigkeiten. Wir hatten Kopfschmerzen vor Reizüberflutung und fühlten uns überfordert. Mir war das alles zu viel. Wir sind ab und zu wieder in den Westen gefahren, aber nicht jede Woche.

Im Betrieb gab es Brigadeversammlungen, die wichtig waren. Wenn ich Protokoll führen musste, war mein ganzer Abend gelaufen, das lag mir nicht. Es wurde darüber gesprochen, wer alles schon drüben war. Einige sind gleich am nächsten Tag gefahren.

Mein Mann hat bis zur Rente in seinem Betrieb gearbeitet. Mein Bereich wurde 1996 in den Westen, weiter weg, verlagert. Wir hatten aber die Möglichkeit, mitzugehen. Manche nutzten die Gelegenheit, früher in Rente zu gehen. Ca. 80 Männer und Frauen, die bei der Bahn ein neues Callcenter aufmachten, blieben in Schwerin. Ich bin mitgegangen.

Wir haben telefonisch Fahrplanauskünfte erteilt. Das war zunächst aufregend, weil wir ja vorher nur schriftlichen Kram erledigten, und nun saß man den ganzen Tag am Telefon. Wir erhielten Computerkurse, Weiterbildungen, wo uns sehr viel beigebracht wurde. Ich habe die ganze Zeit voll gearbeitet. Bis 1997 im Mai, da hat meine große Tochter mich gebeten, zu fragen, ob bei mir im Callcenter noch Leute eingestellt werden. Es wurden nur Teilzeitkräfte eingestellt, zu fünf Stunden. Nach Beratschlagung mit meinem Mann habe ich getauscht, ich habe die Fünf-Stunden-Stelle übernommen und meine Tochter wurde als Vollzeitkraft eingestellt. Ich bummelte Ausgleichszeiten ab, meine Tochter fing dort an zu arbeiten und bewarb sich später als Trainerin. Bis heute macht sie das und schult die Leute bei der Bahn.

In dem Callcenter, in dem ich arbeitete, war es sehr stressig. Es gibt nette Leute, die anrufen, und nicht so nette. Wenn man den Bahnhof, den ein Anrufer suchte, nicht gleich gefunden hat, wurde man nicht gut behandelt. Und wenn solche Kunden gleich als erstes morgens in der Leitung waren, war der Tag schon gelaufen. Eigentlich hätte man sagen müssen: »Abgehakt, es kommen ja noch andere.« Viele Anrufer sagten aber auch: »Sind wir wieder in diesem Callcenter im Osten? Da kriegen wir immer eine bessere Auskunft, präziser, genauer, richtiger.« Das war ein Glücksgefühl. Wir arbeiteten in Schichten, da hätte die Bezahlung besser sein können.

Zunächst haben wir nur Auskünfte erteilt, dann kam der Verkauf am Telefon dazu. Das hieß neue Programme für Gruppenreisen, Auslandsreisen usw. Auch Mobilität für Kunden, die schwerbehindert sind. Das war mehr und andere Arbeit, aber finanziell hat sich für uns nichts geändert. Wir waren meist Frauen, es gab nur wenige Männer. Männer und Frauen wurden gleich bezahlt. Es gab aber Staffelungen. Wer länger da war, wie zum Beispiel diejenigen, die nach der Wende mit in den neuen Betrieb gegangen waren und keine Einarbeitung benötigten, die bekamen etwas mehr. Wir waren nur Ossis, Teamleiter kamen aus dem Westen. Ich kam mit allen klar, ich bin ausgeglichen und brodele nur manchmal innerlich auf. Persönlich hatte ich keine Kontakte in den Westen, nur beruflich.

Im Osten gab es mehr politischen Druck. Mehr Qualität und Quantität und arbeiten, arbeiten und nochmals arbeiten. Dafür ist die Kontrolle heute größer. Im Callcenter gab es einmal im Monat einen Check. Da hörte ein Kontrolleur unseren Telefonaten zu, ohne dass man das merkte oder wusste. Das war grauenvoll, das möchte ich keinem zumuten. Es gab jemanden, der saß am Telefon und hörte quasi heimlich unsere Gespräche ab. Es gab ein Formular dazu, und es wurde ausgewertet, was du Richtiges und Falsches gesagt hast. Manchmal ging es nur um Pillepalle. Und wenn du das nicht verstanden bzw. geändert hast, wurdest du in dem Monat nochmal gecheckt. Und dir wurde nicht gesagt, wann du überprüft wirst. Ich habe das mehrmals durchgemacht und war den ganzen Monat auf 200 Prozent mit meinen Nerven. Man musste zum Teamleiter, der auf einen einredete, und man konnte nichts entgegensetzen. Finanzielle Konsequenzen hatte das nicht, aber es war ein enormer Druck. Entlassen wurde selten. Selbst wenn einer einen guten Durchschnitt hatte, hörte die Kontrolle nicht auf. Ich war dadurch nervlich sehr belastet. Meine Kinder haben das gespürt. Wenn die Auswertung gut war, war ich ein anderer Mensch und befreit. Im Endeffekt bin ich krank geworden.

Es kamen mehrere Dinge zusammen. Meine Mutter kam zur gleichen Zeit mit 90 Jahren in ein Pflegeheim, sie war gestürzt. Ich habe ein sehr enges Verhältnis zu meiner Mutter, weil wir beide immer zusammen waren. Auch meine Kinder hatten immer ein sehr gutes Verhältnis zu ihrer Oma. Wir bemühten uns um einen Heimplatz. Meine neue Arbeit, Gruppenreisen zu bearbeiten, war ungewohnt. Ich bin ein Mensch, der nur arbeiten kann, wenn er etwas von der Sache versteht. Bis ich das intus habe, dauert es länger, da ich gründlich bin. Blabla wie manche jungen Leute, das kann ich nicht. Heimplatz, neue Arbeit, stets den Tag stemmen, Umzug der Mutter in das Heim, der nicht verarbeitete Tod meines Mannes, das war zu viel. Es war aus, ich habe nur geheult und war mit meinen Nerven am Ende. Fast ein Jahr blieb ich krankgeschrieben zu Hause. Nach meiner Rückkehr an den Arbeitsplatz blieb mir eine weitere Neuerung erspart. Ich erledigte die Arbeit, die ich vor meiner Krankheit hatte. Dafür erhielten die anderen eine höhere Stufe in der Bezahlung. Ich aber bekam nur fünf Stunden bezahlt. Außerdem habe ich erfahren, dass meine Witwenrente gekürzt worden wäre, wenn ich die neue Arbeit mit mehr Geld gemacht hätte, und das wollte ich nicht. Ich überbrückte die Jahre bis zur Rente, und ich war froh, dass ich jetzt mit 63 in Rente gehen konnte. Das habe ich sofort gemacht.

Mein Mann konnte mit 57 Jahren in den Vorruhestand gehen. Er hat lange damit gehadert. Aber ich wollte nicht einen Tag länger arbeiten. Er ist mit 61 gestorben und hat nicht mehr viel von seiner Rente gehabt. Ich weiß nicht, wie lange ich lebe. Ich will mein Leben noch genießen. Meine Mutter ist jetzt 95, aber wer weiß, ob ich so alt werde.

Ökonomische Unabhängigkeit ist für eine Frau wichtig. Sie sollte sich nicht ökonomisch abhängig von einem Mann machen, damit sie ihn nicht fragen muss: »Kannst du mir mal Geld geben?« Auch die Erfahrung, die sie für das Leben macht, wenn sie nur zu Hause ist, ist eine ganz andere als die im Berufsleben. Ich finde es wichtig, dass Frauen arbeiten gehen. Meine Töchter gehen beide arbeiten.

Im Osten war es nicht so stressig wie heute. Die Kollegen haben sich gut verstanden, auch mal Blödsinn zwischendurch gemacht. Hier im Westen, da hat man die Arbeit, aber keinen Zusammenhalt. Wir vom alten Schlag helfen einander. In der westlichen Zeit sollen wir das nicht mehr. Das ist nicht gewollt. Es ist nur gewollt, dass man seine Arbeit macht, aber nichts mit den Kollegen zu tun hat. Das finde ich nicht in Ordnung. Der Zusammenhalt war früher besser.

Meine Rente ist nicht doll, ohne Witwenrente ginge es gar nicht, ich habe über Jahre ja nur fünf Stunden gearbeitet. Traurig, dass heute Rentner trotzdem noch arbeiten müssen. Ich habe 46 Berufsjahre, bin nie arbeitslos gewesen. Der Mensch muss doch heute nach so vielen Jahren wenigstens sein Auskommen haben.

Zu DDR-Zeiten sind wir in Urlaub gefahren, die Kinder waren im Ferienlager. Wir waren viel im Urlaub. Mein Mann hat den Chef vom FDGB* gefahren, da hatte er das Privileg, öfter einen Urlaubsplatz von der Gewerkschaft zu bekommen. Nach der Wende waren wir in Ungarn. Sonst immer in Deutschland, auch an der Mosel. Wir sind keine großen Reisefreunde. Als wir im Reisebüro waren, merkten wir, dass wir uns gar nicht so viel leisten konnten.

Ich bin hier heimisch und fühle mich wohl.

In der DDR war ich mit 27 Spätgebärende

Dagmar, Jahrgang 1955

Ost: Diplomökonomin für das Hotel- und Gaststättenwesen, Restaurantleiterin, gastronomische Leiterin

West: selbstständige Buchhalterin

Mein Zuhause war und ist Rostock, geboren wurde ich allerdings in Magdeburg. Ich bin das älteste von drei Kindern. Meine Eltern lebten in Wustrow auf dem Fischland in einer sehr kleinen Wohnung ohne Komfort. Daher ging meine Mutter für die Geburt zu ihren Eltern nach Magdeburg und blieb mit mir eine Weile dort. Im Sommer '55 sind wir nach Rostock gezogen, wo ich aufgewachsen bin.

Mein Vater, geboren 1927, war an der Ostseeküste Bauingenieur auf verschiedenen Großbaustellen. Er hatte nach dem Krieg Maurer gelernt und in der DDR studiert. Meine Mutter ist Buchhändlerin, blieb in den ersten Jahren, nach der Geburt meiner Schwester, Jahrgang 1957, und meines Bruders 1960, zu Hause mit drei Kindern. Ich bin auch nicht in den Kindergarten gegangen. Meine Schwester ging das letzte Jahr in einen Vorschulkindergarten. Mein Bruder musste ab drei in einen Sprachheilkindergarten*. Als er aus dem Gröbsten raus war, hat meine Mutter wieder zu arbeiten angefangen. Allerdings nicht als Buchhändlerin, sondern in Rostock in einem Reisebüro, und das bis zur Wende. Teilweise Teilzeit, zwischendurch mal Vollzeit, aber in unserer Kindheit größtenteils TZ*. Mein Vater arbeitete im neu erbauten Überseehafen, später im Institut für Seeverkehr und Hafenwirtschaft, bis zur Wende. Beide haben kurz nach der Wende aufgehört zu arbeiten.

Ich bin in Rostock in die Schule gegangen. 1961 wurde ich eingeschult, war zwei Jahre an einer normalen POS*. Für die besten Schüler gab es eine Aufnahmeprüfung für eine weiterführende Schule, schon ab der dritten Klasse mit erweitertem Russischunterricht. Dazu gehörte ich, und ich habe dort Abitur gemacht. 1973 mussten wir uns über die Schule an der Uni bewerben, das ging reibungslos. Über die Schule erhielten wir die Rückmeldung, ob wir einen Studienplatz erhalten könnten. Die, die nicht erfolgreich waren, wurden in eine andere Richtung umgelenkt. Dazu gab es an der Schule sogenannte Umlenkungsgespräche für eine andere Studienrichtung.

Ich hatte nicht so ein Gespräch und überlegte, ob ich nach Dresden gehen sollte. Ich wollte von Anfang an Hotel- und Gaststättenwesen studieren, und das gab es nur in Dresden an der Verkehrshochschule mit der Richtung Tourismus und Fremdenverkehr oder in Leipzig an der Handelshochschule, u.a. mit der Richtung Hotel- und Gaststättenwesen. Ich habe mich für die Richtung Gaststättenwesen beworben und bin 1973 angenommen worden. Vier Jahre. Das Studium war in der ersten Hälfte ein Betriebswirtschaftsstudium, volkswirtschaftliches Grundstudium, und dann gab es die Spezialisierung. Produktionsmittelhandel*, Einzelhandel und Hotel- und Gaststättenwesen. Nach dem Studium war ich Diplomökonom für das Hotel- und Gaststättenwesen. Nach 3 ½ Jahren erhielt man den Hochschulabschluss und anschließend wurde die Diplomarbeit geschrieben.

Eigentlich wollte ich nach Rostock zurück, aber im ganzen Bezirk Rostock war nur eine Stelle in Heringsdorf auf Usedom frei. Das war mir zu provinziell. Ich war Großstädte gewöhnt. Obwohl die Ostsee ein Pluspunkt gewesen wäre – ich war nicht verheiratet – bin ich nach Berlin gegangen.

1977 fing ich in der Konsumgenossenschaft Berlin an. Ich war als erstes in einer Klubgaststätte, direkt vermittelt mit genauen Gehaltsangaben als Restaurantleiterin. 640 Mark plus Provision. Man arbeitete im Zweischicht- bzw. Dreischichtsystem. Die Klubgaststätten hatten ab 9:00 Uhr auf, aber natürlich musste man vorher da sein. 22:00 Uhr wurde geschlossen. Die Nachtdisco ging bis früh um Vier.

In Berlin hatte ich keine Wohnung, das war eine Odyssee. Ich wohnte an vielen Stellen. Da die zentrale Wohnungsvergabe über die kommunale Wohnungsverwaltung mit jahrelangen Wartezeiten verbunden war, mieteten viele Betriebe privat Wohnungen an. Solche hatte ich auch, aber da musste ich manchmal wieder raus, denn in den Wintermonaten kamen die Saisonarbeiter aus Bulgarien und Rumänien. Ich wohnte allein, manchmal waren wir zu zweit oder zu dritt. Es gab Leute, die im Sommer in ihren Garten gezogen sind und ihre Wohnung vermieteten, denn es gab schönes Geld dafür. Die Betriebe bezahlten alles.

In den Gaststätten gab es einmal im Monat einen Putztag, da war geschlossen. Alle Schulungen wurden auf diesen Tag gelegt, auch die politischen Schulungen. Ich musste die FDJ* übernehmen, weil ich die Jüngste war. Ich machte mit, aber es war nicht mein Ding. Das hatte mit den Gaststätten nichts zu tun, das war aufgesetzt.

Personal hatten wir genug. Es gab die in der DDR typischen Getränke ausreichend, aber in der Küche waren Engpässe u.a. bei Kalbfleisch-Filets. Wenn aber der Küchenleiter Beziehungen hatte, ging manches. Es gab auch Sonderrationen, zum Beispiel zu Silvester.

1981 begann die Karriere. Ich wusste genau, wie mit dem Hochschulabschluss die Karriere verlaufen würde. Man wurde Restaurantleiter als Einstieg, dann war man vorgesehen für höhere Leitungsaufgaben. 1981 bin ich also in der nächsten Gaststätte gastronomischer Leiter geworden. Es gab einen Direktor, einen gastronomischen Leiter, einen technischen und einen Küchenleiter. Für mich war das alles normal, ich wusste, dass ich mein Berufsleben nicht in den unteren Chargen verbringen wollte. Für mich stand aber fest, dass beim gastronomischen Leiter Schluss sein würde, denn ich war in keiner Partei und für die Direktorenposten musste man in den allermeisten Fällen in der Partei sein.

1982 ist meine Tochter geboren, ich war aber nicht verheiratet. Ich war in den ganzen Jahren der DDR nicht verheiratet, sondern heiratete erst 1990. Es war für mich kein Schock, schwanger zu sein, aber ich war schon 27. In der DDR war das fast spät gebärend, auch wenn sich das heute komisch anhören mag. Ich hatte mir immer vorgenommen, meine erste Schwangerschaft nicht zu unterbrechen, um eventuelle Komplikationen zu vermeiden. Denn einen Kinderwunsch hatte ich.

Das Kind kam, mit dem Vater war ich nicht zusammen. Ich war also alleinerziehend. Der Vater zahlte zu Ostzeiten Unterhalt. Er erkannte die Vaterschaft an, das wurde schriftlich beim Amt festgehalten. Da gab es zwar keine Tabellen, aber der Unterhalt wurde offiziell festgesetzt, und er hat gezahlt. Das waren 150 Mark, entsprechend seines Einkommens, und das blieb bis zur Wende so. Danach hat er es umgerechnet in DM gezahlt. Das entsprach natürlich nicht den inzwischen gültigen Tabellen. Ich war mittlerweile verheiratet und es war mir halbwegs egal. Als sie 18 wurde, hat er wegen des Studiums noch ein bisschen gezahlt, aber er verlor seine Arbeit, und es hörte auf.

1982 hatte ich nur ein halbes Jahr Mutterschutz, das mit dem einen Jahr kam später. Aber ich war alleinerziehend und hatte eine Freiwillige Zusatzrente* abgeschlossen, dadurch bekam ich für die Zeit zwischen Mutterschutz und Wiederaufnahme der Arbeit etwas mehr Geld und war finanziell abgesichert. Im September 1983 bekam ich für meine Tochter einen Krippenplatz. Seit 1981 hatte ich eine Wohnung und bin noch drei Wochen vor der Geburt umgezogen in eine größere Wohnung.

Zu dieser Zeit arbeitete ich den größten Teil in normaler Schicht, sodass ich sie früh hinbringen und abends meist auf den letzten Drücker abholen konnte. Es war mit der Fahrerei ein langer Tag, aber ich habe mich nicht als Rabenmutter gesehen. Nur wenn ich so spät kam und sie die letzte in der Krippe war, tat es mir leid. Sie war ein sehr aufgeschlossenes Kind und ist gerne gegangen, nur das Warten bis zum Schluss war schwierig, und da spürte ich meist die vorwurfsvollen Blicke der Erzieher. Meine Tochter hat mir das nie vorgeworfen, aber sie hat bis heute Angst im Dunkeln und ich muss gestehen, dass ich manchmal noch schnell in die Gaststätte gefahren bin, nachdem ich sie abends ins Bett gebracht hatte und sie eingeschlafen ist. Heute undenkbar. Ich war ja nicht permanent unterwegs, aber wenn, habe ich mir nicht so viele Gedanken gemacht. Einmal ist sie aus dem Bett gekrabbelt und lag schlafend davor.

Neben anderen Gaststättenwechseln hatte ich eines Tages auf mein Betreiben hin einen Termin in der Kaderabteilung der Handelsorganisation*, zuständig für das Lindencorso. Zu diesem Gespräch war ich zwar etwas bunt angezogen und nicht in der gewünschten seriösen Kleidung, aber ich fing 1986 dennoch im Lindencorso in der Straße Unter den Linden als gastronomische Leiterin an. Dort lernte ich meinen Mann kennen, er war dort der technische Leiter. 1987 kamen wir zusammen, und im September 1989 ist unser gemeinsamer Sohn geboren. 1990 heirateten wir.

Ich war bis zur Wende im Lindencorso. Es ging um 6:00 Uhr los und hörte um 4:00 Uhr auf, also rund um die Uhr Betrieb. Wir hatten viele internationale Gäste, die von Westberlin rüber kamen. Als gastronomischer Leiter hatte ich ein gutes Gehalt, kam zurecht. Wenn ich mir heute überlege, was ich an festen Ausgaben in der DDR hatte! Das waren vielleicht 100 Mark monatlich: Miete, Strom, Gas, Lotto, das ging vom Konto ab, da war noch gutes Geld übrig.

1988 war ich mit meinem jetzigen Mann, da waren wir noch nicht verheiratet, vom FDGB* aus im Urlaub, in Tschechien, sonst immer privat. Meist kannte man jemanden, der jemanden kannte, dann konnte man an die Ostsee fahren, nach Budapest. Eigentlich fuhren wir jedes Jahr, privat. Gruppenreisen waren nie meins, deshalb war ich zu DDR-Zeiten nie in der Sowjetunion. Das hätte mich zwar sehr interessiert, aber dass man nur als Gruppe fahren konnte, hat mir nicht gefallen.

Dass ich nicht weiter weg reisen konnte, war später ein Thema, denn ich hatte einen Onkel drüben, den ich nie besuchen konnte. Das störte mich schon. Ich war 1987 einmal in Westberlin zu seinem 50. Geburtstag. Meine Rückkehr war garantiert, ich hatte das Kind hier. Meine Schwester war Lehrerin, die durfte nicht fahren. Eine Kollegin von mir auch nicht. Im März '87 fuhr ich mit der S-Bahn Friedrichstraße zu meinem Onkel nach Westberlin. Er hat mich Kochstraße abgeholt. Er fuhr viel mit mir rum, zeigte mir alles. Ich habe einen ehemaligen Kollegen besucht, der ausgereist war.

Die Wende haben wir verschlafen, weil wir mit dem Kind früh ins Bett gegangen sind. Ich habe die Wende nicht kommen sehen, aber die allgemeinen Auflösungserscheinungen merkte man schon. Die Konsequenzen waren mir nicht so klar. Natürlich häuften sich die Ausreiseanträge und die Leitungen sollten Ausreisewillige bekehren. Da gab es sogar »Patenschaften«, die zugeteilt wurden. Alle vier Wochen musste man sagen, was man für einen Eindruck von demjenigen hatte. Da war kein Druck dabei, es sollte nach außen aussehen wie: »Wir geben keinen verloren.« Aber bei den meisten war kein Reden mehr.

Nach einem Jahr Mutterschutz mit meinem Sohn bin ich wieder eingestiegen. Nach zwei Monaten gab es schon die ersten Versammlungen, dass alles anders wird. Personal musste eingespart werden. Als es darum ging, zu rationalisieren, wer wegfällt, hätte das mich betroffen, weil ich durch die Babypause lange nicht da gewesen war. Plötzlich zeigte sich, dass Leute bereit waren, etwas mitzumachen, wozu sie vorher nicht bereit gewesen waren. Da nahm man einiges überrascht zur Kenntnis. Ich wurde nach drei Monaten für ein Jahr in Kurzarbeit Null geschickt und danach entlassen. Kurze Zeit später wurde die Gaststätte geschlossen.

Ich war ein Jahr arbeitslos und suchte mir dann eine Qualifizierung. 1992 erlebte ich eine Qualifizierung für Akademiker Ost mit den Erkenntnissen der Akademiker West. Da habe ich alles nochmal gelernt, von Mathe bis Sprachen. Marketing ganz groß, und Buchführung. Nach der Prüfung schrieb ich noch ein, zwei Bewerbungen, bin auch zu einem Bewerbungsgespräch hin, beim Otto-Versand. Da wurde ein Bezirksleiter gesucht. Das war neu, wir kannten ja keine Bewerbungsgespräche. Ich musste mich darstellen, aber es wurden Fragen gestellt, die kannte ich nicht und beantwortete sie trotzdem. Und nun, dachte ich, bin ich einfach Bezirksleiter. Nein, ich sollte auch Akquise machen. Das gehörte zu dem Berufsbild, und das konnte ich mir gar nicht vorstellen. Meine DDR-Ausbildung wurde ja nicht 100%ig anerkannt, vielleicht zu 80 Prozent. Wegen des wissenschaftlichen Kommunismus, den wir hatten. Aber ich dachte, ich bin Diplomökonomin, ich muss mir das nicht nochmal anerkennen lassen.

Ich fragte mich, was ich nun machen sollte. Ein Kommilitone hatte sich selbstständig gemacht, der sagte, man könne sich als Buchführungshelfer bei der Steuerberatung selbstständig machen. 1994 haben wir gemeinsam angefangen, das zu machen. Er gründete die Firma, stellte mich anfangs ein, und 1996 gründeten wir eine GbR*. Bis heute machen wir Buchführung, also laufende Geschäftsvorfälle, Buchhaltung, Lohnbuchhaltung für kleine Firmen. Somit hat meine Karriere nach der Wende aufgehört.

Meine Tochter und mein Sohn haben Abi gemacht. Sie hat Geschichte und Philosophie studiert, mein Sohn Stadtentwicklung. Er ist 2016 mit dem Bachelor fertig geworden und hat zur Zeit einen befristeten Job. Alles andere ist noch nicht ganz klar. Meine Tochter ist bei der Gauck-Behörde. Sie hat ihren Master in der Tasche.

Meine Karriere in der DDR wäre auf dem gleichen Level weiter gegangen. Ich wollte immer fachlich arbeiten, weiter höher hätte mehr Politik etc. bedeutet, und das war für mich ein Ausschlusskriterium. Direktor war politisch, mit Außendarstellung, meine Arbeit in der zweiten Reihe war fachlich. Ich hätte mich als Direktorin mit Dingen beschäftigen müssen, die ich nicht wollte und die meinen Mitarbeitern und Gästen nichts gebracht hätten. Ich hätte in der DDR nicht so eine Karriere machen wollen, wo mir keine Freizeit geblieben wäre, die ist mir wichtig. Ich verzichte lieber auf ein bisschen Geld und arbeite etwas weniger.

Ich habe zwei Enkelkinder.

Heute würde ich mehr ins Ausland gehen und mich umgucken, das sage ich auch meinen Kindern. Vor allem beruflich, das war bei uns nicht möglich. Man konnte nicht einfach ein Semester irgendwo anders machen. Man konnte zwar im Ausland studieren, aber man musste sich schon zeitig entscheiden und auf das Auslandsstudium vorbereiten. Bei meinem Studium war dieses strikte Hintereinander und diese Verschulung nicht so gut. Man konnte sich kaum ausprobieren und ein Ort, wo über die Gesellschaft nachgedacht wurde, war die Uni auch nicht. Das ist heute ja wieder ähnlich.

Meine Werte sind bis heute geblieben. Die haben nichts mit der Gesellschaftsordnung zu tun. Wenn in der Schule einer ist, mit dem keiner kann, darf man ihn nicht ausgrenzen, gegen andere niederträchtig sein. Einen guten Umgang miteinander haben, nicht auf Kosten anderer leben, andere nicht demütigen und vor allem eine eigene Meinung haben, das ist mir und auch für meine Kinder wichtig. Damals gab es auch Freiheit in unserer Familie, aber die Freiheit auszureisen, die hätte ich mir nie genommen, weil dann mein Bruder nicht mehr zur See hätte fahren dürfen. Unsere Kinder haben heute mehr Möglichkeiten, aber ich habe die Freiheit nicht so vermisst. Jedenfalls hat es nicht meinen Alltag bestimmt. Die Mauer war da und Punkt. Es war für die meisten meiner Generation eine Tatsache. Wir haben uns trotzdem unsere kleinen Freiheiten genommen. Man kann sich doch nicht dauernd über Sachen aufregen, bei denen man das Gefühl hat, dass sich erst mal nichts ändert. Seine Energie kann man auf anderes konzentrieren, auf Sachen, die man verändern kann, da hatten wir genug. »Gib mir die Gelassenheit, Dinge hinzunehmen, die ich nicht ändern kann«, den Spruch sage ich heute noch oft. Das war für mich die Mauer. Die war da, im Kleinen konnte man genug tun.

Nach der Wende sind wir viel gereist, aber wir haben nicht die ganz großen Reisen gemacht, da der Junge noch so klein war, die machten wir später.

Für meine berufliche Entwicklung spielte Gleichberechtigung oder Gleichstellung keine große Rolle. Damals, ich war 22 Jahre alt und kam in die Gaststätte, sollte ich den Alteingesessenen erklären, wo es lang geht. Da dachten die, »Mädel, trink mal einen, dann wirst du ruhiger«. Das hatte aber nichts damit zu tun, dass ich eine Frau bin, sondern mit meiner Jugend. Ich hatte ja den Beruf nicht gelernt, sondern hatte Abitur und studiert. Die Schwierigkeiten hatten alle, denn man kennt die Praxis nicht. Die Geheimsprache der Kellner, die musste man sich aneignen, das hatte mit der Rolle der Frau nichts zu tun. Die Direktoren allerdings, das waren fast alles Männer. Und wenn mein Chef in Urlaub war und ich zu den Sitzungen ging, dann war es machohaft und man musste sich als Frau durchsetzen. So eine Männerrunde lässt nicht gerne Frauen hochkommen. In der Gastronomie im Service gab es mehr Frauen und in der Küche mehr Männer. Chefs waren sowieso überwiegend Männer. Im Café gab es viele Frauen. In der Nachtbar waren die Stellen lukrativ, da haben sich die Männer ihre Posten gesichert.

Mama, du hast es allein geschafft, dann schaffe ich es auch

Heike, Jahrgang 1961

Ost: Bauingenieurin   West: Verwaltungsangestellte, Rechtsanwalts- und Notargehilfin

Ich war ein Betriebsunfall und habe das immer zu spüren bekommen. Mein Bruder ist drei Jahre älter. Er war ein Wunschkind, das verwöhnt wurde. Meine Mutter ist leitende Oberärztin und mein Vater ein promovierter Logopäde. Sie haben sich während des Studiums kennengelernt, geheiratet und zwei Kinder gezeugt. Einen Tag vor dem Scheidungstermin meiner Eltern erzählte mir meine Mutter, dass sie mich abtreiben lassen wollte. Mein Vater hatte sich aber für mich stark gemacht. Ich ging mit sechs Wochen schon in die Krippe, weil meine Mutter ihre Facharztausbildung machte und mein Vater an seiner Doktorarbeit schrieb. Das Thema seiner Doktorarbeit war ich, weil ich als Baby Schreiknötchen hatte, meine Atemtechnik fehlte und ich durch Knötchen und Löcher in den Stimmbändern überall bis heute durch meine permanente Heiserkeit erkannt werde. Wenn ich heiser war und reden wollte, erhielt ich die lapidare Antwort: »Halt die Klappe.«

In den Kindergarten ging ich ganztags und fand es toll, mit anderen Kindern zu spielen. Mein Vater hat mich früh gebracht, weil das Ambulatorium, in dem er arbeitete, in der gleichen Straße lag. Seine Patienten waren Gehörlose, zu denen ich manchmal mit in die Praxis ging. Dort konnte ich nicht spielen, weil man wahnsinnig diszipliniert sein musste. Das fand ich doof.

Mein Vater und meine Mutter waren der Auffassung, dass man bereits mit der Einschulung ein großes Mädchen sei und große Mädchen nicht mehr spielen. Ich nahm das als bare Münze, verbrannte mein Spielzeug und kaufte mir von meinem Taschengeld nur noch Bücher. Es gab ja die Regenbogenreihe. Das waren wissenschaftliche Bücher für Kinder. Die habe ich viel gelesen.

Meinem Bruder fiel die Schule leicht und die Eltern drückten ihn mir ständig als Vorbild auf. In der fünften Klasse kippte das, ich war auf einmal wesentlich besser. Er kam dennoch aufs Gymnasium, aber mir wurde das aus zwei Gründen verwehrt. Zum einen, weil mein Bruder schon drei Jahre vorher trotz Abschlussnote 4 der zehnten Klasse aufs Gymnasium kam, und zum anderen, weil Mädchen für den Kochtopf studierten. Außerdem stamme ich aus einem Elternhaus der Intelligenz, und die Möglichkeit der Förderung war durch meinen Bruder staatlicherseits erfüllt und abgeschlossen.

Meine Eltern schrieben eine Eingabe an den Staatsrat, um mich auf das Gymnasium zu bringen. Im Ergebnis konnte ich den Weg der Berufsausbildung mit Abitur gehen. Ich habe einen Gesellenbrief als Baufacharbeiterin. Das Abitur machte ich in Mathematik, Chemie und Deutsch. Neben der Schule engagierte ich mich in einem Jugendklub als Klubratsvorsitzende. Das durfte ich mit Erlaubnis meiner Eltern machen, so lange meine Noten nicht absackten, und das taten sie nicht.

Nach der zehnten Klasse machte ich meine Ausbildung im Wohnungsbaukombinat als Betonfacharbeiter und später als Bauingenieur. Ich habe auch Platten hergestellt. Ich lernte nicht nur die Baustellen kennen, sondern Schweißen, Aushub und mehr. Das war körperlich sehr hart, und es ging dreischichtig. Während Gymnasiasten Ferien hatten, musste ich immer arbeiten. Ich hatte nur einen regulären Urlaub von 18 Tagen; nicht üppig bei drei Schichten. Mit 18 zog ich von zu Hause aus.

Meine Eltern hielten ihre Ehe unter der Prämisse aufrecht, dass meine Mutter bei ihrem Mann blieb, so lange er an der Promotion arbeitete. Mein Vater promovierte, als ich 14 Jahre alt war, zwei Tage vor meiner Jugendweihe*. Da gab er eine ganz opulente Fete an meinem Tag für uns beide. Aber natürlich war alles für ihn und nicht für mich. Es kamen viele Leute, die ich nicht kannte. Ich bekam Geld, das mir später half. Da ich immer schon weniger mit Puppen spielte und viel las, unterhielt ich mich auf der Feier mit einem Professor. Um ihm zu zeigen, wie klug ich war, erzählte ich, dass es Atomquarzuhren gebe, aber er sagte: »Nein, mein Kind, das gibt es nicht.« Dann kam mein Vater und sagte: »Merke dir eins, wenn der Professor sagt, dass es das nicht gibt, dann gibt es das nicht.« Von da an hatte mein Vater in meinen Augen komplett verloren.

In meiner Kindheit besuchte ich Freundinnen, die ein harmonisches Familienleben führten. Ich wurde dort aufgenommen wie eine Zweittochter und habe das sehr genossen, vor allem, weil die Auseinandersetzungen zwischen meinen Eltern schlimm waren. Als ich zwölf war, sprachen sie mit mir, um mich über die beabsichtigte Scheidung zu informieren. Altklug, wie ich war, habe ich mich an den Esstisch gesetzt und gefragt, ob sie nicht nur an sich, sondern auch an uns Kinder denken könnten. Das war der größte Fehler meines Lebens, weil die Scheidung erst vier Jahre später erfolgte. Und das waren vier Jahre Krieg.

Politische Diskussionen gab es in unserer Familie immer. Die Haushalte, aus denen meine Eltern kamen, waren unterschiedlich. Der Vater meiner Mutter war Ortsvorsteher in der NSDAP und der Vater meines Vaters und er selbst in der KPD bzw. dann SED. Als Chruschtschow mit dem Stalinkult aufräumte, brach für meinen Vater eine Welt zusammen und er trat aus der SED aus. Das hatte zur Konsequenz, dass man meinem Vater Steine in den Weg legte und er zwanzig Jahre später promovierte als geplant. Meine Mutter trat mit dem Tod Stalins erst Recht in die SED ein und dachte, dass ihr das beruflich hilft, tat es aber nur bedingt. Harte Diskussionen vor allem bei Familienfeiern, wenn Alkohol floss, waren an der Tagesordnung, sodass sich die Familie auseinanderlebte. Meine Mutter arbeitete an ihrer Karriere. Sie wurde Stationsärztin, innerhalb von drei Jahren

Oberärztin und übernahm eine Dialysestation. Mein Vater arbeitete an seiner Habilitation. Ich tippte auf einer Erika-Reiseschreibmaschine seine Arbeit, obwohl ich tippen nicht gelernt hatte.

Mein Bruder bekam mit acht Jahren ein Fahrrad, ich ging mit fünf Jahren einkaufen und habe den Haushalt, wie man sagt, geschmissen. Wir hatten anfangs noch eine Aufwartung, eine ältere Dame, die ich mochte. Aus heutiger Sicht würde ich sagen, dass sie eine so kleine Rente hatte, dass sie sich die 120 Mark dazu verdienen musste, um sich etwas leisten zu können.

Als der Scheidungstermin im Mai 1978 anstand, setzte ich mich mit in den Gerichtssaal. Die Richterin war entsetzt darüber und befragte mich über die Dinge, die ich selbst erlebt hatte. Beide Elternteile hatten anwaltliche Vertretungen. Die völlige Zerrüttung der Ehe wurde festgestellt; beide hatten sich im Vorfeld geeinigt, wer was bekommt. Mein Bruder war bereits volljährig und bei der Armee. Er bekam sofort das Wohnrecht bei meiner Mutter. Ich interessierte sie nicht. Deshalb fällte ich die Entscheidung, zu meinem Vater zu ziehen. Er stellte dies als seine Trophäe dar, was typisch war, und erzählte überall, seine Tochter hätte sich für ihn entschieden. Das habe ich als sehr negativ empfunden.

Am Ende erhielt mein Vater eine Professur in Rostock und pendelte zwischen Berlin und Rostock. Ich bezog deshalb schnell meine erste eigene kleine Wohnung. Ich erhielt lediglich den Kindesunterhalt, den meine Mutter bezahlen musste, 110 Mark, und mein Lehrlingsgehalt. Das waren insgesamt 200 Mark, damit musste ich die Miete bezahlen, 55 Mark, mein Essen, Strom, Gas, Kohle, Bekleidung und meine Fahrkarte. Das war sehr, sehr anstrengend. Drei Jahre habe ich vor mich hingewurstelt und mich um jede Nachtschicht geprügelt, denn es gab einen Zuschlag von 5,50 Mark pro Stunde und ein freies Essen. Obwohl man sagte, dass die Bauarbeiterversorgung in der DDR so gut war, dieses Essen war furchtbar. Es mussten damals schon 79 Prozent fleischlose Mahlzeiten angeboten werden, und das schmeckte nicht.

Wenn ich zu Hause meinen Schrank öffnete, fand ich kaum etwas zum Anziehen, kein Wunder bei den Finanzen. Aber auch anderes fehlte. So habe ich ein Jahr gearbeitet, Geld verdient, damit ich u.a. einen Kühlschrank kaufen konnte. Zu diesem Zweck ließ ich mich in meinem Betrieb versetzen, denn ich hatte mich weiterqualifiziert und konnte nun im Plattenwerk arbeiten. Das war ein finnisches Werk und für DDR-Verhältnisse sehr gut. Es war laut, dreckig, der Ton war ruppig, denn bis man von Männern auf Händen getragen wird, muss man eine ganze Menge durchmachen. Ich installierte Badzellen, Badewannen, Toiletten, tapezierte, verlegte Fußböden usw., ein Knochenjob. Eine Badewanne wog 280 Kilo und musste zu zweit getragen werden. Infolge der Arbeit mit Zement war ich inzwischen durch eine anerkannte Berufskrankheit geschädigt. Ein Jahr hielt ich durch, dann bildete ich mich weiter. Ich meldete mich für ein Fernstudium an, weil ich mir ein Direktstudium finanziell nicht leisten konnte. Ich wurde auch noch schwanger, ungeplant, und habe mich trotzdem gefreut, weil ich schon zwei Fehlgeburten hatte. 1984 kam meine Tochter auf die Welt.

Man war bemüht, dass ich in die SED gehe, weil ich Leute gut überzeugen konnte. Ich bin mal auf eine Versammlung eingeladen worden. Als ich mich zu den Leuten setzte, mir das anhörte, stellte ich fest, dass das verlorene Lebenszeit wäre und ich die zwei Stunden besser verbringen könnte. Da wurden Produktionssachen aufgezählt, über Sabotage geredet, was mich überhaupt nicht überzeugte, und unter den leitenden Führungsmitarbeitern waren viele Alkoholiker. Und das sollten Führungspersönlichkeiten sein?

Ich habe ein Schreiben darüber an die SED-Bezirksverwaltung geschickt, bin eingeladen worden zum Gespräch, standhaft geblieben und nicht eingetreten. Nach Auffassung eines Genossen war es das Wichtigste, seinen Parteibeitrag zu bezahlen, und das waren immerhin zwei Prozent vom Brutto. Mir wurde wegen meines Kindes eine Stunde von der Vollzeit aberkannt. Wir mussten ja 8,75 Stunden arbeiten. Um 6:00 Uhr war Arbeitsbeginn – aber da konnte ich mein Kind gerade erst in die Kita bringen, die dann aufschloss. Ich »warf« mein Kind also nur rein und rannte unter Missachtung aller Vorfahrtsregeln zur Bahn, damit ich um 07:00 Uhr umgezogen meinen Arbeitsalltag beginnen konnte, was natürlich nicht klappte. Um 15:45 Uhr war Feierabend. Man hat mir nicht gestattet, länger zu arbeiten, um auf die Vollzeit zu kommen.

So viel zur Vereinbarkeit von Beruf und Familie! Wohlgemerkt als Alleinerziehende. Mit Duschen und Umziehen war meine Tochter zwar immer die erste, aber auch immer mit bei den Letzten in der Kita, die abgeholt wurden. Und trotzdem habe ich mich immer mit ihr gefreut, wir haben Spaß gehabt, ich bin mit ihr in den Urlaub gefahren. Dafür habe ich gespart. Meine Urlaube waren immer privat, nie über den FDGB*, darüber habe ich nie etwas erhalten.

Als ich mich von meinem Mann trennte, war meine Tochter 4 ½ Monate alt. Er hat das nicht verkraftet. Sein Motto war: »Wenn ich dich nicht haben kann, dann auch kein anderer!«, und ich landete im Krankenhaus. Ich zeigte ihn an und es gab eine Gerichtsverhandlung. Viele Frauen nehmen heute wie damals Abstand, so etwas durchzuziehen, aber ich habe es gemacht. Auf der Geburtsurkunde meiner Tochter steht nur die Mutter. Es war einer der vielen konsequenten Punkte in meinem Leben, sowie der, 1983 einen Ausreiseantrag zu stellen und immer aufrechtzuerhalten.

Meiner Tochter sollte es an nichts fehlen, obwohl ich keinerlei Zuwendungen erhielt; erst 1985 wurde das Erziehungsjahr auch für Alleinerziehende eingeführt. Ich hatte nur 20 Wochen insgesamt, danach ging meine Tochter in die Krippe. Das hat alles niemanden interessiert. Meine Wohnung wurde nach der Geburt von einer Krankenschwester inspiziert, um zu prüfen, ob die Wohnverhältnisse für das

Kind gut sind. Aber sie war angetan, denn meine Tochter hatte ein helles, freundliches Zimmer, ein schönes Himmelbettchen.

Den Ausreiseantrag habe ich 1983 gestellt, 1984 wurde meine Tochter geboren. Ich zog ihn nicht zurück, wurde oft zu Gesprächen einbestellt. Meine Mutter hat versucht, mich zu überzeugen, den Antrag zurückzuziehen. Aber nur, weil mein Antrag für sie ungünstig war, interessiert hat sie das nicht wirklich.

Ich habe in den ersten Jahren manchmal nicht gewusst, wie ich zurechtkommen sollte. Es hat beide Eltern nicht interessiert. Mein Vater hat sich, bevor er starb, dafür entschuldigt. Da war meine Tochter gerade acht Monate und meine Mutter hatte keinerlei Bindung zu dem Kind. Im Zusammenhang mit dem Tod meines Vaters musste ich einiges in Sachen Erbschaft klären und nach Rostock fahren. Meine Tochter gab ich zu Freunden. Weil ich kein Geld hatte, bezahlte ich sie mit einem neuen Kühlschrank, einem Spiegelschrank, einem Staubsauger usw., Dinge aus dem Erbe meines Vaters. Für diese Sachen musste man in Berlin viel rumlaufen und sie waren teuer.

Meine Mutter ist 2016 gestorben und ich habe sie trotz aller Widrigkeiten und Demütigungen neun Jahre gepflegt. Das ist schon paradox. Mein Bruder hat die Pflege nicht übernommen.

Mein Bruder war bei der Armee und nicht glücklich mit der Scheidung meiner Eltern, weil er in die kleine Zwei-Zimmerwohnung zu meiner Mutter zog. Ihm hätte ja eigener Wohnraum zugestanden. Aber erst mit 21 zog er in eine eigene Wohnung. Meine Mutter besorgte die Lehrstelle, da er ja nicht so gut in der Schule war. Er lernte Schiffbauschlosser. Meine Mutter hat ihn sogar am ersten Tag noch zur Lehre begleitet. Mit mir dagegen hat sie sich gebrüstet, dass ich das Abi hatte, wenigstens eines ihrer Kinder etwas geworden wäre. Mein Bruder ging zur Marine. Drei Jahre musste man sich dafür verpflichten, aber nach 1 ½ Jahren war er dort weg und ging zur BVG*. Er hat das Arbeiten noch nie geliebt. Bei der BVG leerte er die Zahlboxen für 450 Mark im Monat, weil die keine Busfahrer brauchten, was er eigentlich machen wollte. Dort war er zwei Jahre. Dann ist er in den öffentlichen Dienst in eine Schule als Heizer gegangen. Ein super Leben, wurde immer dicker, noch fauler und Vater, trennte sich von der Kindesmutter und lernte seine jetzige Frau kennen, mit der er über 20 Jahre zusammenlebt. Er hat eine Ausbildung als Tischler absolviert, war auch mal arbeitslos, ging in eine Zeitarbeitsfirma, hatte kein Geld, aber seine Frau verdiente dafür. Leider ging auch diese andere Beziehung in die Brüche.

Wir beide haben heute unseren Frieden geschlossen, er arbeitet in einer Werft und fertigt die Einbauten von Luxusschiffen. Ein Superjob, er ist glücklich, wohnt in Wismar, seine Frau mit den Kindern in Berlin.

Am 02. Mai 1989 hatte ich meine Köfferchen gepackt, reiste mit meiner Tochter aus und war ausgebürgert. Verwandte im Westen hatte ich keine. Das Aufnahmelager Marienfelde blieb mir erspart. Bei der Erstaufnahme stand ein Anwalt neben mir, der mich und mein Leben interessant fand und fragte, ob ich bei ihm arbeiten wolle. Ich ging das Risiko ein, habe gleich bei ihm angefangen, und er besorgte mir eine Wohnung. Bei ihm habe ich als Rechtsanwalts- und Notarfachangestellte angefangen, noch eine Ausbildung gemacht und nebenbei gejobbt. Ich wollte auf keinen Fall einen Aussiedlerkredit aufnehmen, ich kämpfe mich lieber alleine durch. Wenn ich mir etwas nicht leisten kann, muss ich verzichten. Meine Tochter ging am Anfang mit in die Kanzlei, der Chef hatte selbst vier Kinder und die haben mit meiner Tochter gespielt und sie aufgenommen. Später hatte ich eine Kinderbetreuung, die ich bezahlen konnte, wenn es mal länger ging. Ich habe immer voll gearbeitet. In der Kanzlei war ich die einzige Ausgebildete. Meine Prüfung absolvierte ich mit der Note 1.

Nach der Ausbildung hörte ich dort auf, denn es war eine harte Bewährung und ich habe oft geheult. Erwähnen will ich noch, dass mich mein Chef nie als Ossi bezeichnete. Ich wollte im Westen auch nicht zuerst reisen oder großen Urlaub machen. Ich wollte mich durch die internationale Küche essen, weil wir das ja nicht kannten. Mein Chef fand toll, dass ich nicht auf dem Konsumtrip war. Ich konnte verzichten, für meine Tochter wollte ich alles.

Später fing ich an, bei einer Anwältin zu arbeiten. Mit ihr habe ich mich gut verstanden, eine Geschäftsstelle geleitet und wieder Erfahrungen gesammelt. Ich regelte meine Arbeitszeit so, dass ich drei lange und zwei kurze Arbeitstage hatte. Lang war von 8:00 bis 18:00 Uhr, kurz von 8:00 bis 14:00 Uhr. So hatte ich zwei Tage, in denen ich entspannter für meine Tochter da sein konnte. Sie war im Hort und auch Schlüsselkind. Es hat ihr nicht geschadet. Sie ist sozialisiert, weil sie schon früh in die Krippe ging. Meine Tochter kocht gern, bis heute. Ich habe sie viel allein agieren und ihre Kreativität ausleben lassen. Ich sparte eisern für Urlaube, sodass wir in der Karibik waren, in Sri Lanka, Afrika, Kenia und uns eine Mittelmeerkreuzfahrt leisteten. Dafür musste ich hart arbeiten, denn ich bekam keinen Unterhalt für das Kind. Ich schickte dem Kindsvater Gerichtsvollzieher hinterher, aber es kam nichts, und ich hatte deshalb zeitweise Zweit- und Drittjobs. Für gastronomische Einrichtungen habe ich zum Beispiel die Buchhaltung gemacht oder Tickets bei den »Eisbären Berlin« verkauft.

Meine Tochter bekam die Gymnasialempfehlung, wollte aber Friseurin werden, ist es geworden und bis heute mit Leib und Seele. Sie hatte klare Vorstellungen von ihrem Leben, die nicht meinen entsprachen, aber ich lege mich nicht quer, wenn sie etwas anderes will. Sie ist heute Salonleiterin und zufrieden. In ihrer Azubizeit war es auch für mich hart, weil ich sie unterstützen musste. Aber sie hat es gemeistert.

Heute ist sie Mutter eines kleinen Jungen, alleinerziehend und sagt: »Mama, ich habe es bei dir gesehen, du hast es geschafft, ich schaffe das auch.« Ihr Kindsvater zahlt nach viel Krieg und Unterstützung der Behörden.

Ich habe den kleinen Jungen oft.

1999 konnte sich die Anwältin mich nicht mehr leisten und ich bewarb mich für eine andere Stelle. Das war eine Sozietät. Dann bewarb ich mich bei einem Ministerium und wurde eingestellt. Erst in Bonn und später ging es an den Dienstsitz Berlin. Auch als ich nach Bonn ging, habe ich dafür gesorgt, dass meine Tochter alles Nötige hatte, denn ich musste beruflich pendeln. Das war anstrengend. Wenn wir beide zusammen waren, haben wir es deshalb besonders genossen und viel gemacht.

Im Ministerium war ich in verschiedenen Stellungen und Bereichen, musste viel und hart arbeiten, bis heute. Als Stellvertretende Gleichstellungsbeauftragte bin ich von Frauen gewählt worden und hatte eine interessante Zeit. Darauf bin ich stolz.

Mein ganz persönliches Fazit: In der DDR war eine bestimmte Sicherheit stets vorhanden, man hatte immer eine Arbeit und konnte das Kind unterbringen. Nur das Wie war eine Frage. Mit dem Wie bin ich nicht zurechtgekommen. Als mir meine Tochter in der DDR mit zwei Jahren zum Frauentag vorsang »Pionier zu sein ist fein«, habe ich mich schon gefragt, wie sie realisieren sollte, was das bedeutet. Das konnte sie doch gar nicht. »Häschen in der Grube« wäre geeignet gewesen. Als ich das monierte, hat man mir die Pistole auf die Brust gesetzt und gesagt, ich könnte ja in eine andere Kita gehen. Aber dann wäre der Weg für mich zu weit gewesen.

In der DDR wurde man nie gefragt: »Wen haben Sie gewählt?«, sondern nur, ob man wählen war. Absurd.

Im Westen habe ich schnell festgestellt, dass auch nur mit Wasser gekocht wird. Es ist viel Blendwerk; man kann im Westen etwas werden, wenn man sich gut verkaufen kann, aber auch Kapital im Hintergrund hat. Als Frau ist es nicht einfach. Wenn du in eine Dynastie hineingeboren wirst, ist es nicht so ein weiter Weg, aber du musst immer genau überlegen, Karriere oder Kind. Viele Frauen, die jetzt um die 50 sind, die alles in die Karriere investierten, aber keine Kinder haben, merken, was ihnen fehlt. Wenn ich über meine Tochter und den Enkel erzähle, sehe ich Wehmut bei diesen Frauen, und sie würden manchmal gerne das Rädchen zurückdrehen. Aber das kann man nicht. Sicher, es ist ein harter Weg mit Kind, vor allem heute und hier in Deutschland. Besonders als Alleinerziehende.

Auch wenn die Vereinbarkeit von Beruf und Familie jetzt groß auf der Agenda steht, Kinder nicht mehr kleine Erwachsene sind, sondern als Kinder gesehen werden, was mich freut, sieht es doch nicht rosig aus. Die Sozialisierung meiner

Tochter erfolgte anders, die meiner Generation auch. Es ist durchaus möglich, es als Frau mit Kind allein zu schaffen, aber Frau als Mutter muss zurückstecken. Dafür lebt sie aber nicht alleine, denkt nicht mehr an sich alleine. Man denkt für sein Kind mit, weil man das Beste will. Man lebt ganz anders. Die Karrierefrauen, die immer noch auf *den* Mann warten – mit 50 ist das vorbei. Sie können ja noch nicht mal adoptieren, weil sie zu alt sind. Pflegekind geht noch, Patenkind auch. Aber das ist es doch nicht.

Ich habe jetzt einen sicheren Job. Für Frauen gibt es dennoch große Hürden. Ich finde auch die Quotenregelung furchtbar. Aber richtig ist: Wenn Frauen in Aufsichtsräten vertreten sind, wird das Aggressionspotenzial geringer, es wird sachlicher. Ich finde, dass Frauen bereichernd sind. Das patriarchale Verhalten, was immer noch an den Tag gelegt wird, ist nicht mehr gefragt. Und schon fangen die Männer an zu intervenieren, weil jetzt die Förderung von Frauen zunimmt. Mindestens 40 Jahre wurden nur Männer berücksichtigt, die Frauen waren die, die abtippen durften. Wenn man sich die politische Entwicklung anschaut, ist es wie im Deutschen Reich, die Rückentwicklung an den Herd. »Artgerechte Haltung der Frau.« Das kann doch nicht erstrebenswert sein. Benimmkurse, Stylingkurse sind jetzt das Nonplusultra für junge Mädchen, um sich einen reichen Mann zu angeln. Ich sage, Schönheit vergeht, doof bleibt doof. Das Selbstbewusstsein hört doch bei diesen Menschen auf, sobald die erste Falte zu sehen ist. Das kann doch nicht sein. Das ist aber zielgerichtet. In den zwanziger Jahren waren die Menschen viel freier. Erst kam der Nationalsozialismus, und die Frau ging zurück an den Herd. Dann kam die Nachkriegszeit, Trümmerfrauen waren gut genug, das Land wieder mit aufzubauen, denn es waren vor allem die Frauen, und trotzdem wurde Frau wieder verdrängt. Bis 1975 musste man sich als Frau von Vater oder Mann die Erlaubnis holen, arbeiten zu gehen. Da hört es ja wohl auf. Heute haben es die Frauen geschafft, Berufe zu ergreifen. Ich habe Angst, dass wieder ein großer Werteverfall einsetzt und als erstes Frauen vor die Tür gesetzt werden. Vor allem die Frauen, die keine gute oder gar keine Ausbildung haben oder von Eltern zurückgehalten wurden, weil das Erlernen eines Berufes nicht gewollt ist, weil man besser lernen sollte, wie man eine Serviette faltet, also im Prinzip wieder zurück zu den Dingen, die die Frau an den Herd binden.

Ich kam mir als Hausfrau und Mutter ausgegrenzt und minderwertig vor

Anja, Jahrgang 1949

Ost: Kinderkrankenschwester, Krippenerzieherin
Medizinpädagogin o. Abschl., Dipl.-Pädagogin

West: Kita-Leiterin, Krankenschwester, Verkäuferin
Rezeptionistin Seniorenheim

Meine schulischen Leistungen waren immer gut und sehr gut. Die Schule hat mir Spaß gemacht. Als entschieden werden musste, ob ich Abitur mache, wollte ich auf keinen Fall auf die Oberschule gehen. Mein Standpunkt war, dass ich kein Abi brauchte, weil ich ja seit meiner Kindheit Kinderkrankenschwester werden wollte. Es gab viele Tränen, denn meine Eltern und Lehrer waren sich einig, dass es für mich gut und richtig wäre, wenn ich zwölf Jahre zur Schule ginge.

Ich bin als Älteste von drei Kindern aufgewachsen, habe zwei Brüder. Der jüngste ist ein Nachkömmling, der 13 Jahre jünger ist als ich. Mein Vater war Journalist, meine Mutter Sekretärin. Sie leben beide nicht mehr. Meine Mutter ist immer arbeiten gegangen. Dadurch sind wir frühzeitig sehr selbstständig gewesen.

Aus heutiger Sicht kann ich sagen, dass es eine sehr gute Entscheidung war, trotz meiner Vorbehalte auf die Eltern zu hören. Die vier Jahre auf der Oberschule waren fast meine schönsten. Wir hatten ein tolles Verhältnis untereinander, in einer reinen Mädchenklasse. Einige meiner Schulkameradinnen gehören heute noch zu meinen besten Freundinnen. Grund für die Mädchenklasse waren unsere Berufe, die wir neben dem Abitur von der neunten bis zwölften Klasse erlernten, nämlich Kranken- bzw. Kinderkrankenschwester. Die Ausbildung in Theorie und Praxis hatte ich an der medizinischen Fachschule und im Krankenhaus Friedrichshain.

Ich habe meinen späteren Mann sehr zeitig kennengelernt, mit 15 Jahren. Er war Handwerker, vier Jahre älter als ich. Kurz vor dem Abitur fragte ich mich, was und ob ich überhaupt studieren wollte. Wenn, dann wollte ich Lehrerin werden. Ich entschied mich für die Fachkombination Chemie/Mathematik. In Berlin sollte es möglichst sein. Aber es kam anders, ich wurde an die Pädagogische Hochschule Potsdam vermittelt. Das war wahrscheinlich nicht die richtige Wahl. In einem Internat der Hochschule untergebracht, fuhr ich sehr oft zu meinem Freund bzw. Verlobten nach Berlin, wovon meine Eltern auf keinen Fall etwas erfahren sollten. Ich kam immer mehr zu dem Schluss, dass dieses Studium doch nicht das Richtige für mich sei und ich es ganz schnell wieder beenden sollte. Das war damals aber nicht einfach. Also bin ich in der Hoffnung, dass man mich exmatrikulieren würde, zu keiner Vorlesung mehr gegangen. Aber es war weiterhin schwierig, die Hochschule zu verlassen. Nachdem ich inzwischen schwanger war und alles daran setzte, dieses Studium zu beenden, gelang es mir endlich.

Meine Eltern kamen mit meinem Schritt sehr schwer klar. Sie waren unglücklich und mein Vater hat dies Zeit seines Lebens nicht überwunden. Unser Verhältnis war seitdem gestört. Den Vater meines Kindes habe ich noch vor der Entbindung geheiratet. Da war ich 19 Jahre alt. Im Jahr 1967 Abitur, im Februar 1968 Hochzeit und im September 1968 ist mein Sohn geboren. Gewohnt haben mein Mann, der Sohn und ich bei den Schwiegereltern in einem Einfamilienhaus. Meine Schwiegermutter war eine sehr umgängliche und nette Frau. Wir verstanden uns gut auf relativ engem Raum. Aber ich war nicht richtig zufrieden. Meine Schulfreundinnen studierten, ich kam mir als Hausfrau und Mutter etwas ausgegrenzt und minderwertig vor. Also begann ich mit der Suche nach Arbeit. In der Nähe unseres Hauses fragte ich in einer Kinderkrippe, ob ich dort halbtags arbeiten und mein Kind mitnehmen könnte. Man schlug mir einen Sechs-Stunden-Vertrag vor. So begann ich mit meinem vier Monate alten Sohn in der Krippe zu arbeiten. Das ist ihm aber gar nicht gut bekommen. Wahrscheinlich war ich damals noch zu jung und unerfahren, habe nicht richtig reagiert. Er weinte ganz viel, was mir das Herz brach, und ich habe ihn von der Schwiegermutter oft abholen lassen, anstatt die Eingewöhnung durchzustehen.

Nachdem diese Phase beendet war, wollte ich gerne ein zweites Kind. Unsere Tochter ist im März 1971 geboren. Mit ihr war ich nur ganz kurze Zeit, ich glaube acht Wochen, zu Hause, bin gleich wieder arbeiten gegangen und absolvierte zusätzlich berufsbegleitend noch eine Ausbildung zur Krippenerzieherin.

Meinen Wunsch zu studieren hatte ich aber nicht aufgegeben. Ich schwankte gedanklich oft zwischen Psychologie oder Logopädie. Ich wollte es mir und meinem Vater beweisen, dass ich doch noch ein Studium schaffen würde. Zu einer Zeit, als die Nachfrage nach Krippenplätzen sehr groß war, viele neue Krippen entstanden, benötigte man kurzfristig sehr viele Krippenerzieherinnen. Und weil diese ausgebildet werden mussten, brauchte man sowohl für die praktische Ausbildung als auch für die Theorie mehr Lehrer. Ich erfuhr, dass man dringend Praxislehrerinnen auch ohne Studienabschluss suchte. Ich habe mich sofort an meine ehemalige Fachschule gewandt und wurde als Medizinpädagogin ohne Abschluss eingestellt. Von Anfang an war mir klar, dass ich noch ein Studium absolvieren muss (und möchte!). Nach zwei Jahren Tätigkeit delegierte man mich an die Humboldt-Universität zu einem Sonderstudium, das ich 1983 als Diplom-Pädagogin abschloss. Ich kehrte an die Medizinische Fachschule zurück und arbeitete dort in der Theorie, unterrichtete Pädagogik und bildnerische Erziehung.

Einige Jahre später begann es, dass ich mich an der Schule sorgte, ob diese Arbeit weiterhin das Richtige für mich sei. Immer mehr politische Zweifel kamen auf. Für mich begann eine Zeit des politischen Umbruchs. In der Betreuung meiner Seminargruppe war ich natürlich für vieles verantwortlich. In diesem Seminar befand sich ein sehr sympathisches, intelligentes Mädchen. Sie nahm an einer

Lichterkette zwischen den Botschaften der USA und der UdSSR teil. Und am nächsten Tag kam meine Abteilungsleiterin zu mir und erklärte, dass das Mädchen nach dieser politischen Aktion die Schule verlassen müsse. Ich sollte nun einen Bericht über sie und ihren Schulausschluss schreiben. Ich weigerte mich. Den Bericht schrieb die Abteilungsleiterin, und ich war fassungslos. Ich fühlte mich sehr schlecht, irgendwie schuldig, weil ich nichts dagegen tun konnte. Ausgerechnet dieses Mädchen sollte die Schule verlassen und nicht Krippenerzieherin werden. Dazu kamen noch viele andere Dinge, die mich politisch sehr beschäftigten. All das hat letztlich dazu geführt, dass ich an der Schule nach wenigen Jahren Theorieunterricht aufgehört habe. Ich konnte viele Dinge einfach nicht mit meinem Gewissen vereinbaren. Es fiel mir nicht leicht, denn das Unterrichten und der Umgang mit den jungen Mädchen haben mir große Freude bereitet.

Den wahren Grund für mein Ausscheiden konnte ich natürlich nicht sagen. Ich schied offiziell mit einem ärztlichen Attest wegen meiner Rückenbeschwerden, also aus gesundheitlichen Gründen, aus. Anschließend arbeitete ich bei einer Freundin in einem Kurzwarengeschäft. Seit meiner Tätigkeit an der Fachschule, und es kamen noch einige andere Ereignisse hinzu, fühlte ich mich in meinem politischen Denken oft hin- und hergerissen.

Mein Sohn, inzwischen 21 Jahre alt, mit eigener Wohnung, wollte völlig unbedarft über die grüne Grenze in Ungarn in den Westen gehen. Er wurde geschnappt, kam einige Monate ins Gefängnis. Auch meine Tochter konnte ich nicht halten. Als sie 18 Jahre alt war, ist sie über die ungarische Botschaft ausgereist. Später rief sie mich an und bat mich, zu ihr zu kommen. Das stürzte mich in große Gewissenskonflikte. Letztendlich stellte ich noch kurz vor der Wende einen Ausreiseantrag. Ich wusste doch nicht, wie sich alles entwickeln würde, und so bin ich am 12. Februar 1990 offiziell ausgereist.

In Westberlin angekommen, überlegte ich, was ich jetzt beruflich machen sollte. Mein Abschluss als Diplom-Pädagogin wurde anerkannt und gleichgestellt. Ich habe mich aber mit diesem Abschluss inklusive meines marxistisch-leninistischem Grundstudiums nicht getraut, mich als Lehrer an einer Schule zu bewerben. Mein Studium war spezialisiert auf die Pädagogik ausschließlich im Kleinkind- und Vorschulalter. Die Erzieherausbildung im Westteil von Berlin beinhaltete alle Entwicklungsstufen des Kindes vom Krippen- bis zum Erwachsenenalter. Ich hätte damals gerne ein zusätzliches Studium, Lehrgänge oder Kurse absolviert. Aber keiner konnte mir sagen, was dafür genau richtig und notwendig gewesen wäre. Also bewarb ich mich in allen Bezirken im Westteil Berlins als Erzieherin. In Wilmersdorf sagte man mir, dass ich ja völlig überqualifiziert sei, sie boten mir aber gleich eine Vorschulgruppe und mehr Geld als die anderen Bezirke an. So führte ich die Vorschulgruppe zum ersten Mal bis zur Schule. Ziemlich bald wurde ich stellvertretende Leiterin und nach nur einem Jahr Leiterin, was ich eigentlich in meinem Leben nie werden wollte. Ich dachte immer, dass ich kein Leitertyp sei. Im Nachhinein muss ich allerdings sagen, dass es eine sehr schöne Zeit war. Der Anfang als Leiterin in Wilmersdorf war sehr schwer, weil ich zum damaligen Zeitpunkt, glaube ich, eine Ausnahme darstellte, erstmalig eine Leiterin aus dem Osten und noch dazu eine, die vorher niemals als Leiterin einer Kita tätig gewesen war. Es war also wirklich manchmal sehr schwer. Wir lernten uns aber immer besser kennen und die Kolleginnen vertrauten mir zunehmend, wenn es auch einige Jahre brauchte. Unser Verhältnis wurde immer besser, sodass wir an einem Strang zogen. Später kamen ja noch viele Erzieherinnen von Ost nach West. Die hatten es anfangs auch nicht leicht. Einige haben später zu mir gesagt: »Wenn du nicht aus dem Osten gewesen wärst, hätte ich wahrscheinlich nicht in der Kita angefangen.« So sind wir wirklich ein ganz tolles Team geworden, Ost und West gemischt.

Die Kita war groß, für 175 Kinder zulässig. Meist hatten wir um die 150 Kinder und knapp zwanzig Kolleginnen plus Praktikanten. Viel Zuspruch und Hinweise von erfahrenen Kolleginnen und Kollegen erhielt ich im Arbeitskreis der Kitaleitungen. Hier trafen wir uns regelmäßig in Fachgruppen und einmal monatlich zu einer größeren Leitungssitzung. In dem großen Rahmen war ich sehr zurückhaltend. Es gab Kolleginnen, die bei jeder Sitzung etwas zu sagen hatten oder zumindest glaubten, reden zu müssen. Ich sagte nur etwas, wenn ich das Gefühl hatte, dass mich etwas sehr bedrückte. Nur einmal traute ich mich und war über mich selbst erstaunt, nämlich als man mich mit Beginn des Jahres 2006 im Leitungskreis mit dankenden Worten verabschiedete. Ich freute mich sehr über die Anerkennung meiner Arbeit und sprach recht lange. Darüber habe ich mich selbst gewundert, war aber auch stolz auf mich.

Erklären möchte ich noch, warum ich seit 2006 meine Tätigkeit als Kitaleiterin aufgegeben habe. Ich habe mich jahrelang um meine hilfe- und pflegebedürftige Mutter gekümmert. Das war fast wie ein Zweitjob. Ich fühlte mich oft völlig ausgelaugt. Deshalb wollte ich gerne nach dem Modell der Altersteilzeit arbeiten. Das war zum Zeitpunkt meiner Anfrage aber leider nicht möglich. Dann erfuhr ich Ende November 2005 von der Möglichkeit, mit einer Abfindung völlig aus dem Arbeitsleben auszuscheiden. Das war aber nur zum 1. Januar 2006 möglich. Oh je, so schnell sollte ich mich entscheiden. Diese kurzfristige Entscheidung fiel mir nicht leicht. Aber ich bin doch ins kalte Wasser gesprungen. Ich wurde für ein halbes Jahr erst einmal arbeitslos, erhielt natürlich aufgrund der Abfindung kein Geld. Ich hatte jetzt Zeit, mich mehr um meine Mutter zu kümmern und machte arbeitsmäßig erst mal gar nichts. Bereut habe ich diesen Schritt nie. Und ich wusste, dass meine Rente natürlich entsprechend geringer ausfallen würde. Nach circa einem halben Jahr begann ich mit einem Minijob. Eine Freundin fragte mich, ob ich in einer privaten Kita als Vorschulerzieherin arbeiten wolle. Ich sagte zu und machte das ein paar Jahre. Irgendwie kamen die Minijobs fast immer zu mir, wie man sagt. Ich brauchte nicht zu suchen. Ich arbeitete bei einem Gastroenterologen in einer Privatpraxis, die er aber nach einigen Monaten schloss. Danach begann ich in einem Teeladen, was mir große Freude bereitete. Nach fünf Jahren musste ich leider aus betrieblichen Gründen dort aufhören. Nun bin ich schon seit vier Jahren in einem Seniorenheim an der Rezeption. Dort fühle ich mich sehr wohl.

Mein Mann, mein Ehemann war meine Jugendliebe. In den ersten Jahren waren wir glücklich mit unseren beiden Kindern, wobei sich schon frühzeitig auch politische Unterschiede zwischen uns zeigten. Meine Eltern waren aus tiefstem Herzen Kommunisten und haben mich natürlich auch so erzogen. Da mein Mann ganz anders geprägt war, gab es zwischen uns häufig Probleme, besonders bei der Erziehung der Kinder. Weitere Konflikte entstanden, weil mein Mann dem weiblichen Geschlecht gegenüber generell nicht abgeneigt war. So kam es des Öfteren für mich zu sehr schmerzhaften Situationen. 1980 ließen wir uns scheiden. Leider war mit der Scheidung die Trennung der Kinder, 9 und 12 Jahre alt, verbunden. Mein Mann wollte unbedingt ein Kind haben und mein Sohn äußerte, dass er auf keinen Fall mit mir mitkommt und aus dem Haus, in dem ja auch Oma und Opa lebten, ausziehen wird. Es war damals eine furchtbare Situation für mich. Ich war mir keiner Schuld bewusst. Ich war diejenige, die sich immer um alles gekümmert hatte, habe Verbindung zur Schule gehalten und war auch im Elternaktiv. Mein Mann hat damals nach seiner Arbeit noch eine Meisterausbildung gemacht, war immer erst spät abends zu Hause. Vielleicht war meinem Sohn der Druck, den ich wegen der schulischen Leistungen ausgeübt habe, zu groß. Ich bin mit der Tochter ausgezogen, was natürlich für sie ohne ihren Bruder sehr schwierig war. Sie musste die Schule wechseln. Seitdem lebten wir beide alleine.

Heute haben beide Kinder selbst eine Familie und ich bin vierfache Oma. Mein Sohn ist Gas-Wasser-Installateur geworden und lebt mit der Mutter seiner beiden Kinder, 10 und 3 Jahre alt, zusammen. Und meine Tochter hat einen 24 Jahre alten Sohn sowie eine Tochter, die nächstes Jahr Abitur macht. Meine Tochter ist inzwischen geschieden und lebt mit einem neuen Partner zusammen.

Als ich nach meiner Scheidung mit meiner Tochter alleine lebte, spürte ich, dass ich kein Mensch bin, der gerne ohne Partner ist. Oft sehnte ich mich danach, mich an eine starke Schulter anlehnen zu können. Ich hätte gerne wieder einen passenden Partner gefunden. In den vielen Jahren habe ich einige Männer getroffen, hatte Beziehungen, die teilweise Jahre andauerten. Aber sie sind leider immer wieder auseinandergegangen. Deshalb bin ich heute allein. Vor sieben Jahren ging meine letzte Beziehung auseinander. Da ich schon so lange allein bin, muss ich nun keinen Partner mehr täglich um mich haben. Es könnte eine Fernbeziehung sein oder eine hier im Umfeld, in der man sich ab und an mal trifft und vielleicht zusammen verreist. Ich kann inzwischen recht gut alleine leben.

Ja, die Stellung der Frau in der DDR und im Westteil Deutschlands bzw. Berlins habe ich in meinem beruflichen Umfeld wirklich nicht als unterschiedlich empfunden. Das hängt aber wahrscheinlich mit meinem Beruf zusammen. Ich arbeitete ja ausschließlich in sozialen Berufen gemeinsam mit vielen Frauen. Als ich als Kitaleiterin tätig war, gab es zwei Männer, die Leiter waren, später drei oder vier im Bezirk. In diesem beruflichen Feld hatten eindeutig die Frauen das Sagen. Übrigens war ich sehr positiv überrascht, als die Gewerkschaft fast jährlich anlässlich des Internationalen Frauentags Blumen an die in den Kitas arbeitenden Frauen überreichte. Damit hatte ich im Westen überhaupt nicht gerechnet. Als ich aus den Medien erfuhr, dass in den 1970er Jahren die im Westen ihren Frauen verbieten durften, eine Arbeit aufzunehmen, war ich völlig erschüttert. Solche Äußerungen von Männern im Westteil habe ich nie erlebt. Auch meine zeitweiligen Partner aus dem Westen waren immer sehr fortschrittlich.

Im Hamsterrad. © copyright 2018, Beate Kern

Ich wurde immer in die nächste Aufgabe geschubst

Annelis, Jahrgang 1934

Ost: Metallarbeiterin, FDJ*-Funktionärin, Ingenieurin, Parteiorganisatorin des ZK* der SED, Gewerkschaftsvorsitzende von Berlin

West: Ingenieurin, Elektronikabteilung EAW*

Als mich mein Sohn vor ein paar Jahren fragte, wie ich eigentlich in die Politik gekommen wäre, sagte ich, dass das ganz einfach war: In der Schulpause ist jemand auf mich zugekommen und meinte: »Du bist doch aus Schlesien, da bist du doch sicherlich gegen die Oder-Neiße-Grenze.« »Nee, nee«, sagte ich, »ich bin aus Schlesien, aber wir haben den Krieg verloren, und wenn wir zurück nach Schlesien wollten, fängt doch wieder ein neuer Krieg an.« In der nächsten Pause kam ein anderer und fragte mich, ob ich nicht in der FDJ* mitmachen wollte, er habe meine Antwort von vorhin gehört. So wurde ich FDJlerin.

Aus Schlesien kam ich mit meiner Familie erst im Jahr 1948 nach Leipzig, weil mein Vater nach dem Krieg polnische Bergarbeiter ausbildete. Uns wurde freigestellt, ob wir dort bleiben oder aussiedeln wollten. Mein Vater entschied sich, mit der Familie auszureisen. Die Frage war nun: »Wohin?« Mein Vater wollte in den Osten, was meiner Mutter gar nicht behagte, denn sie hatte gehört, dass es den Menschen im Westen besser ginge. Als linker Sozialdemokrat überzeugte er schließlich meine Mutter, in den Osten zu gehen. Sein Hauptargument war: »Wenn aus meinen drei Töchtern etwas werden soll, müssen wir genau da hin.« Meine acht Jahre ältere Schwester war schon 1945 ausgereist und arbeitete mit ihrer Freundin bei einem Bauern in Sachsen-Anhalt.

Ich war nur bis 1945 in die Schule gegangen, danach gab es keine deutsche Schule mehr. Meine sechs Jahre jüngere Schwester hatte bis dahin noch gar keine Schule von innen gesehen. Im Frühjahr 1948 landeten wir in Zwenkau bei Leipzig, wo mein Vater im Braunkohlenbergbau Böhlen Arbeit fand. Wir konnten endlich in die Schule gehen. Ich sollte zunächst in eine Förderklasse, aber das wollte ich nicht. Ich ging zum Schulrat und machte ihm klar, dass ich schon viel gelesen und mit meinem Vater Rechnen geübt hatte. Also kam ich in eine normale Klasse zu meiner Lehrerin Frau Flegel. Die war toll und arbeitete zusätzlich mit mir. So habe ich in einem Jahr drei Schuljahre nachgeholt und die Prüfung für die achte Klasse geschafft. Ich konnte zwar Rechnen und Lesen, aber in Mathematik, Kunst und Erdkunde fehlte mir vieles. Das bekam ich später beim Ingenieurstudium zu spüren.

Nach Abschluss der achten Klasse passierte etwas, das mir heute noch peinlich ist. Meine Lehrerin meinte es gut, als sie sagte: »Weißt du, ich habe mit dem Müller gesprochen, der sucht ein Hausmädchen. Da könntest du nach dem Ende des

Schuljahres hin.« »Nee«, sagte ich, »wenn ich hätte Hausmädchen werden sollen, hätte ich in Schlesien bleiben können.« Ich war immer ein bisschen schnell im Reden. Sicherlich habe ich sie sehr beleidigt und ich habe mich später dafür entschuldigt. Ich bin losgezogen und habe mir in den Sprio-Werken Holzhausen eine Lehrstelle in der Metallverarbeitung gesucht. Von den etwa sechzig Lehrlingen waren zwei Mädchen. Da ich als einzige der Lehrlinge schon FDJler war, wählten sie mich zu ihrem Sekretär. Ich hatte einen ziemlich weiten Weg, war von 4:30 Uhr bis abends um 8:00 Uhr unterwegs. So handelte ich mir eine TBC* ein und fiel ein halbes Jahr aus. Als ich zurückkam, sagte der Meister nur: »Du machst weiter.« Also bin ich wieder dem Lehrplan hinterhergerannt und habe nachgeholt. Nach zweieinhalb Jahren habe ich aber meine Gesellenprüfung geschafft.

Dann haben wir in drei Schichten gearbeitet. Wegen des weiten Weges zog ich zur Familie eines Kollegen. Nach der Kreisgebietsreform warb die neue Kreisleitung Leipzig Land der FDJ um mich. Neben der Dreischichtarbeit ging das nicht. Ich wollte eigentlich nicht, aber ein alter Kollege meinte: »Geh du mal zur FDJ.« So wurde ich in der Kreisleitung der FDJ verantwortlich für die Kinder- und Jugendfreizeitarbeit. Meine erste Aufgabe war, einen Wettbewerb der Rollschuhläufer zu organisieren. Nach zwei Jahren delegierten sie mich auf die Jugendhochschule, da war ich 19. Das war ein sehr kämpferischer Lehrgang. Wir fingen im Mai an. Dann kam gleich der 17. Juni 1953, dann die Wahlen in der Bundesrepublik, und es gab einen Verrat im FDJ-Zentralrat*. Überall wurden die FDJler der Jugendhochschule eingesetzt. Im Studium lernten wir nicht viel, aber dafür umso mehr fürs Leben. An den Wochenenden halfen wir den Bauern und sollten sie auch zum Eintritt in die LPG* überreden. Nach dem Jahr Jugendhochschule wurde ich in der Bezirksleitung FDJ Leipzig Instrukteur für mehrere Kreise. Ich war verantwortlich für Grundorganisationen, für die Vorbereitung von Demonstrationen, Groß- und Kulturveranstaltungen. Das Jahr 1954 wurde ganz besonders. Als Delegierte beim Kinder- und Jugend-Treffen in Dresden half ich, im Großen Garten die Leipziger Messe in Miniatur aufzubauen, musste eng mit vielen Fachleuten zusammenarbeiten und die Verbindung zur Leitung dieses Pioniertreffen halten. So passierte es, dass ich den Organisationschef des Pioniertreffens näher kennen und mögen lernte. Ein Jahr später haben Konny und ich geheiratet und zogen nach Berlin. Ich begann als stellvertretende FDJ-Sekretärin im EAW* in Treptow. Die FDJ-Organisation war mit 7.000 Beschäftigten im Haupt- und in den Nebenwerken recht groß. Sehr viele arbeiteten in Brigaden. Dazu kamen natürlich die FDJler in der Lehrausbildung. Neu für mich und eine ziemliche Umstellung gegenüber Leipzig war eine Jugendbrigade, die tagsüber fleißig arbeitete und abends geschlossen nach Westberlin ins Kino ging.

Wie sich das gehörte, wurde ich schnell schwanger, und meine älteste Tochter kam 1956 zur Welt. In der Zeit wurde mein Mann das erste Mal krank. Wir tippten auf Magengeschwüre. Bei der Operation stellte man Krebs fest, der sich inzwischen schon auf die Bauchspeicheldrüse verlagert hatte. Der Arzt sagte mir, einer 22-jährigen jungen Mutter, dass mein Mann nur noch ein Dreivierteljahr zu leben habe. Leider hatte der Arzt recht. Der frühe Tod meines Mannes war natürlich ein mächtiger Schlag und mein Organismus reagierte mit einem völligen Zusammenbruch. Es funktionierte gar nichts mehr. Meine Mutter kurierte meine seelischen Schmerzen mit Liebe und Hagebuttentee. Dann meinten die Freunde in der Bezirksleitung der FDJ in Berlin, dass ich eine Luftveränderung benötigte, und sie delegierten mich an die Komsomolhochschule nach Moskau. Für die Betreuung meiner Tochter sprang meine Mutter ein.

Naja, ich war jung, und in unserer Delegation gab es jemanden, der sich um mich kümmerte. Das war Günther, und, wie es so kommt, ich wurde wieder schwanger. Wir mussten also während der Weihnachtsferien in Berlin gestehen, was passiert war. Daraufhin erhielten wir vom Zentralrat der FDJ wegen moralischer Verfehlungen – er war noch verheiratet – eine Rüge. Für mich stand fest, dass ich das Kind alleine großziehen konnte, denn eigentlich suchte ich keine neue Bindung. Aber Leichtsinn will bestraft werden. Wir haben im Sommer 1959 geheiratet und bald darauf ist unser Sohn geboren worden. Wir führten zwanzig Jahre eine sehr harmonische Ehe.

Im Jahr 1962 wurde unsere Tochter geboren. Nach einer Rippenfellentzündung bekam ich ernsthafte Probleme mit meiner bereits durch die TBC* angegriffenen Lunge. Ein Dreivierteljahr blieb ich im Krankenhaus und war ständig in Sorge um die Kinder. Sonntags holte mich mein Mann heimlich mit dem Motorrad zu Kindern und Haushalt. Zurück bin ich unter den Zaun hindurch gekrochen. Mit Hilfe meiner Mutter schafften wir es.

Nach meiner Genesung war ich für kurze Zeit im Magistrat in der Abteilung Jugendfragen tätig. Diese Schreibtischarbeit lag mir gar nicht, ich wollte zurück in den Betrieb. Von den politischen Funktionären wurde damals mehr Fachwissen verlangt, also delegierten sie mich zur Vorbereitung auf mein Ingenieurstudium zunächst in ein Förderungsseminar. Nach zweieinhalb Jahren Ingenieurstudium in Lichtenberg wurde ich Ingenieur.

Dann begann meine Parteiarbeit in der SED. Zunächst als stellvertretende Parteisekretärin im Berliner Glühlampenwerk (BGW*). Das war auf der einen Seite schwierig, weil Parteisekretär und Betriebsdirektor tranken. Beide wurden erst nachmittags richtig aktiv. Und ich hatte mit drei Kindern meine Familie zu organisieren. Nach einer Beschwerde wurde ich Sekretär für Agitation und Propaganda der Kreisleitung der SED Treptow. Da war ich wieder in Kontakt mit dem EAW*. Und dann entschied die Bezirksleitung, dass ich nach meiner technischen Ausbildung nun noch die Parteihochschule besuchen sollte. Ich sagte, dass das ja wohl nicht sein müsse, und sie entgegneten: »Die Unterlagen liegen schon vor.«

So wurde ich also wieder mal geschubst. Meine Kinder sagen heute, die drei Jahre Parteihochschule wären die schönste Zeit gewesen, weil ich immer so pünktlich zu Hause war.

Allerdings muss ich eingestehen, dass wir unseren Kindern doch sehr viel abverlangt haben. Die Kinder sind natürlich dadurch zu einer großen Selbstständigkeit erzogen worden. Anders wäre es nicht gegangen. Ihren vielen Freizeitinteressen konnten sie aber trotzdem nachgehen. Da kam in den Jahren viel zusammen. Insofern war das eine gute Sache, dass ich diese drei Jahre studieren konnte. Nach der Wende musste ich ja meine Rente anmelden. Bei der BfA* verlangte die Dame die Zeugnisse und rief laut in den ganzen Saal voller Menschen: »Haha, Parteihochschule 1, Ingenieur 2. Das wird sich ja wohl in der Rente widerspiegeln.«

Nach Abschluss des Studiums wurde ich Sekretär der Partei im Berliner Glühlampenwerk und löste den schwer erkrankten Vorgänger ab. Es war eine sehr ereignisreiche Zeit, es ging um die Bildung des Kombinats NARVA*. Hier wurde die gesamte Produktion von Lampen und Leuchten der DDR zusammengeführt. Dabei lernte ich von Thüringen bis ins Erzgebirge viele Leute persönlich kennen. Und ich war für diese Betriebe nun nicht nur Parteisekretär, sondern ich wurde Parteibeauftragter des Zentralkomitees. Das ging so lange, bis mich ein Anruf des Bundesvorsitzenden des FDGB* erreichte. Von Gewerkschaftsarbeit hatte ich bis dahin keine Ahnung. Mir wurde klar gemacht, dass es einen Beschluss des ZK* gebe, dass ich Vorsitzende der Gewerkschaftsorganisation in Berlin werden solle. Zunächst habe ich mich gesträubt und auch meine Parteileitung hat dem widersprochen. Letztlich musste ich zur Gewerkschaft wechseln. Sicherlich war es eine Würdigung meiner bisherigen Leistungen, aber erneut wechseln? Andererseits wurde ich als Vorsitzende der Gewerkschaft Mitglied des Sekretariats der Bezirksleitung der Partei, und das war schon eine Entwicklung. Trotzdem, es passte mir nicht so richtig, aber es blieb mir ja nichts weiter übrig. Parteidisziplin. Man wurde ja vorher nie gefragt, sondern man machte das, was verlangt wurde, und so stieg ich ein in den Vorsitz. Also wurde ich wieder geschubst.

Mir wurde ein Lehrer aus der Gewerkschaftshochschule zur Seite gestellt, ein sehr gut ausgebildeter Mensch. Wir beide fingen neu an und sind dort auf ein wunderbares Kollektiv gestoßen. Ohne sie und ohne die Hilfe der Veteranen Hans Jendretzky und Roberta Gropper – beide standen an der Wiege des FDGB – hätte ich das nie geschafft. Heute treffen wir uns noch mit dem alten Kollektiv. Diese Funktion brachte es mit sich, dass ich Mitglied im Bundesvorstand des FDGB, des Bezirkssekretariats der SED und der eigenen FDGB-Fraktion der Volkskammer wurde. Das wurden zehn anstrengende und arbeitsreiche Jahre, die längste Zeit an einer Arbeitsstelle. Diese Tätigkeit wurde besonders in den letzten Jahren schwierig. 1989 bekamen wir in der Plandiskussion besonders den Unmut der Kollegen zu spüren. Viele Mängel hauten sie uns und ihren Betriebsleitungen um die Ohren. Eine solche Auseinandersetzung im Arbeitsbereich würde sich heute niemand trauen. Was nicht an Ort und Stelle geklärt werden konnte, berichteten wir weiter. Aber weder die Wirtschaftsbereiche noch die Parteispitze reagierten noch.

Ende 1989 ging es im FDGB um die Frage, ob der Vorsitzende des Bundesvorstandes des FDGB Harry Tisch zurücktreten sollte oder nicht. Aufzeichnungen darüber liegen vor. Im Bundesvorstand diskutierten wir, wie es weitergehen sollte. Mein Vorschlag war, erst mal heimzugehen und mit unseren Sekretariaten in den einzelnen Bezirken zu reden. Als wir wieder zusammen kamen war klar, dass der Vorsitzende zurücktreten musste. Die Rücktritte waren nötig, um aus der Situation einigermaßen herauszukommen. Die Sitzung ging zu Ende – und ich war Vorsitzende. Das war im Oktober 1989. Bis Ende November blieb ich auf diesem Posten. Und dann ging die Auseinandersetzung los. Ich trat im Dezember zurück und bin zu Beginn des Jahres 1990 zurück ins EAW* gegangen. Wohin auch sonst, das war mein Mutterbetrieb, und dort in die Elektronik-Abteilung. Der Chef war Gewerkschaftsfunktionär. Er denkt auch heute noch zum Frauentag und Geburtstag an mich. Dort habe ich in der Produktion gearbeitet, bis es losging mit den Entlassungen. Ich kannte den Betrieb und die Kollegen. Ich bin zwar gut aufgenommen worden, aber die Fragen darüber, wie es weitergehen würde, konnte ich nicht beantworten. Alles lief auf die Zerstörung dieses Betriebes hinaus. Ich habe meine eigene Entlassung mit ausgestellt, weil ich mir gesagt habe, dass ich nicht bleiben könnte, wenn die Frauen alle entlassen werden. Moralisch hätte ich das nicht ertragen. So ging ich mit 59 in den Vorruhestand, mit Widersprüchen und Klageverfahren. Ich war alt genug, wurde nicht mehr arbeitslos im Unterschied zu vielen der Frauen aus dem EAW. Nur wenige der ehemals 8.000 Beschäftigten konnten weiter arbeiten.

Ich benötigte etwas Abstand, war seelisch und moralisch doch sehr beansprucht. Anfang der 1990er Jahre taten sich ehemalige Gewerkschaftsfunktionäre zusammen, um bestimmte Dinge aufzuschreiben, aufzulisten. Die erste große Aktion war die Suche nach dem Verbleib des Vermögens der Gewerkschaft. Die Treuhand hielt letztlich die Hände darauf und verweigerte die Auskunft. Dann gründeten Kollegen einen Verein: Freier Deutscher Gewerkschaftsbund e.V. Als ich dazu stieß, wurde der FDGB bereits stark verleumdet. Wir nahmen uns vor, alles Wichtige aus der Geschichte des FDGB aufzuschreiben, wie: Was war der Betriebskollektivvertrag*, wie war das mit den Solidaritätsaktionen, mit den Interzonenkonferenzen, die mit dem Beginn des Kalten Krieges endeten, wie funktionierte die Demokratie über die Gewerkschaft in den Betrieben, was konnte und durfte eine Gewerkschaftsorganisation überhaupt leisten? Die Frauenkommissionen spielten in den Betrieben eine große Rolle, weil viele Frauen sich an sie mit ihren Sorgen und Nöten wandten. Darüber hinaus gab es in jedem Betrieb eine

Jugendkommission, Konfliktkommission, Rechtskommission auf der Basis des Arbeitsgesetzbuches. Es gibt heute nur noch wenige Gewerkschaftler, die wissen, wie das damals war, und die das auch noch aufschreiben können. Diese Ergebnisse bewahren wir und veröffentlichen sie in Broschüren und auf einer eigenen Internetseite. Da liegt noch ein weites Feld vor uns. Wir müssen uns beeilen, weil wir alle um oder über 80 Jahre alt und ganz wichtige Historiker schon verstorben sind.

Zurück zu mir. Sicherlich bin ich als Frau politisch gefördert, immer in neue Aufgaben geschubst worden. Das begann in den Sprio-Werken. Die Ergebnisse der Arbeit führten dazu, dass übergeordnete Leitungen aufmerksam wurden und mich für nächste Entwicklungsschritte vorschlugen. Das musste ich gemeinsam mit meinen Männern und den drei Kindern unter einen Hut bringen.

Mit meinem zweiten Mann, der auch Funktionär war, zuletzt Bürgermeister und viel unterwegs, mussten wir uns gut abstimmen. Als er fremdging, ließ ich mich von ihm scheiden. Ich war mit meinen drei Kindern alleine. Der Sohn studierte in der Zwischenzeit in Kiew. Die große Tochter war schon Pionierleiterin. Und die kleine sollte zum Pionierleiterstudium gehen. Damit ich nicht ganz alleine in dem Haus zurückblieb, bat ich sie, in Berlin zu studieren, was sie auch tat. Eines Tages stand mein dritter Mann vor der Tür. Mit ihm war ich 24 Jahre verheiratet. Ihm wurden als 1. Sekretär der Kreisleitung der SED Friedrichshain die Fälschung der letzten Wahlen in der DDR vorgeworfen. Er hatte die Protokolle für den erkrankten Bürgermeister unterschrieben und musste dafür drei Wochen ins Gefängnis. Das hat ihn kaputt gemacht. Sein Vater war von den Faschisten eingebuchtet worden, und nun sollte ihm Ähnliches geschehen. Kurz danach bekam er seinen ersten Schlaganfall, 2004 ist er verstorben. Inzwischen habe ich sechs Enkelkinder und zwei Urenkel. Die Jüngste wird im Juni schon drei Jahre alt.

Ich kann es niemanden erklären, wie ich das alles unter einen Hut bringen konnte: drei Kinder, Arbeit, Schule, Studium, Hochschule. Und als ich im BGW* war, war ich abends viel unterwegs. Aber meine Große hat viel abgefangen. Mein Sohn sagte aber mal: »Mama, du bist wohl doch mit dem Betrieb verheiratet.« Wir haben versucht, wenigstens dreimal in der Woche gemeinsam Abendbrot zu essen. Und dort wurde diskutiert, es wurde alles abgesprochen, auch wenn wir Ärger hatten. Die Kinder waren immer einbezogen. Die Große hat natürlich sehr viel geholfen, was ich sehr schätzte. Als sie dann weg war, fiel das wirklich auf. Und bei der Kleinen merkte ich, dass ich etwas verpasst hatte, als sie Tee kochen sollte und mich fragte: »Wo ist denn der Tee?« Aber alle Kinder halfen natürlich mit. Und alle Männer mussten im Haushalt mit ran, auch einkaufen. Nur gekocht habe ich immer selbst. Bei Wäsche und Hausputz halfen alle, auch die Männer, mit. Mein dritter Mann hat später den oberen und ich den unteren Teil des Hauses saubergemacht. Wir hatten noch eine Datsche bei Fürstenwalde, eine richtige Laube, dort habe ich über Jahrzehnte zu Pfingsten Skatturniere durchgeführt. Die habe ich jetzt meinem Ex-Schwiegersohn übergeben, weil mir das zu viel wurde. Ich habe hier an meinem Haus noch einen kleinen Garten, den will ich jetzt gemeinsam mit meinem Sohn neu gestalten. Er kommt auf dem Weg von seiner Arbeit in Frankfurt (Oder) abends oft vorbei und schaut nach seiner Mama. Ich habe wie meine Mutter drei Kinder geboren, meine Kinder jeweils zwei. Die Tendenz zu nur einem Kind gibt's in unserer Familie nicht.

Noch ein Wort zur Gleichberechtigung der Frauen in der DDR. Frauen waren durch ihre Berufstätigkeit ökonomisch selbstständig. Das war die Grundlage für ihr Selbstbewusstsein. Die hohe Ehescheidungsrate in der DDR hängt natürlich damit zusammen, dass die Frauen nicht von ihren Männern abhängig waren. Wenn nach über zwanzig Jahren der Lack abging, suchten sich vor allem die Männer neue Partnerinnen. Vieles war erreicht worden: kostenlose Kindereinrichtungen, der monatliche Haushaltstag*, Ruheräume für Frauen in den Betrieben. Das waren wirkliche Errungenschaften. Es war aber nicht einfach, die Frauen wie gewollt zu fördern. Frauen mussten oft lange zu Weiterbildungen oder zur Übernahme von Funktionen überzeugt werden. Vor allem die familiäre Situation hinderte sie. Sie hatten Kinder und Sorgen, dass sie nicht alles unter einen Hut bringen könnten. Unklar war, ob die Männer sie genügend unterstützten. Und weil es nicht immer zu wesentlichen finanziellen Vorteilen führte, wenn man eine Ausbildung machte, entschied man sich lieber dagegen.

Ich habe mich nie als eine besondere Frau empfunden. Ich bin immer geschubst worden, immer waren irgendwelche Leute hinter mir und haben gesagt: »Nun mach doch.« Ich habe mich in meinem ganzen Leben nie um eine Stelle bewerben müssen. Da war zuerst die Familie, dann die FDJ, die Partei. Alle hatten Vertrauen, dass ich es schaffen könnte. Allerdings gab es auch Hürden. Als ich das erste Mal im BGW* in Vertretung des Parteisekretärs die Auszeichnung der Kampfgruppen des Betriebes* vornehmen sollte, stand ich in Stöckelschuhen vor den Männern in Uniform, und da antwortete mir jemand mit dem militärischen Gruß: »Ich diene der Deutschen Demokratischen Republik.« Ich unbedarft: »Das möchte ja wohl sein.« Das hatte nur Gelächter zufolge und die feierliche Situation war dahin. Das hing mir viele Jahre nach. Es gab ja relativ wenige Frauen in Führungspositionen, wir kannten uns. Es gab Kreisvorsitzende des FDGB, als Parteiorganisatoren waren wir nur zwei Frauen. Ich habe das nie als unnormal empfunden, es war immer ein normales Arbeitsverhältnis. Von außen mag das anders ausgesehen haben.

Ich kenne keine Frau aus einer Führungsposition, die nach der Wende ihre Funktion in der Führung behielt.

Frauen hatten das größere Päckchen zu tragen

Christa L., Jahrgang 1938

Ost: Rektorin einer Hochschule, stellvertretende Ministerpräsidentin der DDR

West: Bundestagsabgeordnete, Mitglied des Kuratoriums und Vorstandes der Rosa-Luxemburg-Stiftung

Von Geburt und aus Überzeugung bin ich Mecklenburgerin. Nach Krakow am See fahre ich so oft ich kann. Ich komme aus einer nicht akademisch gebildeten Familie. Ich würde nicht bildungsfern sagen, weil es für mich bei Bildung nicht nur um Aristoteles, Shakespeare oder Einstein geht, sondern auch um exzellente berufliche Bildung, Nutzung von Weiterbildungschancen, ein hohes Arbeitsethos, Herzensbildung. Dies war bei meinen Eltern so. Nachdem die Dornier-Flugzeugwerft in Wismar 1945 geschlossen wurde, begann mein Vater in der Maschinen-Ausleih-Station* Bobitz bei Wismar als Maschinenschlosser zu arbeiten. Dort ging ich zur Grundschule und fand eine Klassenlehrerin, der ich bis an mein Lebensende verbunden sein werde, weil ich bei ihr Dinge lernte, die meine Kinder später kaum so vermittelt bekamen. Sie, Mutter von zwei Jungs, hatte ihren Mann im Krieg verloren, unterrichtete als Germanistin Deutsch und als Neulehrerin zusätzlich Russisch. Der Anstoß zu meiner Berufswahl kam von ihr. Ich wollte Veterinärmedizin studieren. Voraussetzung war die Oberschule. Also schlug meine Lehrerin meinen Eltern vor, mich nach Grevesmühlen zu schicken. Nach Abschluss der elften Klasse wurde mir und drei weiteren Mitschülern empfohlen, nach Halle an die ABF II* zu gehen. Das bedeutete Internat und verstärkter Russischunterricht. Ziel war die Vorbereitung auf ein Auslandsstudium. Mein Traum war das nicht, aber zu dem Angebot Nein zu sagen, traute ich mich nicht.

Die Ausbildung in Halle war ein hartes Brot. Praktisch kaserniert wurden wir unweit der alten Franckeschen Stiftungen untergebracht und lernten unter perfekten Bedingungen. Das betraf für die damalige Zeit das Essen wie den Unterricht. Der war hart, zum Großteil auf Russisch. Wir konnten nur alle vier bis sechs Wochen nach Hause fahren. Zwei meiner drei anderen Mitschüler brachen die Ausbildung ab.

Meinen Wunsch, Tiermedizin zu studieren, konnte ich nicht verwirklichen, weil ich von Grevesmühlen nur ein Jahr Latein mitbrachte und mir folglich das obligatorische kleine Latinum fehlte. Also suchte ich mir beruflich neue Perspektiven und fand sie in der Hochschule für Außenhandel in Berlin-Staaken. Das Studium begann ich 1956. 1958 wurde diese Einrichtung wie zuvor die Hochschule für Finanzen in Potsdam-Babelsberg mit der Hochschule für Planökonomie in Berlin-Karlshorst vereinigt. Es entstand die Hochschule für Ökonomie, die größte wirtschaftswissenschaftliche Lehr- und Forschungseinrichtung der DDR. Sie hatte fortan eine Außenhandelsfakultät. Im Dezember 1960 hatte ich das Diplom und einen Vorvertrag mit dem Außenhandelsunternehmen Werkzeugmaschinen in der Tasche. Kurzfristig bot die Hochschule sieben Absolventen, darunter mir, eine wissenschaftliche Assistenz an. Den Außenhandel hätte ich auch gerne gemacht, in Praktika führte ich dort schon Kundengespräche und durfte Verträge vorbereiten. Aber ich entschied mich für die Wissenschaft. Nach erfolgreicher Promotion war ich 1964 Oberassistentin.

1960 habe ich meinen Mann während eines Praktikums auf der Leipziger Messe kennengelernt und 1965 geheiratet. Im gleichen Jahr wurde unser erster Sohn geboren. Ich wohnte zur Untermiete in Berlin, und mein Mann kam nicht weg von der Leipziger Karl-Marx-Universität, weil er unter anderem Politische Ökonomie für Lehramtsstudenten unterrichtete. Erst 1968 haben sich zwei ZK*-Mitglieder auf unsere Familienzusammenführung geeinigt, nachdem wir drei Jahre getrennt lebten. Inzwischen war der zweite Sohn geboren. Ab Herbst 1968 wohnten wir alle zusammen in Berlin in Alt-Friedrichsfelde in einer Wohnung, auf die ich mich während der Schwangerschaft des ersten Sohnes angemeldet hatte. Zunächst aber wohnte ich bei einem uralten Berliner Ehepaar zur Untermiete und dann in einem Einfamilienhaus. Das gehörte einem verstorbenen Bäcker. Der untere Bereich war an eine dreiköpfige Familie vermietet. Ich habe später mal Joachim Gauck nach einer Fernsehsendung erzählt, dass ich in einer Drei-Etagen-Wohnung gewohnt hätte. Er gleich: »Typisch SED.« Als ich aber sagte, dass die Küche im Keller war, völlig gefliest, der Herd so riesig, dass ich ihn nicht anheizen konnte, es also viel zu kalt zum Baden der Kinder war und man zur Toilette eine halbe Treppe höher musste, verstummte er. Abends habe ich in Eimern das Wasser zum Baden ins Wohnzimmer hoch und anschließend wieder in die Kellerküche getragen. Hätte ich beim Außenhandel begonnen, wäre das mit zwei Kindern und mit den damit verbundenen Reisetätigkeiten nicht zu bewältigen gewesen. Dank des guten Zusammenhalts in der Hochschule ging das aber. Wenn eines meiner Kinder mal unpässlich war, hat jemand aufgepasst und ich habe mein Seminar durchführen können. Trotz der Belastungen konnte ich 1968 meine Habilitationsschrift verteidigen. Wenn ich heute daran denke, wie ich das alles geschafft habe, alles allein mit zwei Kindern ... Natürlich musste man sich am Riemen reißen, diszipliniert sein, viel lesen, viel arbeiten. Meine Mutti hat auch geholfen. Die Jungs sind ihr bis an ihr Lebensende verbunden gewesen. In allen Ferien waren sie dort.

Meine Eltern haben ab 1948 ein Haus gebaut und meisterten das unter unendlich schwierigen Bedingungen. Mal gab es keinen Zement, dann keine Dachziegel, dann keine Nägel. Mein Vater baute Spargel an, um ihn gegen Baumaterial zu tauschen. Spargel war zu jener Zeit so etwas wie harte Währung.

Nach meiner Habilitation wurde ich 1971 mit 33 Jahren zur ordentlichen Professorin für sozialistische Außenwirtschaft berufen. Das war wohl Anerkennung für erfolgreiche Arbeit in Lehre und Forschung. Aber es gab damals eben auch Stellen. Bald wurde ich mit dem Amt der Direktorin der Sektion Außenwirtschaft betraut, das ich bis 1977 ausübte. Zwischen 1977 und 1978 stand die Familie wieder vor einem Problem. Es gab ein Internationales Institut für ökonomische Probleme des sozialistischen Weltsystems in Moskau, kurz RGW-Institut. Dieses hatten alle sozialistischen Länder gegründet, um gemeinsam zu forschen. Laut Statut kam der Direktor immer aus der Sowjetunion. Die zwei stellvertretenden Direktorenposten besetzten umschichtig die anderen sozialistischen Länder. Die DDR hätte schon ein Jahr zuvor einen Posten besetzen müssen. Es war wohl geplant, meinen Mann damit zu betrauen. Als unsere Familienverhältnisse geprüft wurden, fiel auf, dass ich Außenhandel studiert und zu internationaler ökonomischer Integration geforscht hatte. Also betraute man mich mit dieser Aufgabe und fand für meinen Mann eine analoge Funktion in einem zweiten internationalen Akademieinstitut.

Wir wollten unbedingt unsere Kinder mitnehmen. Unsere Wohnung war im Südwesten Moskaus, in der Nähe der DDR-Schule. Wir wohnten im 16. Stock im Hochhaus. Sorgen machte uns unser 13-Jähriger, der gleich am Ankunftstag in Moskau auf Stadterkundung ging und – als sei nichts dabei – erst gegen 22:00 Uhr stolz und lächelnd mit einem Strauß auf einem Rummel geschossener Papierblumen in der Tür stand. Uns fiel ein Stein vom Herzen, und wir wussten nun, dass er sich hier zurechtfinden würde. Laut Statut wäre es notwendig gewesen, vier Jahre zu bleiben. Wir wollten unseren Einsatz nach drei Jahren beenden, wenn der Sohn die zehnte Klasse absolviert hatte. Allein nach Hause lassen wollten wir ihn auf keinen Fall.

Diese Zeit war sehr wichtig für uns alle, weil wir das Land kennengelernt und Freunde gefunden haben. In weniger angenehmer Erinnerung ist mir, wie die »oberen Gebildeten« teils borniert und überheblich mit den körperlich Arbeitenden umgingen. 1979 begingen wir DDR-Vertreter den 30. Jahrestag unserer Republik mit einem kleinen Fest. Wir brachten dazu aus dem Heimaturlaub mit dem Auto DDR-Typisches mit, wie Halberstädter Würstchen, Spreewaldgurken, Wernesgrüner Bier. Wir wollten natürlich alle Institutsmitarbeiter einladen. Daraufhin fragte uns der Institutsdirektor: »Was heißt denn alle, auch die aus dem Keller?« Gemeint waren die Küchenfrauen, die Handwerker, die Kraftfahrer. Das verstanden wir nie. Wir hatten gerade zu diesen Menschen »im Keller« ein freundschaftliches Verhältnis.

Im Nachhinein haben wir uns gefragt, ob es für unseren großen Sohn die richtige Entscheidung war, ihn mit 13 Jahren, also in der Pubertät, aus seinem gewohnten Mitschüler-Umfeld und dem Freundeskreis herauszureißen. In Moskau hatte er es schwerer als der Jüngere, der vom Naturell her viel kommunikativer ist.

Nach meiner Rückkehr aus dem Auslandseinsatz berichtete ich an der Hochschule über das Positive, das ich erlebt hatte, sagte aber auch: »Wenn die SU* auf einem so kaputten Bein steht, werden wir vielleicht bald mal an Krücken laufen.« Das wurde mit großem Erstaunen aufgenommen. Es war mein Ernst, der Umgang mit der Natur, mit den Ressourcen, die Borniertheit der sogenannten Gebildeten, auch dass Frauen als Bauarbeiterinnen eingesetzt waren und die Männer tranken. Der spärliche Wuchs auf den Feldern, das Vergammeln der Ernte oder die Transportprobleme wurden nie gelöst. Dafür wurde jährlich für dreistellige Dollar-Millionenbeträge Weizen zum Beispiel aus Kanada und Australien importiert. Die wissenschaftlichen Erfolge und die hochtechnologischen Neuheiten aus dem militärischen und Raumfahrtbereich wurden nie in den zivilen Bereich überführt. Es war ein ideologisches Problem. Wir waren traurig, haben aber auch viel gelernt.

Nach meiner Rückkehr wurde ich wieder vier Jahre Sektionsdirektorin. Danach erbat ich mir ein Jahr Freistellung, um mein Englisch auffrischen und forschen zu können. Dann war die Stelle des Rektors der Hochschule neu zu besetzen. Mein Vorgänger muss mich auf die Liste möglicher Kandidaten gesetzt haben, und so wurde ich im Oktober 1988 zur Rektorin der Hochschule für Ökonomie berufen. In meiner Antrittsrede sagte ich: »Ich möchte, dass dieses große Kollektiv an Professoren, Dozenten, Mitarbeitern und Studenten nicht immer im Nachhinein die Beschlüsse der Parteiführung als weise begrüßen soll, sondern ich möchte, dass wir im Vorfeld daran mitarbeiten können.« Solch ein Ansinnen, öffentlich vorgetragen, war neu. Es stieß im Hochschulkollektiv auf große Zustimmung, denn Wissenschaft hat eine Bringschuld. Im ZK*-Apparat aber wurde das eher als Anmaßung gedeutet. Im Herbst 1989 haben wir immer Sonnabendvormittag sogenannte Herbstforen im Auditorium Maximum veranstaltet. Unsere Vorstellungen für die Umgestaltung der Wirtschaft und der Gesellschaft, soweit sie damals schon etwas ausgereift waren, trugen wir vor. Der Saal, immerhin an Sonnabenden, war brechend voll.

Nach dem Rücktritt des Stoph-Kabinetts wurde Hans Modrow von der Volkskammer bestimmt, eine neue Regierung zu bilden, und ich weiß bis heute nicht, wie er auf mich gekommen ist. Er sagte mir bei einem kurzfristig anberaumten Treffen, er brauche mich als seine Stellvertreterin für den Bereich Wirtschaft. Alle meine Ausflüchte halfen nicht. Im Rückblick möchte ich die Zeit nicht missen, aber auch nicht wiederholen. Es war schlimm. Ich hatte zum Beispiel vorher keinen tieferen Einblick in die Zahlungsbilanz der DDR und das war schon mal ein Schock. Dann lagen jeden Morgen Informationen auf dem Tisch, was irgendwo in der Republik passiert war: Bombendrohungen gegen Betriebe und Kindergärten, Streiks, Demonstrationen, Betriebe, die nicht mehr arbeiten konnten, weil die Belegschaft erst mal in den Westen gefahren war, und die fürchterliche Aussicht, dass es Arbeitslose geben würde.

Ich konnte von meiner Wohnung in der Spandauer Straße zu Fuß zum Sitz der Regierung im Stadthaus gehen. Eines Morgens sah ich bei Nieselregen ganz viele geparkte Müllautos. Die Müllmänner weigerten sich, weiter zur Arbeit zu gehen, wenn sie nicht augenblicklich den gleichen Lohn wie die Westberliner Kollegen erhalten würden, und drohten, aus den Kindergärten und Krankenhäusern schon am Wochenende keinen Müll mehr abzuholen. Wir würden in ihm ersticken, meinten sie. Was tun? Zunächst bat ich sie in einen großen Saal und bestellte für alle Kaffee und Tee. Das beruhigte die aufgebrachte Stimmung. Sie baten um Aufzeichnung der Gespräche. Für uns kein Problem. Ihre Forderungen aber konnten wir ihnen nicht erfüllen. Sie bekamen etwas mehr Geld, aber natürlich nicht so viel wie in Westberlin. Eigentlich sollte meine Aufgabe die Konzipierung der Wirtschaftsreformen sein. Bekannt war ja, dass das Brot so billig war, dass es an Hühner verfüttert wurde. Als wir erwogen, die Preise für einige Waren, zum Beispiel Kinderbekleidung, aber auch für Blumen und Sträucher etwas zu erhöhen, gab es einen Aufschrei in der Bevölkerung, obwohl wir Löhne und Renten auch anheben wollten. Letzteres aber wurde schon nicht mehr zur Kenntnis genommen.

Niemals werde ich vergessen, wie Bundeskanzler Kohl nach seinem Auftritt in Dresden – in Erinnerung sind die prophezeiten blühenden Landschaften – das Modrow-Kabinett nach Bonn einlud. Im Flugzeug lagen Exemplare der neuesten Ausgabe des *SPIEGEL*. Kanzleramtsberater Teltschik hatte einen Artikel mit Blick auf unseren Besuch lanciert mit dem Tenor, dass die DDR nur Stunden vor der Zahlungsunfähigkeit stünde und die Brüder und Schwestern in der Bundesrepublik uns jetzt auffangen müssten, das seien sie uns schuldig. In Bonn stand das gesamte Bundeskabinett schwarz gewandet vor dem Kanzleramt, als würde es gleich eine Beerdigung geben. So war die Stimmung, total angespannt und kalt. Immerhin war es das erste Treffen beider Regierungen. Vor der Tagung im großen Kreis gab es individuelle Gespräche. Ich traf Horst Köhler, den späteren Bundespräsidenten. Nach freundlicher Begrüßung fragte er mich: »Springen Sie jetzt nicht drei Meter hoch?« Ich: »Warum sollte ich?« Köhler: »Sie haben doch gehört, dass Kanzler Kohl der DDR die Einführung der D-Mark als offizielles Zahlungsmittel angeboten hat.« Verwundert war er über meine Antwort. Ich sagte, dass die Aussicht auf hartes Geld in der Tasche jeden freuen würde, weil er sich damit lang gehegte Wünsche erfüllen könnte. Nur müsse man sich das Geld durch Arbeit verdienen können. Was aber würde passieren, wenn die Westmark in der DDR eingeführt werde? Die einheimisch hergestellten Waren würden aus den Regalen verschwinden und durch solche aus dem Westen ersetzt werden, die DDR-Betriebe kaputt gehen und die Beschäftigten ihre Arbeit verlieren. Hinzu käme der Zusammenbruch des Ostmarktes, denn woher sollten die Partner in der Sowjetunion und den anderen osteuropäischen Ländern plötzlich die Devisen haben, um die Waren, die sie bisher gegen Transferrubel gekauft hatten, zu bezahlen? Köhlers Antwort: »Warum sind Sie denn so arrogant?«

Man war im Westen einfach nicht bereit, darüber nachzudenken, was passieren würde, wenn die D-Mark Knall auf Fall auf dem DDR-Gebiet eingeführt würde.

Ich habe Köhler zehn Jahre später in Hongkong bei einer Tagung von Weltbank und Internationalem Währungsfonds wieder getroffen. Er gab mir zu verstehen, dass er über unser damaliges Gespräch nachgedacht habe. Ich werde nicht vergessen, was Herr Eppelmann, einer der neuen Minister, die Ende Januar 1990 vom Runden Tisch in die Modrow-Regierung kamen, damals in Bonn sagte: »Herr Bundeskanzler, lassen Sie uns ein wenig Zeit. Die DDR-Regierung versteht sich als Makler von 16 Millionen Menschen. Was wir brauchen, ist eine helfende Penizillinspritze, keine Totaloperation. Noch ist der Patient nicht tot.« Ob Eppelmann sich heute wohl noch daran erinnert, was schwarz auf weiß im Protokoll festgehalten ist? Ich habe wie viele meiner Ministerkollegen in dieser Sitzung in Bonn gesagt, dass die Währungsunion niemandem in der DDR geschenkt werde, man müsse sich die harte Westmark verdienen können. Tatsächlich hat die DDR die Kosten für das Öffnen der Grenze, das Niederreißen der Mauern alleine bezahlen müssen. Einen Höhepunkt des Ausverkaufs bildete Weihnachten 1989. Man kann sich nicht mehr vorstellen, welch westdeutsche Völkerscharen kamen, um hier preiswert zu speisen. Sie haben Schallplattenläden ausgekauft, Spielzeug, Kinderbekleidung und Schuhe für billiges Geld mitgenommen.

Wie »fair« der Kontakt der Bundesregierung zur Regierung der DDR war, sieht man auch daran, dass wir das Angebot einer Währungsunion nicht per Telefonanruf oder Brief aus Bonn erfuhren, sondern aus Radio und Fernsehen, verbunden mit dem von Kanzler Kohl an die DDR-Bevölkerung gerichteten Satz: »Dann habt ihr endlich die harte Deutsche Mark und braucht nicht mehr als Deutsche zweiter Klasse in den Sommerurlaub zu fahren.« Ab März 1990 änderten sich im Sekundentakt die Informationen über die Verschuldung der DDR. Diese wurde letztlich so hochgerechnet, dass das gesamte Volkseigentum der DDR verkauft werden müsse, um diese Schulden zu begleichen. Dass die Verschuldung so hoch nicht war, haben viele Berechnungen später bewiesen. Aber mit dieser Begründung wurde das Volkseigentum privatisiert.

Ich habe inzwischen sieben Bücher geschrieben, unter anderem *Zwischen Wende und Ende*. Dort gab ich Auskunft über meine Herkunft und mein Leben in der DDR, über die 1980er Jahre und meine Sorgen über das damalige Wirtschaften, aber auch über ein alternatives System zur bewussten Nutzung von Impulsen des Marktes im Planungsprozess. Marktelemente sind in der DDR und im Sozialismus überhaupt unterschätzt worden.

Bis zum 2. Oktober 1990 war ich Abgeordnete der frei gewählten Volkskammer. Anschließend ging ich zurück an meine Hochschule für Ökonomie. Ich wollte helfen, dass sie nach Neuausrichtung auf die neuen gesellschaftlichen Bedingungen bei Erhalt ihrer Stärken überleben kann. Nebenbei gründete ich mit drei anderen Kollegen der Hochschule ein Institut zur Weiterbildung russisch sprechender Wirtschaftsfachleute. Dann begannen die Überredungen zu einer Kandidatur für ein PDS-Bundestagsdirektmandat. Ich war ja nun fast 30 Jahre in Karlshorst tätig gewesen, kannte Lichtenberg ziemlich gut, Friedrichshain auch, also sagte ich zu. Mit dem Wiedereintritt in die Politik bin ich aus dem gemeinsamen Institut ausgeschieden.

Im September 1994 startete ich mein neues Leben im Deutschen Bundestag. Wir waren damals 17 Abgeordnete. Da wir als PDS die Fünf-Prozent-Hürde nicht übersprangen, konnten wir keine Fraktion, sondern nur eine Gruppe bilden. Wir mussten versuchen, die gleiche Arbeit zu bewältigen, wie die großen Fraktionen mit Hunderten von Abgeordneten. Es war eine Tortur. Ich wurde haushaltspolitische Sprecherin der PDS-Gruppe. Von Haushaltsplanung verstand ich nichts, aber mit ein paar cleveren, fleißigen Mitarbeitern kniete ich mich hinein. Ich reiste viel, weil die Regierungsparteien bei ihren Auslandsreisen immer eine bestimmte Zahl von Oppositionsabgeordneten mitnehmen mussten. Erstaunt waren sie, dass wir abends beim Wein die Volkslieder mitsingen konnten, dass wir die in der DDR auch gesungen haben. Die Reisen haben meinen Horizont ganz schön erweitert. Unsere Arbeit wurde 1998 mit einer Fraktion und 35 Abgeordneten leichter.

Da im Februar 2003 mein 65. Geburtstag bevorstand, entschloss ich mich, im Herbst 2002 nicht wieder zu kandidieren. Ich bin eine der ganz wenigen, die freiwillig aus dem Bundestag ausgeschieden ist. Ich wollte von meinem Rentenalter, von meinem Mann und den Kindern noch etwas haben und mich mehr um meine Mutter kümmern. Sie zog von Wismar nach Berlin und fand in meiner Nähe eine Wohnung. Leider blieb uns nicht viel Zeit, meine Mutti starb unerwartet im Jahr 2003 und mein Mann leider 2006 an einem schrecklichen Gehirntumor.

Von 2002 bis 2008 leitete ich das Kuratorium der Rosa-Luxemburg-Stiftung und wurde bis 2013 in deren Vorstand gewählt. Zu meinem 75. Geburtstag organisierte die Stiftung ein Ehrenkolloquium. Mit meinem Vortrag zum Ricardoschen Freihandelstheorem kehrte ich sozusagen zu den Wurzeln aus dem Studium zurück.

Ich bilde mir ein, nicht deshalb etwas geworden zu sein, weil mich pausenlos irgendjemand gefördert hat. Allerdings muss ich sagen, dass ich immer ein Arbeitskollektiv um mich hatte, in dem ich so viel geistige Anregung und menschliche Zuwendung erfahren habe, wie ich meinerseits zu geben bemüht war. Solch gute Voraussetzungen in der Wissenschaft hatten viele Frauen nicht. Und ich hatte einen Mann, der mir sehr geholfen hat, ein kluger, uneigennütziger Ratgeber war. Meine Mutti hat mich unterstützt, wann immer sie konnte. Konkurrenzkampf unter Frauen habe ich nicht erlebt. Im Gegenteil, ich hatte zwei Superfrauen in meinem Sekretariat. Die eine ist leider schon verstorben, die andere ist inzwischen fast 90 und wir haben immer noch Kontakt. Im Frauenförderungsplan der Hochschule für Ökonomie stand wohl, dass ich mal Rektorin werden könnte. Aber ohne das zu wissen und zu spüren, habe ich meine Arbeit geleistet. Zu meinen Stärken gehörte die Fähigkeit, Kollektive zu leiten, mit Menschen gut umzugehen und Kommunikation voranzutreiben. Ich ließ in Besprechungen möglichst jeden zu Wort kommen, habe Meinungen kennengelernt und Vorschläge entgegengenommen. Am Ende habe ich entschieden und meine Entscheidung begründet.

Ich kann nur unterstreichen, dass Frauen bei allem, was in der DDR mit der Gleichberechtigung gewollt und auch erreicht war, das größere Päckchen zu tragen hatten. Bildung und Berufstätigkeit ja, aber wenn es in der Familie Probleme gab, wenn die Kinder krank waren, stieß zu Hause das gut Gewollte oft an Grenzen. Das führte natürlich auch in der Wirtschaft in den Arbeitsbereichen zu Schwierigkeiten. Was die Bezahlung anbelangt, so gab es an der Hochschule keine Unterschiede zwischen Mann und Frau. Dass Frauen mit sehr guten Studienergebnissen nicht genauso schnell in Leitungsfunktionen wechselten wie Männer, hing auch oft vom Mut und Selbstvertrauen ab. Absolventinnen meinten nach ihrem Berufseintritt oft: »Ich packe das, ich werde auch Schwierigkeiten bewältigen, ich werde mit den Männern fertig und werde mir die Butter nicht vom Brot nehmen lassen, ich schaffe das.« Wenn dann die Kinder kamen, die Hilfe zu Hause ausblieb und die Weiterentwicklung gebremst wurde, hatten sie es viel schwerer als die Männer und auch als ich.

Das ist aber nicht mit den heutigen Hürden zu vergleichen. Frauen verdienen heute wieder fast 20 Prozent weniger als Männer, Kinderunterbringung und die Kosten sind ein riesiges Problem. Zum Glück in den neuen Bundesländern weniger als in den alten.

Frauen konnten in der DDR unabhängig vom Geldbeutel der Eltern studieren, alle Berufe erlernen. Ich erinnere mich an ein Erlebnis mit Kurt Biedenkopf, später sächsischer Ministerpräsident. Er erklärte mir, Frauen hätten in der DDR arbeiten müssen, sie seien dazu gezwungen worden, weil die DDR sonst überhaupt nicht überlebt hätte. Das ist unfassbar. Und SED-Kader wie ich wären protegiert worden. Da antwortete ich: »Im Handbuch des Deutschen Bundestages las ich, dass Frau Süssmuth mit CDU-Parteibuch genau wie ich mit 33 Jahren schon Professorin wurde. Wurde sie also auch protegiert?« Das war ein »schlagendes« Argument.

Und damals gab es freie Stellen und den wirklichen Willen zur Förderung der Frauen. Was mir auffällt, ist, dass eine große Anzahl von heutigen Karrierefrauen kinderlos bleibt. Das ist furchtbar in dieser Gesellschaft, in der man anstelle von Argumenten und Leistung vor allem mit Ellenbogen fortkommt, möglichst voll arbeitet, als Frau unbedingt besser sein muss als der Mann, um überhaupt akzeptiert zu werden, und noch möglichst schön aussehen soll. Diese Beobachtung mache ich auch in der eigenen Partei, dass leider viel zu viele Frauen die Politik zu ihrem Beruf machen. Ein paar Jahre in der Politik und zwei, maximal drei Wahlperioden Abgeordnete zu sein, das ist optimal. Aber ein Leben lang, nein. Man verliert seinen eigenen Kosmos, seine Bodenhaftung. Und für die Frauen, die Karriere machen, ist die Zeit schnell vorbei, Kinder bekommen zu können.

Vor allen Dingen nicht danebenstehen, sondern sich einbringen

Christa B., Jahrgang 1942

Ost: Chemiefacharbeiterin, Diplom-Chemikerin, Generaldirektorin eines Kombinats

West: Geschäftsführerin, Unternehmensberaterin, Herstellungsleiterin im Pharmazeutischen Betrieb

Ich wollte unbedingt Chemie studieren. Dazu musste ich, die in einem kleinen Ort in Thüringen geboren und behütet von Großeltern und Eltern aufwuchs, ab der elften Klasse nach Halle an die ABF II* gehen. Ziel waren die Vorbereitung eines Auslandsstudiums und das Ablegen des Abiturs. Weil es zu diesem Zeitpunkt aber kein Auslandsstudium Chemie gab, ging ich als erste Berufsstation nach Bitterfeld zum Elektrochemischen Kombinat und arbeitete in Schichten. Dabei lernte ich meinen Mann kennen. Als Abiturienten gab man uns die Möglichkeit, an der Betriebsakademie bereits in einem Jahr den Beruf eines Chemiefacharbeiters zu erlernen. Sicher war es manchmal ein bisschen schwer, besonders nach der Nachtschicht, noch zur Schule zu gehen. Aber Facharbeiter zu sein hat mich mit Stolz erfüllt, heute noch. Dem praktischen Jahr schlossen sich an der Technischen Hochschule Carl Schorlemmer in Merseburg fünf Jahre Chemiestudium und der Abschluss als Diplom-Chemiker an. Während des Studiums habe ich geheiratet und meine Tochter bekommen. Die blieb bei der Mutti und Oma. Zwar wäre ihre Betreuung vor Ort möglich gewesen, wir bewohnten als Familie ja ein Zimmer. Aber die Oma wollte das so.

Nach dem Studium ging ich in die Großchemie, in die Leuna-Werke Walter Ulbricht, ein Kombinat mit rund 32.000 Beschäftigten. Von 1967 bis 1974 arbeitete ich dort. Ich begann in der Patentabteilung. 1968, kurz bevor mein Sohn geboren wurde, erhielten wir unsere Wohnung in Halle-Neustadt und natürlich dazu einen Kinderkrippenplatz.

Das Leuna-Werk tat viel für Mütter und Familien. Es wurden beispielsweise für Mütter, die ihre Kinder zur Krippe oder in den Kindergarten bringen mussten, wegen veränderter Arbeitszeiten extra Züge eingesetzt, um sie zum Arbeitsplatz und zurück zu bringen. Alles war abgestimmt auf die vielen Frauen, die dort in Leuna arbeiteten, der Transport, die Betreuung in den Kindereinrichtungen. Für Schichtarbeiterinnen gab es Kindergärten, in denen die Kinder über Nacht oder sogar über eine ganze Woche bleiben konnten.

Nach meiner Rückkehr aus der Auszeit mit meinem Sohn suchte ich nach einer Arbeit, die näher an der Produktion war. Die fand ich in der Abteilung für Katalysatorenforschung. Die Arbeit dort hat mir großen Spaß gemacht. Als die Partei die große Aktion »Einführung moderner Wissenschaftsorganisation in die Produktion«, darunter Heuristik, ausrief, wählte die Werkleitung mich und andere Junge aus, diese neuen Methoden in die Praxis einzuführen. Wie das bei solch großen Aktionen üblich war, wurde nun Heuristik überall wichtig. Mir hat es jedenfalls für mein späteres Handeln und Denken viel gegeben. Nach dem Sturz von Ulbricht wurden »Wissenschaftsorganisation« und das »Neue Ökonomische System« von der großen Welle der »Konsumgüterproduktion« abgelöst. Aber was konnte Leuna an Konsumgütern produzieren? Es kamen nicht viele Grundstoffe, die das Werk produzierte, infrage. Eine Möglichkeit bot das Polyäthylen. Man kam auf die Idee, daraus Tapete herzustellen, Leukorthen, die beschichtete Tapete, die sich aber leider sehr schlecht ankleben ließ. Später produzierten wir Schaumstoffe, zum Beispiel für Taschen.

In dieser Zeit engagierte ich mich sehr stark in der FDJ*. Man bat mich, das Jugendobjekt »Aufbau einer neuen Konsumgüterproduktion« zu leiten. Das bedeutete, dass ein völlig neuer Betrieb am Standort Merseburg aufgebaut werden musste. Wir benötigten eine neue Halle, neue Maschinen. Es musste ein neues Team, möglichst aus jungen Leuten, für unterschiedliche Schichten zusammengestellt werden. So erhielt ich die Chance, mich in Leitungsfragen zu probieren. Es war eine ganz tolle Sache, so viel Verantwortung! Wir erlebten unheimlich viel. Das hat mir sehr großen Spaß gemacht. 1974 sind wir nach Berlin umgezogen, weil mein Mann hier eine neue Tätigkeit aufnahm. Zeitgleich delegierten mich die Leunaer an die Parteihochschule nach Berlin. Dort nahm ich das Studium auf, das ich nach drei Jahren als Diplom-Gesellschaftswissenschaftler abschloss. Danach wollte ich wieder zurück in die Industrie. Ich brauche immer etwas Konkretes. Zum Berufspolitiker eigne ich mich nicht. Zu sagen: »Was kümmert mich mein Geschwätz von gestern« ist nicht mein Verständnis von Verantwortung. Das sage ich besonders heute auch mit Blick auf das aktuelle Politikgeschehen.

Nach dem Studium kam es aber anders. Ich wurde wissenschaftliche Mitarbeiterin in der Abteilung Grundstoffindustrie im ZK* der SED. Verantwortlich war ich für Leichtchemie, dazu gehörten Kosmetik, Waschmittel, Lacke und Farben. Diese Zeit im ZK habe ich natürlich genutzt, die Betriebe meines Verantwortungsbereichs kennenzulernen. Mit Nachdruck habe ich mich dafür eingesetzt, dass dort Investitionen getätigt und die Arbeitsbedingungen verbessert wurden, weil diese verarbeitende Industrie in der DDR leider hinsichtlich der Investitionen ganz schön vernachlässigt wurde. Als 1980 die Kombinate gebildet und die VVB aufgelöst wurden, entstanden im Bereich der Leichtchemie u.a. das Kosmetikkombinat Berlin und in Genthin das Waschmittelkombinat, Spee. Das war die alte Henkel-Firma, die nach der Wende zurückgegeben wurde.

Wenn ich an Spee denke, erinnere ich mich an eine tolle Aktion. Ich war doch im ZK auch damit beschäftigt, die Betriebe anzuhalten, Importe einzusparen. Im Spee war Titandioxid als Weißmacher enthalten, das allerdings erst bei Temperaturen über 60°C richtig wirksam wird. Gemeinsam mit einem Mitarbeiter aus dem Ministerium für Leichtindustrie hatten wir die Idee, das Waschmittel zu trennen, in einen Teil für Wäsche bis 40°C und einen Teil für über 40°C. Damit konnten wir Titandioxid einsparen. Ich wusste ja von zu Hause, dass mein größter Teil der Wäschespinne Buntwäsche und nicht Kochwäsche war. Weil bei der Buntwäsche das Titandioxid nur bedingt wirkt, war dies herausgeschmissenes Geld. So ist Spee Color entstanden. Eine tolle Geschichte, ich glaube, zu diesem Zeitpunkt gab es in Westdeutschland diese Trennung der Waschmittel noch nicht. Im ZK war ich bis Ende 1985. Die Tätigkeit hört sich trocken an, war aber sehr vielseitig. Ich habe sehr viel gelernt über das Gesamtwirtschaftssystem, über die Zusammenarbeit zwischen der Partei und den Ministerien und den einzelnen Kombinaten, deren Führung und Leitung. Dazu besuchte ich die Betriebe oft, denn ich kann nicht über etwas reden, was ich nicht kenne. Auf diese Weise bin ich wirklich in fast alle diese Betriebe in der ganzen DDR gekommen. Ich kannte die Sorgen und den Bedarf der Unternehmen und setzte mich für sie ein. Nie habe ich etwas versprochen, was ich nicht halten konnte. Manches ist dann auch sehr gut gelungen.

In dieser Zeit waren wir beide berufstätig. Mein Mann war in der Regel länger unterwegs. Ich hatte im Wesentlichen einen geregelten Tagesablauf. Nach circa acht Stunden kam ich am Nachmittag nach Hause. Die Kinder besuchten den Kindergarten bzw. die Schule und am Nachmittag Arbeitsgemeinschaften. Meine Tochter ruderte und mein Sohn spielte Schach und Fußball. Das und die Arbeitsteilung in der Familie liefen eigentlich problemlos. Wenn er zu Hause war, hat sich mein Mann eingebracht. Nur kochen, das kann er heute noch nicht. Zu Elternversammlungen gingen wir beide.

Meine Tochter ist genauso wie ich. Sie arbeitet Vollzeit. Meine Tochter und meine Schwiegertochter haben nie in Teilzeit, immer Vollzeit gearbeitet. Wenn man in einer Familie lebt, gemeinsame Ziele und Anschauungen hat, und das war schon bei meiner Erziehung prägend, überträgt sich das auf die Kinder. Bestimmte grundlegende Werte haben sich so in der Familie erhalten. Solche Werte sind die normale Einstellung, die jeder haben sollte, zur Arbeit, zur Ehrlichkeit, zur Achtung anderer und deren Arbeit, gleich, was man tut. Und vor allen Dingen nicht danebenstehen, sondern sich einbringen. Die politischen Werte waren vor allem Gerechtigkeit und Eintreten für den Frieden. Auf manches haben die Kinder und natürlich die Enkel heute eine andere Sicht als wir. Das ist normal. Mit denen ist es immer besonders interessant zu diskutieren.

Wenn wir uns Neues anschafften, dann natürlich immer gemeinsam. Das war allein schon eine materielle Frage. Können wir uns das leisten? Und heute frage ich mich manchmal, wie wir das alles geschafft haben: Keine Waschmaschine, keine Spülmaschine, die Windeln mussten noch gekocht werden.

1986 wurde ich Generaldirektorin des Kosmetikkombinats Berlin. Ich kannte zwar das Kombinat aus der früheren Tätigkeit im ZK sehr gut. Aber es ist schon ein Unterschied, ob man Ratschläge gibt oder ob man selbst die Verantwortung trägt. Ich hatte ganz schönen Bammel, ob ich das überhaupt packe. Wie man sieht, ist es ganz gut gegangen. Es war ein großer Lernprozess, das Ganze zu koordinieren. Wir waren immerhin achteinhalbtausend Mitarbeiter, verstreut über die DDR. Der Frauenanteil lag mindestens bei 60 Prozent. Und wir hatten eine ganze Reihe von Frauen in Führungsverantwortung – zwar nicht als Betriebsleiter, aber Stellvertreter, Produktionsleiterinnen, Forschungsdirektorinnen, Kaderdirektorinnen. Das war ganz schön beeindruckend. Und wir haben natürlich dafür gesorgt, dass sehr viele Frauen in unseren Betrieben, die nur angelernt oder schon ein bisschen älter waren, die Möglichkeit erhielten, sich zu qualifizieren. Dafür gab es Frauenakademien. Die Qualifizierung lief immer zweigleisig, abgestimmt zwischen Betrieb und Schule. Die Frauen wurden in der Zeit der Ausbildung von ihrer eigentlichen Arbeit freigestellt, andere übernahmen diese. So schafften wir es, dass sich viele noch zur Facharbeiterin qualifizieren konnten. Das war wunderbar, dass die Frauen, die es wollten, diese Möglichkeiten erhielten. Dadurch haben viele Frauen natürlich auch mehr verdient. Aber nicht zuletzt war es eine Frage ihrer persönlichen Anerkennung und spielte für ihr Selbstbewusstsein eine wichtige Rolle. Sie waren nun richtige Facharbeiterinnen, nicht mehr nur Angelernte. Diese Frauen organisierten sich in Arbeitsbrigaden, in denen sie wirklich sehr selbstbestimmt arbeiten konnten. Sie hatten die Möglichkeit, sich in der Gewerkschaft oder in anderen Bereichen zu engagieren.

Ich glaube, es ist zu kurz gedacht, wenn heutzutage die Berufstätigkeit der Frauen in der DDR vor allem auf das Geldverdienen reduziert wird. Viele Frauen, die ich nach der Wende getroffen habe, sagten: »Wir denken immer daran, wie schön das war, was wir alles zusammen gemacht haben.« Und sie sprachen von »unserem« Betrieb, »unserer« Abteilung, »unserem« Wettbewerb zwischen den Arbeitskollektiven. Das »unser« war dabei nicht ein Ausdruck eines Eigentümerbewusstseins, das war in der DDR nicht entwickelt. Es war eine Frage von: Ich gehöre dazu, ich tue etwas, ich werde gebraucht und ich bin anerkannt. Das war das Wichtigste und das ist natürlich mit der Wende völlig verloren gegangen. Für mich erschien es mit der Wende, als ob wir in das Mittelalter zurückfielen, was ist da verloren gegangen: Familiengesetz, Arbeitsgesetz, Frauenförderungen. Wir hatten Betriebskindergärten, Kinderferienlager, dafür war immer gesorgt. Ja, das waren wirklich Errungenschaften.

Dass ich mit meiner Funktion als Generaldirektorin in diese Männerwelt eindrang, spielte für mich keine Rolle, auch nicht für die meisten Männer. Viele kannten mich aus der bisherigen Zusammenarbeit. Ich hatte nie das Gefühl, dass es dort ein Mann-Frau-Problem gab. Allerdings empfand ich manchmal, dass ich mich als Frau ein bisschen mehr einbringen musste, als das nötig und vielleicht bei den Männern üblich war. Im Großen und Ganzen aber waren wir eine tolle Truppe. Da gab es keinen Kuschelkurs, es ging zur Sache. Ich glaube, dass ich manchmal ganz schön streng war, sonst wäre es nicht gegangen. Mein großes Ziel für das Kombinat war, aus den roten Zahlen heraus zu kommen. Und das ging einerseits nur mit harter Disziplin und bester Arbeitsorganisation und andererseits mit Überzeugungsarbeit. Man kann sich persönliche Ziele stecken und mit der Deichsel voranrennen, aber der Wagen bleibt hinten stehen. Man muss Gefährten finden, die bereit sind, mitzutragen, mitzudenken, eben die Deichsel mitzuziehen. Das ist mir ganz gut gelungen. Das war das eine. Das andere, wofür ich gekämpft habe, waren Investitionen, um die Betriebe zu erneuern. Das war nicht leicht. Aber ich habe es geschafft. Ab 1986 konnten wir in einer Größenordnung von 250 Millionen Mark pro Jahr Investitionen realisieren. Wir brauchten sehr viele Ausrüstungen vorrangig aus dem NSW*, weil es diese weder in der DDR noch in den anderen Ostblockländern gab und die mit Devisen bezahlt werden mussten. Dies bezahlten wir unter anderem über eine Gestattungsproduktion für Beiersdorf – NIVEA statt Florena. Und als die Wende kam, stand in Berlin bei uns auf grüner Wiese einer der modernsten Kosmetikbetriebe Europas, und dann war er dank der Treuhand auf einmal nicht mehr da.

Die Wende war für mich ein Erlebnis, das ich wahrscheinlich in meinem Leben nicht mehr verarbeiten werde, weil ich Grundsätzliches nicht verstehe. Die größte Frage für mich ist: »Warum kann das Volk in der Masse nicht denken?« Unsere Leute waren gebildet, nicht nur fachlich, auch politisch. Aber sie rennen los und lassen sich verkaufen, sie geben freiwillig Werte und Errungenschaften ab, die ihnen gehörten, die sie selbst mit erschufen für den Preis von Bananen, Reisefreiheit, Arbeitslosigkeit, um nur einige zu nennen. Das ist doch einmalig in der Geschichte. Diese Vereinnahmung der DDR, das war der größte Coup der BRD. Es war für mich wie ein Krieg ohne Waffen. Welches Vermögen da geflossen ist. Der BRD ging es zu diesem Zeitpunkt nicht so gut. Deshalb passte es natürlich, dass unsere Märkte als erste genommen wurden. Das war doch wunderbar und unsere Leute waren begeistert. Sie wollten mal etwas anderes kaufen und haben dabei nicht bedacht, dass sie sich den Ast absägen, auf dem sie sitzen.

Wir wurden von der Treuhand aufgefordert, das Kombinat aufzulösen. Es war unglaublich. Es kam einfach so ein Brief von der Übergangsregierung, dem damaligen Wirtschaftsminister Pohl – dem Hutmacher –, mit der Aufforderung, das Kombinat aufzulösen. Meine Anfrage, wie das denn gehen solle, wurde beantwortet mit dem Hinweis darauf, dass dies ein Beschluss sei, also eine politische Entscheidung. Zunächst wurden einzelne Betriebe aus dem Kombinat herausgelöst und verselbstständigt. Ich blieb noch im Stammbetrieb, weil die Generaldirektoren immer auch Betriebsdirektoren der Stammbetriebe waren. Wir haben alle Möglichkeiten untersucht, wie wir den Betrieb und die Leute retten können. Dann kam der Auftrag, Leute zu entlassen. Von den 1.000 Leuten in Berlin mussten wir erst einmal 200 entlassen. Es war für mich das Allerschlimmste, die Leute entlassen zu müssen. Ich kannte doch alle, die Familien. Ich konnte nicht mehr schlafen, hielt das nervlich fast nicht durch. Zunächst gab es noch die Möglichkeit, viele der entlassenen Leute in den Vorruhestand, in die Rente zu schicken. Sehr gut ausgebildete Leute wurden in Westberlin von Schwarzkopf und Schering mit Kusshand genommen. Dem folgten Ausgründungen, so der Rationalisierungsmittelbau. Die Maschinen überließen wir den Mitarbeitern und gaben ihnen zum Start Aufträge, damit sie bei uns tätig sein konnten. Ein anderer Teil hat sich gleich umgeschult, ist zu Lehrgängen gegangen, hat Zusatzstudien begonnen. Wir wurden in eine GmbH umgewandelt. Mein Stellvertreter und ich wurden beide Geschäftsführer.

Dann startete die Treuhand die Verkaufsaktivitäten. Es gaben sich bei uns tagtäglich nahezu alle westdeutschen Kosmetikunternehmen die Klinke in die Hand. Wir wurden verpflichtet, ihnen alles offen zu legen. Darüber beschwerte ich mich bei der Treuhand, wurde am Tag dreimal entlassen. Das Treuhandpersonal aus den alten Bundesländern war nicht gerade qualifiziert für diese Tätigkeit, um das diplomatisch auszudrücken. Wir erwogen, durch ein Management-Buy-out weiter zu machen. Das wurde uns versagt. Verschiedene andere Investoren aus dem Ausland bekamen uns auch nicht. Der Betrieb sollte wohl platt gemacht werden. Es ging uns in dieser Zeit sehr schlecht, vor allen Dingen nach der DM-Umstellung. Das erste, was wir verloren, war der Binnenmarkt, dann den Ostmarkt und vor allem die Sowjetunion.

Sämtliche Märkte wurden inzwischen besetzt von den westdeutschen Handelsketten. Unsere Handelseinrichtungen wurden ja auch übernommen. Es hieß, dass man bei den westdeutschen Handelsketten gelistet werden müsse. Wir mussten plötzlich in die einzelnen Verkaufsstellen fahren und Verhandlungen führen, um den Absatz unserer Produkte zu sichern. Das erforderte Außendienstmitarbeiter, die wir bisher nicht hatten. Also haben wir quasi über Nacht so eine Truppe auf die Beine gestellt: Die Mitarbeiter kamen aus der Forschung, aus der Buchhaltung, Produktion und haben zum Teil zu Fuß, mit der Straßenbahn oder eigenem PKW die Handelspartner aufgesucht.

Dann begannen die westlichen Handelsketten, uns in der Sowjetunion und in den Ostländern vom Markt zu drängen. Wir hingen nun in der Schwebe, bis das Unternehmen von einem amerikanischen Investor gekauft wurde. In der Folge mussten wir wieder Mitarbeiter entlassen. Und dann kam der Punkt, an dem wir pleite waren. Der Geschäftsführer fuhr nach Amerika und kam nicht wieder. Das hieß Abwicklung. Das war furchtbar. Ich hatte den Betrieb aufgebaut, ich habe mein Herzblut hier reingegeben, er war wie mein Kind. Ich habe mich bemüht, wieder Investoren zu finden. Das ist mir mit einem westdeutschen Unternehmen auch gelungen, der Betrieb wurde verkauft. Nach zwei weiteren Jahren habe ich den Betrieb verlassen. Ich meldete mich arbeitslos und bewarb mich zwei Jahre lang bei sehr vielen Unternehmen vergeblich. Die Zeit nutzte ich, mich zu qualifizieren – Computer und Englisch. Im Jahr 2002 hatte ich die Möglichkeit, mich bei einer Unternehmensberatung vorzustellen. Unter 25 Bewerbern wurde ich ausgewählt und bin als Berater durch die ganze Bundesrepublik getourt. Es war sehr anstrengend. Vorwiegend in Westdeutschland beriet ich kleine und mittlere Unternehmen. Oft dachte ich: Hier ist die Zeit stehen geblieben. Am meisten interessierten mich die Frauen in den Handwerksbetrieben. Ihr Leben lang haben sie dort in diesen Firmen gearbeitet, sie zum Teil am Laufen gehalten, und hatten gar nichts, denn sie bekamen kein Geld dafür, waren völlig abhängig von ihren Männern. Nicht wenige Frauen haben mir gesagt: »Wir beneiden sie, was sie alles machen konnten.« Ich habe in diesen ganzen Unternehmen keine Anfeindungen erlebt.

2006, kurz vor meiner Rente, wurde ich von einem Bekannten angesprochen. Ein neuer Pharmaziebetrieb im Spreewald suchte einen Laborleiter. Ich hatte Schiss, war doch vierzig Jahre nicht mehr praktisch im Labor tätig gewesen. Dennoch sagte ich zu, auf Probe. Eine ältere und eine ganz junge Laborantin halfen mir bei der Einarbeitung. Nach circa vier Wochen hatte ich ein ganz persönliches Erlebnis: Die Arbeit lief gut und in mir breitete sich ein wohliges Gefühl aus, eine innere Wärme, weil ich spürte: Was du mal gelernt hast, sitzt fest, du hast es nicht vergessen. Auch so etwas macht glücklich. Danach habe ich zwei Jahre das Labor geleitet, mit der Ansage an die Geschäftsführung, dass die einen Nachfolger finden sollten. Als plötzlich die Stelle des Herstellungsleiters, ein sehr verantwortungsvoller Posten im pharmazeutischen Betrieb, besetzt werden musste, habe ich für sechs Wochen zugesagt. Daraus wurden noch einmal vier Jahre, verbunden mit Fahrten in den Spreewald, meistens mehr als zwölf Stunden täglich. Für mich war es ein schöner Abschluss meines beruflichen Lebens. Wir waren fast nur Frauen und haben dort gearbeitet wie zu DDR-Zeiten: im Team, mit persönlichem Zusammenhalt, gemeinsamen Festen mit viel Spaß und deshalb mit Erfolg in der Marktwirtschaft.

Mein Fazit: Ich habe die Hälfte meines Arbeitslebens jeweils in einem anderen System hart und verantwortungsvoll gearbeitet. Alles, was den zwischenmenschlichen und den sozialen Bereich betrifft, soziale Sicherheit, Gesundheit, Vorsorge, Bildungsmöglichkeit, das vermisse ich sehr. Was die Wirtschaft angeht, hat man jetzt mehr Freiheiten. Aber um welchen Preis? Wer bezahlt diese Freiheit eigentlich? Die Reichen werden immer reicher, die Schere zwischen Arm und Reich wird immer größer, und wenn ich könnte, würde ich unbedingt etwas ändern an dieser Verteilung des Reichtums, der aus Arbeit entstanden ist. Aber was mich noch mehr stört, ist, dass Achtung vor der Arbeit und der Leistung anderer nur noch ganz selten anzutreffen ist. Das bedaure ich sehr. Und das ist ein ganz großes Defizit für den Zusammenhalt der Gesellschaft. Fast noch mehr verachte ich die

Scheinheiligkeit in der Politik, die von Frieden und Gerechtigkeit redet, aber immer mehr Geld für Aufrüstung verwendet als für soziale Zwecke, für Bildung, für Gesundheit. Was ist das für eine Politik, die sich als Friedensvermittler ausgibt und durch wachsende Waffenexporte die Krisenherde in der Welt und damit nicht zuletzt Flüchtlingsströme befördert? Ein Nachdenken von jedermann wäre vielleicht ein kleiner Schritt zum Besseren.

Den jungen Frauen von heute kann ich nur empfehlen, alle Möglichkeiten zu nutzen, um sich zu qualifizieren, Verantwortung zu übernehmen und möglichst Beruf und Familie zu vereinbaren. Mindestens die Hälfte unserer Bevölkerung sind Frauen – welches Potenzial, das es zu nutzen gilt!

Beide Partner müssen die Kinder gemeinsam formen und ausbilden

Helga H., Jahrgang 1935

Ost: Vorsitzende der Frauenkommission der Gewerkschaft und Sektionsdirektorin HUB*, Vertreterin der DDR in der UNO-Kommission »Status der Frau«

West: Emeritus, Leiterin der Bildungsakademie der »Volkssolidarität«

Ausschlaggebend für meinen Lebensweg war, dass mein Vater in der Nazizeit inhaftiert wurde. In der Folge durften meine Kinderfreunde in Danzig nicht mehr mit mir spielen, weil deren Eltern Angst hatten, in den Verdacht der Mitwisserschaft zu geraten. So musste ich mich sehr auf mich selbst beziehen, hatte als Gesprächspartner nur meine Schwester und meine Mutter. Prägend waren die Erlebnisse des Jahres 1945, als die Deutschen meine Heimatstadt Danzig in der Hoffnung, damit den Vormarsch der Roten Armee zu bremsen, als verbrannte Erde hinterließen. Das bedeutete, dass die Nachkommenden keine Nahrung, keine Unterkunft mehr vorfanden, nur viele Leichen. Ich selbst habe als neunjähriges Kind die Leichen beerdigen müssen. Das war für mich ganz schrecklich. Die erste war eine alte Großmutter, die war offensichtlich in den Graben gefallen und nicht mehr herausgekommen. Die zerfetzten Tiere auf der Straße, die Pferde, und die deutschen Soldaten mit dem Schild um den Hals »Ich bin ein Verräter«. Die mussten von den Bäumen abgenommen werden.

Diese Erlebnisse haben mich so stark gegen den Krieg eingenommen, dass für mich feststand, dass ich, sobald ich in irgendeiner Form auf gesellschaftliche Prozesse Einfluss nehmen kann, meine Kraft immer dafür einsetzen würde, dass Frieden zwischen den Menschen herrscht und sie ihre Probleme gewaltlos lösen. Man muss Wege finden, um Unterschiede zu überbrücken, sich durch Gespräche und Handlungen einander annähern. Kooperation statt Konfrontation. Diese Erfahrung begleitet mich bis zum heutigen Tag. Und so ist verständlich, dass es für mich immer lächerlich wirkt, wenn gesagt wurde, dass mir Antifaschismus verordnet werden musste. Der war Ausgangspunkt meines Lebens. Ich begann schon früh, mich dafür zu interessieren, wie eine Gesellschaft funktioniert, wie man sich selber einbringen kann, um friedliche Lösungen zu finden. Ich habe sehr früh begonnen, mich in gesellschaftlichen Organisationen zu bewegen. An der Oberschule gründete ich einen Chor, in dem wir auch andere Lieder sangen, als der Musiklehrer wollte. In der Folge ließ mich mein Musiklehrer mit Sololiedern nicht mehr auftreten. Natürlich war es in der Zeit nicht einfach. In zu vielen Köpfen spukte noch die faschistische Vergangenheit, kam es zu provokativem Auftreten. Viele warteten nur ab.

Ich wollte Philosophie studieren, weil ich glaubte, so Antworten auf viele meiner Fragen erhalten zu können. Später habe ich mich auf Ethik spezialisiert, weil ich dachte, dass gerade moralische Wertungen, Ideale und Normen sehr wichtig sind, um neues Verhalten herauszubilden und zu erziehen. Nach dem erfolgreichen Studium musste ich mich erst einmal wie alle Absolventen unter 25 Jahren in der Jugendarbeit bewähren. Ich startete meine berufliche Laufbahn als Jugendfunktionär im Berliner Glühlampenwerk. In diesem ausgesprochenen Frauenbetrieb wurde mir schnell klar, was alles noch zu leisten ist, um Frauen viel stärker in gesellschaftliche Abläufe einzubeziehen. Keine Frau hatte damals eine Leitungsfunktion. In meinem jugendlichen Übermut verlangte ich vom Betriebsleiter Antworten, warum er sich nicht mehr darum kümmerte, dass Frauen sich mehr zutrauten, etwas verändern zu können und andere als mechanische Arbeit zu verrichten. Das war der Ausgangspunkt, mich auch theoretisch mit Frauenfragen zu beschäftigen.

Diese Problematik griff ich später an der Universität wieder auf. Ich habe umfangreiche Studien betrieben, zunächst in der Bibliothek. Simone de Beauvoir hat mich damals sehr beeindruckt, aber auch einige Psychologinnen, die versucht haben, Ursachen zu finden für diese zurückhaltende und zögerliche Haltung der Frauen. Studien zur Frauenarbeit und später das Buch »Die Frau als Persönlichkeit« sind das Ergebnis. Es war das erste Buch, dass sich in der DDR wissenschaftlich mit dieser Problematik beschäftigte. Man lud mich zu vielen Vorträgen in Großbetriebe oder zu diversen Streitgesprächen in Medien ein. Diese Fragen wurden sehr breit in der Öffentlichkeit diskutiert. Das hat mir viel Spaß gemacht, weil ich damit andere Menschen begeistern und aktivieren konnte. Und das war ja von Anbeginn mein Ziel.

So kam es folgerichtig zu der Verpflichtung, an der Humboldt-Universität das Theoretische praktisch in der Gewerkschaftsarbeit umzusetzen. Ich wurde ehrenamtliche Vorsitzende der Frauenkommission der Gewerkschaft an der HUB*. Diese intensive Arbeit mit den Frauen selbst, meine Versuche, sie zu motivieren, nach der Promotion noch eine Habilitation als Voraussetzung für eine Berufung auf eine Professur anzustreben, hat mir viel Freude gemacht. Es war doch klar, dass der Frauenanteil unter den Professoren zu gering war. Mit konkreten Festlegungen wollten wir ihn erhöhen. Natürlich hing dies nicht nur von den Frauen selbst ab, und ich wandte mich an den Rektor der Universität. In ihm fand ich einen wirklichen Partner. Anlässlich der Frauentagsveranstaltungen zum 8. März gab er Rechenschaft darüber ab, was erreicht wurde und wo noch viel getan werden musste. Übrigens bin ich dafür von einigen Frauen kritisiert worden. Sie vertraten die Auffassung, Frauen seien für die Frauenarbeit alleine verantwortlich und nur sie und kein Mann wisse, was Frauen benötigten. Ich fand das lächerlich und letztlich eine Isolierung von den Männern, die aber gerade als Partner an der Überwindung von Ungerechtigkeiten in der Geschlechterstellung beteiligt sein müssen.

Zwischendurch habe ich geheiratet und drei Kinder bekommen. Ohne Kinder hätte ich nicht leben wollen. Es war manchmal hart, aber wir haben das beide gemeinsam gemeistert. Ich bereue nicht, dass wir nie aufgegeben haben und dass wir uns in der beruflichen wie in der familiären Entwicklung immer unterstützt haben. Für meinen Mann war mein und für mich sein wissenschaftliches Fortkommen genauso wichtig. Er wollte nie, dass ich zurückstecke, wir haben uns die ganze anfallende Arbeit geteilt. Er hat mich in meiner wissenschaftlichen und politischen Arbeit unterstützt. Und natürlich zu Hause. Und das war viel, denn drei Kinder sind ja nicht einfach zu erziehen. Aber ich hätte nie auf das große Glück mit den Kindern verzichten wollen. Wir haben uns alle fünf immer besprochen, damit alle ihre berufliche und persönliche Entwicklung miteinander vereinbaren konnten. Aus allen Kindern sind tolle Menschen geworden. Inzwischen gibt es schon sieben Enkel, an deren Leben wir aktiv teilnehmen.

Das Auftreten in der Öffentlichkeit zu vielen Themen war für mich eine wichtige Sache. Sicherlich war vieles noch im Argen. Schwierig war für viele Frauen, dass die Arbeitszeit nicht flexibel war. Andererseits war die fast vollständige Bedarfsdeckung mit Kinderkrippen und Kindergärten eine gute Lösung für die Familien und die Kinder. Gewisse Probleme hatte ich, wenn Eltern ihre Kinder ins Heim gaben, um besser mit ihrer beruflichen Arbeit fertig zu werden. Schwierig war es für Schichtarbeiterinnen. Da musste ich akzeptieren, wenn sie die Kinder für einen bestimmten Zeitraum in ein Heim oder eine Wochenkrippe gaben. Ich fand, dass das nur kurzfristige Lösungen sein konnten, ansonsten sollte sich die ganze Familie viel Zeit auch für den emotionalen Zugang zu den Kindern nehmen. Für mich war es sehr wichtig, dass die Einrichtungen nicht bloß eine Aufbewahrung von Kindern waren, sondern ausgebildete Kräfte die Persönlichkeitsentwicklung beeinflussten. Insofern war die gute Betreuung der Kinder immer eine ganz wichtige Voraussetzung der Vereinbarkeit von Berufstätigkeit und Familie.

Über diese Themen habe ich in Leserdiskussionen in der *Berliner Zeitung* offen debattiert. Dabei habe ich immer wieder den Finger in die Wunde gelegt und gesagt, wie wichtig es für das Glück der Männer sei, sich um die Kindererziehung zu kümmern und dies nicht der Frau alleine zu überlassen. Das ist meine Grundthese: Beide Partner müssen sich durch Gefühlsreichtum in den Familienbeziehungen auszeichnen, Kinder mit zu formen, auszubilden. Damit wird einer Familie erst Sinn gegeben. Bereits mit dem Frauen-Kommuniqué war im Jahr 1961 dafür geworben worden, dass die Väter ihre Verantwortung wahrnehmen. Dass Männer dies oft nicht gemacht haben, lag nicht nur an der ideologisch neuen Herausforderung, sondern auch an ökonomischen Fragen, da sie ja in der Regel mehr als die Frauen verdienten.

Mein Leben änderte sich 1976, als man mich fragte, ob ich das theoretisch erarbeitete auf internationaler Bühne einbringen könnte. Zwar war ich schon in der

IDFF* lange Jahre aktiv, aber die neue Aufgabe in der UNO war doch eine andere Verantwortung. Von 1976 bis 1990 war ich Vertreterin der DDR in der UNO-Kommission »Status der Frau«. Nach vier Jahren wurde ich von den sozialistischen Staaten immer wieder zur Wahl vorgeschlagen. Daneben hielt ich weiterhin meine Vorlesungen, betreute Studentenarbeiten. In der UNO merkte ich sehr schnell, dass zwei Dinge erforderlich sind: Erstens die praktischen Erfahrungen unter Nennung der Probleme und Schwierigkeiten. Und zweitens sich über die einzelnen Länder, deren Traditionen, die Kultur, die herrschenden Normen, Ideale und Werte zu informieren. Gleich am Anfang meiner UNO-Tätigkeit war ich sehr intensiv mit der Ausarbeitung der Konvention zur Beseitigung aller Formen der Diskriminierung der Frau beschäftigt. Die Mutterschaft als soziale Funktion anzuerkennen, wurde beispielsweise von einigen westlichen Ländern nicht akzeptiert, weil das bedeutete, dass der Staat dann auch in der Verantwortung für Kinderkrippen und Kindergärten stünde. Ich bin sehr stolz darauf, dass diese Konvention von den meisten Staaten ratifiziert wurde und dass alle 189 Unterzeichnerstaaten im vierjährigen Turnus vor dem Ausschuss CEDAW* Rechenschaft über die Durchsetzung ablegen müssen. Die DDR hat die Konvention als zweites Land der Welt nach Schweden ratifiziert, die Bundesrepublik erst fünf Jahre später. Die Konvention wurde ganz unterschiedlich popularisiert. Wir haben sie sofort im Gesetzblatt veröffentlicht. In der Bundesrepublik haben Frauen bis heute noch Schwierigkeiten, ihre Rechte mit Hinweis auf diese Konvention einzufordern. Welche Frau weiß denn, dass sie ihre Rechte einklagen kann und wenn sie in ihrer beruflichen Entwicklung behindert wird, sich an den Europäischen Gerichtshof für Menschenrechte wenden kann.

Daneben habe ich im Auftrag der DDR eine Deklaration für die stärkere Einbeziehung von Frauen in den Friedenskampf eingebracht. Diese wurde nach langem, hartem Widerstand durch die UNO-Vollversammlung bestätigt. Glücklicherweise gibt es seit 2000 eine Resolution des Sicherheitsrates der UNO dazu, aber es fehlt noch vielerorts an der dringend notwendigen Umsetzung. Mehrmals wurde ich zur Vizepräsidentin oder Präsidentin der Kommission gewählt, und auf der zweiten UNO-Weltfrauenkonferenz war ich erste Vizepräsidentin »In charge of coordination«. Die Präsidentin stellte in der Regel das Austragungsland. Das ist die wichtigste Funktion der Weltfrauenkonferenz, verantwortlich für die Koordinierung der Gesamtkonferenz.

Meine Tätigkeit in der UNO sollte ja eigentlich nur vier Jahre dauern, aber daraus wurden 15 Jahre. Sie endete allerdings abrupt mit der deutschen Wiedervereinigung 1990. Ich war zu der Zeit als Staatenvertreterin Präsidentin der Tagung, die den Charakter einer Weltkonferenz trug, und das bis 1991. Da existierte die DDR nicht mehr, also wandte ich mich an das Auswärtige Amt und bat entsprechend der UNO-Regeln, offiziell für einen Tag zur Konferenz reisen zu dürfen, um die neue Präsidentin wählen zu lassen. Es wurde mir nur erklärt, dass ich privat hinfahren könnte. Das habe ich abgelehnt. Das war beschämend. Der BRD ist es nicht geglückt, jemals eine Vertreterin in einem solchen Posten zu platzieren.

Nach meinem Ausscheiden aus der UNO-Funktion und der gleichzeitigen Emeritierung aus der Uni habe mich nicht zur Ruhe gesetzt, sondern gründete in den Spittelkolonnaden in Berlin eine Begegnungsstätte von Interessierten, die sich verstärkt mit Ethik und Humanismus beschäftigen wollten. Dafür gewann ich einen großen Kreis von Wissenschaftlern, die nicht nur Vorträge hielten, sondern als Diskussionspartner agierten. Als uns die Fördermittel entzogen wurden, bat mich die Volkssolidarität, in ihrem Beirat mitzuarbeiten. Daraus wurde die ehrenamtliche Leitung der Bildungsakademie der Volkssolidarität. Wir waren ein Unikat, die einzige Bildungsakademie eines Sozialverbandes in Deutschland. Das hat mir sehr viel Spaß gemacht. Mein Plus bestand darin, dass ich aus der Arbeit an der Universität viele Kollegen kannte, die ehrenamtlich vor der Bildungsakademie auftraten. Ich habe diese Funktion 13 Jahre ausgeübt. Eine sehr befriedigende Arbeit, die leider nach meinem Ausscheiden endete, weil sich kein Nachfolger fand.

Die DDR hat in nur 40 Jahren in Bezug auf die Veränderung der Stellung der Frau in der Gesellschaft sehr viel geleistet, im Vergleich zu der langen Geschichte an jahrhundertealten Vorbehalten gegenüber Frauen. Alle Versuche, wissenschaftlich nachzuweisen, dass die Frau ein kleineres Gehirn besitze und ihr deswegen eine verminderte Gehirnleistung und dergleichen Dinge mehr zuzuschreiben seien, sind gescheitert. Die DDR hat wirklich etwas geleistet, mit dem hohen Anteil an berufstätigen und hoch qualifizierten Frauen in den 1980ern, die nach der Wende aus ihren qualifizierten Funktionen herausgedrängt wurden. Bis zu 60 Prozent von ihnen wurden arbeitslos, alle verloren ihre führende Tätigkeit. Mit der Wende ist viel wieder rückgängig gemacht worden, was als Fortschritt für die Frauen existierte und was auch in der UNO Anerkennung fand.

Insgesamt hatten wir viele Erfolge bei der Förderung der Frauen, bei der Verbesserung ihrer Stellung in der Gesellschaft. Wichtig war die Vereinbarkeit von Berufstätigkeit und Mutterschaft, die Orientierung auf Elternschaft. Die Verantwortung für die Kinder sollten Väter und Mütter in einer Familie gleichermaßen wahrnehmen und dieses Verständnis ihren Kindern mit auf den Weg für ihre eigene spätere Familie geben. Bei so einer harten Arbeit blieben Schwierigkeiten und Fehler nicht aus. Wir suchten nach Vorbildern in Geschichte und Gegenwart, an denen wir uns orientieren konnten und wollten. Wir bemerken heute, dass vieles im Gedächtnis weiterlebt von dem, was wir erreicht haben. Aber das Bedauern über den Verlust des Erreichten, das selbst erarbeitete, kam zu spät. Das sollte kritisch und sachlich betrachtet werden. Als Wissenschaftlerin verurteile ich die oft fehlende sachliche Aufarbeitung der DDR-Geschichte. Wenn nur etwas vorausgesetzt und überhaupt keine Analyse vorgenommen wird, dann schreibt man ohne Belege die Geschichte um. In vielen internationalen Diskussionen und bei Gesprächen mit engagierten Personen aus der BRD, die sich für Frauenrechte als Menschenrechte einsetzen, zeigte und zeigt sich nach 1990 völliges Unverständnis dafür, dass die Leistungen von Frauen in der DDR nicht beachtet oder gar herabgewürdigt werden. Es wurde die Chance vertan, bei der Wiedervereinigung Positives aus der DDR für die Gleichberechtigung der Frauen ins vereinigte Deutschland zu übernehmen.

Hauptsache, du bleibst eine Frau

Ingrid P., Jahrgang 1948

Ost: Großhandelskaufmann, Dr. der Wirtschaftswissenschaften (Dr. oec.), Mitarbeiterin und später Leiterin der Investitionskoordinierung in der Bezirksplankommission im Magistrat von Berlin 1. Stellvertreterin, später Vorsitzende der Bezirksplankommission von Berlin

West: Gemeinschaftsstelle der Länder für Landes- und Kommunalfragen, Unterabteilungsleiterin im Ministerium für Regionale und Kommunale Angelegenheiten, Mitarbeiterin und zuletzt Bereichsleiterin (Bankdirektorin) in einer Bank

Wenn ich heute erstmalig wieder einen Artikel über mich in der *Berliner Zeitung* vom 26. August 1989 lese, muss ich sagen: Naja, klar, so warst du, man muss hinterher nichts schön reden. Ich wusste, was im Westen besser war, aber ich habe auch immer gesagt, dass der Sozialismus in dieser frühen Phase viel erreichte – und dennoch viele Mängel hatte. Das war mein Antrieb, da mitzumachen: Etwas zu verbessern.

Geboren wurde ich am 28. Oktober 1948 in Gommern, einer Kleinstadt bei Magdeburg. Dort bin ich bis zur zehnten Klasse zur Schule gegangen. Weil meine Eltern sich scheiden ließen, als ich in die achte Klasse ging, entschied meine Mutter, dass ich kein Abitur und Studium machen sollte, weil sie nicht wusste, ob sie dies mit drei Kinder allein schaffen würde. Ich bin die Älteste, meine Schwester ist fünf Jahre und mein Bruder dreieinhalb Jahre jünger.

Mein Großvater besaß eine kleine eigene Firma – eine Strohhalmfabrik. Mein Vater löste sich früh beruflich von ihm, wurde Steuerberater, Mitgründer der PGH* »Frohes Bauen«, dann deren Hauptbuchhalter, PGH-Vorsitzender und zum Schluss Direktor eines großen Baukombinates. Meine Mutter war Verkäuferin, arbeitete allerdings wegen der drei Kinder zunächst halbtags als Erzieherin in einem Kindergarten. Dann übernahm sie die Buchhaltung in einer Konditorei in Gommern, später war sie zusätzlich noch einen halben Tag in der Bank beschäftigt. Als wir Kinder auf eigenen Füßen standen, qualifizierte sie sich zu einer EDV-Facharbeiterin beim Kombinat Maschinelles Rechnen. Ich holte sie später in dasselbe Kombinat nach Berlin. Weil sie in »rollender Woche« arbeitete, wurde sie mit Kusshand als Archivarin genommen und blieb dort bis zum Renteneintritt.

Von meinen Eltern wurde ich als Älteste sehr streng erzogen. Ich besuchte in Gommern den Kindergarten und von 1955 bis 1965 die Schule. Da ich, wie gesagt, wegen der Scheidung nicht auf die EOS* ging, fühlte sich mein Vater verpflichtet, mir einen Ausbildungsplatz mit Abitur zu besorgen. Er war von mir überzeugt und prophezeite mir eine gute berufliche Karriere. Als Mitgründer der PGH und Sohn eines Firmeneigentümers war er nicht Mitglied der SED, sondern der Blockpartei NDPD und als solcher Bezirkstagsabgeordneter. Er bat wohl einen Parteifreund um Hilfe, mir einen Platz für die Berufsausbildung mit Abitur zu besorgen.

Voraussetzung war ein gutes Zeugnis. Vor die Wahl gestellt: Koch mit Abitur, Kellner mit Abitur oder Großhandelskaufmann mit Abitur wählte ich Kellner, mein Vater Großhandelskaufmann. Und was bin ich geworden? Großhandelskaufmann, was sich im Nachhinein als richtig erwies. Kellnerin war mein Traumberuf. Ich kellnerte schon als Schülerin in einem Waldcafé, als Studentin auf der Seebrücke in Ahlbeck. Gäste bewirten legte mir meine Mutter in die Wiege.

Sicherlich hätten meine Leistungen ausgereicht, ohne diese Hilfe zum Abitur zugelassen zu werden. Mein Vater wollte nicht, dass ich zu den Pionieren ging, aber meine Mutter entschied: »Die geht da hin!« So wurde ich Pionier und später Mitglied der FDJ*, war meistens FDJ-Gruppensekretär. Meine schulische Ausbildung absolvierte ich in der Kaufmännischen Berufsschule Magdeburg, die Lehrlingsausbildung im VEB* Chemiehandel Magdeburg. Im Lehrlingswohnheim zu wohnen gestattete mir mein gestrenger Vater nicht. Ich musste früh um 6:14 Uhr mit dem Arbeiterzug nach Magdeburg fahren und abends um 17:00 Uhr wieder zurück, was mich natürlich auch geformt hat. Seit dieser Zeit konnte ich ganz gut trinken und Kartenspielen. Ich habe meine Jugend genossen und kein Event ausgelassen. Abends nach dem Tanzen musste ich um 21:50 Uhr zu Hause sein, und wehe, ich kam nicht pünktlich. Mein Vater hat wirklich eine Haube über mich gelegt, auch streng auf die Einhaltung der Regeln geachtet, als er mit einer anderen Frau zusammen lebte. Meine Mutter versuchte mit ihrem rheinländischen Blut, das irgendwie auszugleichen. Von diesem Naturell meiner Mutter haben wir drei Kinder zum Glück etwas abbekommen.

Mit meinem Abschluss als Großhandelskaufmann delegierte mich mein Betrieb an die Hochschule für Ökonomie nach Berlin. Ich freute mich schon darauf, von zu Hause weg zu sein, und auf ein schönes Internat. Das wurde zunächst nichts, denn wir zogen in die Marzahner Chaussee in Wohnblöcke, zu zehnt in zweieinhalb Zimmer. Das war damals ganz normal, erforderte aber ein bisschen Einordnung von jedem. Trotzdem empfand ich das als eine ganz tolle Zeit, auf mich selbst gestellt in Berlin. Besonders strebsam war ich in der Hochschule nicht, habe aber immer alle Vorlesungen besucht, auch wenn sie früh um 7:00 Uhr begannen und wir nachts im Lindencorso oder Tokayer Keller tanzen waren.

Meinen Mann kannte ich da schon. Begegnet sind wir uns im Chor des Zentralen Reparatur- und Ausrüstungswerks Gommern des VEB* Kombinat Erdöl-Erdgas, wo er eine Schlosserlehre absolvierte. Das war 1966. Sechs Jahre später haben wir geheiratet und sind zusammengeblieben, auch wenn wir uns charakterlich sehr unterschieden und es noch immer manchmal ganz schön kracht. Als ich in Berlin studierte, hat mein Mann in Sachsen seinen Ingenieur für Luft-, Wärme- und Kältetechnik erworben.

Meine Hochschule warb unter den Absolventen für ein Forschungsstudium. Ich entschied mich dafür und wurde mit sieben anderen Direktstudenten zugelassen. Zunächst schrieben eine Freundin und ich unsere Diplomarbeit gemeinsam bei einem Professor. Sein Weggang machte ein komplett neues Thema für die Dissertation erforderlich. Das war nicht ganz einfach und so auch nicht geplant, denn ich hatte vor, während des Forschungsstudiums ein Kind zu bekommen. Nach der Dissertation wäre ich schon 27 gewesen. Das war mir zu spät, und das Forschungsstudium bot sich mit Kind an, wenn man sich selbst disziplinierte. Die Große wurde 1973 geboren. Zwölf Wochen nach der Geburt habe ich mein Forschungsstudium wieder fortgesetzt und mein Kind in die Kita der Hochschule gebracht. In der Zeit arbeitete ich sehr hart und schrieb hintereinander weg. Mein Doktorvater sagte damals: »Man muss täglich acht Seiten neu schreiben, aus denen am nächsten Tag beim Überarbeiten mindestens vier brauchbare Seiten entstehen.« Das war meine Richtschnur. Mit der Großen klappte es in der Kita gut. Da sich mein Mann entschloss, noch ein Hochschulstudium an der Technischen Hochschule Otto von Guericke in Magdeburg aufzunehmen, war ich im Hochschuljargon praktisch alleinerziehende Mutter. Gewohnt habe ich in einem kleinen Zimmerchen im Internat. Wir Mütter halfen uns alle untereinander. Auch abends, als ich im Studentenklub als Abendverantwortliche der FDJ eingesetzt war. Alle wussten, dass der Schlüssel unter dem Abtreter lag. Und die Freundinnen schauten dann nach meiner Tochter. Da wir aber alles mit Schreibmaschine vorlegen mussten und es im Zimmer zu laut wurde, mogelten wir manchmal und klebten einen Zettel an den Fernsehraum: »Fernseher kaputt«. So konnte ich nachts schreiben. Pünktlich beendete ich im Juli 1975 meine Promotion, nahm meine neue Tätigkeit im August auf und verteidigte die Arbeit im Oktober.

Meine Arbeit habe ich mir nicht selbst gesucht. Der Vorsitzende der Bezirksplankommission Berlin suchte an der Hochschule einen Absolventen. Ich sagte: »Ich mache alles, aber ich brauche eine Wohnung in Berlin.« Und das versprach er mir. Die Wohnung bekam ich aber nicht, weil es irgendwelche Streitigkeiten im Magistrat zwischen ihm und dem Stadtrat für Wohnungspolitik gab. Das, was man mir anbot, war mit Kleinkind unzumutbar.

Weil in dem Jahr die X. Weltfestspiele stattfanden, wurden die Wohnheime für die Jugendlichen aus der ganzen Welt benötigt. Ich fand für zweieinhalb Monate Unterschlupf bei einer Freundin und mein Kind nahmen meine Eltern, die inzwischen wieder zusammenlebten. Wir sahen sie nur am Wochenende. Eine ehemalige Mitstudentin half mit einer Besichtigungskarte für eine kleine Zweizimmerwohnung in der fünften Etage mit Ofenheizung, aber mit Bad – für uns ein Traum. Wir haben sie sofort genommen und bis 1982 darin gewohnt.

Zwei Jahre später, im November 1977, kam unsere zweite Tochter zur Welt. Wir schliefen alle vier in einem Schlafzimmer. Die bezahlte Freistellung beendete ich nach zehn Monaten, um im September einen Kitaplatz zu bekommen, was ansonsten mitten im Jahr nicht einfach war. Für mich war klar, dass ich sofort wieder einsteigen werde, aber die Auszeit mit den Kindern habe ich mir und der Familie gegönnt. Nach meiner Rückkehr wurde ich trotz der beiden Kinder Leiterin des Bereichs Investitionskoordinierung. Ich hatte Chefs, die mich wirklich forderten und förderten. So wurde ich für den Kapazitätseinsatz der Baubetriebe in Berlin zuständig und arbeitete deshalb eng mit dem Bauministerium und der Staatlichen Plankommission zusammen.

Und die Bauleute stellten mich sehr junge Frau natürlich auf die Probe, denn als ich das erste Mal auf der Baustelle an den Beratungen teilnahm, sozusagen eingeführt wurde – es war an einem Himmelfahrtstag, an dem damals noch gearbeitet wurde –, ging es abends in die Kneipe. Gut, dass ich trinkfest war und meines Vaters Rat befolgte, viel Weißbrot nebenher zu essen, auch wenn es dick macht. Dies habe ich beherzigt und mich ganz wacker geschlagen. Ich wurde in die Arbeitsrunde »aufgenommen«.

Im Jahr 1973 bin ich Mitglied der SED geworden. Mein Vater hatte mir als Mitglied einer Blockpartei geraten: »Du gehst in die SED, du wirst sonst nichts!« Ich brauchte Vorbilder, an denen ich mich orientieren konnte. Als ich gute Bürgen fand, konnte ich nicht aufgenommen werden, weil im Stadtbezirk Lichtenberg der Anteil der Mitglieder aus der Arbeiterklasse zu gering war. Also musste ich bis zu den X. Weltfestspielen 1973 warten.

Im Jahr 1987 wurde ich – eher überraschend – 1. Stellvertreter des Vorsitzenden der Bezirksplankommission. Ich glaube bis heute, dass das mit dem Wunsch des Vorsitzenden für Territorialplanung der Staatlichen Plankommission zusammenhing, mich als Berlinplanerin dorthin zu holen. Das wollte unser Oberbürgermeister nicht, und so förderte er mich selbst. Und plötzlich wurde ich Chefin meines bisherigen Chefs. Das war mir unangenehm. Aber wir behielten unseren guten Draht. Und das blieb auch so, als ich 1989, anderthalb Jahre später, Vorsitzende der Bezirksplankommission wurde und er mein 1. Stellvertreter. Lustig wurde es, als ich meine erste Rede in der Stadtverordnetenversammlung halten musste. Seine Aufgabe wäre es gewesen, sie für mich vorzubereiten. »Ja«, hat er gesagt »das machen wir wie immer.« Wir trafen uns an einem Sonntag im Büro, er diktierte und ich schrieb, natürlich nur das, was ich für richtig hielt! Trotzdem hat er mich voll als seine Chefin akzeptiert.

Als ich vor ein paar Jahren meine Stasi-Unterlagen las, fiel mir erst richtig auf, dass ich meine berufliche Entwicklung ohne Besuch irgendeiner Parteischule – weder Kreis- noch Bezirks- oder Parteihochschule – nahm. Das war sicherlich nicht üblich. Wahrscheinlich lag das daran, dass man mich immer zum Arbeiten brauchte. Die fehlende Parteischule war kein Hindernis für die Übernahme der Funktion der Vorsitzenden der Bezirksplankommission, mit der man gleichzeitig Mitglied des Sekretariats der Bezirksleitung der SED wurde. Ich habe mich bestimmt nicht um diese Funktion gerissen, aber das gehörte zusammen. Die Folge war, dass ich nun jede Woche erfuhr, was so alles in Berlin los war. Viel Kritisches kam zur Sprache, auch zu den Ausreisen der Künstler.

Obwohl ich so viel mitbekam, muss ich ganz ehrlich sagen, dass ich, wenn mir einer gesagt hätte, dass die Grenze geöffnet würde, ich das nicht geglaubt hätte. Dass es dann so schnell ging, war meines Erachtens ein Zufall und so nicht beabsichtigt. Für mich war das schon ein Schock. Alle waren in den folgenden Tagen verunsichert. Sonst wurde doch allen alles vorgeschrieben. Jetzt sollten die Genossen das weitere Verhalten mit sich selbst ausmachen. Ich bin im Unterschied zu meiner Familie erst eine Woche später das erste Mal nach Westberlin gefahren. Meinen Personalausweis versteckte ich unterm Kopfkissen, weil ich keinen Eintrag wollte. Ich hatte noch keine gefestigte Position.

Ich habe eine ganze Weile gebraucht, um zu verstehen: Jetzt kommt was anderes. Schon durch die Kinder blieben wir immer sehr bodenständig. Ich war immer Mitglied des Elternaktivs, bin zu den Wandertagen mitgefahren und habe mit Schmalzstullen und Buletten Feste und Ausflüge unterstützt. Auch versäumte ich möglichst keine Elternversammlung. Mein Mann erzählte mir einfach nicht genug. Als Mutter achtet man doch immer auf so viele Einzelheiten. Wenn etwas mit meinen Kindern gewesen wäre, ich hätte mich immer für die Kinder entschieden, gegen die berufliche Verantwortung. Als Mutter bin ich einfach unersetzbar. Ich habe schon immer versucht, alles unter einen Hut zu bekommen: Arbeit und Kinder, normales Leben mit Freunden. Zum Glück hatten meine Töchter immer gute schulische Leistungen und haben beide beruflich ihren Weg gemacht.

Dann begann eine spannende, ganz schwierige Zeit. Mir wurde schnell klar, dass es mit einer besseren DDR nichts mehr werden würde. Man bat mich in der Wendezeit, in der Regierungskommission Verwaltungsreform mitzuarbeiten. Das war für meine spätere berufliche Entwicklung wichtig. Mehr und mehr kamen wir mit dem Berliner Senat zusammen, damals noch unter Momper als Regierenden Bürgermeister. Überheblichkeiten habe ich nicht gespürt. Zwar kannte ich die gängigen Begriffe nicht und war etwas gehemmt, aber mir kam zugute, dass ich die kommunale Verwaltung von der Pike auf kannte. Trotzdem suchte ich nach der Neuwahl des Magistrats im Juni 1990 eine neue Aufgabe und schied mit einem Dankschreiben des 1. SPD-Bürgermeisters Schwierzina freiwillig aus dem Magistrat aus.

Aufgrund meiner in der Regierungskommission Verwaltungsreform gesammelten Erfahrungen bat man mich, im neu gegründeten FDP-geführten Ministerium für Regionale und Kommunale Angelegenheiten mitzuarbeiten. Ich bewarb mich mit der Frage, ob sie eine PDS-Frau ertragen könnten. Sie antworteten: »Eine können wir ertragen.« In diesem Ministerium entstand u.a. der Entwurf des Kommunalvermögensgesetzes, das im Juli 1990 beschlossen wurde. Das hatte zur Folge, dass das Ministerium mit Anträgen zur Übertragung des ehemaligen

Volkseigentums in kommunales Vermögen überschüttet wurde. Und da brauchte man Leute, die Ahnung von den Rechtsträgerschaften in der DDR hatten. Gegründet wurde das Ministerium nach der Wahl von de Maizière im März 1990, und es schloss am 03. Oktober 1990 mit dem Tag der Deutschen Einheit und der Länderbildung. Da die Aufgaben aber nicht erledigt waren, kümmerte sich das Bundesministerium des Innern weiter um diese Sachverhalte. Zunächst entstand für drei Monate die Gemeinschaftsstelle der Länder für Landes- und Kommunalfragen, und dann nahm im Januar 1991 für die Weiterführung der Aufgabe ein Beraterstab seine Arbeit auf. Ich sollte ihn leiten und begann, Fachleute, auch Geodäten, zu sichten. Gleich zu Beginn bat ich sie, mir ehrlich mitzuteilen, ob sie Kontakte zur Stasi hatten. Dazu sprach ich alle einzeln an und sagte ihnen: »Wenn einer von euch lügt, geht die ganze Gruppe kaputt.« Ich gab ihnen eine Nacht Bedenkzeit. Einer trat zurück. Die Aufgabe war riesengroß. Es ging darum, lückenlos das ehemalige Volkseigentum auf die neuen Eigentümer nach Einigungsvertrag, also Bund, Länder oder Kommunen, festzustellen. In Besprechungen bekam ich schon mit, wie Westdeutsche über die Ostdeutschen sprachen, was das für Idioten seien. Meinem damaligen Chef war das oft peinlich, er griff beherzt ein. Ich bin auch schon mal offen wegen meiner früheren Arbeit im öffentlichen Dienst im Osten angegriffen worden. Ein Vorgesetzter fragte: »Was können Sie denn mit Ihrer Ausbildung zur sozialistischen Planung heute anfangen?« Nicht nachdenkend über eventuelle Konsequenzen antwortete ich spontan: »Vielleicht sollte ich das mal ausprobieren. Wenn Sie jetzt auf mich verzichten wollen, versuche ich, woanders Arbeit zu bekommen.« Nach der Besprechung hat er sich entschuldigt, aber das hat mich trotzdem sehr verletzt.

Ich bin mir sicher, in meinem Leben, auch in der Zeit nach der Wende war mein Selbstvertrauen von großer Wichtigkeit, hat mich oft gerettet. Das war das, was mein Vater mir mitgab: »Du musst für etwas kämpfen, du kannst das, du darfst dich nie klein machen.« Ich habe diesem Kollegen gesagt, dass die Promotionen aus der DDR meines Wissens den BRD-Promotionen gleichgestellt sind. Ich habe den Titel nie herausgestellt, der Doktor war mir eigentlich egal, aber da war ich einmal froh, dass ich ihn hatte.

Ich hol das mal vorweg, ich bin froh, als Ostfrau geboren worden zu sein. Das mache ich an zwei Dingen fest: Zum einen daran, dass ich mich als Frau immer gleichberechtigt fühlte, und zum anderen daran, dass ich zwei Kinder aufgezogen habe und trotzdem diesen beruflichen Werdegang nehmen konnte. Ich sage das deshalb, weil ich in der Bank eine Bereichsleiterin in meinem Alter sehr schätzte, die sich oft als Frau zurückgesetzt fühlte. Sie war keine Ausnahme. Bei der nachfolgenden Generation war das schon anders. Ich kannte dieses Gefühl zu Ostzeiten überhaupt nicht und habe es auch in meinem zweiten Leben nur in einer Situation mal erlebt. Ich verstand nicht, warum sich westdeutsche Frauen den

Männern nicht gleichgestellt fühlten und das in ihrem Auftreten ausstrahlten. Die Fachkenntnisse akzeptierte man, aber alles andere nicht.

Ein weiteres Erlebnis hatte ich Anfang 2000 in einer Großbank in Bayern mit einer netten Abteilungsleiterin. Als ich schon fast bei der Verabschiedung die Frage stellte, ob sie denn Kinder hätte, antwortete sie mir: »Dieser Job und Kinder gehen nicht zusammen.« Da habe ich gesagt: »Dann bin ich aber doch froh, dass ich in der DDR gelebt habe, denn ich habe zwei Kinder und bin jetzt trotzdem in dieser Funktion.« Und ich fühle mich nicht als schlechte Mutter. Es war einfach möglich, aufgrund der sehr guten Kinderbetreuungsmöglichkeiten, aber auch, weil ostdeutsche Führungskräfte in der Regel Verständnis für berufstätige Mütter mit Kleinkindern hatten.

Und zu Hause hat mir mein Mann immer geholfen. Er war mein Rückhalt und fühlte sich für alles genauso zuständig wie ich. Wir organisierten uns mit einem guten Familienplan. Vielleicht ist das der Kern der Emanzipation. Nicht nur die Frau, sondern auch der Mann muss sie wollen, was für ihn oft mit Verzicht auf Bequemlichkeiten verbunden ist. Allerdings war unsere häusliche Arbeitsteilung eher doch die typische. Wenn die Kinder mal krank waren, fand ich es selbstverständlich, dass ich sie versorgte. Wenn ich heute zurückblicke, würde ich sagen, dass ich unsere Große zu sehr zur Bescheidenheit erzogen habe. Heute ist das nicht mehr gefragt, wenn man weiterkommen will. Beide Töchter haben aber ein gesundes Selbstbewusstsein und machen ihren Job gut; die eine in einer Bank und die andere in der Medienbranche. Und das trotz der drei bzw. zwei Kinder!

Zurück zu meinem beruflichen Werdegang. Im Beraterstab beim Bundesministerium des Innern hatte ich einen befristeten Arbeitsvertrag bis zum 31. Dezember 1991. Ich wollte auf jeden Fall im Sommer aufhören. Angebote hatte ich von einer Bank und vom Deutschen Städtetag. Innerlich hatte ich mich schon auf die Bank eingestellt. Und deshalb war ich gar nicht so traurig, als mir der Kollege des Städtetages peinlich berührt mitteilte, dass sein Präsident mich ablehnte, weil ich ja vorher im öffentlichen Dienst im Osten gearbeitet hätte. Gerade wegen dieser Erfahrungen hatten sie mich angesprochen. Ich hatte ja die Zusage der Bank. Aber auch hier klappte nicht alles reibungslos. Ein neuer Personalchef rief mich sieben Tage vor Aufnahme meiner neuen Tätigkeit an und bat um ein erneutes Gespräch. Inzwischen hatte sich die Zusammensetzung des Vorstands der Bank geändert. Sie waren wohl nicht erpicht, eine Ostdeutsche zu beschäftigen, die auf einer Bestarbeiterkonferenz* der DDR im Präsidium gesessen hatte und Vorsitzende einer Bezirksplankommission gewesen war.

Obwohl mir mulmig zumute war, antwortete ich klipp und klar, dass ich eine schriftliche Zusage der Bank hätte, ich daraufhin meinen Arbeitsvertrag mit dem Bundesministerium des Innern gekündigt hätte.

Mein Mann hatte dieses Telefonat – wir waren ja im Urlaub – mit angehört. Er war völlig erschrocken und meinte: »Wie kannst du nur so reden? Von deinem Verhalten hängt unser weiteres Leben ab, wenn du jetzt keinen Job mehr bekommst, müssen wir mit einem Gehalt auskommen!«

Das Gespräch mit dem neuen Vorstand und dem Personalleiter verlief sehr sachlich. Wir einigten uns, dass ich mich bei der Beschwerdestelle über Ostdeutsche der Treuhand vorstellen sollte. Ich hatte davon gehört und es selbst vorgeschlagen, allerdings unter der Bedingung, dass die Bank ihr Anliegen dort schilderte und den Termin vereinbarte. Eigentlich hörte man dort nur Leute an, über die Beschwerden vorlagen. Das traf ja auf meinen Fall nicht zu. Der Leiter der Beschwerdestelle befragte mich zu all meinen Arbeitsstellen. Ihm lag natürlich alles vor. Am Ende sagte ich ihm: »Auf das Entscheidende sind sie aber noch nicht gekommen. Sie müssen mich nach meiner Mitgliedschaft im Sekretariat der Bezirksleitung der SED fragen.« Er wusste nicht, dass das an dieser Funktion hing. Mir war klar, dass er sich überall, wo ich nach der Wende tätig gewesen war, über mich erkundigen würde. Da hatte ich aber keine Bedenken. Es ging alles gut. Der Vorstand entschuldigte sich sogar bei mir. So wurde ich zunächst Mitarbeiterin im Bereich Kundenbetreuung für kommunalen Wohnungs- und Gesellschaftsbau.

Ich hatte kein Problem damit, wieder als Mitarbeiterin zu beginnen. Frauen verkraften einen Karriereknick einfach besser, glaube ich. Natürlich musste ich mich ständig weiterbilden, schließlich war ich eine Seiteneinsteigerin. Aber das galt für viele Ostdeutsche in dieser Zeit. Die Bank förderte das. Einmal war ich sogar für zwölf Wochen bei der Bau- und Bodenbank in Hamburg, dann noch einmal zwölf Wochen bei einer Großbank in Bayern.

Als 1993 das Altschuldenhilfegesetz in Kraft trat, konnte ich meine theoretischen und praktischen Erfahrungen wieder voll einbringen. Betreut habe ich die Wohnungsgesellschaften und Wohnungsgenossenschaften mit Altkrediten über 50 Millionen Mark im Land Thüringen. Woche für Woche mit dem Auto unterwegs zu sein, war anstrengend. Aber ich bin heute noch dankbar, dass ich Thüringen zugewiesen bekam. Ich lernte viele nette Leute, egal welcher Couleur, kennen, und habe das Land lieben gelernt. Schön war, dass ich vielen Genossenschaften und Gesellschaften helfen konnte.

Alle weiteren Bankjobs, die danach kamen, waren stressig und mit vielen Überstunden verbunden. Aber man hatte das gute Gefühl, etwas mit aufzubauen, und es hat immer viel Spaß gemacht. Ich habe mit vielen tollen Menschen in der Zentrale und in den Niederlassungen zusammengearbeitet. Meine Vorstände haben mich stark gefordert, aber auch gefördert. Und das Schöne war: Nur das erzielte Ergebnis war entscheidend, nicht, woher ich kam. Ab November 2009 hatte ich die Möglichkeit, in Altersteilzeit zu gehen, und griff zu. Ich wollte das Leben noch genießen und für meine fünf Enkelkinder da sein. Ich hatte eine tolle Verabschiedung. Da erinnerte ich mich an meine »Amtseinführung« zur Vorsitzenden der Bezirksplankommission vor über dreißig Jahren. Die guten Wünsche verbanden die Kollegen mit dem schönen Satz: »Hauptsache, Ingrid, du bleibst eine Frau.« Und das blieb ich. Vor wichtigen Terminen ging ich immer zum Friseur, achtete auf moderne Kleidung. Aber ich kniete mich in alle fachlichen Fragen, hörte mir die Meinung vieler an und entschied dann mutig, wenn nötig mit Härte.

Ich konnte zwei Sachen in der DDR schwer ertragen: den politischen Druck und die Eintönigkeit. Viele hatten sich in dem Leben eingerichtet. Dankbar bin ich, dass es die Wende gab, und stolz, dass ich meine Fähigkeiten in beiden Systemen einbringen konnte. Die DDR war fortschrittlicher in der Bildung, in der Kinderbetreuung, in der Erziehung zur Sozialkompetenz und in der Gleichberechtigung der Frauen. Die Fehler will ich hier nicht aufzählen.

Ohne diese Vorzüge, die ich in der DDR genossen habe, hätte ich meinen Weg im Westen nicht gehen, mich dort nicht durchsetzen können.

Ehemalige DDR-Frauen erleben die westliche Berufswelt
Abschrift einer Sendung des Sender Freies Berlin vom 7. Dezember 1985

Anne Stabrey, Journalistin und Autorin: Wenn DDR-Frauen versuchen, in ihrem Beruf nach der Übersiedlung wieder Fuß zu fassen, stellen sie fest, dass sie in der DDR mehr tun und erreichen konnten. In der Praxis sei die Gleichberechtigung besser realisiert. Zwar stößt die Frauenförderung bei der Besetzung von Spitzenpositionen an Grenzen des Männerstaates, aber bis zu einer Grenze können die Frauen ihre Ziele und Wünsche realisieren. Die Aktivität der Frauen hat nicht nur Breitenwirkung, sondern auch Durchschlagskraft. Frauen haben sich so ein hohes Ansehen erworben. Die Kehrseite heißt aber Mehrfachbelastung mit Kindern und Haushalt. In den Köpfen der Männer herrsche noch der Paschageist. Darauf habe die staatliche Frauenförderung wenig Einfluss.

Diskutantin: Mit dem Selbstbewusstsein bin ich hierhergekommen. Damit kam ich hier nicht zurecht. Man muss total umdenken, und das ist ein Prozess, der nicht von heute auf morgen geht.

Stabrey: Frauen in der DDR sind ganz entscheidend von der Berufstätigkeit geprägt. Wenn sie im Westen starten, spüren sie oftmals intensiv, welch niedrigen Stellenwert die berufliche Männerwelt hier der Frau zuordnet.

Diskutantin: Jetzt als Frau ist man nur zweite Klasse. Mit Männern würden sie nicht so umspringen wie mit uns. Frauen müssen sich fügen, sonst kannst du gehen. In der DDR mussten die Männer anders mit uns umgehen, ansonsten habe ich ihnen gesagt: komme mal ganz schnell mit vor die Konfliktkommission und entschuldige dich. Ich hatte immer Leute hinter mir. Hier habe ich das nicht, hier kann ich mich nicht so wehren. Als ich mich um die Stelle bewarb, fing man jämmerlich an zu lachen und sagte: »Ich stelle mir gerade vor, wie sie sich mit den Männern die Duschkabine und die Toilette teilen.« Sie seien gar nicht auf Frauen vorbereitet.

Stabrey: Der Beruf ist für die Mädchen in der DDR ein Automatismus ihres Lebens. Eine Trennung in Frauen- und Männerberufe wird ihnen nicht bewusst, allenfalls bei körperlichen Leistungsgrenzen. 48,7 Prozent der Chemiefacharbeiter, Dreher, Maschinenbauer oder Facharbeiter für Datenverarbeitung sind Frauen. Eine abgeschlossene Ausbildung haben 76 Prozent der Frauen, die Hälfte der Hochschul- und Dreiviertel der Fachschulabsolventen sind Frauen. Anzahl der Berufstätigen und Qualifikation stehen im Gleichgewicht. Kommen sie dann in den Westen, fällt es ihnen schwer, sich auf eine Entwicklungsstufe der Emanzipation zu stellen, auf der sie sich bisher nie befanden.

Diskutantin: Ich habe schnell festgestellt, dass so ein kollegialer Ton, wie ich es gewohnt war, hier nicht herrschte. Auch der Umgang war nicht so kollegial, eher misstrauisch. Jedenfalls hatte ich es doch recht schwer mit den Männern. Nach zehn Jahren hier habe ich mich auf die hier herrschenden Mechanismen eingestellt. Ich lasse mich nicht unterdrücken, mache es eben auf meine Art etwas anders. Früher habe ich die Männer nicht ganz für voll genommen, jetzt haben sie mich näher kennengelernt und ein bisschen schätzen gelernt. Das war ein gegenseitiger Prozess. Das was ich vor zehn Jahren in der DDR im Beruf machen konnte, habe ich hier vor zwei Jahren erreicht. So lange hat das gedauert. Ich musste ganz von vorn anfangen. Ich arbeite sehr gern in meinem Beruf, wollte immer dazu lernen. Das wird einem hier unheimlich schwer gemacht. Zum Beispiel wollte ich den Lehrgang einer Stationsschwester machen, da hatte die bisherige gleich Angst, dass ich sie von ihrem Stuhl verdrängen will. Ich denke an die Perspektive, wenn es nötig wird, wäre dann eine ausgebildete Kraft da. Am Anfang hatte ich es mit den männlichen Kollegen schwer. Ich musste bei der Arbeit beweisen, was ich kann, obwohl sie wussten, dass ich ausgebildete OP-Schwester war. Man merkte gleich, welchen Stand die Schwestern hier haben. Da wird dir jedes Gerät vordiktiert, da flippe ich aus. Ich war so erzogen, wenn operiert wird, sind wir ein Team. Und nicht der Doktor ist der Größte und die Schwester die Dumme. Ich bin zur Selbstständigkeit und zum Mitdenken erzogen worden. Und das kann und will ich nicht abstellen, Hilfe bei Problemen anbieten. Das wurde mir zu Anfang schwer übel genommen. Jetzt im Virchow-Krankenhaus wird meine Arbeit gar nicht geschätzt. Irgendwie kann man hier nicht mit Menschen umgehen, immer gibt es was auf den Schädel, kein Lob.

Stabrey: Zu den Westfrauen findet die Ostfrau schwer Kontakt. Sie kann sich weder mit der Feministin noch mit der konservativen Frau und auch nur bedingt mit der gemäßigt engagierten Frau identifizieren. Sie stellt wohl einen weiteren, neuen Typus Frau in der westlichen pluralistischen Gesellschaft dar.

Diskutantin: Ich habe gespürt, dass die Ostfrauen mit großer Vehemenz auf die Westfrauen zukommen, um sich auszutauschen, die Westfrauen aber sehr zurückhaltend reagieren. Manchmal denke ich, sie könnten auch mal ein bisschen aus sich herauskommen, mehr für sich tun. Im Freundeskreis habe ich keinen innigen Kontakt zu westlichen Frauen, vielleicht bin ich auch selbst schuld, weil ich in den drei Jahren noch keinen Erfolg hatte. Anders ist es bei Ausländerfrauen, zum Beispiel eine Italienerin. Sie sind kontaktfreudiger, sind mehr so wie die

Frauen drüben, kollektivmäßiger. Die helfen auch mal mit, wenn Not am Mann ist, lösen dich ab. Bei den Deutschen ist kein Feeling da, auch im Arbeitskreis, um nicht Kollektiv zu sagen, ist es so. Ich habe auch schon provoziert, um mal ihre Einstellungen zu hören. Kein Interesse für deutsche Geschichte oder für medizinische Weiterbildung, ihnen fehlt Allgemeinbildung. Es ist schlimm. Vor allem die älteren Frauen sind unmöglich, denken, mir ist es egal, was mit dir passiert, ich mache stur meine Arbeit, das andere interessiert mich nicht. Auch an Frauenbewegung sind sie nicht interessiert, nur an Kaffee, Frühstück und Mittag. Mit denen werde ich nicht warm, sie sind mir fremd. Drüben war es wie eine Familie, man hat jahrelang zusammen gearbeitet, auch mal eine Kabbelei, eine Meinungsverschiedenheit. In extremen Fällen hat sich die ganze Gruppe zusammengesetzt und diskutiert, wie was besser zu machen ist. Hier heißt es nur: Produktion läuft und Ruhe. Wenn es nicht klappt werden die Leute ausgewechselt, eiskalt. Das sind Sachen, da komme ich nicht mit. Überhaupt nicht menschenfreundlich. Wir haben uns schon so viele Gedanken darüber gemacht. Das lohnt sich aber nicht, man müsste hingehen, arbeiten und Ruhe.

Stabrey: In der DDR hatten es die Frauen relativ leicht. Dort übernahm der Staat quasi die Frauenbewegung, und zwar mit Gesetzen und Verfügungen im Interesse der Frau, zum Schutz von Mutter und Kind, durch Maßnahmen der Frauenförderung und anderes. Die Männer mussten sich, ob sie wollten oder nicht, dieser Entwicklung fügen. Dass sie größtenteils noch im herkömmlichen Rollenverständnis denken, können sie an Arbeitsstätten oder in gesellschaftlichen Institutionen nicht offen zeigen. Nur am häuslichen Herd können sie zeigen, wer der Herr im Haus ist. Da gibt es den Emanzipationskonflikt der DDR-Frauen. Nicht selten löst die Frau das Problem mit Ehescheidung. Sie kennt ihre Rechte und setzt sie gegen ihn durch. Die Entwicklung zur Gleichberechtigung läuft für die DDR-Frauen unbewusst, automatisch. Das Wort Frauenbewegung ist für sie daher kein Begriff.

Diskutantin: Als ich hierher kam, habe ich mir gesagt: Emanzipation – ich weiß gar nicht, was das ist. Ich bin emanzipiert auf die Welt gekommen. Inzwischen weiß ich, dass es ein ernsthaftes Problem ist, dass es wichtig ist und dass es Frauen hier schwer haben, sich durchzusetzen, man ihnen hier nicht so entgegenkommt und sie auch ein bisschen lächerlich macht, sie letztlich nicht so neben sich duldet. Ich habe mich dafür interessiert, wie die Frauen hier öffentlich aufgetreten sind und viele gegen Schwangerschaftsunterbrechung waren, gegen die Antibabypille und überhaupt die Familienplanung. Die sozialen Belange kommen hier einfach zu kurz. Da sollten manche mal Weiterbildungsunterricht in der DDR nehmen. In der DDR habe ich mich, weil ich ja übersiedeln wollte, aus Frauenaktivitäten und Organisationen herausgehalten. Bei Verbesserungsvorschlägen für die Arbeit habe ich aber mitgemacht. Die Notwendigkeiten für die Verbesserungen habe ich gesehen und auch im kleinen Kreis angesprochen. Ein Beispiel fällt mir gerade nicht ein. Frauen wurden völlig akzeptiert, es gab weder im Gehalt noch dergleichen Unterschiede. Hier gibt es große Unterschiede. Man sollte sich der Frauenbewegung anschließen, muss nicht alles, aber das Positive übernehmen. Die Frauenbewegung hier ist mir zu rigoros.

Du hast als Frau in der DDR eine Chance mehr bekommen als ein Mann

Hanne, Jahrgang 1948

Ost: Kellnerin, Restaurantleiterin, Ökonompädagogin

West: Restaurantmanagerin, Ausbilderin

Meine Mutter ließ sich von meinem Erzeuger scheiden, bevor ich das richtig mitbekommen konnte. Ich bin in Berlin groß geworden, bei Mutter und Großmutter. Wir waren also ein Drei-Mädel-Haus und wohnten in einer geteilten Wohnung, denn Wohnraum war knapp. Hinten wohnte eine Familie mit zwei Kindern, die hatten ein großes Zimmer, ein kleines Durchgangszimmer und eine Küche. Die Toilette war eine halbe Treppe höher. Außerdem haben wir unser halbes Zimmer am Anfang noch vermietet, an ein »Fräulein«. Sie musste morgens immer durch das Zimmer, in dem wir drei schliefen. Ich schlief bei meiner Oma im Bett, meine Mutter auf dem Sofa. So war das. Trotzdem habe ich diese Zeit als sehr angenehm empfunden, es ging mir gut. Meine Oma brachte mich morgens in den Kindergarten, der war evangelisch. Da gab es noch, wenn man nicht artig war, mit einer Butterkelle eins auf die Finger. Die musste man hinhalten und dann machte es Zack. Ich habe das wohl nicht als schlimm empfunden, denn es hat mich nicht zu einem artigen Kind gemacht.

Meine Mama hat als Schneiderin gearbeitet. Meine Großmutter war ausgebombt und kam aus Wittenberg. Sie hatte eine Gastwirtschaft, die völlig zerstört wurde. Sie kam mit meiner Mutter nach Berlin und schickte sie in die Schneiderlehre. Als Schneiderin war sie den ganzen Tag nicht da. Erst arbeitete sie in einer privaten Schneiderei und dann in einem Großbetrieb, wo sie meinen Vater kennenlernte. Er war Bügler und hat auch andere Frauen gebügelt, worauf sie sich empört scheiden ließ. In dem großen Betrieb hat sie Karriere gemacht, als Vorarbeiterin und als Meisterin gearbeitet.

Dieser Drei-Mädel-Haushalt nahm ein jähes Ende, als mein Stiefvater auf der Bildfläche erschien und meine Mutter heiratete. Da war ich fünf oder sechs Jahre alt. Wir zogen von der Oma weg zu ihm. Er betrieb ein Schreibwarengeschäft mit seinem Bruder und wir wohnten über dem Laden. Ich hatte nun ein eigenes kleines Zimmer – und trotzdem war meine Kindheit vorbei. Mein Verhältnis zu ihm war nicht gut und ich fühlte mich in dieser ganzen Situation ein bisschen als fünftes Rad am Wagen. Es kam noch hinzu, dass beide immer arbeiteten. Nach der Schule spielte ich auf der Straße, wie es üblich war. Abends sind wir nach oben gewetzt und haben Schularbeiten gemacht und dann ins Bett, es gab kein Familienleben in dem Sinne. Am Wochenende wurde ausgeschlafen, am Sonntag spazieren gegangen. Diese Zeit war nicht besonders schön, ich war viel alleine. Ich hatte noch meine Oma, zu der ich manchmal gefahren bin.

Dann bekamen wir am Stadtrand eine andere Wohnung. Da habe ich mich sehr wohlgefühlt. Ich hatte Freiraum, denn die Umgebung war schön; Wasser zum Baden im Sommer, Schlittschuhlaufen und Rodeln im Winter, das war eine schöne Zeit. Aber mein Stiefvater und meine Mutter waren ständig arbeiten und für mich nicht präsent. Sie sind morgens um sechs aus dem Haus gegangen und abends um sechs wieder zurückgekommen. Am Wochenende haben sie sich ausgeruht und gekocht. Mein Leben spielte sich bis zu meinem 15./16. Lebensjahr alleine ab. Als ich 14 war, wurde meine Schwester geboren. Ich musste sie betreuen, früh in den Kindergarten bringen und abends abholen. Sie schlief in meinem Zimmer – die Nächte waren nicht so prickelnd.

Ich hatte damals viele Freizeitaktivitäten, die kosteten ja nichts. Ich bin Rudern gegangen, habe Handball gespielt, war im Schulchor und spielte Geige. Für die Schule hatte ich nicht viel übrig. Ich suchte mir also meine Beschäftigungen, das war alles in Ordnung. Nur meine Schwester war für mich Ballast, weil sie immer hinten dran hing.

Nach der zehnten Klasse, mein Zeugnis war nicht so berühmt, und ich wusste nicht, was ich werden oder machen sollte, sagte mein Stiefvater: »Geh doch in die Gastronomie, die brauchen immer Leute.« Und so habe ich mit 16 Jahren angefangen, Kellner zu lernen. Diese drei Jahre in der Lehre waren für mich die Hölle, denn nachts das schreiende Kind – meine Schwester – und ich in der Ausbildung. Ich wollte einmal zu einer Fahrt zur Weinlese, meine Schwester bekam aber die Mundfäule und ich musste zu Hause bleiben, weil meine Mutter arbeiten ging, wollte oder musste. Ich hatte den Kanal mit 17 gestrichen voll.

Zu meinem Glück wurde damals in Berlin ein großes internationales Hotel neu eröffnet und die suchten Personal. Da ich einen Lehrvertrag hatte, wurde ich dort als Kellnerlehrling übernommen. Das war für mich toll.

Im ersten Lehrjahr zog ich von zu Hause aus. Ich hatte einen jungen Mann kennengelernt. Wie das damals so war, wir verlobten uns und wollten heiraten. Seine Eltern waren in den Westen abgehauen und hatten meinem Freund eine massive Laube hinterlassen, in der er wohnte. Ich packte meine Koffer und zog bei ihm ein. Es war dort kalt. Als er zur Armee musste, saß ich alleine in der Laube. Das war furchtbar. Heizen und die Ausbildung und Schichtdienst, also spät abends im Dunkeln allein nach Hause. Aus der Hochzeit wurde aufgrund von Zänkereien und Streitigkeiten nichts. Der Spruch »Was mich nicht umbringt, macht mich stark«, der stimmte, das merkte ich in dieser Zeit.

Meine Eltern hätten mich ja vielleicht zurückholen können, aber diese besondere Fürsorge kannten sie nicht. Es war eben wenig Glück, ich musste mich durchbeißen. Es eskalierte auch, da ich nicht mehr für die Betreuung meiner Schwester – wie man es gerne wollte – zur Verfügung stand. Da gab es richtig Krach. Aber ich habe mir meine Nischen gesucht und keine Depressionen bekommen. Nachdem ich weg bin, hatten wir keinen Kontakt mehr.

Ich habe meine Ausbildung als Kellnerin, die wirklich exzellent war, mit der Note 1 abgeschlossen. Nach der Ausbildung wurde ich übernommen. Eines Tages kam einer von der Kaderabteilung und warb für ein Studium. Da dachte ich: »Du trägst nun schon drei Jahre das Tablett hier vorbei, da könntest du auch studieren«, und habe »Hier!« gerufen. Es wurde eine Frauensonderklasse* speziell für ein neu entstehendes Hotel in Berlin aufgemacht. Wir konnten die Fachschule in Berlin als Fernstudium machen und die Prüfung in Leipzig an der Handelshochschule ablegen. Zu den Vorlesungen kamen die Dozenten nach Berlin. Das war eine schöne Sache. Zwei Jahre Direktstudium und ein Jahr Fernstudium. Das Hotel hatte eröffnet und ich hatte mein Studium gleich in der Tasche.

Meinen Mann lernte ich 1969 auf einer Tanzveranstaltung kennen. 1971 heirateten wir, da war ich im fünften Monat schwanger. Noch im letzten Studienjahr kam meine Tochter auf die Welt. Ich habe meine Hausarbeit mit Baby geschrieben, das ging alles. Wir hatten eine Wohnung mit Stube, Küche und Innentoilette. Ich blieb ein Jahr zu Hause.

Nach dem ersten Jahr mit Kind zu Hause ging ich wieder arbeiten, als Restaurantleiterin, also in einer Mittelleiterebene, mit einem guten Festgehalt. Ich war erst 21, das war eine richtige Herausforderung. Man musste stark sein, um das durchzustehen. Ich habe mich nicht beworben, das ging alles automatisch. Da ich im Schichtdienst war, habe ich mir mit meinem Mann die Arbeit zu Hause geteilt. Ich kam morgens um 4:00 oder 5:00 Uhr von der Arbeit, habe die Kleine fertig gemacht, und mein Mann brachte sie weg. Ich schlief bis mittags, ging dann wieder zur Arbeit und mein Mann machte weiter. Das war ganz normal. Mein Mann wollte, dass ich arbeite, denn mein Beruf machte mir Spaß. Schwierigkeiten hatte ich keine, es ging alles gut, und wir brauchten das Geld.

Das habe ich ein paar Jahre gemacht. Nach sechs Jahren wollte ich aber ein zweites Kind. Und plötzlich war ich schwanger. Sieben Jahre Abstand zwischen den Kindern, und ich war weiterhin im Schichtdienst. Nun hatte ich ein Gespräch, weil jemand für die Ausbildung von Lehrlingen gesucht wurde. Als Schwangere konnte ich nicht im Schichtdienst arbeiten, und flugs war ich in der Ausbildung für Lehrlinge. Sonnabend, Sonntag frei, ein Haushaltstag* im Monat und noch ein Ausbildungsvorbereitungstag – ich war also zwei Tage im Monat zusätzlich zu den Wochenenden zu Hause. Den Unterricht konnte ich von zu Hause aus vorbereiten. Das war wunderbar. Als mein Sohn kam, blieb ich wieder ein Jahr zu Hause.

Danach habe ich noch ein Ökonompädagogikstudium gemacht, wieder ein Fernstudium, wegen der zwei Kinder. Ich bekam den Abschluss als Ökonompädagoge. Das Studium fand ich wichtig, denn ich hatte dreißig Lehrlinge vor der Nase, da braucht man so etwas.

Am Anfang musste ich ganz schön knüppeln, aber dann ging es, es hat Spaß gemacht und ich habe es genossen. Ich bin um 06:00 Uhr aus dem Haus, Kindergarten, Schule, Einkaufen, Haushalt, der Tag war ausgefüllt.

Meine Kinder haben mir nie – auch später nicht – Vorwürfe über ihre Zeit im Kindergarten oder meine Arbeit gemacht.

Einmal war mein Sohn sehr krank. Deshalb ermöglichte mir mein Betrieb ein Jahr unbezahlte Freistellung. Wenn Not am Mann war, bin ich in die Arbeit gegangen, das habe ich ab und zu gemacht. Meinen Sohn nahm ich mit, er hat in der Ecke gesessen und gespielt, während ich unterrichtete. Später hat er Abi gemacht, Lehramt studiert, und heute ist er stellvertretender Direktor an einem Gymnasium. Allerdings habe ich ihn nach der Wende, in der siebten Klasse, nach Westberlin umgeschult. Ich dachte, dass es gar nicht schlecht wäre, wenn er lernt, wie es im Westen aussieht.

Meine Tochter hat nach dem Abi keinen Studienplatz bekommen, unser gesellschaftliches Ansehen reichte nicht aus, denn wir waren beide nicht in der Partei. Sie war auch dem Staat gegenüber skeptisch, aber nicht dagegen. Sie hat ihr Abi mit 1 gemacht, wurde Krankenschwester und hat nach der Wende Sprachwissenschaften studiert. Heute ist sie Dozentin für Logopäden.

Es kam die Wende. Die habe ich mitbekommen, da bei uns im Hause junge Leute über Ungarn in den Westen wollten, und wir haben uns verabschiedet, die ganze Nacht. Am nächsten Morgen hörte ich über den Radiowecker die Nachrichten und dachte, dass das nicht wahr sein könnte. Wir haben uns bei der Polizei für ein Visum angestellt, andere liefen schon längst über die Grenze. Aber gehorsam wie wir DDR-Bürger nun mal sind, haben wir uns angestellt und sind am Nachmittag das erste Mal in den Westen gegangen. Nur mein Mann und ich. Mir kamen die Tränen, denn die Mauer steckte doch in uns drin und war immer eine Grenze. Wir hatten keine Westverwandtschaft, mit dem Westen nicht viel zu tun, außer über Fernsehen und Rundfunk. Wir gingen durch die Straßen und standen auf einmal vor einer Dönerbude. Ich erinnere mich, dass ich die Berge von Gemüse und Fleisch sah und mir das Wasser im Mund zusammengelaufen ist. Ich dachte: »Wenn das der Westen ist, kommen wir gut zurecht.« Diese Euphorie war unbeschreiblich. Wir dachten, dass eigentlich alles nur besser werden könnte, denn die letzten Jahre der DDR haben wir schon kritisch betrachtet. Wir haben in unserem Freundeskreis sehr viel darüber geredet, was in der Presse steht und was tatsächlich jeden Tag passiert, dass sich die Schere sehr weit auseinander entwickelt. Große Freunde des Systems waren wir nie, aber natürlich profitierten wir davon bei der Ausbildung, bei allem, was uns geboten wurde. Und jetzt erwarteten wir das Paradies und dass es vorwärts gehen würde.

Wir waren nie in der Partei. Aber nun entschloss ich mich, mir mal die SPD anzugucken. Ich bin zu einer Veranstaltung gegangen, in der sie Leute geworben haben. Die Leute, die da saßen, hatten aber nichts weiter im Kopf als einen Posten zu bekommen. Die wollten alle irgendwo einsteigen. Es waren Leute dabei, die ich schon früher gehasst habe, die früher schon ihr Maul aufrissen und mehr oder weniger immer »Hier« geschrien haben, wenn es etwas gab, die aber nichts dafür taten als die Ellenbogen auszufahren und das Parteiabzeichen zu tragen. Da bin ich enttäuscht rausgegangen. Bei der CDU war es noch schlimmer.

Ich hatte vor der Wende schon aufgehört, im Hotel zu arbeiten, und in einem Wohnheim für Musikschüler der Musikhochschule angefangen. Das war ein Wohnheim für minderjährige Studenten, in dem ich als Erzieherin arbeitete. Es lag gleich bei mir um die Ecke, nur ein paar Minuten zu laufen. Eine tolle Arbeit für mich damals um die 40. Leider wurde das Wohnheim zugemacht. Mein Mann war arbeitslos, ich war arbeitslos, und wir überlegten, was wir jetzt machen könnten. Ich bewarb mich in einem großen Hotel und bin als Oberkellnerin eingestiegen. Mein Mann hat einen Taxischein gemacht und wir haben beide ganz schön geknüppelt.

In der Eröffnungsphase des Hotels habe ich in einem Monat die doppelte Arbeitszeit eingebracht. Wir waren dort nur Ossis. Frauen und Männer, Hälfte, Hälfte. Aber die obere Etage war besetzt mit Managern aus dem Westen. Ich war eine der wenigen Ostler, die man nicht entließ. Teilweise wurde ganzen Ebenen gekündigt. Die mittelleitenden Ebenen gab es nicht mehr. Du warst entweder Kellner oder Chef. Ich wurde schließlich zur Oberkellnerin mit der Funktion eines Restaurantleiters, verantwortlich für die Ausbildung von Azubis. Ich habe fünf Jahre dort nur gearbeitet, mich durchgeboxt. Am Ende durfte ich maßgeschneiderte Kostüme tragen, und ich merkte, dass ich plötzlich Macht hatte. Macht über Einstellungen, Entlassungen. Wenn ich jetzt nicht die Notbremse ziehen würde, so dachte ich, würde ich in eine Mühle kommen und nicht mehr an Mann und Kind, sondern nur noch an die Karriere denken. Das war eine Spirale, in die ich nicht hineingeraten wollte. Dann kam hinzu, dass die ganze Familie gestreikt hat. Die Kinder sagten: »Ihr unterhaltet euch nur noch über Arbeit und Geld, zu Hause bist du auch nicht mehr.« Denn richtig ist, dass ich im Hotel geschlafen habe, um früh wieder da zu sein.

Mein Mann sagte: »Überlege dir, was du jetzt willst.« Und ich habe festgestellt, dass man als Frau dort nicht aufsteigen konnte. Da kamen immer Leute, die schon fertig waren, junge Männer von irgendeiner Fachschule in der Schweiz, oder der Sohn von irgendeinem anderen Manager, der wurde eingesetzt und war plötzlich dein Vorgesetzter. Er war nicht besser, im Gegenteil. Aber eines muss ich sagen: Ich habe dort Marktwirtschaft gelernt, begriffen, wie das funktioniert. Das hat mir in späteren Jahren sehr geholfen. Man lernte durch die tägliche Arbeit, wie man mit Material umgehen muss. Wenn keine Kaffeelöffel mehr da waren, konnte man nicht einfach welche bestellen, sondern musste die übrig gebliebenen teilen und nutzen. Die haben das Personal auf dem Zahnfleisch gehen lassen, mit dem Ergebnis, dass man auf seine Kaffeelöffel irre aufpasste. Es wurde gespart an allen Ecken und Enden. Für eine Renovierung der Hotelzimmer oder der Lobby war unheimlich Geld da. Aber alles, was der kleine Mann brauchte, um seine Arbeit ordentlich zu machen, das fehlte.

Ich war der Auffassung, dass ich mehr Geld verdienen müsste und forderte das ein. Ich war Restaurantmanager, wusste, was ich leistete. Ich habe nur einmal gefragt, aber man war mit unserer Ossimentalität – nicht immer wieder zu fragen – nicht vertraut. Dann bin ich gegangen. Ich fand ein Hotel, in dem ich die Bedingungen stellen konnte, weil ich aus einem Superhotel kam. Mein alter Arbeitgeber gab mir ein exzellentes Arbeitszeugnis. Ich fing von vorne an, aber alles in kleinerem Maße. Das war angenehm.

Meine Kinder gingen aus dem Haus, wir waren alleine. Die letzten zehn Jahre meines Arbeitslebens waren sehr gut. Ich arbeitete mit sozial benachteiligten Jugendlichen, bildete sie aus. Ich konnte viele über meine Beziehungen in eine Arbeit bringen, konnte helfen, und es kam auch etwas zurück. Wenn mich ein ehemaliger Lehrling grüßt, wenn ich über die Straße gehe, ist das schon etwas wert.

Das habe ich bis zur Rente gemacht. Ich bin mit 63 in den Ruhestand gegangen.

Mein Fazit: In der DDR-Zeit gab es eine größere Sicherheit. Man hat seinen Job gemacht, und wenn man einen höheren Anspruch an sich hatte, konnte man sich weiter qualifizieren. Die sozialpolitischen Maßnahmen, vor allem für Frauen, hat man als ganz selbstverständlich wahrgenommen, das hat man damals gar nicht geschätzt. Als Frau hat man eine Chance mehr bekommen als ein Mann. Diese Sicherheit zu DDR-Zeiten war mir sehr angenehm. Ich konnte meine Kinder großziehen, wir hatten Zeit miteinander und haben sie genutzt.

Im Osten las man die Zeitung und zwischen dem, was geschrieben stand, und dem, was tatsächlich passierte, war ein Unterschied wie Tag und Nacht. Die Privilegien, die man als Genosse hatte, und ich war mit Absicht kein Genosse, spürte man. Meine Eltern waren Tomatendunkelrot, ich in Opposition zu ihnen. Die Partei kam für mich nicht infrage. Ich hatte das Gefühl, dass es eine Riege gab, die nichts weiter gemacht hat, als durch die Kraft ihrer Wassersuppe zu wirken. Das hat mich gestört, das war ungerecht.

Nach der Wende genau das Gegenteil. Die Arbeit war effizient, gut getaktet, ich habe bewundert, wie so ein Unternehmen arbeiten kann. Aber es gab natürlich immer die Angst, dass morgen dein letzter Tag sein könnte, und dann bist du in das Hamsterrad eingestiegen. Wir hatten eine große Wohnung, Kinder, die studierten, mein Mann fuhr als Selbstständiger Taxe, er musste das Auto abzahlen. Wir haben geknüppelt, um aus den Schulden rauszukommen, wir hatten ja kein

Vermögen. Dieser Druck, der war hart. Ich habe zwei Jahre gebraucht, um einigermaßen mit der Angst leben zu können, dass man von einem Tag auf den anderen nicht mehr gebraucht werden könnte. Es gab ja genügend Arbeitskräfte.

Diskriminiert, weil ich Ossi war, wurde ich nicht. Aber ich glaube, wir waren zu dämlich, uns das zu holen, was uns zugestanden hätte. Wir arbeiteten besser als die Wessis. Die haben uns benutzt, ausgenutzt, vor allem unsere Verbeugung vor dem Westen. Wir hätten in der DDR viel mehr Monopoly spielen sollen, dann hätten wir den Westen besser begriffen. Dieses Machtbewusstsein und dieser Drang danach, immer mehr verdienen und mehr haben zu wollen, das war mir nicht angeboren. Ich wollte nur meinen Job gut machen. Nach langer Zeit habe ich gemerkt, dass die auch nur mit Wasser kochen.

Mein Mann und ich können nicht zusammenarbeiten, ich bin ein Hundert-Meter-Läufer, er ist ein Ausdauerläufer. Wir haben eine strikte Arbeitsteilung. Ich Kinder, Wäsche, Kochen, er Grundstück, Auto, Kohlen, Keller. Wir putzen gemeinsam. Was uns beiden keinen Spaß macht, haben wir geteilt. Ich wollte einmal in der Woche spazieren gehen, nicht gleich nach Hause. Da haben wir Freiraum ausgekungelt. Ich habe Glück gehabt mit meinem Mann. Wir hatten unsere Probleme und Krisen, aber der Alltagsrhythmus, den wir hatten, der war einfach gut.

Letzten Endes hat sich doch alles gelohnt. Vielleicht würde ich heute manches anders machen, aber nur ganz wenig.

Das Wichtigste an der Wende ist mir die Förderung meiner behinderten Tochter

Gundi, Jahrgang 1962

Ost: Zootechnikerin, Agraringenieurin West: Umschulung, Arbeit im Handel, Hundefriseurin

An meine Kindheit erinnere ich mich als eine sehr glückliche, schöne Zeit, vor allem zum Spielen. Die Eltern haben mit uns gespielt, Vater hat Drachen gebastelt, ist mit uns Schlitten gefahren. Es gab Abenteuer von morgens bis abends. Die Welt war groß, wir hatten Freiraum, viel Platz und wenig Verkehr, so gut wie keine Autos. Ich bin gerne in den Kindergarten gegangen, habe mich aber auch zu Hause behütet gefühlt.

Mit dem Schulbeginn 1968 begann ein neuer Lebensabschnitt. Im Großen und Ganzen erinnere ich mich gerne an meine Lehrer. Ich bin ja hier im Dorf mit zwölf Kindern eingeschult worden. Das ist ein ganz anderes Zusammenleben als heute. Man kannte die Kinder, deren Familien, man hat sich besucht und nachmittags spielten wir alle gemeinsam auf der Straße. Das wäre heute lebensgefährlich. Unsere Mutter hatte studiert und arbeitete in der LPG* als Buchhalterin, in den ersten Jahren auch am Sonnabend. Die Großeltern lebten hier mit im Haus, wir waren also nicht alleine. Die Ehe meiner Eltern erschien mir damals als harmonisch. Diese Einschätzung hat sich später geändert. Meine Mutter wurde vom Vater geschätzt, er kochte leidenschaftlich. Ihr überließ er den Abwasch. Und natürlich kümmerte sie sich ums Haus und er um Hof und Garten.

Meine Schule schloss ich nach zehn Jahren POS* ab und erlernte den Beruf eines Zootechnikers/Mechanisators, also die Arbeit mit Kühen. Umgang mit Tieren wünschte ich mir schon früh. Das war ganz natürlich, denn meine Eltern arbeiteten ja auch in der Landwirtschaft. Allerdings wäre ich noch lieber Gestütswärterin – heute Pferdewirtin – geworden. Meine Eltern warnten, dass man da so wenig verdiente. Also stürzte ich mich auf die Kühe. Nach zwei Jahren schloss ich die Lehre mit dem Facharbeiterbrief ab. Sofort danach begann ich mein Studium als Agraringenieur in Wismar. Eigentlich wäre ich nach drei Jahren fertig gewesen, ich habe aber etwas länger gebraucht. 1983 begann ich in der Nähe von Wismar in der LPG Tierproduktion in der Milchwirtschaft meine berufliche Tätigkeit. 1982 hatte ich meinen Mann beim Traktorfahren kennengelernt.

Meine tägliche Arbeitszeit bei den Milchkühen war geteilt. Die Frühschicht begann um 3:30 Uhr und endete um 7:30 Uhr. Nach dem ersten Feierabend musste ich mittags wieder zur Arbeit fahren und hatte abends wieder Feierabend. Das war notwendig, weil die Kühe ja zweimal am Tag gemolken werden mussten, morgens und noch einmal nachmittags. Dieser Tagesrhythmus hat mein Leben als junger Mensch – ich war ja damals Anfang 20 – ganz schön beschränkt. Mein Mann fuhr Traktor, allerdings in einer anderen LPG. Wir haben uns wenig gesehen. Ich musste auch am Wochenende arbeiten und der Abend war natürlich etwas kurz, wenn man um halb vier wieder im Stall sein musste. Das war schon eine harte und körperlich anspruchsvolle Arbeit. Aber wir haben für DDR-Verhältnisse sehr viel Geld verdient.

1988 ist unsere Tochter geboren. Ich bin ein Jahr zu Hause geblieben und war danach ganz froh, wieder arbeiten zu können. Allmählich musste ich feststellen, dass sich unsere Tochter nicht normal entwickelte. In der Krippe haben sie mir sogar Vorwürfe gemacht, dass ich mich zu wenig mit ihr beschäftigte. Sie war einfach in allem zurück. Bei einem Krankenhausaufenthalt fanden sie die Ursache: frühkindlicher Autismus. Sie war immer sehr zurückgezogen und spielte nicht mit anderen Kindern, saß in der Ecke und schien mit sich selbst zufrieden. Das war ein Schlag und zugleich Erleichterung. Zeitgleich mit der Diagnose ging unsere Ehe auseinander. Im Jahr 1990 ließen wir uns scheiden. Der Grund war nicht die Tochter, auch nicht die Diagnose, wir hatten uns einfach auseinandergelebt. Die Trennung ist mir gar nicht so schwergefallen. In der DDR gab es ja überall Unterstützung, dein Kind wurde in der Krippe betreut, du verdientest dein Geld und konntest als Alleinerziehende gut damit leben. Das war für mich kein schlimmes Szenario. Anna ging in den Kindergarten, eine erste Integrationseinrichtung, die gerade im Entstehen war.

Trotzdem habe ich mich persönlich zu dieser Zeit am Limit bewegt, und zwar körperlich. Ich musste ja weiter um 3:30 Uhr in den Kuhstall. Zum Glück schlief meine Tochter sehr ruhig und fest. Als ich zurückkam, habe ich sie geweckt und in die Kita gebracht. Anschließend wieder zur Arbeit und sie dann wieder abgeholt. Jedes Mal 17 Kilometer eine Tour. Am Wochenende war ich manchmal so platt, dass ich auf dem Sofa eingeschlafen bin, während Anna auf dem Teppich spielte. Das habe ich zwei Jahre durchgehalten, ehe ich 1992 im Stall aufgehört habe. Zu diesem Zeitpunkt hatte ich jemanden kennengelernt. Ich musste auf diese Weise nicht mehr so viel verdienen.

Dann begann ich eine Umschulung zur Groß- und Außenhandelskauffrau. Nach zwei Jahren schloss ich die Ausbildung ab, um eine Zeit lang in der Firma dieses Freundes zu arbeiten. Bis zu unserer Trennung 1998 habe ich in seinem Imbissbetrieb auf Wochenmärkten und Festen verkauft. Nachdem die Beziehung zerbrach, konnte und wollte ich nicht mehr allein mit Anna in W. leben. Ich zog mit ihr 1998 wieder zurück nach N. in den Kreis der Familie. Dort begann ich noch einmal mit einer Weiterbildung, arbeitete anschließend im Handel, ehe ich mich im Jahr 2003 entschied, Hundefriseur zu werden. Selbstständig bin ich seit 2010. Dies alles wurde möglich, weil Anna seit 2009 in einem Nachbardorf im Betreuten Wohnen lebt. Das bedeutet, dass ich erstmalig unabhängig arbeiten kann, mich an keine Zeiten mehr halten muss. Ich weiß, dass sie gut aufgehoben ist, dass sie arbeitet und in ihrem beschränkten Rahmen ein selbstbestimmtes Leben führen kann. Das wirklich Positive der Wende ist, dass sie Arbeit für Behinderte und damit die Integration meiner Tochter ermöglicht hat. Ich weiß nicht, wie ihr und mein Leben sich entwickelt hätten, wenn die Wende nicht gekommen wäre.

Ansonsten war der Zusammenbruch der DDR für mich wie ein Schreckgespenst. Wie kann man die DDR so einfach aufgeben? Ich hatte Kollegen, die einfach die Tiere nicht mehr versorgten und nach Lübeck fuhren. Es war schon komisch, wie sich viele das neue Leben vorstellten. Ich war ganz traurig, dass unsere LPG schon relativ bald abgewickelt wurde, wir den Schutz und die Geborgenheit verloren und ein ganzes Dorf auseinanderfiel. Vor der Wende hatten wir alle gleich wenig, aber Zusammenhalt. Danach driftete die Dorfgemeinschaft auseinander, denn einer hatte Arbeit, ein anderer nicht. Vorher hatten alle einen Trabbi, danach fuhren die ersten schon ein Westauto. Der Neid zerbröselte die Dorfgemeinschaft.

Man hatte in der DDR als Frau Möglichkeiten, man wurde gefördert. Zum Beispiel hatten in unserer Fachschule viele Studenten Kinder. Wir waren alle um die 20 Jahre alt. Es wurde alles dafür getan, dass die jungen Mütter weiter studieren konnten. Sie bekamen zwar keine Wohnung, aber ein Zimmer in einer WG und im selben Haus wurde eine Kinderkrippe eingerichtet. Alle unterstützten sich gegenseitig. Ganz wenige der Studentinnen mit Kindern haben aufgehört zu studieren. An der Ingenieurschule betrug der Frauenanteil der Studierenden 75 Prozent. Dies war übrigens in der Lehre auch so. Von 32 Lehrlingen, die in meinem Jahrgang begannen, waren nur sechs junge Männer. Alles andere junge Mädchen, vielleicht weil es um Tiere ging und das den Männern nicht attraktiv genug erschien. Vielleicht dachten die Mädchen auch an einen Beruf im weißen Kittel und eine Arbeit mit Kälbchen, bei der man nicht dreckig wird. Das wahre Leben war anders. Es hat gestunken, war Knochenarbeit und schon verwunderlich, dass so viele durchhielten.

Aber der Arbeitsplatz war in der DDR sicher. Im Falle einer Scheidung erhielt man Unterstützung mit den Kindern. Na klar, der Staat hat die Frau als Arbeitskraft gebraucht. Aber für mich wäre es undenkbar gewesen, nach dem Babyjahr nie wieder arbeiten zu können, nur Hausfrau und Mutter zu sein. Ich bin nicht nur wegen des Geldes wieder arbeiten gegangen, ich wurde gebraucht und brauchte auch die Kollegen und die Tiere. Unsere Arbeitsteilung zu Hause mit meinem Mann war eher die klassische, er hat viel draußen gearbeitet und ich drinnen. Die Kinderbetreuung haben wir uns geteilt. Er hat sie oft zur Kinderkrippe gefahren und wieder abgeholt. Dazu hatte er extra einen Kindersitz in den Trecker gebaut. Und natürlich musste er sie am Wochenende betreuen, wenn ich arbeiten ging. Wir hatten als verheiratete Frauen in der DDR einen freien Tag im Monat, den Haushaltstag*.

Ich wohne jetzt in N., habe eine Wohnung von 60 Quadratmetern, bin zufrieden. Mehr brauche ich nicht, ich kann die Tür zuschließen, brauche keinen Rasen zu mähen und bin dann einfach weg. Die Arbeit im Hundesalon macht Spaß. Sie ist allerdings wesentlich anstrengender und dreckiger, als ich mir das vorher gedacht habe. Und ja, es gibt Hunde, die beißen. Ich freue mich, wenn der Hund hinterher wieder schön aussieht. Ich ärgere mich aber, wenn ich den Hund zwei bis drei Stunden herrichte und beim nächsten Besuch bemerke, dass der Besitzer seitdem nichts mit ihm gemacht hat. Beim Hundefriseur wird viel geredet, manche bleiben, manche nicht. Eine Behandlung dauert zwischen einer und drei Stunden. Man kann davon leben. Wie es weitergeht? Ich werde arbeiten, solange ich kann, solange ich arbeitsfähig bin. Denn meine Rente wird nur sehr bescheiden ausfallen.

Und Anna arbeitet auch. Sie arbeitet täglich in einer geschützten Werkstatt, die an die Wohngemeinschaft angeschlossen ist. Die Kosten der Betreuung, des Wohnens und der Arbeit trägt das Sozialamt. Ihr Vater und ich bezahlen jeder einen geringen Beitrag pro Monat. Das Monatseinkommen von Anna setzt sich zusammen aus einem Gehalt und einem Betrag vom Sozialamt. Ich finde es immer schade, wenn sich Angehörige beschweren, dass die Betreuten so wenig Geld bei der Arbeit verdienen. Sie braucht für das Essen und die Wohnung nichts zu bezahlen. Sie braucht nur etwas, was sie für Friseur, Eis essen, Kleidung und anderes ausgibt. Ich finde es sehr viel, ich habe keine 250 Euro einfach nur so zum Spaß zur Verfügung. Sie kann dort bleiben, solange sie arbeitsfähig ist. Ich habe den Eindruck, dass sie zufrieden ist, es bekommt ihr gut, sie muss sich mit anderen Leuten auseinandersetzen. In ihrer Wohngruppe, eigentlich ein kleines Haus, leben neun Bewohner. Jeder Bewohner hat ein Zimmer, es gibt auch Gemeinschaftsräume.

In meiner Freizeit gehe ich am liebsten im Wald mit meinem Hund spazieren. Reisen unternehme ich weniger. Meine weiteste Reise war nach Schottland. Allerdings war ich auch schon eine Woche auf Usedom oder an der Mosel. Mallorca, Türkei oder eine Kreuzfahrt, das ist nicht mein Ding. Mit Anna versuche ich, einmal im Jahr eine Woche zu verreisen. Dies ist natürlich speziell, weil Anna nicht so selbstständig ist. Auf jeden Fall ist es kein so entspanntes Reisen, ich gehe mit ihr nicht in eine Bar, aber sie geht gerne mit in ein Museum oder eine Galerie, neuerdings auch mit mir und dem Hund spazieren. Das ist eine neue, sehr schöne Entwicklung. Konzerte besucht sie gerne, und sie ist kreativ und malt. Zurzeit ist aber Töpfern ihre große Leidenschaft. Die Werke werden auf dem Berliner Weihnachtsbasar verkauft. Ich habe schon einmal einen ganzen Satz aufgekauft. Ich freue mich so darüber. Sie versucht es, aber schreiben kann sie nicht richtig.

Die beste Entscheidung, die ich jemals getroffen habe, war nach N. zurückzukehren. Zwar war Anna der Hauptgrund, aber ich habe so noch fünf Jahre mit unserer Mutter erleben können, die leider zu früh verstarb. So hatte ich viel gemeinsame Zeit mit ihr. Was wir beide zusammen noch erlebt haben! Einmal fuhren wir nach Aschaffenburg, weil sie unbedingt ihre alte Freundin noch einmal wiedersehen wollte. Für Anna war das ein Glücksfall, ihre Oma hatte eine Engelsgeduld. Ich konnte nur deswegen arbeiten gehen, weil sie nach der Schule zu meinen Eltern gebracht werden konnte. Ja, Familie ist schon sehr wichtig, alle unterstützen sich gegenseitig. Anna und ihr jüngster Cousin waren ein Herz und eine Seele, sie haben sich herrlich ergänzt, einfach gut zusammen gespielt, herumgealbert. Zu den anderen Cousins war der Altersunterschied größer. Die gesamte Familie besucht sie an ihrem Geburtstag in ihrer Wohngruppe.

Als junge Frauen wurden wir in der DDR schon manchmal hofiert. Der Betrieb konnte sich damit brüsten, wenn junge Frauen an der vordersten Stelle standen. Man bekam Anerkennung. Für mich persönlich war es immer unfassbar, wenn Frauen im Fernsehen nach ihrem Beruf gefragt wurden und sie antworteten: »Hausfrau.« Das war für mich undenkbar, wie konnte man als Beruf Hausfrau angeben. Ich sehe es heute ein bisschen anders. Aber einiges wird als Erneuerung angepriesen, was wir schon vor fünfzig Jahren in der DDR hatten, zum Beispiel die Kinderkrippen.

Ich habe mich nicht eingesperrt gefühlt. Ich kann für mich nur sagen, dass die Zeit in der DDR eine schöne war, auch mit der Arbeit bei den Kühen. Für mich war die Wende erst einmal unbegreiflich. Ich weiß, dass sich auch eine ganze Menge Chancen auftaten, ganz besonders im Hinblick auf die Betreuung von Anna. Ich habe eine Weile gebraucht, ehe ich das verstanden habe. Ich bin auch nicht gleich rübergefahren, um mir die 100 Mark Begrüßungsgeld zu holen.

Eine Veränderung der Situation der Frauen gegenüber der Zeit in der DDR bemerke ich schon. Nicht, dass die Frauen heute nicht mehr selbstbewusst sind, aber sie sind anders selbstbewusst. Ich kenne keine Frau, die von sich aus zu Hause bleiben möchte und die Kinder betreuen will. Die meisten sind zu Hause, weil sie keine Arbeit finden.

Ich hätte gerne noch eine Tochter bekommen, aber noch einmal daheim bleiben wollte ich auf keinen Fall

Ingrid G., Jahrgang 1939

Ost: Schlosserin, Technische Zeichnerin, Technikerin, Ingenieurökonomin

West: Prokuristin in einer GmbH mit eigenen Anteilen

Die Odyssee meiner Mutter mit meinem Bruder und mir und ihren fünf Geschwistern führte 1945 vom Sudetenland nach Ost-Deutschland über Oybin, Zittau, Riesa zunächst nach Naumburg. Um unser Überleben zu sichern, bewarb sie sich in Merseburg in Sachsen-Anhalt bei der Bahn und verwaltete nach kurzer Zeit das Ersatzteilmagazin für Lokomotiven und Waggons. Als wir ein bisschen größer waren und sie mehr verdienen wollte, wechselte sie in den Zugdienst. Dort erhielt sie die Möglichkeit zur Ausbildung zum Stellwerksmeister und blieb dies bis zu ihrer Invalidenrente.

1953 beendete ich die Schule. Ich hatte den Wunsch, Technische Zeichnerin zu werden. Zur Vorbereitung musste ich ein halbes Jahr die Grundausbildung in der Schlosserlehre mitmachen. Die Leistungen von vielen Lehrlingen waren so schlecht, dass nur zwei Mädels übrigblieben. Im Lehrkombinat Mücheln hatten wir eine sehr gute Ausbildung und viele Möglichkeiten zur gemeinsamen Freizeitgestaltung. Ich war im Fotozirkel aktiv und im Chor des Lehrkombinates, mit dem wir zum FDJ*-Festival nach Berlin fuhren und dort einen ersten Platz belegten. Aufgrund der guten Leistungen nach der Schlosserausbildung wollten sie mich gleich nach Freiberg zum Ingenieurstudium delegieren. Mutti war da schon an Asthma erkrankt und traurig, dass ich so weit weg gehen wollte. Also meldeten sie mich in Halle zur ABF* an. Ich dachte mir aber, dass ich, wenn ich studieren würde, lange kein Geld verdienen und die kranke Mutti nicht unterstützen könnte. Also sprach ich den stellvertretenden Hauptbuchhalter der Chemischen Werke Buna an, der in unserem Haus wohnte. Ohne Beziehungen kam man in die Chemischen Werke Buna nicht hinein, er kannte den Leiter des Konstruktionsbüros. Ich stellte mich dort vor und konnte meine Ausbildung zum Technischen Zeichner beginnen. Mit meinem Schlosserabschluss bin ich gleich in das zweite Lehrjahr eingestiegen.

Die Ausbildung und Arbeitsatmosphäre hat mich begeistert. Mir war klar, dass ich nicht nur die Zeichnungen von den Ingenieuren ausziehen wollte. Computertechnik gab es noch nicht, doch die technischen Vorgänge an sich interessierten mich sehr. So zeichnete ich Zusammenstellungen vom Karbidofen, die für die Großreparaturen wichtig waren. Aber das reichte mir nicht und ich überlegte, mich doch noch weiter zu qualifizieren. Ich stellte einen Antrag zum Abendstudium für den Techniker. Auf diese Weise konnte ich beides: Geld verdienen und mich weiterbilden. Die Delegierung bekam ich, aber Voraussetzung war der Abschluss des Industriemeisters. Ich wagte es, in das letzte Semester des Meisterstudiums hineinzuspringen, und habe alle Abschlussprüfungen bestanden, die Voraussetzung für den Beginn des Technikerstudiums waren.

Nun begann das Abendstudium und ich ging viermal die Woche in Buna zum Unterricht. Das war eine Außenstelle der Ingenieurschule Meißen, die Maschinenbauingenieure ausbildete. Zu diesem Zeitpunkt verdiente ein Zeichner 280 Mark brutto. Mit meiner Arbeit waren sie sehr zufrieden, aber ich mit meinem Verdienst nicht. Spontan, wie ich immer alle Sachen anging, meldete ich mich beim Technischen Direktor an und bat um ein Gespräch. Ich wurde angehört und er versprach eine Klärung. Ich war kaum zurück, als man mich fragte, warum ich den Leiter des Konstruktionsbüros übergangen hätte. Ich konnte nur entgegnen, was mein Chef mir gesagt hatte: »Mädel, du bist zwar gut, aber das Geld reicht nicht für alle.« Ich hatte es geschafft und nun 200 Mark mehr monatlich in der Tasche.

Zur Techniker-Abschlussarbeit musste ich einen Antrieb mit Getriebe und Motor berechnen und zeichnen. Alles bestand ich gut. Zu dieser Zeit arbeitete ein Absolvent von der TH Magdeburg bei uns im Praktikum und bekam als Thema: »Entwurf eines Quecksilberschöpfwerkes«. Nach dessen Entwurf und mit meinem Antrieb konnte ich die Werkstattzeichnungen erstellen. Das Modell wurde in der Hauptwerkstatt gefertigt. Zur Anlaufbesprechung wurde der Konstrukteur eingeladen. Ich ging hin und alle warteten auf den Konstrukteur. Ich sagte ruhig und bescheiden, dass ich das sei. Sie schmunzelten und wollten es nicht glauben, denn ich war 21 Jahre alt und sie hatten wahrscheinlich eine völlig andere Erwartung. Das Quecksilberschöpfwerk wurde gefertigt und erfolgreich erprobt.

Im Konstruktionsbüro lernte ich im Jahr 1956 meinen späteren Mann kennen. Er kam von der Fachschule Leipzig und war der jüngste Jungingenieur im Buna-Werk. Im Jahr 1962, nach Beendigung meiner Abendschule, heirateten wir. Die Wohnungen waren sehr knapp, aber aufgrund seiner hohen Einsatzbereitschaft in der Karbidfabrik, wo er als Betriebsingenieur tätig war, bekamen wir eine schöne Zwei-Zimmer-Neubauwohnung. Wir wünschten uns ein Kind, aber ich wollte erst einmal reisen. Wir wanderten gern und fuhren nach Polen, die Tschechoslowakei, Bulgarien, Ungarn. Für das Jahr 1966 kündigte sich unser Sohn an und wir waren überglücklich. Mit Kind stand uns keine größere Wohnung zu. Mein Mann suchte ein Haus und fand es in Ammendorf, einem Vorort von Halle. Von einem älteren Ehepaar, das ihr großes Grundstück nicht mehr allein bewältigen konnte, kauften wir das Haus und 1.200 Quadratmeter Grundstück. Aus der schönen Neubauwohnung in so ein altes Haus – ich war traurig und unglücklich. Aber mein Mann erfüllte mir alle Wünsche für den Umbau des Hauses und schaffte für die Kinder ein Paradies.

Ich wäre gerne gleich wieder arbeiten gegangen. Kinderkrippenplätze und Kindergartenplätze gab es, aber mein Mann wollte dem Kind eine unvergessliche Kindheit bereiten, was ihm mit meiner Hilfe zu Hause auch gelang. Unsere Ansprüche waren zwar nicht hoch, aber der Alleinverdienst meines Mannes für den Umbau des Hauses und für Reisen war knapp. Früher in das Berufsleben zurückzukehren ging nicht. Zwar hätten mich die ehemaligen Mitarbeiter gerne schnell zurückgehabt, aber ich war ausgelastet mit der Betreuung des Kindes, mit dem Organisieren des Baumaterials für den Umbau des Hauses und mit Zeichenaufträgen. Von einem privaten Ingenieur bekam ich Aufträge für Konstruktionszeichnungen zum Werkzeugbau. Zudem fertigten mein Mann und ich Zeichnungen für die Großbäckerei in Halle-Neustadt an. Unser Sohn besuchte die Vorschule und ging zum Judo und Fußball. Von 1966 bis 1972 war ich zu Hause. Nach der Einschulung im Jahr 1972 suchte ich in der Nähe Arbeit und fand sie im Kombinat Metallaufbereitung als Konstrukteur. Ich arbeitete täglich sechs Stunden. Der Sohn wurde Schlüsselkind und besuchte nach der Schule den Schulhort. Ich war im Elternaktiv tätig.

Im Jahr 1976 begann ich ein Grundlagen-Fernstudium in Leipzig-Markkleeberg, das Vorortkonsultationen von einem Tag pro Woche umfasste, und das für zwei Jahre. Das anschließende Fachstudium sollte in Riesa alle drei Wochen sein. Das war mit dem Arbeitspensum meines Mannes nicht möglich. So suchte ich wieder nach einem Abendstudium in Halle, was in der Außenstelle der Pumpenwerke Halle klappte. Ich konnte meine Ingenieurökonomieausbildung, die ich in Markkleeberg begonnen hatte, in Halle erfolgreich beenden.

Ich wollte immer noch eine Tochter haben. Der Wunsch rückte aber immer weiter weg, da ich auf keinen Fall nochmal so lange zu Hause bleiben wollte. Nach langem Überlegen fragte mich mein Mann, ob wir nicht ein Mädchen adoptieren wollten. Ich war erschrocken, stimmte dem aber zu. Wir reichten umgehend alle Unterlagen für die Adoption ein. Ich wollte die Arbeit, das Studium und die Betreuung einer Tochter unter einen Hut bringen. Mit einer erneuten Schwangerschaft wäre das nicht möglich gewesen. Hinzu kam, dass viele Kinder in Heimen auf Eltern warteten.

Nach drei Jahren erhielten wir den Bescheid und konnten uns ein Mädchen ansehen, das zur Adoption freigegeben war. Wir haben unseren Sohn von Beginn an einbezogen und ihn auf seine kleine Schwester vorbereitet, damit erst gar keine Eifersucht aufkam. Bei unserem ersten Besuch im Heim sah uns die Kleine, dreieinhalb Jahre, hängte sich an meinen Rock und ließ mich nicht wieder los. Sie sagte gleich »Mami«. Die anderen Kinder standen beim Weggehen an der Tür und riefen: »Birgit hat eine Mutti, nimm uns doch bitte auch mit.« Herzzerreißend war das. Unser Sohn war erschrocken und sagte: »Da kann ich nicht mehr mit hingehen.« Also fuhren wir los, kauften sofort Wechselsachen und beantragten beim

Rat der Stadt einen Kindergartenplatz. Zunächst holten wir sie am Osterwochenende zu uns. Wir merkten sofort, dass sie sehr in ihrer Entwicklung zurück war, und vor allem, dass ihr Nestwärme und soziale Kompetenz, wie man heute sagen würde, fehlten. Im Heim hatte die Erzieherin Angst, dass sie das am Wochenende bei uns Gelernte wieder vergessen würde. Also haben wir sie da schnell ab- und im Kindergarten angemeldet. Unserem Sohn, der ja neun Jahre älter war, richteten wir im Haus ein neues Zimmer her, die Tochter bezog das alte Kinderzimmer. Der große Bruder wurde ihr Beschützer, holte sie auch mal aus dem Kindergarten ab, oft auch mein Mann, da ich ja zur Abendschule ging. Das war anfangs nicht einfach. Sie ging oft in Abwehrpositionen, vor allem, weil sie wohl große Angst hatte, dass sie wieder ins Heim zurück müsste. Mit viel Geduld und Liebe schafften wir es, dass sie die Einschulungsuntersuchung erfolgreich bestand. Die Tochter wurde in dem Jahr eingeschult, in dem unser Sohn die Polytechnische Oberschule verließ, also 1982.

Unser Sohn war ein sehr ruhiger, begabter Schüler und hatte alle Voraussetzungen für ein Studium. Er lernte in den Buna-Werken Holzmodellbauer. Da er sich nicht freiwillig für die Armee verpflichtete, konnte er keine Delegierung zur Fachschule erhalten. So ging er nach der Ausbildung nach Dessau in das Schloss Mosigkau als Restaurator. Die Arbeit machte ihm viel Spaß, er hatte goldene Hände. Für ein Fernstudium in Potsdam hatte er sich bereits angemeldet, begann es wegen der Wende aber nicht mehr.

Unsere Tochter kam 1992 aus der Polytechnischen Oberschule. Die Lehrstellensuche war nach der Wende nicht einfach. Firmen gab es wenige, somit auch keine Lehrstellen. Deshalb lernte sie Einzelhandelskaufmann. Der Sohn bekam nach der Wende aufgrund der guten Ausbildung in der DDR mehrere Angebote, ging nach München in eine Firma, die Formen für Dachziegel herstellte. Später wechselte er nach Österreich in eine Firma, die Drohnen fertigte. Im Jahr 2013 gründete er eine GmbH* und fertigt nun Teile für die Automobil- und Flugzeugindustrie.

1959 war ich eine der wenigen Frauen, die den Führerschein für das Motorrad machten, 1969 den für den PKW. Da mein Mann viele Sonderleistungen erbrachte, wurde uns aus dem Sonderkontingent für Betriebe ein Skoda aus der Nullserie angeboten, den wir mit Kusshand nahmen.

In der DDR ging es uns eigentlich gut, wirtschaftlich ging es bergauf und dann, wie bekannt, bergab. Natürlich gab es vieles, über das wir uns ärgerten. An eine Einheit haben wir aber nie geglaubt. Die Mieten waren so billig. Wir hatten ein Haus, mussten für alles teuer zahlen. Die Mieter in der Neubauwohnung zahlten einen sehr niedrigen Festpreis an Miete, unabhängig wie hoch der Verbrauch an Wasser und Strom war. Mit den geringen Mieten konnten keine ausreichenden Werterhaltungsmaßnahmen durchgeführt werden. Die Grundnahrungsmittel waren zu billig, ein Brötchen kostete fünf Pfennig und die Straßenbahn zehn Pfennig. Das konnte auf Dauer nicht gut gehen.

Unsere große Kaukasusreise, 1975 über fünf Wochen, alles selbst geplant und übers Reisebüro abgewickelt, wird unsere schönste Erinnerung bleiben. Zehn Fahrzeuge waren für den Bezirk Halle für diese Reise zugelassen. Wir fuhren mit dem Auto ca. 10.000 km. Die Route ging nach Polen, in die Sowjetunion nach Lwiw, Kiew, Charkow, Rostow am Don, Pjatigorsk, Ordzhonokize, Tblisi, Jerewan, Sochumi, Sotschi, mit dem Auto-Schiff bis Odessa, nach Czernowitz, Shegini bis Polen und wieder nach Hause. Wir haben viel gesehen und Wunderbares erlebt.

Während der Studienzeit zur Ingenieurökonomin wurde ich in meiner Abteilung Technik/Hauptmechanik schon als Abteilungsökonom eingesetzt. Ich übernahm Aufgaben für die Koordinierung der Planung und Abrechnung mehrerer Betriebe mit der Kombinatsleitung. Sie delegierten mich als Kombinatsvertreterin in die Arbeitsgruppe »Instandhaltung« des Ministeriums Erzbergbau, Metallurgie und Kali. Dort kamen viele Probleme auf den Tisch. Die Ersatzteilbereitstellung für unsere Großaggregate wurde immer schlechter und wir warteten auf den Tag, an dem es nicht mehr weiterging. Die Planziele konnten nicht mehr erreicht werden, Plankorrekturen wurden notwendig. Wegen der Tätigkeit in der ministeriellen AG sprach man mich an, ob ich Mitglied der SED werden wollte. Ich wollte das nur, wenn ich auch Gutes für das Kombinat und die Wirtschaft leisten konnte, und stimmte 1985 zu.

Zur Wende hatte ich viel Glück. Ich begann 1990 sofort, an Lehrgängen teilzunehmen. In Hamburg erwarb ich mein Buchhaltungsdiplom, in Berlin besuchte ich eine Unternehmer-Schulung, die mir der alte Arbeitgeber bezahlte. Dort habe ich sehr viele Erfahrungen sammeln können, die mir später in neuen Tätigkeiten sehr geholfen haben. Thyssen wollte unsere neuesten Aggregate wie Scheren, Lader usw. möglichst billig aufkaufen. Da ich in der Kombinatsleitung die Grundmittel bearbeitete, bezogen sie mich in die Grundmittelbewertung ein. Wir erstellten ein EDV-Programm zur Zeitwertbestimmung, um möglichst gut verhandeln zu können. Eine neue Halle, die erst 1989 fertig geworden war, stand jetzt leer. Meine Kollegen und auch die Schlosser wurden ja alle arbeitslos. Einige Ingenieure machten sich selbstständig. Den Schlossern versprach ich, dass ich sie zurückholen würde, sobald die Halle verkauft sei. Ich fand genügend Käufer, aber die Treuhand stimmte dem Verkauf nicht zu. Der Magistrat der Stadt Halle richtete in den alten Werkstätten und Räumen eine Jugendwerkstatt ein. Hier erhielten Jugendliche ohne Lehrstelle die Gelegenheit, sich auf einen Ausbildungsplatz für die Berufe Schlosser, Elektriker, Näher, Maurer und Koch vorzubereiten. Die Finanzierung lief über das Arbeitsamt. Für die Betreuer und Ausbilder wurde es eine Arbeitsbeschaffungsmaßnahme, die über zwei Jahre lief. Ich war für die

Abrechnung der Maßnahmen mit dem Arbeitsamt zuständig, angestellt beim Magistrat und bezahlt als öffentlicher Dienst, also ein guter Verdienst.

Nach zwei Jahren wurde mir eine Arbeitsstelle in der privaten Wirtschaft, in einer GmbH*, angeboten, die mich reizte. Das war ein Planungsbüro für Elektro und eine GmbH für die Ausführung von Elektro- und Heizungsinstallationen. Wir kämpften nun um Arbeitsaufträge.

Aus westdeutschen Städten kamen Käufer, suchten Häuser, die saniert und mit Krediten der Banken finanziert wurden. Die letzte Rechnung wurde von den Käufern oft nicht bezahlt, sodass die Verbindlichkeiten der Firmen immer größer wurden. Jeder wollte schnell Geld machen, viele kleine Betriebe mussten Konkurs anmelden, da das bezogene Material beim Händler nicht bezahlt werden konnte und die Löhne der Handwerker offenblieben. Durch die Konkurse wurden die Elektriker und Heizungsmonteure nun wieder arbeitslos.

Da wurde mir eine ruhende GmbH angeboten, mit einer Bilanz, von der man annehmen sollte, dass das Steuerbüro sie richtig erstellt hatte, und ich griff zu. Nach Aufleben der GmbH meldeten sich Kunden, die noch offene Forderungen an diese ruhende GmbH hatten. Ich war getäuscht worden und natürlich enttäuscht, denn so viele Unehrlichkeiten hatte ich weder in der DDR erlebt noch nach der Wende erwartet. Doch ich wollte es noch einmal wissen. Mit Unterstützung meines Steuerbüros und des Bankdirektors nahm ich die Stelle als Prokuristin an und kaufte Anteile an der GmbH. Der fachliche Betriebsleiter hatte bei den Finanzen kein Mitspracherecht. Die GmbH entwickelte sich gut. Dann wurde mein Mann sehr krank und ich hatte den Wunsch, aus der Firma auszusteigen. Meine Tochter war in der GmbH beschäftigt. Ich arbeitete sie ein, verkaufte meine Anteile und war alle Sorgen los.

Mein Mann verstarb im Jahr 2003. Ich stand mit dem großen Grundstück allein da. Mein Leben änderte sich vollkommen. Ich habe versucht, das Versprechen, die Familie zusammen zu halten und für alle da zu sein, einzuhalten. Die Nachbarin in Halle verstarb kurz vor meinem Mann. Ihr versprach ich, mal nach ihrem Mann zu schauen. So ergänzten wir uns und erlebten gemeinsam noch schöne Reisen und Urlaube. Wir dachten darüber nach, wie wir im Alter wohnen wollen. Seine Kinder entschieden für ihn und suchten in ihrer Nähe eine Wohnung für ihn. Ich war so enttäuscht. Mein Haus verkaufte ich und meine Tochter und das Enkelkind zogen in die Nähe von Stuttgart zu ihrem Lebenspartner. Ich zog nach Österreich in die Nähe meines Sohnes und seiner lieben Ehefrau. Sie haben zwei wunderbare Mädchen. Das war für mich nicht einfach, in dem Alter und ganz allein in der Fremde einen solchen Neuanfang zu starten. Ich habe es geschafft, neue Freunde gefunden. Eines Tages klickte ich am Computer auf die Internetseite 50 Plus und lernte einen neuen Partner kennen, der mich bewundert und mit einer ostdeutschen Frau viel diskutiert und erlebt.

Wenn ich über Werte nachdenke, fällt mir ein, dass wir mit den Kindern über alles diskutiert haben. Offenheit, Ehrlichkeit, familiäre Wärme sind Voraussetzungen für ein gesundes Familienklima. Jeder sollte so viel wie möglich lernen, man muss nicht unbedingt studieren, aber selbst viele Erfahrungen sammeln und mit beiden Händen arbeiten. Ich finde, Geld beruhigt und ist wichtig, weil man sich ohne Geld weder etwas leisten noch lernen kann. Die Unterschiede in der Gesellschaft zwischen den Armen und Reichen sind zu groß, es gibt zu viele Benachteiligungen und Ungerechtigkeiten.

Ich fand, dass in der DDR den Frauen alle Türen offen standen. Die Qualifizierungen wurden sehr gut angenommen und auch von den Herren der Schöpfung unterstützt. Die Arbeit war für uns ein Bestandteil des Lebens und der Familie. Das zeigt sich an meinen Kindern. Wir waren glücklich, dass wir überall mitreden konnten. Das machte uns stolz. Mein Chef war froh, mich an seiner Seite zu wissen. Er meinte immer: »Wenn du da bist, bin ich zufrieden.« Denn ich war immer gut vorbereitet, er konnte sich auf mich verlassen.

Mein Mann war immer stolz auf mich. Wir diskutierten jeden Tag über alle anstehenden Probleme, gaben uns gegenseitig Ratschläge. Meine Kinder sagen heute oft: »Mutti, was habt ihr alles geleistet, Haus, Arbeit, Garten, zwei Kinder großgezogen, noch genäht und geklöppelt und euch für die Kinder Zeit genommen.« Die westdeutschen Frauen bewunderten mich und meinten, das hätten sie nie geschafft. Sie brauchten ihre gemütlichen Nachmittage und Vergnügungen. Jetzt wundern sie sich, dass sie nicht so viel Rente bekommen wie die DDR-Frauen.

Kann ich in diesem Staat weiterhin Lehrerin bleiben?

Ilse, Jahrgang 1940

Ost: Oberstufenlehrerin　　　　　　　　　　　　　　　　　　　　　　**West:** Gymnasiallehrerin

Meine erste Erinnerung an meinen Vater habe ich, als dieser zu Silvester 1944/45 auf Heimaturlaub war. Aus dieser Zeit stammt eine von ihm selbst gezeichnete Karte mit einem Friedensengel in einem griechischen Röckchen. Er befand sich auf dem Rückzug von Kreta über den Balkan und war als Fotograf in der Kriegsberichterstattung. Er sollte noch nach Norwegen, kam aber stattdessen in französische Kriegsgefangenschaft. Von seinen Erinnerungen hatte er später fast jede Nacht Albträume. Aus der Kriegsgefangenschaft brachte er mir ein aus einem Tabakbeutel selbstgebasteltes Stoff-Häschen mit, das Kuscheltier meiner Kinder- und Jugendzeit.

Die prägenden Personen meiner Kindheit waren meine Mutter und meine Großmutter. Wir sind häufig von Berlin nach Dessau zu den Großeltern gefahren und erlebten dort die Bombenangriffe und das Brennen der Stadt. Eingeschult wurde ich 1946 in die »Zwiebelkirche« in Berlin-Altglienicke. Unser Unterricht war deutlich antifaschistisch geprägt. Die Elternhäuser und die einzelnen Schülerinnen unterschieden sich in der sozialen Herkunft und in ihren Schicksalen. Meine Klasse war zufällig eine reine Mädchenklasse. Die Schule wurde 1914 gegründet, hatte einen großen Hof, alte Bäume, einen Klassenraum im Grünen, einen Sportplatz, eine Turnhalle und auf dem Boden eine Seidenraupenzucht. Es gab ab der vierten Klasse drei Junge Pioniere in meiner Klasse. Ich durfte weder zu den Pionieren noch zum Religionsunterricht gehen. Meine Eltern waren der Ansicht, dass ich mich mit 14 Jahren selbst entscheiden sollte. Dadurch kam es zu Konflikten, auch mit meinen Freundinnen.

Das war die Zeit, in der es immer wieder hieß: »Deutsche an einen Tisch!«, in der Karikaturen meines Vaters zeigten, wie Schneemänner sich zu Neujahr an der Grenze treffen und auf die Zonenschranke plumpsen, um sie zu zerbrechen.

In der achten Klasse wurde für den Wechsel in die Oberschule geworben. Die meisten Mädchen bzw. ihre Eltern wollten das nicht. Ich aber wollte Dolmetscherin oder Lehrerin werden. Meine Eltern unterstützten dies. Mein Abitur legte ich 1958, mit 17 ½ Jahren, ab.

Ich habe nach dem Abitur Physiklaborantin am Deutschen Amt für Maß und Gewicht gelernt, eine sehr fundierte Lehre, die mir im Studium und Beruf die beste Grundlage wurde. Allerdings wurde ich zu zeitig schwanger, durfte trotzdem die Ausbildung vorzeitig beenden. Es folgten körperlich und finanziell große Anstrengungen. Wir bekamen als Eheleute mit Kind eine Wohnung zur Untermiete, zwei Leerzimmer mit Küchen- und Badnutzung.

Dann begann ich an der Humboldt-Universität mit dem Pädagogikstudium in der Kombination Mathematik/Physik. Während des Studiums, als mein Sohn vier Jahre alt war, erhielten wir unsere erste eigene, schöne Zwei-Zimmer-Altbauwohnung, groß, hell und mit Altberliner Öfen, Stuckdecken. Oft nahm ich meinen Sohn mit in die Uni, er saß und malte neben mir im Seminarraum oder Vorlesungssaal. Wir waren nur drei Mädchen und halfen uns gegenseitig. Mein Mann sorgte als Betriebselektriker im EAW*, später im KWO* im Schichtdienst für den größten Teil des Familieneinkommens. Das änderte sich, als ich Lehrer war und mehr Geld nach Hause brachte. Letztlich waren wir immer recht sparsam. Mein zweiter Sohn kam etwas früh, während der Prüfungen war das Bäuchlein schon deutlich zu sehen, und die Absolventenzeit trat ich statt im September im November an. Der Große hatte im Alter von fünf Jahren Kinder-Rheuma. Ein Herzklappenfehler heilte gut aus, dank des gerade erprobten Depot-Penicillins. Das bekam er fünf Jahre lang allmonatlich.

Und später, als sich manche meiner beruflichen und familiären Belastungen zu einer körperlichen Überlastung und einem Nervenversagen zusammenballten, entstand unsere erste Ehekrise. Wir haben uns zusammengerauft – das Ergebnis ist meine Tochter. Zunächst war sie seitens meines Mannes nicht so erwünscht, wurde dann aber doch unser Sonnenschein. Ihr 17-jähriger Bruder spielte mit seiner Verlobten schon mal »Eltern«. 1985 waren wir schon Großeltern.

Meine Tochter hat sich oft verspätet gefühlt – als sie in die FDJ* eintreten wollte, gab es die nicht mehr, die Jugendweihe* fand fast ohne Vorbereitungsstunden statt. Aber sie nahm an all den Umbruchsituationen hellwach teil, auch in der Antifa-Jugendgruppe, sogar zeitweilig in der PDS-Leitung, bis der Schichtdienst im Krankenhaus das verhinderte. Sie wollte ursprünglich Lehrerin für UTP* werden, hat dann aber Krankenschwester und Zahnarzthelferin gelernt.

Mein Ältester wurde Elektriker, wie der Vater. Der mittlere Sohn ist bis heute Straßenbahnfahrer.

Meine Arbeit in der Schule ging über 35 Jahre, bis 1990 in der DDR und dann noch mal bis 2001 in der Bundesrepublik. Diese Jahre in der Schule kann ich nur mit ein paar Ausschnitten schildern. Zunächst einmal hatte ich mit der Entscheidung für den Lehrer und gegen die Ingenieurausbildung in Messtechnik oder ein Physikstudium geglaubt, den Nachmittag für die eigene Familie besser nutzen zu können. Den Korrektur- und Vorbereitungsteil würde ich in die Abendstunden verlegen. Das klappte nicht immer, sodass daraus später einige Konflikte entstanden. Zum Beispiel fühlte sich mein Mann des Öfteren verletzt, wenn ich »den ehelichen Verpflichtungen« nicht hinreichend nachkommen konnte. Wir haben auch Zeitpläne geschmiedet, Arbeitsteilungen besprochen. Zeitaufwand und Engagement brachten mich manchmal in Konflikt mit eigenen familiären Verpflichtungen als Frau und Mutter. Auseinandersetzungen in der Familie waren die Folge. Ich sah das meist als eigene Unfähigkeit bei meiner Schwerpunktsetzung. Ja, ein Sich-Gehetzt-Fühlen bzw. ein schlechtes Gewissen, nicht alles geschafft zu haben, quälte mich eigentlich sehr oft.

Die Arbeit als Lehrerin umfasste die Zusammenarbeit zwischen Elternhaus und Schule sowie zwischen Klassenleiter und Fachlehrern. Der Klassenlehrer hatte eine Mittlerfunktion zwischen den Elternhäusern und den Fachlehrern.

Dazu gab es viele Möglichkeiten, insbesondere im Freizeitbereich, für den man eine gewisse Verantwortung hatte. Das betraf bestimmte Veranstaltungen, wie Pionier- und FDJ-Arbeit, Jugendstunden zur Vorbereitung auf die Jugendweihe*, Klassenfahrten, Feriengestaltung.

In den Treptower Schulen, in denen ich unterrichtete, war die Mauer zu Westberlin immer gegenwärtig. Wir lebten damit, was zu einigen komischen Situationen führte. Die Schüler warfen bei der abendlichen Disco mal eine Flasche über die Mauer – und ein ganzer Zug Wachsoldaten musste ausrücken. Oder sie lenkten beim Sportunterricht mal mit den über die Mauer geworfenen Stullen die Wachhunde ab. Das war für den Sportlehrer weniger eine Gaudi. Eine neue Russisch-Lehrerin unterrichtete im zweiten Stock und wunderte sich, dass in ihrem Unterricht plötzlich alle anfingen, zu Leuten auf einem Aussichtsturm auf der Westseite hinüber zu winken.

Die sogenannte Wende hat mich seelisch hart getroffen. Ich hatte das Gefühl, dass ich das als Lehrer gar nicht mitmachen konnte, mich so zu wenden ... Ich wollte kein Wendehals sein. Ich hatte ein quälendes Unbehagen: Kann ich es überhaupt verantworten, Lehrer zu sein in diesem Staat? So kam ich zu der Frage: Soll ich vielleicht auswandern? Wohin? Es fiel mir nichts ein. Es kam natürlich die karikaturenhafte Vorstellung durch: Ich will auf den Mond, wandere aus auf den Mond, aber auf die Rückseite! Die Vorderseite ist schon besetzt, da wohnt ja der Mann im Mond. Ich habe mir tatsächlich Gedanken gemacht: Kann ich in dem Staat, der mir nun ohne meinen Willen überbordet wurde, Lehrer sein? Welche Verantwortung trage ich? Ich müsste doch einen Amtseid leisten. In dieser Zeit hat sich ein Kollege das Leben genommen, er hat sich auf dem Balkon erhängt. Er war Deutsch- und Englisch-Lehrer, mit dem ich wiederholt in Klassen gemeinsam gearbeitet hatte. Sein Abschiedsbrief enthielt auch diese Frage. Im Kollegium und mit Schülern sprachen wir darüber. Über solche Gedanken bin ich zur Frage der Staatsbürgerschaft gelangt. Was wäre die Folge, wenn ich sie ablehnte? Dann wäre ich ja staatenlos und verlöre alle meine Rechte! Einschließlich des Wahlrechts, ich könnte dann ja nicht mal protestieren!

In der Schule waren die Jahre 1990/91 mit rasanten Umbrüchen verbunden. Zunächst die Lehrpläne. Für mich und meine Fächer Mathe und Physik war es einfacher als für andere Kollegen. Wir bekamen neue Lehrpläne, neue Lehrbücher. Zum Ende des Jahres 1990 wurden alle Lehrer und Lehrerinnen einzeln befragt, an welchem Schultyp sie künftig arbeiten wollten. Dem gingen Auseinandersetzungen in Gewerkschaftsversammlungen zu den künftigen Schultypen voraus, Zehn-Klassen-Modell oder Gesamtschule, Grundschule bis zu Klasse vier oder sechs. Unterstufenlehrer wollten den Zusammenhalt von Klasse 1 bis 10 und die Hortbetreuung an einem Standort verteidigen. Alle Argumente räumlicher und technischer Art wie auch das pädagogische Zusammenwirken von Kollegen der Unter- und Mittelstufe sowie von Patenschaften älterer und jüngerer Schüler wurden seitens der Senatsvertreter als unpraktikabel und utopisch dargestellt. Die GEW unterstützte uns aber weitgehend.

Ein Neuköllner Lehrer (CDU) brachte es auf den Punkt: »Sie können sich ja nun drehen, wie sie wollen, wir haben nun einmal gesiegt und wir sagen, wie es gemacht wird.« Die Umbruchzeit war sowohl mit Kreativität als auch mit Verzweiflung verbunden. Daran, dass im Einigungsvertrag die Bildung überhaupt nicht explizit ausgeführt wurde, erinnern sich nur wenige. Alle Hoffnungen auf eigene Entwicklungen im Osten wurden zerstört. Nur die Lehrmittelfreiheit blieb als Relikt der Nachkriegszeit in Berlin erhalten. Dann folgten Überprüfungen, »Gauckereien«, verpflichtende Weiterbildungen, alle Kollegien wurden aufgelöst und neu zusammengesetzt.

Ich kam im Herbst 1991 an ein Gymnasium. Für viele Kollegen waren die Auseinandersetzungen dramatisch, wie für alle Geschichts- und Staatsbürgerkunde- oder Russischlehrer, denen oft nur ein Fach anerkannt wurde. Pionierleiter mit einer Fachausbildung und Unterstufenlehrer, die an einem Lehrerbildungsinstitut ohne Abitur studiert hatten, waren ohnehin benachteiligt. Ihre Ausbildungen wurden nicht ohne Weiteres anerkannt, auch aus politischen Gründen. Ich unterstützte eine Kollegin in ihrem Rechtsstreit, weil ich dies als Berufsverbot empfand. Wer nicht dagegen geklagt hatte, war draußen. Das betraf auch Berufsschullehrer, Schulleiter, Parteisekretäre und weitere Funktionäre etwa aus der Gewerkschaft. Viele Kollegen waren in dieser Zeit einfach körperlich, geistig und emotional überfordert.

Die Unterschiede in den Konzepten der Bildung und Erziehung sind allgemein bekannt. Mir fiel das sofort bei Einschätzungen von Schülern auf. Man sollte nur den Stand darstellen und nicht die Entwicklungsmöglichkeiten, nur bestimmte Formulierungen verwenden, Urteile waren abzuschwächen, es musste positiv klingen. Das bedurfte einer ganz großen Umstellung, auch für die Eltern, die ja denselben Sprachhintergrund hatten wie die Lehrer. Es kam häufig zu Missverständnissen. Der Umgang mit den Eltern änderte sich stark, sie durften nicht mehr aufgesucht, nur noch zu Sprechstunden geladen werden. Es fehlten immer mehr erzieherische Komponenten und das Gemeinsame zwischen Eltern und Schule. Viele Kollegen wurden außerordentlich zurückhaltend mit politischen Wertungen. Ich habe mich insbesondere in der Atomphysik mit den Schülern weiter ausgetauscht, zu den großen Themen Tschernobyl, Atombombe, Wasserstoffbombe, überhaupt zu der Entwicklung von Massenvernichtungswaffen. Neu waren Projektwochen, anlässlich derer ich nach meiner Berentung mit dem Stolpersteinprojekt weiterhin Kontakte mit Schulen hielt.

Wegen der politischen Umbrüche und schwerer persönlicher Schicksale litten ja auch Eltern und Menschen anderer Berufsgruppen. Ich kannte seit meiner

Jugend jemanden aus dem EAW*. Er nahm sich ebenfalls das Leben. Die Erinnerung daran war sehr frisch, als zum 1. Mai 1990 eine Gesprächsrunde zwischen Bärbel Bohley und Gregor Gysi im Eierhäuschen* stattfand. Mir waren die Beerdigung und die vielen Trauernden noch so stark in Erinnerung, dass ich Frau Bohley nach ihren Angriffen und der Forderung nach Schuldübernahme fragte, wie weit in der Schuldübernahme die einzelnen denn gehen sollten. Sie wollte nicht einlenken. Das Publikum applaudierte mir. Nach einem wiederholten scharfen Artikel von Frau Bohley zur gleichen Thematik schrieb ich ihr. Sie antwortete, allerdings sehr ausweichend. Eine Zeitlang war ich fast täglich an der Weltzeituhr, um gegen den Irakkrieg zu protestieren, habe gemeinsam mit einzelnen Schülern am Marsch zur Humboldt-Uni teilgenommen. Bei der Gründung des Bundes der Antifaschisten in Treptow war ich dabei, engagierte mich später, dass Stolpersteine an dem letzten Wohnort der von Nazis Verschleppten und Ermordeten in Treptow verlegt werden. Diese Initiative beschäftigt mich heute noch sehr. In dieser Arbeit fand ich Kontakte zu anderen Schulleitern, zu Schülern, Lehrern, Familienangehörigen der Opfer, Ämtern und Hauseigentümern. Ein wenig bin ich stolz, dass wir so viele Menschen über diese Stolpersteine erreichten und so an die Opfer erinnern.

Meinen Mann hat es schlechter als mich getroffen. Jahrgang 1933 musste er 1990 gleich in Vorruhestand gehen, das bedeutete: Altersübergangsgeld. Er fühlte sich aber nicht alt. Er wollte arbeiten und fuhr trotz seiner Wirbelsäulenbeschädigung für ein Neuköllner Auslieferungsunternehmen täglich 12 bis 13 Stunden schwere Geräte aus. Körperlich hielt er nicht durch. Zu Hause fühlte er sich aber auch nicht wohl. All das belastete unsere Beziehung. Er meinte beim Aus 1991, dass ich selbst schuld daran sei, dass ich eine Herzmuskelentzündung bekommen hätte, weil ich so viel auf Demos war, Wahlwerbung und Parteiarbeit leistete.

Scheiden ließ ich mich erst 1995, da habe ich bereits mit meinem neuen Partner zusammengelebt. Ich hatte vorher einfach kein Geld, um die Scheidung zu beantragen. Mit meinem neuen Mann begann alles 1994 während einer Klassenfahrt. Er war Bauarbeiter und machte mich neugierig. 1995 bin ich zu ihm nach Kreuzberg gezogen. Meine Wohnung behielt meine Tochter. Es war immer interessant, was wir zusammen unternahmen. Getrennt habe ich mich, weil ich seine Alkoholkrankheit nicht mehr aushalten konnte. Ich habe viele Nächte einfach nicht gewusst, wo ich mich aufhalten konnte. Ich war im Keller, auf der Bahn, habe im Boot übernachtet und ihn auf der Straße aufgelesen. Ich konnte ihm nicht helfen.

Also bin ich nach Schöneweide gezogen. Ich fand dort eine schöne Wohnung. Dann lernte ich über Parship meinen nächsten Partner kennen. Wir sind zunächst zusammen den Elberadweg geradelt, um zu sehen, ob wir zusammenpassen, und entschlossen uns dann, gemeinsam eine Wohnung zu suchen. Die fanden wir in Köpenick. Hier haben wir mehr als sieben Jahre gewohnt, sehr viel gemeinsam unternommen, waren in der Natur, sind viel geradelt, Boot gefahren, haben alles fotografiert. Er begleitete mich zu Veranstaltungen, half am Computer, hat meine Stolpersteinarbeit immer unterstützt. Unsere Beziehung endete vor einigen Monaten, als feststand, dass er schwer erkrankt ist, seine Familie sich stärker um ihn sorgte und ihn zu sich zurückholte. Er ging wortlos mit ihnen und stürzte mich in ein tiefes Loch. Nach und nach rappele ich mich wieder auf.

Zu DDR-Zeiten war ich eigentlich ausgefüllt mit der Arbeit, der Familie und meiner Parteimitgliedschaft. Letztere spielte sich im Wesentlichen im schulischen Bereich ab. Meine Arbeit in der Schule und die politischen Aktivitäten nahmen viel vom familiären und vom gesundheitlichen Leistungsvermögen. Ich hatte die Idee, dass man Fäden spinnen müsste zwischen den verschiedenen Organisationen. Heute sagt man Netzwerke. Mich interessierten so viele Themen. Ich kam in Kontakt mit der Atomteststopkampagne. Mit meiner Tochter radelten wir von Berlin nach Bonn. Die Erlebnisse habe ich in meinen Physikunterricht eingebaut. In dieser Zeit begann ich, täglich Tagebuch zu führen.

Ich habe mich immer als gleichberechtigt empfunden. Manchmal habe ich schon gemerkt, dass ich mir ein bisschen zu viel aufgepackt habe. Aber ich hielt das für meine eigene Dämlichkeit. Hin und wieder haben wir tatsächlich Vereinbarungen innerhalb der Familie getroffen, um die Belastung auszugleichen bzw. gleichmäßig zu verteilen – mündlich und manchmal sogar schriftlich. In der Schule gab es ohnehin eine Ausnahmesituation, denn die meisten Kollegen waren ja Kolleginnen. Wir haben auch nicht die Berufsbezeichnung Lehrerin geführt. Auf meinem Staatsexamenszeugnis steht: Lehrer. Am Vornamen sieht man ja, ob Männlein oder Weiblein. Rückblickend betrachtet erhielten die Schulleiterposten doch eher die Männer.

Gleichberechtigung im Alltag war schon vorhanden, auf jeden Fall in meinem Lebensumfeld. Heute muss leider wieder um gleichen Lohn für gleiche Arbeit gekämpft werden. So erging es meiner älteren Nichte. Nachdem sie ein Kind bekam, suchte sie eine neue Arbeit. Bei einem Vorstellungsgespräch wurde ihr tatsächlich bei der Absage erklärt: »Wir sind ein familienfreundliches Unternehmen – und unterstützen so alle Frauen, die sich zu Hause um ihre Kinder und die Familie kümmern.«

Welche Hoffnungen hat man, wenn man die 75 schon überschritten hat, für die junge Generation oder die heranwachsenden Kinder? Sicherlich wird es einen Grad an Organisiertheit, wie man ihn vielleicht aus dem Ende des 19. oder Anfang des 20. Jahrhunderts gekannt hat, nicht mehr geben. Allerdings gibt es eine neue Organisiertheit durchs Internet. Kontakte werden geknüpft, verlieren sich wieder. Es ist nicht dieser Zusammenhalt, aber es ist ein schneller Austausch und es gibt mehr Spontaneität. Es ist also sicherlich möglich, sogar wahrscheinlich, dass sich eine andere Form der Organisiertheit bildet. Ich glaube schon, dass Menschen sich organisieren, wenn auch nur kurzfristig, immer wieder – oder sie werden untergehen und dann organisiert sich etwas anderes.

Ich habe als Mädchen keinen Beruf erlernen dürfen

Johanna, Jahrgang 1919

Ost: Näherin, Hilfserzieherin

Das war so, denn ich bin nach dem Ersten Weltkrieg geboren in Verhältnissen, die sich heute keiner mehr vorstellen kann. Ich hatte zwei Geschwister. Wir lebten in Dresden. Ich ging bis zur achten Klasse in die Schule und machte danach drei Jahre Berufsschule. Zwei Stunden in der Woche. Das war eine Schule für Näherinnen. Da habe ich gelernt, aber ohne jeden Abschluss. Nach dieser Zeit war ich arbeitslos. Auf dem Arbeitsamt, das ich also schon vor der DDR erlebte, haben sie mir eine Arbeit in der Süßwarenfabrik vermittelt. Ich musste im Akkord arbeiten. Das war hart.

1942 habe ich geheiratet. Meinen Mann lernte ich beim Tanzen kennen. Zunächst verloren wir uns aus den Augen, aber nach einem Jahr fanden wir uns beim Tanzen wieder und heirateten. Er war bei der Wehrmacht. Nach dem Krieg ging er zur Lufthansa. 1944 kam das erste Kind in Dresden zur Welt. Es wurde dort getauft.

Unser Haus wurde beim Angriff auf Dresden am 13. Februar 1945 ausgebombt. Deshalb kamen wir in der Landwirtschaft in Freital bei meinen Eltern unter. Ich wollte eigentlich immer in Dresden bleiben bzw. wieder dahin zurück. Mein Mann wurde aber 1949 nach Berlin versetzt. Bis heute ist Berlin mein Zuhause. Man musste ja bei einer Versetzung mitgehen als Frau, das ging nicht anders.

Mein Mann fing bei der kasernierten Volkspolizei an. Nacheinander kamen fünf Kinder, wir waren immer kinderreich. Kindergeld gab es zur damaligen Zeit noch nicht. Wegen der Kinder habe ich nicht gearbeitet, aber zwischendurch geputzt. 1959 kam das letzte Kind, und da die anderen schon groß waren, arbeitete ich im Kindergarten, als Aushilfe für alles.

Mein Mann hatte Schichtdienste, aber am Wochenende hat er mich unterstützt, er hat gekocht, denn er kochte gern. Wir haben uns nie am Tisch unterhalten. Streit gab es nicht. Wir waren auch mal essen, aber selten.

Ich war im DFD*. Beim DFD haben wir in der ersten Zeit Kacheln gekloppt, Trümmer beseitigt, geholfen, Ruinen wieder aufzubauen, Grünflächen gereinigt. Später gab es Basare, die die Frauen gestalteten, und ich habe mitgemacht, zum Beispiel Blumen verkauft oder Anstecknadeln.

Meine Kinder hatten alle eine Jugendweihe*.

Es gab ja auch die Sozialpolitik in der DDR. Wir bezahlten für den Kindergarten monatlich 15 DDR-Mark. Für die Kinder wurde viel getan, sie waren gut betreut. Sie haben gebastelt, waren viel im Freien. Die Lehrerin, die die Kinder übernahm, als sie in die Schule kamen, besuchte den Kindergarten, um sie kennenzulernen. Schulkinder gingen in den Hort. Es war normal, dass Eltern sich mit dem Kindergarten verständigten und halfen. Der Kindergarten ist mit den Kindern in die Ferien gefahren. Das war nicht teuer und alle fuhren mit. Eltern waren meist zufrieden. Es war ein Betriebskindergarten, der für alle offen war. Die Kantine des Betriebes kochte für die Kinder mit. Das war toll und hat wirklich geschmeckt. Acht bis zehn Kinder waren in einer Gruppe. Männer spielten bei der Kinderbetreuung kaum eine Rolle. Wenn sie Zeit hatten, haben sie geholfen, sonst waren es die Mütter, über sie ging das Meiste.

Meine Jungs waren 18 Monate bei der Armee. Bei uns gab es keine Diskussionen zur Wehrpflicht. Wir mussten dahin und gut war es. Heute sieht man das anders, überlegt mehr. Bei Elternabenden war ich immer alleine. Mein Mann hatte zwar Interesse, aber ging nicht hin. Ich habe ihm das alles erzählt.

Für die Frauen war die DDR ein Paradies. Heute ist es schlechter. Warum weiß ich eigentlich nicht. Die Frauen heute sind anders. So richtig Freizeit kennen die gar nicht. Heute interessiert es keinen, wenn die Kinder krank sind, wie man die Kinder abholt und wie man das organisiert. Die Kitas machen in den Ferien zu, und du bist mit dem Problem allein. Damals war das geregelt, in der DDR. Heute würde ja auch keine Firma einfach zu machen. Für die Kinder und Familien ist alles schwieriger geworden.

Ich verstehe die Welt immer weniger. Warum rannten denn alle zuerst in den Westen? Sie sahen gute und schöne Sachen, konnten sich das leisten, die Welt ansehen. Wir kannten das ja nur vom Westfernsehen. Aber wir haben gut gelebt, es gab keine Armut. Heute geht es mir auch gut, meinen Kindern ebenso. Sie sind nicht reich, verschlechtert haben sie sich nicht, denn sie arbeiten alle.

Wenn ich heue noch mal jung wäre, würde ich meinen Mann wieder heiraten. Eine Abtreibung wollte ich nie, das war kein Thema. Man konnte das, aber ich würde das auch heute nicht machen.

Bei uns im Haushalt gab es natürlich Küchengeräte. Mein Mann hat sie für mich gekauft. Er wollte wegen der Kinder, dass ich es leichter hatte. Er schaffte das an, was nötig war. Ich bekam auch mal einen Schal für mich. Wir machten nie Urlaub ohne die Kinder. Später fuhren wir ins Ausland, allein, als die Kinder größer waren. Meine Mutter betreute die Kinder und wir konnten fahren. Viel später fuhren wir in die Sowjetunion, nach Rumänien, alles über die Polizei durch meinen Mann. Wir sind mit dem Freundschaftszug nach Moskau und Leningrad, Minsk gereist. Das war 1977 und ein Zug der DSF*, für den man sich bewerben konnte. Mit meinem Mann habe ich viele Kuren gemacht. Ich durfte immer mitfahren, ohne etwas bezahlen zu müssen. Die Kosten für meinen Mann hat der Betrieb übernommen.

In der DDR gab es keine Frauenbewegung. Daran haben wir nicht gedacht, das war ein Westthema. Wir waren auch so gleichberechtigt.

Mein Geld verdiene ich selbst, weil mich das frei macht

Kerstin, Jahrgang 1958

Ost: Bibliothekarin **West:** Bibliothekarin, Heilpraktikerin und Yogalehrerin

In einer Thüringer Kleinstadt bin ich sehr behütet aufgewachsen. Kindergarten, Zehn-Klassen-Schule und anschließend zwei Jahre Abitur – meine Kinder- und Jugendzeit erlebte ich als interessant. Von heute aus zurückgeblickt habe ich mich nicht sonderlich eingeengt gefühlt, war immer in Freundeskreisen mit gleichen Interessen eingebunden. In uns war so ein großes jugendliches Feuer. Wir haben viel gemeinsam unternommen, sind nach Prag und Budapest gefahren, haben uns ständig getroffen, sind zum Tanz und zu Konzerten gegangen. Trotz des Gefühls, behütet zu sein, waren wir durchaus kritisch. Ein wenig änderte es sich, als so gut wie alle Freunde aus der Kinder- und Jugendzeit begannen, wegzugehen. Ich habe dieses Bild vor Augen, dass ich nicht vergessen habe. Ein Gefühl, wie eine Apfelsine, die abgeschält wird, immer mehr geht weg, und ich bleibe am Ende übrig. Tatsächlich habe auch ich überlegt, in den Westen zu gehen. Ich bin nicht gegangen, weil ich keinen triftigen Grund sah. Schlecht fühlte ich mich eigentlich nur, weil ich viele meiner Freunde verlor.

Die Situation änderte sich, als ich 1977 zum Studium nach Leipzig ging. Bis 1981 habe ich an der FH für Bibliothekswesen, Teil der Karl-Marx-Universität, Bibliothekswissenschaften studiert. In Leipzig hatte ich eine tolle Studentenzeit. Ich habe mich gut gefühlt und nichts vermisst. Allerdings bin ich sehr streng aufgewachsen. Mein Vater war Berufsoffizier bei der Armee und daher selten zu Hause. Die Oma hat bei uns im Haushalt gewohnt. Ich erinnere mich noch, dass ich nach einem Umzug mit meiner Großmutter das Zimmer geteilt habe. Das fand ich schon ein bisschen anstrengend, dass die alte Oma mit mir in meinem Zimmer lebte. Kurz vor meinem 18. Geburtstag kam meine Oma in ein Pflegeheim.

Frauen bestimmten mein Leben zu Hause. Aber in der Familie ging es doch recht patriarchalisch zu. Im Nachhinein betrachtet bekam mein Vater immer das größte Stück Fleisch zu essen und wurde am Tisch zuerst bedient. Diese Sonderbehandlung lag vielleicht daran, dass er nur selten zu Hause war und nicht jeden Tag mit uns aß. Natürlich war ich Pionier und in der FDJ*. Aber ich war durchaus kritisch und habe nie mit meiner Meinung hinterm Berg gehalten, was immer auf meinem Zeugnis vermerkt wurde. Ich bin in diesem System groß geworden und hatte die Möglichkeit, meine Meinung zu sagen. Das Gefühl, dass ich mich anpassen musste oder nur das sagen durfte, was gehört werden sollte, das hatte ich nie.

Während des Studiums in Leipzig habe ich meinen Mann kennengelernt und bin ihm nach Berlin gefolgt. Ich habe relativ kurz hintereinander drei Kinder auf die Welt gebracht. Das erste Kind ist leider gestorben. Mein älterer Sohn ist 1982 in Saalfeld geboren. Ich war gerade zu Besuch bei meinen Eltern, als mir die Fruchtblase platzte. Ich musste ziemlich lange im Krankenhaus bleiben. Auch die Geburt meines zweiten Sohnes 1983, also meines dritten Kindes, war ein bisschen kompliziert, sodass ich länger im Krankenhaus blieb. Nach der Geburt war ich anderthalb Jahre zu Hause, weil das beim dritten Kind nach der Gesetzeslage möglich war. Anschließend bin ich wieder in mein altes Arbeitskollektiv zurückgegangen.

Meine Scheidung habe ich fünf Jahre zu spät beantragt. Mir fehlte die Unterstützung meines Mannes völlig. Irgendwann habe ich gedacht, wozu muss ich verheiratet sein, wenn ich alles alleine erledigen muss. 1988 wurde ich geschieden. Meine Kinder waren noch recht klein, gingen noch nicht zur Schule. Ich habe diesen Schritt nie bereut. Obwohl es für die Jungs gut gewesen wäre, einen Vater zu haben, ist es so besser, als Eltern, die sich nur streiten und sich eigentlich schon damals auseinandergelebt hatten. Wenn ich mit einem Mann lebe, muss er mich unterstützen. Ich kann nicht sagen, dass ich es mir so gewünscht oder vorgestellt hatte. Aber es war der richtige Schritt, davon bin ich bis heute überzeugt. So wurde ich alleinerziehende Mutter in der DDR. Ich fand das jetzt nicht so dramatisch. Das ist heute, hier in diesem westlichen System, weitaus schwieriger für die Frauen. Ich hatte Unterstützung des Staates, der Kollegen, es gab Kita-Plätze und das war okay. Mit der Arbeit war es alles aber gar nicht so einfach zu organisieren. Es blieb immer ein Schuldgefühl, weil es doch ein langer Arbeitstag war. Ich hätte gerne etwas weniger gearbeitet. Die Kinder mussten früh aufgeweckt werden, in den Kindergarten gebracht und abends spät geholt werden. Aber es ging nicht anders.

Und dann kam die Wende. Zu DDR-Zeiten hat mir die Arbeit als Bibliothekarin mehr Spaß gemacht. Es war anspruchsvoller. Wir waren sehr vertraut mit der Vielfalt der Literatur und die Besucher fragten uns um Rat. In unserem Kollektiv hat wirklich alles gut funktioniert. Mit der Wende hat sich sukzessive vieles geändert. Etwa zehn Jahre lebten wir noch wie auf unserer Insel. Es hat so lange gedauert, bis der Kapitalismus so richtig griff. Bis dahin hielt noch unsere kleine kameradschaftliche, schöne Welt. Die Veränderungen zeichneten sich mit dem Einstieg der neuen Amtsleitung ab. Es wurden tausende, wirklich tausende von guten DDR-Büchern ausgesondert, Klassiker, die Franzosen, die Russen, nur weil die Umschläge uni, unansehnlich und langweilig waren. Dafür kam regalweise bundesdeutsche Trivialliteratur. Unsere Holzregale wurden sinnlos durch Leitermöbel ersetzt. Die Arbeit der Bibliothekare ging langsam immer mehr vom Menschen weg.

Als diplomierte Bibliothekarinnen verdienten wir gut, viel besser als zu DDR-Zeiten. Und dann kam die Zeit, als sie uns loswerden wollten, weil man meinte, die Computer könnten uns ersetzen. Unsere beratende Tätigkeit war nicht mehr gefragt. Meine Funktion wurde nicht mehr gebraucht. Ich war in meiner ganzen Bibliothekszeit für die Öffentlichkeitsarbeit zuständig. Früher sind wir in Schulen, in Kitas gegangen, führten die Kinder in das Bibliothekswesen ein. Ich habe viele Veranstaltungen, Lesungen mit Schriftstellern organisiert. Das hat Spaß gemacht, die Leute haben das gerne angenommen. Aber das wurde nach und nach weniger, de facto abgewählt. Wir, die diplomierten Bibliothekarinnen, hatten das Fachwissen, den Facharbeitern für Bibliothekswesen – dieses Berufsbild gab es gar nicht im Westen – fehlte das Hintergrundwissen. Aber es gab Computer, und die wurden immer mehr eingesetzt, zu einer Beratung kam es oft gar nicht mehr. Die Facharbeiter an der Auskunft nahmen die Anfragen an, tippten etwas in den PC, fanden nicht gleich das Gewünschte und schickten die Besucher fort. Dass es Alternativen gab, wussten sie nicht. Die Qualität ging einfach verloren. Die Facharbeiter wurden von Umsiedlern ersetzt, die zum Teil gar nicht Deutsch sprachen. Bücher wurden nur noch über den Scanner gezogen, die Wertigkeit der Arbeit verlor sich mehr und mehr. Heute verbuchen die Menschen ihre Bücher an den Computern selbst. Diese Veränderung der Gesellschaft, dieses Leben weg vom Menschen bemerke ich seit 25 Jahren. Es macht die Menschen richtig krank.

Und dann erhielt ich ein Superangebot, ein Ausscheiden aus dem öffentlichen Dienst mit einer Abfindung im gegenseitigen Einvernehmen, also keine Kündigung. Nach langem Nachdenken habe ich im Jahr 2003 das Angebot angenommen. Ich dachte, wenn ich diese einmalige Gelegenheit jetzt nicht wahrnehme, verpasse ich etwas. Mit so viel Geld konnte ich etwas Neues starten. Als Alleinerziehende hatte ich ja nie viel Geld. Aber ich bin immer über die Runden gekommen. Und nun hatte ich die Gelegenheit, mit dem Geld etwas Neues zu starten. Bereits während meiner Bibliotheksarbeit habe ich mit einer ayurvedischen therapeutischen Ausbildung begonnen. Dann kam das Yoga dazu. Das war wie ein fließender Übergang. Letztendlich habe ich schon seit jeher alles gelesen und eingesogen, was mit alternativen Lebensformen zu tun hatte. Ayurveda hat mich so begeistert, dass ich spontan noch während meiner Arbeit mit der Ausbildung an der Paracelsus-Schule begonnen habe. Meine Kenntnisse ergänzte ich immer wieder, ich habe in Indien und Sri Lanka in Kliniken gearbeitet. Ayurveda ist ein über alle Moden hinwegreichendes sinnvolles System zur Gesunderhaltung des Menschen. Und Yoga hat mich bereits zu DDR-Zeiten interessiert. Das einzige Heft, was über Yoga zu DDR-Zeiten in den 1980er Jahren veröffentlicht wurde, habe ich heute noch – ganz verblichen.

Gleich nach der Wende eröffnete gegenüber meiner Bibliothek ein Yogastudio. Das Angebot habe ich sofort genutzt. An der Nordsee kam ich mit Kundalini-Yoga in Kontakt. Dieser Kurs ging mir tief unter die Haut. Von da an war klar, dass es das für mich ist. Ein Jahr war ich arbeitslos, habe immer weitere Ausbildungen genutzt und mich 2005 für die Selbstständigkeit angemeldet. Im Jahr 2006 habe ich noch die Heilpraktiker-Ausbildung beendet. In A. leistete ich Pionierarbeit in Sachen Yoga. Es gab weit und breit nichts. Jetzt gibt es natürlich mehrere Yogastudios.

Wenn ich zurückblicke, denke ich: Eines folgt aus dem anderen, es öffnen sich neue Türen und das ganze Leben verändert sich, auch im Inneren durch die Meditationen. Yoga macht nicht einen besseren Menschen aus dir, aber es macht auf jeden Fall einen bewussteren Menschen. Das hat mir ein riesiges Stück Lebensqualität gebracht, mein Selbstwertgefühl und Selbstbewusstsein erhöht. Daraus entstand eine Art Sucht. Ich kann gar nicht mehr ohne Yoga. In stressigen Situationen bediene ich mich aus diesem riesigen Werkzeugkoffer, das größte Geschenk meines Lebens, nach meinen Kindern. Kundalini-Yoga begann ich überall in Deutschland zu lernen, auch von internationalen Lehrern. Ich selbst unterrichte inzwischen im Ausland, auf Kreta, in Österreich finden regelmäßig Retreats statt.

Es besteht ein grundlegender Unterschied zwischen meiner früheren und meiner heutigen Tätigkeit: Früher habe ich mein Gehalt bekommen und dafür täglich acht Stunden meiner Lebenszeit verwendet, konnte entspannt auch mal krank sein. Mein jetziges Leben unterscheidet sich schon existenziell davon, natürlich ist es jetzt viel schwieriger. Gewonnen habe ich aber dieses Gefühl, für alles, was ich tue oder lasse, selbst verantwortlich zu sein, für meine Erfolge wie für das, was nicht gelingt. Freiheit und Selbstbestimmung wiegen mehr als das Gehalt des öffentlichen Dienstes. Finanziell ist es ein Desaster, gerade in Berlin, wo gefühlte Millionen von Heilpraktikern ausgebildet werden. Es bleibt natürlich eine gewisse Unsicherheit. Ich denke aber, dass man Yoga noch mit 90 unterrichten kann, und irgendwann gibt es auch Rente. Es kommt auf die Einstellung an, auf das, was man zu brauchen glaubt. Ich brauche keinen Luxus, habe eine Wohnung, ausreichend anzuziehen und immer genug zu essen.

Das Yoga-Gen habe ich in mir und es weitergegeben: Mein Sohn und seine Frau, die mir lieb wie eine eigene Tochter ist, sind inzwischen ebenfalls Yogalehrer für Kundalini. Mein jüngerer Sohn hat nach dem Fachabitur eine Ausbildung zum Heilerziehungspfleger gemacht und hat anschließend Heilpädagogik studiert. Heute arbeitet er mit autistischen Jugendlichen in Einzelfallhilfe. Ich bin sehr zufrieden mit meinen Jungs, wir sind doch noch sehr eng zusammen. Inzwischen habe ich zwei Enkelchen. Es ist ganz schön in der Familie, etwas Gemeinsames zu haben, sich gegenseitig vertreten oder unterstützen zu können.

Zu meinem Leben gehört das Arbeiten. Das war so ein Werdegang. Wenn man aus der Schule kam, war es normal, weiter zu lernen und arbeiten zu gehen. Ich wäre nie auf die Idee gekommen, zu Hause zu bleiben, auch nicht mit den Kindern. Natürlich wäre es schön gewesen, etwas weniger Stunden zu arbeiten. Das hätte ich gut gefunden. Für mich wäre es unvorstellbar gewesen, vom Einkommen eines Mannes oder überhaupt von einem fremden Einkommen abhängig zu sein. Es war klar, dass ich mein Geld selbst verdiene, meinen Lebensunterhalt selbst bestreite, weil mich das frei macht. Und das war völlig normal. Wir Frauen in der DDR haben gearbeitet, das hat uns wirklich weitergebracht. Man war in Kollektive eingebettet. Ich habe mich immer auf meine Arbeit gefreut. Und wir haben das Gleiche verdient wie die Männer. Gleichen Lohn für gleiche Arbeit – das war in der Verfassung geregelt. Es gab für alle kostenlose Kitas, nur etwas Essensgeld musste man zahlen. Man hatte einen sicheren Studienplatz oder einen Ausbildungsplatz. Darüber haben wir überhaupt nicht nachgedacht.

Dieser Stress heute, dass alle auf ein Gymnasium gehen müssen, ist nicht gesund. Es gibt ja kaum noch jemanden, der einen Ausbildungsberuf will. Alle wollen studieren. Das war damals bedeutend entspannter. Ein Teil hat gelernt, ein anderer studiert. Und wir sind gut ausgebildet worden, ich erhielt eine gute Allgemeinbildung. Und heute wird alles spezialisiert, das Allgemeinwissen fehlt. Ich bin wirklich froh, in beiden Systemen gelernt und gearbeitet zu haben, dass ich beides kennengelernt habe.

Das Alleinleben empfinde ich nicht als Mangel – meine Art zu leben und zu arbeiten lässt gar keinen großen Raum für eine Partnerschaft. Ich komme immer spät abends nach Hause, bin froh, wenn ich hier in Ruhe sein kann und nicht mehr reden muss. Ich hätte nichts dagegen, wenn sich etwas ergäbe, aber ich würde es nicht forcieren. Ich war bis vor ein paar Tagen auch noch ganz eng mit meinem Papa zusammen. Monatlich besuchte jemand aus der Familie meinen Vater in Thüringen. Meine Mama ist leider 2014 gestorben. Nun ist er ihr plötzlich gefolgt. Wir waren familiär immer ganz eng zusammen, telefonierten regelmäßig. Das ist so eine Familie, die jeden hält. Wir haben als Familie im Osten eng zusammengelebt.

Heute habe ich den Eindruck, dass alles komplizierter und stressiger ist. Ich bin sehr froh, dass meine Kinder groß sind und dass ich nicht mehr all diese ganzen Querelen mitmachen muss, schwanger zu sein, einen Kitaplatz anmelden, den man nicht unbedingt bekommt, mit Folgen für den Wiedereinstieg. Wahnsinn, ich glaube, dass Frauen heute nicht freier sind als damals. Sie sind auf jeden Fall zum großen Teil wirklich angewiesen auf das Einkommen des Mannes. Finanziell geht es Alleinverdienerinnen weitaus schlechter als es uns damals ging. Zwar hatten wir ein einfacheres Leben, aber ein sicheres. Die Frau soll ihre Kinder wieder behüten, zu Hause sein und sich um Mann, Haushalt und Kinder kümmern. Diese Rollen aus einer anderen Zeit haben wir früher als spießig abgelehnt. Das soll komischerweise wiederkommen. Das käme für mich nie infrage. Ich frage mich: Muss ich gut kochen können, wird erwartet, dass die Frau immer tipptopp aussieht, sexy ist, eine gute Mutter, alles in der Arbeit gibt und dabei kreativ ist? Da wird ein Trugbild aufgebaut. Wenn man nicht selbstbewusst ist, sich seiner selbst bewusst wird, sich also selbst genügt, scheitert man und wird krank. Und dann merkt man eines Tages: Das bin ICH ja gar nicht, ich bediene nur eine Rolle, trage eine Maske. Da nützt keine Auszeit mehr, keine Besinnung auf sich selbst, kein Schweigekloster für viel Geld. Und wenn man zurückkommt, geht es weiter wie bisher.

Ich bemerke viele Veränderungen bei jungen Frauen, die ich über das Yoga kennenlerne. Viele sind geistig nicht wirklich jung und voller Tatendrang, eher auf Sicherheit bedacht. Eine zum Beispiel hat nur das Ziel, auf Lebenszeit verbeamtet zu werden. In einem halben Jahr habe sie es geschafft. Viele scheinen mir so wenig belastbar zu sein. Wir haben gar nicht gefragt, einfach angepackt, und das war selbstverständlich.

Wir sind bestimmt keine Standard-Familie. Sohn und Schwiegertochter sind ja beide Yogalehrer, sind sehr bewusste, spirituelle Menschen und leben vegan. Sie sind im Frieden mit sich, aber trotzdem natürlich integriert in den Alltag. Auf keinen Fall leben sie ein dem System angepasstes Leben. Man kann die Welt nicht ändern, man kann nur bei sich anfangen und eine innere Stabilität finden. Das ist das Wichtigste, dass man erkennt, wer man ist und wie man zu sich selbst ist, was man will und was man erreichen kann.

Ein Leben für den Frauenfußball

Sabine, Jahrgang 1956

Ost: Köchin, Kochmaat, Kassiererin Energieabrechnung, Platzwartin, Fußballerin, Trainerin

West: Platzwartin, Trainerin, Zeugwartin

Sport habe ich schon von klein auf betrieben. Bereits im Kindergarten wurden wir gesichtet, nach talentierten Mädels gesucht. Ich lebte mit meiner Mutter und mit meiner Oma zusammen. Beide waren berufstätig. Da meine Mutti immer sehr früh arbeiten musste, brachte sie mich in einer Wochenkinderkrippe unter. Ab meinem dritten Lebensjahr ging ich in den Kindergarten. Bis zur zehnten Klasse besuchte ich die Polytechnische Oberschule und lernte anschließend den Beruf der Köchin.

Meine erste Sportart wurde bereits im Kindergarten das Turnen. Zweimal in der Woche fuhren wir zum Training in den Pionierpalast in Dresden. Dann stellte ich fest, dass das doch nicht das Richtige für mich war, also wechselte ich zur Leichtathletik. Als ich 13 Jahre alt war, las ich in der Zeitung, dass Fußballerinnen gesucht werden. Das war im Jahr 1969 schon ungewöhnlich. So startete ich meine Fußballkarriere in der zweiten Frauenmannschaft, die es in der DDR überhaupt gab. Noch bis ich 16 Jahre alt war, spielte ich parallel zur Leichtathletik Fußball. Bei einem Test der Leichtathleten untersuchten Sportmediziner meine voraussichtlichen Größenmaße. Da ich ja die Größe meines Vaters nicht kannte und meine Mutti relativ klein war, kam ich für die Sportschule nicht infrage.

So wurde ich Fußballerin und habe damit viel Spaß gehabt und im Team Schönes erlebt. Meine Berufsausbildung als Köchin absolvierte ich im Ratskeller in Dresden. Weil wir keine Liga hatten, uns nur zu Freundschaftsspielen trafen, suchte ich nach Veränderung. Als ich in der Zeitung las, dass Leute für die Seereederei gesucht würden, bewarb ich mich. Die Überprüfung auf Westverwandtschaft und darauf, wie man überhaupt »so tickt«, dauerte ein Dreivierteljahr. Danach konnte ich bei der Handelsmarine als Kochmaat aufsteigen. Nach zwei Jahren beendete ich das Unternehmen Seefahrt und ging nach Potsdam, der Hochburg des DDR-Frauenfußballs. Dort arbeitete ich zuerst als Kassiererin Energieabrechnung und sechs Monate später als Betriebshandwerkerin – Platzwartin – auf dem Fußballplatz des Energiekombinates Potsdam.

Turbine Potsdam war damals eine Betriebssportgemeinschaft des VEB* Energiekombinates. Mit einer meiner Kolleginnen von damals, die auch Fußball spielte, bin ich seit 38 Jahren auf dem Sportplatz tätig. Gleichzeitig begann ich hier in Potsdam als Übungsleiterin. Je mehr sich das mit dem Frauenfußball herumsprach, desto mehr junge Mädels kamen mit dazu. Am Anfang spielten sie ja noch mit den Jungs zusammen. Später, ab circa 13 Jahren, schon in Frauenmannschaften.

1986 habe ich angefangen, den Mädchenfußball von unten aufzubauen. 20 Jahre war ich als Trainerin für den Nachwuchs beim 1. FFC Turbine Potsdam tätig. Nach Meinungsverschiedenheiten mit der Vereinsführung hörte ich im Nachwuchsbereich auf. Dem Fußball blieb ich natürlich treu. Ich wechselte in den Landesverband Brandenburg. 17 Jahre arbeitete ich ehrenamtlich als Vorsitzende des Frauen- und Mädchenausschusses beim Fußball-Landesverband Brandenburg, unter anderem im Vorstand. Jetzt bin ich Trainerin und Standortverantwortliche an der Sportschule Potsdam und für die Einschulung verantwortlich, zudem trainiere ich noch die U12-Landesauswahl. Ich arbeite mit einer halben Stelle bei der Stadt auf dem Sportplatz und der anderen halben Stelle als Verbandstrainerin an der Sportschule.

Ich bin als Spielerin fünfmal DDR-Meisterin geworden, und fünfmal als Trainerin der B-Juniorinnen von Turbine Potsdam deutsche Meisterin.

Zur Wende trafen sich die Verantwortlichen für Frauenfußball in Berlin und entschieden, dass nur zwei DDR-Mannschaften in die Bundesliga übernommen werden würden. Zu DDR-Zeiten wurde Frauenfußball etwas belächelt, war ja keine olympische Disziplin. Frauen spielen inzwischen einen tollen Fußball. Das ist schon großartig. Die Fangemeinde bei den Frauen ist sehr familiär. Nicht so extrem wie bei den Männern.

Nebenbei, als mein Hobby, bin ich jetzt schon 16 Jahre bei der U19- und U20-Nationalmannschaft als Zeugwart tätig. Mit diesem Hobby habe ich schon viel von der Welt gesehen. Natürlich ist das auch sehr stressig.

Zeit für Familie bleibt da wenig. Ich lebe mit einer Frau zusammen, die auch für den Fußball arbeitet. Ich bin familiär angekommen, wir haben uns eine Eigentumswohnung gekauft und sind gern zu Hause. Lesbische Frauen sind, glaube ich, im Frauenfußball kein Problem, das ist Normalität. Das ist anders als bei den Männern, die oft einfach Angst vor den Fans haben. Homosexualität gehört bei den Frauen zum Leben, und das weiß auch fast jeder. Eigentlich geht das niemanden etwas an. Mich verstecken wollte ich nicht. Schön ist, dass viele Frauen jetzt Kinder haben können, jeder leben kann, wie er möchte, es nicht verstecken muss und glücklich sein kann.

Frauen wollen nicht zu Hause bleiben, nur kochen oder immer vom Mann abhängig sein. Es geht ihnen um Gleichberechtigung, um ihr eigenes Leben, und nicht nur darum, bloß für die Familie da zu sein.

Meine Mutti war Handballerin. Meine Oma und meine Mutti haben mich immer unterstützt. Das war nicht bei allen so, dass die Familien offen für den Frauenfußball waren. Mit Schul-Arbeitsgemeinschaften leisteten wir Überzeugungsarbeit bei den Familien und halfen, mehr Mädels zum Fußball zu bringen.

Meine Pläne: Ich möchte gerne noch arbeiten, bis ich 65 bin, obwohl ich schon mit Vollendung des 63. Lebensjahres 45 Arbeitsjahre geleistet habe. Ich freue mich auf viel Freizeit und möchte viel reisen.

Was auf den Tisch kommt. © copyright 2018, Beate Kern

Mein Mann meinte: Emanzipation ja, aber die Frau muss es mit Haushalt und Kindern alleine schaffen

Monika, Jahrgang 1942

Ost: Bauzeichnerin, Ingenieurin, Fotojournalistin   **West:** freischaffende Fotografin

Die Kriegserlebnisse und Berichte meiner Mutter waren so prägend, dass die Worte »Nie wieder Krieg, nie wieder Hitler« für mich lebensbestimmend wurden. Deshalb war es für mich ganz wichtig, den Pionieren beizutreten. Die Eltern meiner besten Freundin waren in der Partei, arbeiteten in der Zeitung »Neues Deutschland«. Meine Großmutter verbot mir das Spielen mit ihr. Daraufhin trafen wir uns heimlich. Ich war begeistert von ihr, sie war Gruppenrat und trug schon zwei Balken auf ihrer Pionierkleidung. Ich wollte auch etwas gegen den Krieg unternehmen. 1945 waren wir völlig ausgebombt worden, wir schliefen zu fünft mit Wanzen und Läusen im Bett meiner Großeltern. Mein Großvater ist verhungert, weil er mir und meinem Bruder das Wenige Essen überließ.

Während meine Mutter arbeitete, besuchte ich Kindergarten und Schule. Ich liebte das Zeichnen. Mein Berufswusch war Modezeichnerin. Das war zu DDR-Zeiten nicht möglich. Stattdessen schlug man mir vor, Bauzeichner zu werden. Die Lehre als Bauzeichner machte mir riesigen Spaß. Daher war es ganz folgerichtig, dass ich nicht viel später zum Ingenieurstudium delegiert wurde. Allerdings war ich im Vorbereitungspraktikum auf der Baustelle schon schwanger. Das versteckte ich so gut es ging unter einem Pullover meines Bruders. Ich wurde die erste schwangere Studentin an der Ingenieurschule, und das bei sehr konservativen Dozenten. Die hätten es lieber gesehen, wenn ich zu Hause geblieben wäre. Trotzdem wir uns vorsahen, wurde ich während des Studiums das zweite Mal schwanger. Da bot mir der Direktor einen Technikerabschluss nach zwei Jahren Ausbildung an, den es eigentlich nur im Westen und nicht in der DDR gab. Ich sagte Nein, denn ich ahnte, dass ich das Studium mit zwei Kindern nicht wiederaufnehme, wenn ich das Angebot annehmen würde.

Während die anderen Studenten nach den Seminaren in der Kneipe Bier tranken, holte ich die Kinder von der Krippe und vom Kindergarten ab. Wir waren nur drei Studentinnen von 25 in der Hochbauklasse und eine schrieb immer für mich mit, wenn ich ausfiel. Nachts schrieb ich meine Belegarbeiten. Nebenbei kochten die Windeln. Alle waren durchlöchert, weil sie öfter mal im Zinktopf auf dem Herd anbrannten. Es roch immer nach Waschlauge und nicht selten schimpften die Nachbarn unter uns, wenn der Topf übergelaufen war.

Das Studium schaffte ich. Glücklich mit dem Abschluss begann ich, als Ingenieurin beim Wärmeanlagenbau zu arbeiten. In der Zeit kam meine Tochter in die Schule. Es ging ihr dort nicht sehr gut. Also bat ich, verkürzt arbeiten zu dürfen.

Das wurde abgelehnt mit der Begründung, Bauingenieure könnten nicht verkürzt arbeiten, da so viel Geld in ihr Studium investiert worden sei. Natürlich machte eine Stunde weniger arbeiten die Kosten nicht wett. Ich musste erst eine Bescheinigung einer Psychologin vorlegen, dass meine Tochter wirklich mehr Unterstützung brauchte, ehe ich für ein halbes Jahr verkürzt arbeiten konnte. Dann holte mich die staatliche Bauaufsicht zu sich, weil ich in Statik gut war. Ich begann noch mit der Ausbildung zum Prüfingenieur Statik, beendete diese aber nicht, weil die Bauaufsicht in den Betrieben der DDR aufgelöst wurde. Ich wollte mein Studium in der Bauakademie fortsetzen, dort wurde es aber auch aufgelöst.

So begann ich im Ministerium für Bauwesen mit Bauschadensanalysen, erarbeitete ein Informationssystem über Bauschäden für den Minister, die ihm letztlich nicht vorgelegt wurden, weil solche Schäden nicht bekannt werden sollten. Ich war der Ansicht, dass Informationen über Bauschäden für die Bauakademie wichtig seien und schlug vor, ein Schadenskabinett als Grundlage für Forschungsthemen einzurichten. Als der Präsident es Qualitätssicherungskabinett nennen wollte, wechselte ich zum Investitionsbüro für zentrale Kulturbauten, um dort vielleicht mein Ingenieurwissen besser anwenden zu können. Hier erarbeitete ich ein EDV-Projekt über den Bauzustand und den notwendigen Investitionsbedarf. Die entsprechende Vorlage kürzte der ZK*-Sekretär Günter Mittag mit einem dicken, roten Stift und machte meine ganze Arbeit so wieder zunichte.

Genossin war ich nie. Ich wäre nur in die Partei gegangen, wenn ich wirklich etwas hätte bewegen können. Nebenbei habe ich immer fotografiert, auch um die Schäden zu dokumentieren. Ich fotografierte aber auch zu vielen Gelegenheiten im Betrieb. So bekam ich den Auftrag, für den 60. Geburtstag des Abteilungsleiter Bau des ZK Fotos zu machen. Nachts entwickelte ich die Fotos in meinem Labor. Als ich gerade ins ZK gehen wollte, hielt mich ein Mann der Staatssicherheit an, wollte alle Bilder ansehen und beschlagnahmte einen Teil. Als ich bei der Abgabe der Fotos im ZK diese Beschlagnahmung erwähnte, tobte der Abteilungsleiter. Letztlich entschied auch hier die Staatssicherheit und damit Mielke. Seitdem bekam ich keinen solchen Fotoauftrag mehr.

Ich bewarb mich als freischaffende Fotojournalistin. Dazu musste man zwanzig bereits veröffentlichte Fotos einreichen. Von zweihundert Bewerbern erhielten zwei die Zulassung. Ich war dabei. Ich hatte u.a. Erich Honecker mehrmals von ganz nah als Schirmherr der Baukonferenzen fotografieren können. Das hat vielleicht den Ausschlag gegeben, denn sie dachten vielleicht, wer so dicht an Erich Honecker war, dem können wir vertrauen, der kann freischaffend bei uns in der DDR arbeiten. Danach erhielt ich wunderbare Aufträge vom Erich-Weinert-Ensemble der Nationalen Volksarmee, da spielten, sangen und tanzten Leute, die keine Waffe in die Hand nehmen wollten, aber über viele künstlerische Fähigkeiten verfügten. Für die habe ich fotografiert, Postkarten und Plakate gefertigt. Ich habe das Fotografieren dabei erst richtig gelernt, vielleicht besser, als wenn ich es studiert hätte. Und aus Fehlern lernt man. Ich fotografierte viel für die Künstleragentur der DDR. Ich musste Künstlergruppen für deren Vermarktung fotografieren. Eine Kaffeehaus-Band wollte ich so fotografieren, dass es so aussah, als ob es im Umfeld nach Kaffee duftete. Dazu wollte ich in ein Hotel, in das nur Westler kamen, und benötigte eine Genehmigung des Außenhandelsministers. Irrsinn. Ich bekam viele gute Aufträge vom Verlag für Bauwesen.

Und plötzlich kam die Wende und meine Technik, die Pentacon Six aus Dresden, war total veraltet, nicht mehr zeitgemäß, eigentlich nur für die Hobbyfotografie geeignet, keine Konkurrenz für die anderen Fotografen aus dem Westen. Also nahm ich einen Kredit auf, um mir neue Technik zu kaufen. Aber danach bekam ich keine Aufträge. Das, was ich bisher fotografiert hatte, interessierte niemanden mehr. Ich musste aber doch die teure Technik abzahlen. Also begann ich, zu akquirieren, für die Gelben Seiten, für Zeitschriften über Architektur und Wirtschaft. Auf diese Weise habe ich mich über Wasser gehalten. Durch ein großes Glück lernte ich das Bauunternehmen für den Neubau des Bundespräsidialamtes kennen. Ich fragte, ob man sich vorstellen könne, den gesamten Bau fotografisch zu begleiten. So fing ich mit meiner baubegleitenden Fotografie im Bundespräsidialamt an, was sehr spannend war. Mir kamen meine Bauingenieurerfahrung und die Kenntnisse der Baustellenprozesse zugute.

Über diese Firma kam ich als Fotografin zum Neubau des Bundeskanzleramtes. Ich war bei den Diskussionen um die Farb- und Ausstattungsgestaltung dabei, lernte viele wichtige Menschen wie die Starachitekten, Chefs von Bauunternehmen aller Gewerke, aber auch Politiker, so auch die Familie Schröder, näher kennen. Mein Vertrag ermöglichte mir, den gesamten Neubau des Bundeskanzleramtes in all seinen Bauphasen zu begleiten. Auf die Fotos bin ich ganz stolz. Ich weiß, dass ich von vielen Berufskollegen beneidet wurde. Meine interessanteste Arbeit dauerte fast fünf Jahre. Dazu musste ich wöchentlich einmal bei Wind und Wetter auf viele bis zu 80 Meter hohe Kräne steigen. Denn das Wachsen einer solchen Baustelle muss man aus der Perspektive von oben, vom Kran aus fotografieren. Das war natürlich eine große Herausforderung. Meine körperliche Konstitution, meine Sportlichkeit, trotzdem ich schon fast 60 Jahre alt war, halfen mir dabei. Diese Arbeit hat mir Türen für viele weitere Fotoprojekte geöffnet, so etwa das des Bundesamtes für Bauwesen und Raumordnung.

Nunmehr bin ich Rentnerin. Aber ich habe noch über das Rentenalter hinaus gearbeitet und letztlich alles an meinen Assistenten übergeben, sodass ich jetzt in Ruhe mein Rentendasein genießen kann. In Ruhe, nein, im Gegenteil, ich arbeite nach wie vor sehr viel. Jetzt nehme ich mir mehr Zeit zum Malen und Schreiben. Im vorigen Jahr konnte ich ein ganz wichtiges Projekt fertigstellen. Ich habe ein Buch, ein Denkmal für meine Mutter geschrieben. Das fürchterliche Schicksal meiner Großmutter, die zu Engelmacherinnen gebracht wurde, und meiner Mutter, die als Baby verkauft wurde, musste ich festhalten und weitererzählen. Meine Mutter litt fürchterlich unter dem Krieg und der Nachkriegszeit. Sie konnte mir erst, als ich schon 44 Jahre alt war, beichten, wer mein Vater war, was meine Wurzeln sind.

Zur Familie: Ich war schon immer sehr sportlich, habe geträumt, Balletttänzerin zu werden, ging zum Turnen. Letztlich war es der Geruch in der Halle und im Umkleideraum, der mich davon abbrachte. Ein Lehrer kam auf mich zu und fragte, ob ich nicht Lust zum Fechten hätte, das sei eine Sportart, bei der man so ein Ding in der Hand hielte und herumfuchtele und auf einer schmalen Bahn hin- und herlaufe. Das konnte ich mir zunächst gar nicht vorstellen. Beim Turnen war ich wie eine Gummipuppe, der Boden mein Gerät. Beim Fechten nur hin- und herlaufen, das ging gar nicht. Aber ich hatte einen Trainer, der mich unheimlich interessierte, obwohl wir das erste halbe Jahr nur Beinarbeit machten. Erst danach bekamen wir eine Waffe in die Hand. Und der war streng, um nicht zu sagen giftig zu uns. Andererseits war er interessant, roch oft nach Ölfarbe, weil er malte, er war Grafiker, einfach ein Künstler.

Wir lernten uns etwas näher kennen. Als er mich mit dem Auto abholte, fragte meine Mutter: »Ist das nicht der Giftzwerg?« Und plötzlich blieb meine Regel aus. Der Arzt sagte, ich sei schwanger, und ich fragte naiv »Warum?« Er war fast 30, ich 19, wir heirateten. Alles unter einen Hut zu bringen war schwer. Mein Mann meinte: Emanzipation ja, aber die Frau muss es mit Haushalt und Kindern alleine schaffen. Und dann wurde ich trotz aller Vorsichtsmaßnahmen wieder schwanger. Trotz der Doppelbelastung mit Familie und Ausbildung und Beruf hatte ich nie das Gefühl, dass die Kinder zu kurz kamen. Sie waren gut aufgehoben in der Krippe oder im Kindergarten. In der Beziehung aber war ich einfach kein selbstständiger Mensch mehr, mein Mann hatte mit Emanzipation nichts am Hut, er maßregelte mich immer und wollte mich klein halten.

Bei meiner neuen Tätigkeit in der staatlichen Bauaufsicht lernte ich meinen zweiten Mann kennen. Er gab mir das Gefühl, ein gleichwertiger Mensch zu sein, hat mich voll unterstützt und so wurde ich frei von allen Zwängen, die mir mein erster Mann auferlegt hatte. Ich ließ mich scheiden und heiratete den neuen Mann. Das war ein Aufatmen. Er hat im Haushalt viel mehr gemacht als ich, sodass es mir schon fast peinlich wurde. Trotzdem gab es mit ihm Probleme. Sie entstanden mit der freischaffenden Tätigkeit. Er war krankhaft eifersüchtig. Ich brauchte aber als freischaffende Fotografin Freiheit. Also ließen wir uns scheiden. Trotzdem haben wir weiter viel zusammen unternommen, weil wir eigentlich gut zueinander passten. Ich hatte nie etwas mit anderen Männern, aber sein ständiger Verdacht war belastend.

Dann kam die Wende und nach einiger Zeit mein Erfolg als Fotografin. Ich fotografierte das Europäische Parlament in Brüssel, die A40 in Köln, Bonn, musste nach Frankreich und nach England reisen. Mein geschiedener Mann begleitete, unterstützte mich. Als er krank wurde und mit seinem Parkinson Hilfe brauchte, habe ich ihn zu mir geholt und ihn neben meiner Arbeit betreut und gepflegt. Wir heirateten noch einmal. Dann erkrankte ich an Blasenkrebs und ich konnte nicht mehr alles allein schaffen. Wir fanden Betreutes Wohnen für ihn und richteten sein Zimmer exakt so wie zu Hause ein. Er verstarb dann.

Zurückblickend kann ich sagen, dass ich mir als Fotografin Ansehen verschafft habe, weil ich nicht nur acht Stunden gearbeitet habe, viele Ideen hatte, mit den Leuten gut konnte, weil ich mich reingekniet habe und die ganze Technik erlernte. Das macht mich stolz und glücklich. Und jetzt male ich, was ich als Kind schon wollte, modelliere Köpfe. Mit meiner Ersatzblase, die mir nach dem Blasenkrebs eingesetzt wurde, komme ich gut klar.

Die Gleichberechtigung in der DDR empfand ich schon als gut. Sie war aber teils aufgesetzt, weil man Frauen auch der Statistik wegen förderte, ohne dass der Anstoß von der Frau selbst kam. Die gesetzlichen Grundlagen waren gegeben, daraus konnten Frauen etwas machen. Im privaten Bereich bestanden noch die größten Hürden, weil die Männer einfach nicht mithalten konnten. Sie waren immer noch die alten geblieben. Die Frauen wurden durch die Arbeit unabhängiger, selbstständiger und selbstbewusster. Das waren sie im Unterschied zu den Männern dann auch zu Hause. Westfrauen beneiden uns um unsere eigene Rente. Wir haben aber immer gearbeitet, sie haben den Männern die Hausschuhe hingestellt und durften bis in die 1970er Jahre ohne Genehmigung des Mannes gar nicht arbeiten. Ja, ich denke die DDR hat mich auch als Frau geprägt. Ich konnte studieren, musste mich aber in einem konservativen Umfeld, in der Bauakademie bei den alten Architekten und Ingenieuren, durchsetzen, deren Frauen oft nicht arbeiteten. Ich hatte Beruf, Haushalt und die Kinder. Und nach der Wende im Kanzleramt haben sie nicht schlecht gestaunt, als ich wöchentlich auf die vielen Kräne stieg. Die Fotos haben mir Recht gegeben. Jetzt will ich sie in einem Bildband veröffentlichen. Sie sind einmalig.

Gleichberechtigung haben wir erst dann, wenn ich sagen kann: »Ich helfe meinem Mann im Haushalt«

Sieglinde, Jahrgang 1951

Ost: Betonbauerin mit Abitur, Sektorenleiterin Informations-, Dokumentationsstelle, Bibliothek, Vervielfältigung

West: Leiterin Druckerei

Geboren bin ich in Mecklenburg-Vorpommern. Mein Vater hatte sich entschieden, lieber wieder zu seiner Ehefrau und seinen zwei Söhnen zurückzugehen – und damit gegen mich als Tochter. So blieb ich mit meiner Mutter allein, hatte es aber in unserem kleinen Dorf in der Nähe von Schwerin sehr schön. Meine Mutter arbeitete als Näherin im dortigen Kinderheim, bis wir 1960 nach N. zu meiner Großmutter zogen. Hier bin ich bis zur zehnten Klasse zur Schule gegangen, ehe es mich zur Berufsausbildung als Betonbauer mit Abitur für drei Jahre nach Eisenhüttenstadt verschlug. Nach den Jahren auf der Baustelle wusste ich, dass ich das nicht lebenslang machen wollte. Ich schwenkte um und studierte drei Jahre an der Fachschule Information, Dokumentation und Bibliothekswesen in Berlin. Meine berufliche Arbeit startete ich bei einem Energieversorgungsbetrieb und blieb dort bis zu meiner Rente. Die DDR hatte 1972 beschlossen, in Betrieben mit Forschungsabteilungen Informations- und Dokumentationsstellen aufzubauen. Dafür suchten sie natürlich ausgebildete Kräfte. Zwischendurch habe ich geheiratet, zwei Kinder bekommen und mich wieder scheiden lassen. Das haben wir alles in einem Abwasch gemacht, in vier Jahren.

Beruflich war es meine Aufgabe, wissenschaftlichen Ergebnisse zu speichern und auszuwerten. Ich wurde Sektorenleiterin und bekam noch ein paar weitere Fachgebiete dazu, wie die Bibliothek, die Vervielfältigung und ein Zeichenbüro. Wir waren insgesamt zwölf Frauen. Als ich 1988 mein drittes Kind bekam, setzte ich für ein Jahr aus. 1989, zur Wende, stieg ich wieder bei meiner alten Arbeitsstelle ein. Als unsere Firma mit einem anderen Energieversorger zusammengelegt wurde, teilte man die Aufgabengebiete, und ich übernahm die gesamte Vervielfältigung, aus der eine Druckerei entstand. Mit der Wende wurden ein paar Leute entlassen. Da war ich richtig traurig. Meine Arbeitsleben endete 2014, als ich in Rente ging.

Meine Kinder sind in den Kindergarten gegangen. Dabei war es nicht einfach, immer einen Kindergartenplatz zu bekommen. Ich hatte allerdings meine Mutter hier, die mir oft mit den drei Kindern geholfen hat. Sonst wäre es als Alleinerziehende viel schlechter gegangen. Alle drei haben aber von Anfang an mitgeholfen. Da gab es überhaupt keine Diskussionen, wer den Tisch abräumt, wer abwäscht. Wir hatten eine Familienarbeitsteilung. Auf dem »Muttizettel« stand, wer aufräumt, den Müll wegträgt, Milch und Brot einkauft. Wir hatten da noch kein Telefon. Jeder kannte seine Aufgabe und abends, wenn ich um 17:30 Uhr nach Hause kam, war der Tisch gedeckt. Dann haben wir ein bis anderthalb Stunden beim Abendbrot gesessen, den ganzen Tag ausgewertet und viel diskutiert. Jeden Abend lagen auf dem runden Tisch die Hausaufgaben und das Hausaufgabenheft. Erst wenn alles unterschrieben und geklärt war, wer welchen Blödsinn oder etwas Gutes gemacht hatte, begannen wir, in Ruhe Abendbrot zu essen. Und ab 20:00 Uhr saß Mama vor dem Fernseher, strickte, häkelte, nähte oder putzte Gemüse und Obst aus dem Garten der Oma. Im Flur hing ein Kalender mit vielen Feldern, in die jeder eintrug, wenn er etwas vorhatte: mein Sohn, wenn er zum Sporttraining ging, meine Tochter ihre Pionier- und FDJ*-Nachmittage und ich, wenn ich zum Ortsausschuss oder zum Elternbeirat musste. Dort stand immer, wer wo war. Nur am Sonnabend, wenn sie aus der Schule kamen, brauchten sie gar nichts machen, da hatten sie frei. Da war ich im Haushalt dran. Sie hatten in der Woche für mich gearbeitet und ich arbeitete am Wochenende für sie.

Sonntags sind wir oft zur Oma gegangen, sie haben wir in unser ganzes Familienleben einbezogen. Oma hatte einen großen Garten und oft stand, wenn wir kamen, ein Wassereimer voll Obst und Gemüse vor der Tür. Da wussten wir: Erst mal putzen vor dem Essen. Wir hatten ein wirklich enges Verhältnis zu ihr.

Mit den Männern: Da hat auch der zweite Versuch nicht geklappt. Meine Große war 16 Jahre alt, als die Kleine geboren wurde. Sie bekam die Probleme mit dem Partner hautnah mit. Das hat sie zu dem Entschluss gebracht, selbst nicht so früh Kinder zu bekommen, das war die Antibabypille für meine Tochter. Mein Sohn ist mit 13 Jahren nach Frankfurt (Oder) auf die Sportschule gegangen. Er wurde Leistungssportler im Judo und ist seitdem nicht wieder zurückgekommen. Er ist verheiratet und ich bin inzwischen zweimal Oma. Meine Enkelsöhne sind 18 und 15 Jahre alt, und beide sind wie der Papa Sportler.

Gleichberechtigung ist schon was sehr Schönes und Wichtiges. Das ist aber schwierig und muss von den Frauen in der Familie oft selbst erkämpft werden. Gleichstellung im Beruf ist einfacher. Als Leiter hatte ich Anspruch auf eine bestimmte Gehaltsgruppe, es sei denn, man wies mir nach, dass ich die Arbeit nicht schaffen würde. Wenn heute das Gehalt Verhandlungssache ist, ist das für Frauen oft schlecht. Ich finde es besser, wenn es einen eindeutigen Tarifvertrag und eine Vergütungsgruppe gibt, denn es darf nicht sein, dass man um einen Euro mehr betteln muss. Entscheidend ist das gesellschaftliche Umfeld. Wenn Frauen eingetrichtert bekommen, dass gutes Kochen und weiße Wäsche das Wichtigste seien, ist es nicht verwunderlich, wenn sich auch die Kinder nicht mehr um eine berufliche Tätigkeit kümmern. Die Rahmenbedingungen sind entscheidend. Es gibt einen himmelweiten Unterschied zwischen den Frauenzeitschriften von damals und heute.

Ich denke, dass die eine technisch, die andere wissenschaftlich begabt ist, und die dritte gerne anderen hilft. Aber man muss etwas aus seinen Möglichkeiten machen. Vorstellungen, die sich seit 10.000 Jahren eingeprägt haben, etwa, dass Frauen für Haus und Familie zuständig sind, ließen sich nicht einfach in vierzig Jahren DDR wegwischen. Man kann die Grundvoraussetzungen schaffen – und die gab es in der DDR. Wenn ich daran zurückdenke, wie die Frauen in den 1950er und 1960er Jahren begannen, sich an bestimmte Sachen heranzutasten, dann ist viel erreicht. In Mecklenburg, daran erinnere ich mich, musste man den Frauen erst einmal beibringen, dass man Frauentag feiert, dass sie etwas wert sind, etwas Besonderes. Ich erinnere mich aber auch, dass mich eine jüngere Kollegin in den 1980er Jahren gefragt hat: »Wozu gibt es eigentlich noch einen Frauentag, das ist doch alles Quatsch, wir haben ja die Gleichberechtigung.« Das stimmte nicht überall. Meine Mutter hat immer gesagt: »Gleichberechtigung haben wir erst dann, wenn ich sagen kann: Ich helfe meinem Mann im Haushalt.«

Ich erinnere mich an meine alte Truppe. Wir waren nur Frauen, zwei fast 20 Jahre jünger und die Älteste 20 Jahre älter als ich, also eine große Altersspanne. Das betraf auch die Bildung: von Ungelernten bis zur Hochschulabsolventin. Das war manchmal schwierig, aber wir haben als Truppe zusammengehalten. Eine war für die andere da. Und auch eine Ingenieurin war sich nicht zu schade, mal ein paar Blätter zu sortieren, wenn Hilfe gebraucht wurde. Eine war Asthmatikerin, wenn die mal nicht zur Arbeit kam, sie nicht ans Telefon ging, ist einer von uns hingefahren, um nach ihr zu schauen. Heute macht das niemand mehr. Wir haben sehr viel zusammen unternommen. Es gab ja dieses sozialistische Arbeitskollektiv. Da hieß es: Gemeinsam arbeiten, lernen und leben. Wir haben nie Geld für Solidarität* bezahlt. Wir haben alle Handarbeiten gemacht und diese für Soli verkauft. Wir haben uns gestritten, aber auch sehr viel zusammen gelacht und gefeiert. Das Arbeiten hat Spaß gemacht. Wir hatten eine gute Arbeitseinstellung. Das fiel uns auf, als wir mit den Kollegen des anderen Betriebes zusammengelegt wurden. Da hat jeder sein eigenes Süppchen gekocht. Es hat drei bis vier Jahre gedauert, bis wir die neue Truppe halbwegs im Griff hatten. Allerdings begann die Zeit, in der wir immer weniger wurden. So eine richtige Truppe wie damals ist es nie wieder geworden. Am Ende habe ich noch darum gekämpft, dass sie einen schwerbehinderten Mitarbeiter nicht rausschmeißen. Die anderen sind entweder in Vorruhestand, in Rente gegangen oder sind versetzt worden. Mit der Einführung der Computertechnik sank ja das Arbeitsaufkommen.

Meine große Tochter hat Kindergärtnerin gelernt und startete 1988. Zur Wende erklärte man ihr, dass diese Ausbildung nicht anerkannt werde und sie nach bundesdeutschem Recht Hilfsarbeiterin sei. Anders wäre es nur, wenn sie 25 Jahre Berufserfahrung hätte. Zunächst hieß es, mit einem Jahr Zusatzstudium könne sie Erzieherin werden. Da sie aber in Berlin arbeitete und in Brandenburg wohnte, könne sie die Ausbildung nicht in Berlin machen. Also wurde sie pro forma Berlinerin. Dann zeigte sich, dass sie doch drei Jahre Ausbildung machen musste. Die erhielt sie an der gleichen Schule wie zu DDR-Zeiten, teilweise von den gleichen Dozenten. Manchmal legte sie ihre alten Arbeiten vor, die nun in der Regel eine Note besser bewertet wurden. Das einzige, was wirklich neu war, war das Vollpraktikum im dritten Studienjahr und eine Unterrichtseinheit über Rauschgift und über Obdachlosigkeit. Nach dem Studium wurde sie arbeitslos, man brauchte keine Erzieher. Nach einem Vierteljahr fing sie beim Internationalen Bund an. In einem Internat für die Lehrlingsausbildung hat sie als Erzieherin gearbeitet. Nachdem es über Nacht abgeschafft wurde, arbeitete sie in einer Betreuungseinrichtung für Jugendliche, bis diese auch zu teuer wurde. Danach wirkte sie in Jugendklubs. Nach deren Schließung ist sie nun wieder als Sozialarbeiterin für Jugendliche, die gesundheitliche Probleme und Störungen haben und die nicht voll beschulbar sind, tätig. Sie hilft, sie für den Arbeitsmarkt vorzubereiten. Mittlerweile fühlt sie sich wohl und vor allem sind die Jugendlichen mit ihr sehr zufrieden. Sie hat eine Gabe für diese Arbeit.

Mein Sohn hat Groß- und Einzelhandelskaufmann gelernt und arbeitet nach seiner Zeit bei der Bundeswehr in seinem Beruf in Frankfurt (Oder). Er ist mit seiner Familie glücklich und zufrieden.

Meine kleine Tochter ist schon ein Handy-Kind. Sie hat den Muttertag kennengelernt, meine Großen noch den Frauentag. Sie ist 1988 geboren, hier ganz normal in die Kita gegangen und wollte Lehrerin werden. Das hat nicht ganz geklappt, und so wurde sie Erzieherin und arbeitet ebenfalls beim Internationalen Bund, mit den minderjährigen Flüchtlingen ohne Begleitung. Das kommt ihr sehr entgegen, da sie so sprachbegabt ist. Es ist aber sehr stressig, da es keinen geregelten Schichtdienst gibt und naturgemäß sehr viel verlangt wird.

Es ärgert mich sehr, dass unser tolles Bildungssystem abgeschafft wurde. Wenn ich die Worte Kita oder Kids höre, kriege ich Herzrasen, weil es so was Hartes ist, was für die zarten Kinderchen gar nicht sein dürfte. Anders die Bezeichnung Kindergarten. Die kommt nicht von den Kommunisten, sondern aus der bürgerlichen Gesellschaft von einem Herrn Fröbel, der gesagt hat, dass Kinder wie zarte Blumen sind, die in einem Garten gepflegt werden müssen. Das finde ich gut und so sollte es sein. So ist es in der DDR in den meisten Fällen gewesen. Sie wurden betreut, lernten systematisch. In vielen Kitas dürfen die Kinder nach der Wende machen, was sie wollen. Die Erzieherinnen unterbreiten Angebote, aus denen sie sich etwas auswählen können, oder die Kleinen verweigern sich, wenn sie keine Lust haben. Das kann nicht funktionieren. Kinder müssen innerhalb eines bestimmten Rahmens gelenkt werden. Sie müssen selbstständig werden, das ist richtig, aber es gibt Unterschiede zwischen drei- und sechsjährigen Kindern. Kinder müssen herangeführt werden, ihre eigenen Erfahrungen machen können.

In der Schule ist das genau das Gleiche. In meiner Schulzeit habe ich mindestens drei Reformen erlebt bis zu dem einheitlichen sozialistischen Bildungssystem, das wirklich von der Krippe an aufgebaut war, systematisch zur Förderung der Kinder – ob das Bewegungsspiele oder Malen und Singen waren, ob das Schreiben war. Kurioserweise habe ich zur Wende festgestellt, dass die gleichen Kindergärtnerinnen, die mit meinen großen Kindern gesungen haben und Sport trieben, dies bei meiner Kleinen nicht mehr konnten. Sie durften es nicht mehr. Kinder sollten sich nun frei entwickeln. Die Ergebnisse sehen wir heute: Wir haben so viel Freiheit gelassen, dass sie so Vieles nicht mehr können und nicht mehr an die nächste Generation – sie sind inzwischen schon Eltern – weitergeben können. Zusätzlich sehen wir, dass Gewalt herrscht, die Rohheit, die Gleichgültigkeit nimmt zu. Kinder und Eltern lernen nicht mehr, miteinander zu leben oder mit- und füreinander da zu sein. »Ich bin der King und ich kann machen, was ich will«, das ist die Devise. Es wird schlimm ausgehen, wenn wir uns nicht auf alte Werte besinnen.

Der Betrieb war immer auch meine Heimat, da konnte man reden, konnte zur Gewerkschaft gehen, wenn man Schwierigkeiten mit dem Chef hatte, oder hat sich beim Parteisekretär beschwert. Im Anschluss hat man sich zusammengesetzt und das verändert, was gestört hat. Wenn ich mich heute über meinen Chef beschweren würde, und wenn ich hundertmal im Recht wäre, wäre ich weg.

Gleichberechtigung gibt es heute auf gar keinen Fall. Die junge Generation sieht es gerade im privaten Bereich vielleicht ein bisschen anders. Aber im Beruflichen, da hinken die Frauen wieder ganz stark hinterher, weil sie ja pausieren müssen, wenn sie Kinder bekommen wollen. Oder sie machen erst ihre Karriere und denken dann an Kinder, wenn sie wirklich einen starken Partner haben oder wenn sie auf der Karriereleiter bereits so hoch aufgestiegen sind, dass sie sich ein Kindermädchen leisten können. Ich habe es ja selbst erlebt, dass man heute viel mehr kämpfen, sich hocharbeiten, skrupellos oder streckenweise gleichgültig anderen gegenüber sein muss, ansonsten kann man seine Karriere im Management vergessen. Kameradschaftlichkeit, wie in meiner alten Truppe, gibt es nicht mehr.

Neben meiner Arbeit habe ich mich immer ehrenamtlich engagiert, am Anfang in der Zivilverteidigung, danach als Lehrkraft des DRK*, verantwortlich für die fachlichen Gesundheitsunterweisungen im ganzen Betrieb. Da war es logisch, dass ich zehn Jahre lang die Arbeitsgemeinschaft Junge Sanitäter an der Schule leitete, mich im Elternaktiv bei den Kindern und zum Schluss im Elternbeirat engagierte. Nach der Wende war ich viele Jahre Mitglied des Fördervereins der Goetheschule. Als die Jugendweiheveranstaltungen nicht mehr an den Schulen organisiert wurden, gründeten wir 1991 den Interessenskreis Jugendweihe*, der später in andere, größere Vereine aufging und den ich bis 2012 leitete. Das war eine sehr schöne Arbeit, hat Spaß gemacht und ein wenig kompensiert, dass ich bei der

Arbeit nicht mehr so viel zu sagen hatte. Wenn man es gewöhnt ist, eigenständig zu arbeiten und jetzt nur noch Dienst nach Vorschrift machen muss, muss man sich ein Ventil suchen. Mit den 14-Jährigen der ganzen Gemeinde haben wir Schönes unternommen, Veranstaltungen zu den unterschiedlichsten Themen organisiert, besuchten die KZ-Gedenkstätte Sachsenhausen, gingen ins Theater, führten Gesprächsrunden durch, etwa mit einem Jugendrichter, sprachen über Drogen oder zu aktuellen Vorkommnissen mit der Polizei. Schwerpunktthemen waren natürlich Liebe, Freundschaft und Sexualität. Damit haben wir sehr viele Jugendliche erreicht. Als die Kinder aus den geburtenstarken Jahrgängen 14 Jahre alt wurden, nahmen 330 Jugendliche in einem Jahr teil. Am Schluss pegelte es sich auf ca. 250 Teilnehmer aus allen Schulen unserer drei Nachbargemeinden ein. Konkurrenzunternehmen haben es auch hier versucht, aber wir waren die Platzhirsche. Wir begannen als erste, Jugendliche der Schule für geistig Behinderte einzubeziehen. Deren Eltern wollten das unbedingt. Für uns war das Neuland. Die Jugendlichen waren sehr glücklich. Als einer bei der Feier Dankesworte an die anderen Jugendlichen und seine Geschwister sprechen wollte, stand ich neben ihm und hielt seine Hand, weil er so aufgeregt war. Die Feiern waren der Höhepunkt, und als wir sie wieder in unserem neu erbauten Bürgerhaus durchführen konnten, hörte ich mit einem Dank an das tolle Team freiwilliger Helfer im Jahr 2012 auf.

Wenn ich etwas machen will, dann tue ich es

Elsa, Jahrgang 1942

Ost: Elektromechanikerin, Ingenieurin für Elektrotechnik und Datenverarbeitung, Programmiererin, wissenschaftliche Mitarbeiterin: Sekretariat des Ministerrats

West: Verwaltungsangestellte BfA

Ich bin in Berlin-Marienfelde in einer Laube groß geworden, die mein Vater selbst gebaut hat, weil die Mieten so hoch waren und er arbeitslos. Er war einfacher Arbeiter, angelernt als Fräser arbeitete er in verschiedenen Firmen. In der Kriegszeit half ihm das in der Rüstungsfirma Stock in Marienfelde, nicht als Soldat in den Krieg ziehen zu müssen. In den letzten Kriegstagen, als alle geholt wurden, versteckte er sich im Keller und wurde zum Glück nicht gefunden. Danach holten sie ihn ins Amt, um Karteikarten zu erstellen und bei der Versorgung mitzuhelfen. Meine Mutter war Sekretärin, sie arbeitete bis zum Verbot bei der Gewerkschaft und war deren Mitglied.

Nach Ende des Krieges war die Entscheidung über die politische Richtung der Familie zu treffen. Meine Mutter war SPD-Mitglied, mein Vater in keiner Partei. Sie entschieden sich 1946 bei dem Vereinigungsparteitag in die SED einzutreten. Entsprechend waren meine Erziehung und mein soziales Empfinden. Von klein an erinnere ich mich, dass sich meine Eltern um Nachbarn, Freunde gekümmert haben. Hinzu kommt noch, dass meine Eltern beide im Fichte-Sportverein waren und daher viele Gleichgesinnte bei uns aus- und eingingen, die für mich alle Onkel und Tanten waren.

Aufgrund einer großen Verwandtschaft, mein Vater war der Jüngste von elf Kindern, hat sich bei uns zu Hause immer viel abgespielt. Das Obst und Gemüse unseres Gartens half bei der Versorgung. Für mich waren meine Eltern, ihr Gemeinschaftsgefühl und die solidarische Hilfe immer ein Vorbild. In dieser Siedlung haben wir vieles gemeinsam unternommen, wie Erntefeste und Kindersport, Spielplatz bauen bis hin zu einer gemeinsamen Wasserleitung. Das war für uns ein großer Fortschritt, da die Pumpe nicht mehr funktionierte und nicht mehr instandgesetzt werden konnte.

1948 bin ich zur Schule nach Lichtenrade gekommen. Da ein Teil der Schule abgebrannt war, wurden zwei Baracken aufgestellt. Wir hatten dort nicht genügend Klassenräume, sodass wir Schichtunterricht hatten. Das war ein sehr weiter Weg zur Schule, für mich damals eine halbe bis Dreiviertelstunde Fußweg. Ab der fünften Klasse war der Schulweg noch weiter, weil wir bis in die Mitte von Lichtenrade mussten. Als mir meine Eltern ein Fahrrad kaufen konnten, ging für mich ein großer Wunsch in Erfüllung, wobei ich durch Sparen jedes Groschens meinen

Teil selbst beigesteuert habe. Jetzt war der Schulweg nicht mehr so anstrengend. In der sechsten Klasse wurde der erste Schulneubau in Westberlin fertiggestellt, in dem wir dann noch die Grundschule beenden konnten. Ab der siebten Klasse bin ich nach Berlin-Britz in die Oberschule gekommen. In der Hufeisensiedlung war die letzte Einheitsschule, die nach der Nachkriegsschulreform gegründet worden ist, in Westberlin erhalten geblieben. Wir waren viele Kinder von SPD-Mitgliedern, die teilweise aus ganz Westberlin in die Schule kamen.

Ich beendete die Schule 1961 mit dem Abitur. In unserer Klasse war ich, nachdem ich Pionier war, eines von drei FDJ*-Mitgliedern. Das war nicht typisch. Wir haben versucht, uns in unserer kleinen Gemeinschaft in der FDJ politisch zu betätigen, Erlebnisse zu verschaffen und das an die anderen weiter zu geben. Nach meinem Abitur begann ich eine Lehre im Ostberliner Glühlampenwerk. Ich wollte Elektromechaniker werden. Bis September 1961 arbeitete ich im Glühlampenwerk als Arbeiterin im Drahtwerk. Am 13. August wurden die Grenzen geschlossen. In dieser Zeit war ich gerade mit der Pionierfahrschule aus dem Zentralhaus der Jungen Pioniere zum Pioniertreffen unterwegs und wusste nicht, wie und ob ich wieder nach Hause kommen konnte. Das regelte sich aber alles. Ich erhielt zu Beginn meiner Lehre einen Ausweis, mit dem ich täglich am Bahnhof Friedrichstraße über die Grenze gehen konnte. In meiner Ausbildung gab es einige, die überhaupt nicht verstanden, warum ich als Westberlinerin im Osten lernte. Aber sie haben mich trotzdem geachtet, und wenn ich ihnen erzählt habe, was ich in Westberlin schon alles erlebt hatte, haben es viele doch verstanden.

Die Lehre beendete ich ein halbes Jahr früher, weil ich ja Abitur und immer gute Zensuren hatte. Anschließend konnte ich im Glühlampenwerk in der Forschung arbeiten. Dort drängten mich andere Ingenieure, dass ich doch ein Studium an der Ingenieurschule für Elektrotechnik und Maschinenbau aufnehmen sollte. Der Betrieb delegierte mich dorthin. Das war üblich, weil das Studium vom Betrieb finanziert wurde. Daran hing aber die Verpflichtung, dass man nach dem Studium in dem Betrieb weiterhin arbeiten musste. Ich war in keiner Frauensonderklasse*, schloss also das normale Studium nach drei Jahren mit dem Ingenieur für Elektrotechnik 1968 ab. Während dieser Zeit kamen wir verstärkt mit der EDV-Arbeit in Kontakt.

Danach absolvierte ich neben meiner Arbeit in der Forschung im Glühlampenwerk ein organisiertes Selbststudium zum Ingenieur für Datenverarbeitung an meiner alten Ingenieurschule in Berlin am Ostkreuz. Da der Chef meines Mannes ein Rechenzentrum verantwortlich aufbauen sollte, fragte er mich, ob ich dort als Programmierer anfangen wolle. Gleichzeitig kam vom Glühlampenwerk der Wunsch, dass ich für ein Vierteljahr zur Bezirksparteischule gehen sollte. Da ich aber von der Schule erst mal genug hatte, habe ich beim Rechenzentrum des Ministerrates zugesagt. Ich musste aber selber kündigen, weil mit mir kein

Aufhebungsvertrag gemacht wurde. Dazu hätte der Betrieb anerkennen müssen, dass sie mich in der EDV nicht weiter beschäftigen könnten. Im Ministerrat begann ich, am R300 zu programmieren. Von da an war ich bis 1990 im Ministerrat beschäftigt.

Noch nicht erzählt habe ich, wie ich meinen Mann kennengelernt hatte. Das war bereits 1957 in der Pionierfahrschule im Zentralhaus der Jungen Pioniere. Wir verlobten uns 1961. Da ich ja noch in Westberlin wohnte und er in Berlin-Lichtenberg, war es mit der Hochzeit nicht einfach. Zunächst ging es erst mal gar nicht, weil sich mein Mann nach dem 13. August 1961 für drei Jahre zur Armee verpflichtet hatte, dann aber 1962 mit den ersten Wehrpflichtigen eingezogen wurde. Eine Hochzeit war unmöglich, weil er in der Armee mit einer Westberlinerin keinen Kontakt haben durfte. Es war also sehr kompliziert. Und so stellte ich den Antrag, doch in die DDR überzusiedeln. Das gelang mir 1964. Die SED, in die ich 1960 eintrat, gab ihr Okay. Ich bin am 1. Juli 1964 in die DDR umgezogen. Im September 1964 konnten wir in einem kleinen, bescheidenen Kreis heiraten. Gefreut haben wir uns, dass meine Eltern die Möglichkeit bekamen, an unserer Hochzeit teilzunehmen. Eine Hochzeitsreise kam für uns sowohl finanziell als auch wegen des Armeedienstes meines Mannes nicht infrage. Ich erhielt bei der Übersiedlung eine Einzimmerwohnung in Berlin-Lichtenberg im Hinterhaus, aber schon mit Innentoilette. Die Wohnung behielten wir gemeinsam über vier Jahre. Dann stellten wir einen Antrag auf eine größere Wohnung und erhielten eine neue in Berlin-Baumschulenweg zugewiesen, in der wir bis 1997 gewohnt haben. Kinder sind uns leider nicht vergönnt gewesen.

Zu meiner politischen Einstellung: Durch Verwandte väterlicherseits hatte ich als 12-Jährige und als 15-Jährige die Möglichkeit, nach Belgien zu einer Cousine zu fahren. Sie heiratete nach dem Krieg einen belgischen Zwangsarbeiter und zog mit ihm nach Antwerpen. Dort lernte ich in den Ferien ein gleichaltriges Mädchen kennen, deren Vater in Dachau ermordet worden ist. Beeindruckend war für mich damals als Kind, dass die Mutter mich nicht begrüßt hat, sondern aus dem Raum ging, weil sie kein Deutsch hören konnte. Ich habe das durch die Erklärung meiner Cousine erst richtig verstanden und ihr das natürlich nicht übelgenommen. Das war ein politisches Schlüsselerlebnis für mich. Ein anderes hängt mit meinem Vater zusammen. Er wurde sehr krank und ist bereits 1971 verstorben. Da er bei der Partei gearbeitet hat, konnte er in Ostberlin zum Arzt gehen, sodass wir uns da hätten treffen können. Aber ich war zu feige, aus einer Dienstberatung rauszugehen und meinen Vater beim Arzt Unter den Linden zu treffen, bevor er über die Friedrichstraße wieder nach Westberlin zurückging. Als ich später hinkam, war er weg, und ich sah ihn nie wieder. Über meine Feigheit habe ich mich selbst sehr geärgert. Von da an stand für mich fest: Wenn ich etwas machen will, dann muss ich es machen, egal was andere sagen oder denken.

Ein weiteres prägendes Erlebnis hatte ich mit der Schriftstellerin Ruth Werner. Ich besuchte sie im Dammweg in ihrer Wohnung, um sie für einen Vortrag oder eine Buchlesung für meinen kleinen Verein zu gewinnen. Sie hatte zugesagt, ihr Mann war aber krank und verstarb. Danach dachte ich, dass ich sie doch nicht belästigen konnte, sie erst mal mit sich zu tun hätte und ich sie nicht mit solchen Sachen behelligen könnte. Als ich meinte, dass sie jetzt die Zeit überbrückt haben müsste und ich sie wieder kontaktieren könnte, wurde sie krank und ist gestorben. So habe ich gelernt, dass ich, wenn ich etwas unbedingt will, ich es nicht auf die lange Bank schieben darf, weil es dann zu spät sein kann. Nach solchen Erlebnissen versuche ich mich zu richten und zu handeln. In Erinnerung habe ich mein Wahlverhalten bei einer der letzten Wahlen im Ministerrat. Ich konnte es einfach mit meinem Gewissen nicht vereinbaren, einen der Genossen in die Parteileitung zu wählen. Deswegen habe ich gegen ihn gestimmt. Ich war die einzige, aber ich musste es tun.

1990 war ich noch in der Kaderabteilung im Ministerrat für die Modrow- und de-Maizière-Regierungen tätig. Wir mussten Ausweise für neue Minister ausstellen, Vorlagen für Ministerratsentscheidungen schreiben. Ich erinnere mich noch an die Odyssee für den Ausweis von Matthias Platzeck. Dreimal musste ich zur Druckerei laufen, weil immer an einer falschen Stelle ein Doppel-T stand. Ende 1990 erhielten wir alle Aufhebungsverträge. Da ich, wie andere Kollegen auch, für Versorgungsangelegenheiten langjähriger Mitarbeiter im Staatsapparat tätig war, bestand die Möglichkeit, in die staatliche Versicherung zu wechseln. Das ging ohne weitere Bewerbung. Die Tätigkeit hatte zwar nichts mehr mit meiner Ausbildung zu tun, aber ich hatte eine neue Arbeitsstelle. Die staatliche Versicherung wurde von der Bundesversicherungsanstalt für Angestellte – der Rentenversicherung – übernommen, für die ich bis zu meinem 65. Lebensjahr arbeitete.

Ich war eigentlich durch die Vorbilder meiner Eltern in der Partei-, Gewerkschafts- und Frauenarbeit so geprägt, dass ich gar nicht anders konnte. Sicher spielten auch die Gene eine Rolle, die ich mitbekam. Angefangen in der Pionier-, dann in der FDJ-Arbeit und später bei der Gewerkschaft habe ich immer versucht, mich nicht in großen Positionen, aber kleinen Tätigkeiten zu engagieren. Ich hoffe, das bleibt so bis an mein Lebensende. Nach der Wende war ja die ehrenamtliche Tätigkeit noch mehr gefragt und so erinnerte ich mich an meine Kindheit, als in unserem Elternhaus viele Versammlungen und Zusammenkünfte stattfanden. Ich engagierte mich in der Partei PDS, DIE LINKE. Wir haben zudem für den Erhalt unseres ehemaligen Klubraums des Wohngebietsausschusses einen Verein gegründet. In diesem bin ich seit 1991 aktiv. In den letzten Jahren wurde ich die Vorsitzende. Wir versuchen in diesem kleinen Verein im Wohngebiet für Einwohner eine Möglichkeit zu erhalten, sich zu treffen. Die Solidarität unter den Mitgliedern des Vereins und auch Nichtmitgliedern ist doch sehr groß. Obwohl die meisten wissen, in welcher Partei ich bin, habe ich keine Schwierigkeiten mit den anderen Parteien. Das zeigt sich besonders im Bürgerverein Baumschulenweg, der 2007 gegründet wurde, und in dem ich von Anfang an mitgearbeitet habe. Ich engagiere mich dort für ein besseres Wohnen in unserem Kiez und versuche Kontakte zu knüpfen zu anderen Vereinen, zu Pflegeheimen in unserem Kiez, zur Kirche, zu Bürgern unabhängig von politischen Interessen, um sie immer wieder zusammenzubringen und gemeinsam für den Kiez etwas zu tun.

Dafür bin ich 2015 mit der Bürgermedaille des Bezirks Treptow-Köpenick ausgezeichnet worden, interessanterweise auf Vorschlag der CDU und der SPD, nicht meiner Partei, die dies aber sehr unterstützte.

Wenn man mich nach Gleichberechtigung und Feminismus fragt, kann ich nur sagen: Für mich ist durch die Erziehung in meinem Elternhaus eigentlich die Gleichberechtigung überhaupt kein besonderes Thema gewesen. Wir haben über Feminismus nie groß gesprochen. Selbstverständlich war, dass meine Eltern sich die Arbeiten geteilt haben, so wie jeder in der Lage war und Zeit hatte. Dadurch habe ich mir keine großen Gedanken gemacht, und das war eigentlich auch zu Hause, im Betrieb und im Ministerrat kein besonderes Thema, worüber man lange debattieren musste. Ich habe erlebt, dass es Frauensonderklassen* beim Studium gab. Ich kenne die Frauenförderungspläne, wo Mitarbeiterinnen, die Kinder hatten, durch die Betriebe unterstützt wurden. Es funktionierte. Auch wenn es für viele Frauen schwer war, Kinder, Arbeit und Studium unter einen Hut zu bekommen, empfanden sie es als positive Möglichkeit zur Entwicklung und nicht als Gängelei. Man musste Gleichberechtigung leben und nicht lange drüber reden.

Ich war im Westen anders, ich ging trotz zwei Kindern arbeiten

Annelie, Jahrgang 1960

Ost: promovierte Dipl.-Ing. für technische Kybernetik und Automatisierungstechnik

West: Beamtin, Abteilungsleiterin in einer Bundesbehörde

Mein Elternhaus bleibt mir immer in sehr liebevoller Erinnerung. Ich bin die Älteste von drei Geschwistern, habe noch eine Schwester und einen Bruder. Aber in den 1960er Jahren war unsere Erziehung natürlich durch eine gewisse Autorität geprägt. Aus heutiger Sicht, da ich nun Oma bin und viele Jahre Abstand habe, stelle ich fest, dass es eine Frage des Zeitgeistes ist, wie wir miteinander umgehen, auch in der Familie. Wenn sich zum Beispiel die Familie gemeinsam zu bestimmten Zeiten zum Essen am Tisch versammelt, um die Zeit zu nutzen sich auszutauschen, zu unterhalten, dann wird darauf geachtet, sich nicht gegenseitig ins Wort zu fallen. Dass man in öffentlichen Verkehrsmitteln den Sitzplatz Menschen anbietet, die ihn sichtbar nötiger brauchen, anstatt sich achtlos mit dem Handy zu beschäftigen – brauchen wir tatsächlich einen erzieherischen Akt, eine Autorität, ein Vorbild, um diese Selbstverständlichkeiten von Respekt und Achtung zu leben? Das Erleben in der Praxis sagt leider Ja, denn unser Zeitgeist ist darauf ausgerichtet, dass sich fast alles nach dem Individuum richtet. Wenn also Achtsamkeit, Hilfsbereitschaft, Höflichkeit und Rücksichtnahme gefragt sind, bedarf es einer entsprechenden Prägung, die von den Kindern angenommen wird, wenn insbesondere Eltern hier Vorbild und Leitbild sind.

Eltern sollten keine Autokraten und Despoten sein. Autorität haben Mann oder Frau nicht allein aufgrund ihrer Existenz oder ihrer Stellung, auch Eltern nicht. Ehrlichen Respekt und Achtung erwirbt man weder durch Gewalt noch durch Macht. Auch wenn unsere medial ausgerichtete Welt vielleicht etwas anderes suggeriert.

Deshalb bin ich meinen Eltern dankbar, dass sie mir Hilfe und Richtung gegeben haben, auch wenn wir nicht stets einer Meinung waren, und, ja, auch dafür, dass sie mit deutlichen Worten sagten, wenn etwas nicht richtig war.

Deshalb konnte ich lernen, Nein zu sagen, wohl wissend, dass dies nicht immer zum persönlichen Vorteil ist. Ich konnte lernen, zuzuhören, mich in die Lage anderer zu versetzen und über den Tellerrand hinaus zu schauen, um Situationen und Risiken besser einzuschätzen. Und anzuerkennen, dass Erfahrung sehr viel wert ist und dabei selbst immer wieder anderen Vertrauen schenken.

Meine Mutter ist Diplomingenieurin, mein Vater ebenso. Mein Vater hat seinen Abschluss im Abendstudium erworben, nachdem er gemeinsam mit meiner Mutter eine Ausbildung im Bereich Feinmechaniker gemacht hatte. Er stammt aus Thüringen, meine Mutter aus der Region Leuna. Durch meine Eltern hatte ich immer eine gewisse Affinität zu Technik. Dennoch haben sie uns nie in diese Richtung gedrängt. Meine Eltern haben immer Vollzeit gearbeitet, meine Mutter auch als Berufsschullehrerin. Ich bin in den Kindergarten gegangen, in die Krippe nicht. Meine Schwester sollte gehen, aber das klappte nicht, da haben meine Eltern jemanden genommen, der auf uns zu Hause aufpasste. Die »Tanti« betreute uns zwei Mädchen und meinen Bruder als Nachzügler ebenso. Meine Schwester ist Ingenieurin der Verfahrenstechnik, mein Bruder Ingenieur im Bereich Verkehrswesen.

Ich bin 1966 in die Schule gekommen. Wir sind in eine neue Stadt gezogen, nach Schwedt. Meine Eltern haben dort mitgeholfen, das Petrolchemische Kombinat aufzubauen. Dort bin ich zwölf Jahre lang zur Schule gegangen, habe an der Erweiterten Oberschule Abitur gemacht. Danach habe ich gleich das Studium begonnen: technische Kybernetik und Automatisierungstechnik in Thüringen für 4 ½ Jahre Regelstudienzeit. Ich bin gerne zur Schule gegangen, und dass ich studieren wollte, war von vornherein klar. Meine Eltern haben das unterstützt, die gehörten damals zur sogenannten technischen Intelligenz. Es war also nicht ganz selbstverständlich, dass ich zur Erweiterten Oberschule gehen konnte, das hat Kampf und Krampf gekostet, weil andere Kinder gefördert werden sollten. Ich kann mich noch entsinnen, dass von der Schule die Nachricht kam, wer abgelehnt wurde und wer nicht. Ich hatte Glück und bekam den Platz. Es war mein Studienwunsch, aber ich sage es so: Mit zwölf wollte ich Tierärztin werden, mit 16 hat mich die Hirnforschung interessiert. Als es um die Auswahl des Studiums ging, habe ich mich mehr darum gekümmert, was überhaupt möglich war. Zu dieser Zeit fand ich Bionik sehr interessant, etwas, was heute gerade wieder Fuß fasst. Mein Studium war der Kompromiss zur Bionik. Ich habe während des Studiums, 1978, meinen Mann kennengelernt, geheiratet haben wir 1981. Wir waren in der Studiengruppe ungefähr 20 Studenten, darunter fünf Mädchen.

Mein Mann war ein hervorragender Student und bekam das Wilhelm-Pieck-Stipendium*. Ihm wurde auch eine Assistenz angeboten und ich konnte nach dem Studium ein Forschungsstudium machen. Ich hatte 2 ½ Jahre Promotionszeit. Mein Mann hat ebenfalls promoviert. Wir Studentenehepaare bekamen auf dem Campus ein Zimmer, in dem wir mit Kind gelebt haben, denn unser Sohn wurde 1981 geboren. Ein Zimmer, zehn Quadratmeter, Gemeinschaftsküche, Gemeinschaftstoilette, Gemeinschaftswaschräume. Und bei dieser Wohnungsgröße dauerte das Aufräumen einen Tag.

Mit neun Wochen kam unser Kind in die Krippe. So war es halt. Mein Mann und ich haben uns abgewechselt. Die erste Kinderkrippe lag sechs Kilometer weit weg, eine Strecke, und wir hatten kein Auto. Für die erste Vorlesung waren wir abwechselnd freigestellt, damit wir das Kind in die Krippe bringen konnten. Und abends wieder, sechs Kilometer hin, sechs Kilometer zurück. Da war ich gut durchtrainiert. Ein wenig später haben wir einen Krippenplatz in der Nähe bekommen und im Winter 1983 eine Wohnung. Das war das Gemeindehaus, eigentlich ein früheres Armenhaus am Ortsrand. Drei Zimmer auf 28 Quadratmeter, die Toilette eine Treppe tiefer, das Bad, mit Holz zu befeuern, in einem Anbautrakt, und alles Ofenheizung. Die Wände waren aus Lehm, da konnte man die Nägel mit den Fingern reindrücken. Als wir einzogen und uns ein bisschen einrichteten, haben wir unter der Tapete noch die alten Zeitungen von früher gefunden. Wenn wir unseren Sohn im Winter mitnahmen, schnallten wir den Kinderwagen auf den Schlitten und zogen ihn über das Feld.

Damals leisteten wir uns einen Waschvollautomaten, der kostete über 2.000 Mark. Meine Eltern hatten eine Eheversicherung* abgeschlossen, da erhielten sie 1.400 Mark, die bekamen wir.

An der Hochschule habe ich gearbeitet, bis mein Mann seine Assistenzzeit abgeschlossen hatte. Wir beide wollten von der Hochschule weg in die Industrie und fokussierten uns auf Berlin. Ich fing im Amt für Erfindung und Patentwesen Berlin an. Das ging über eine Vermittlung: Die Institutionen fragten an den Hochschulen an, ob jemand Interesse an einer bestimmten Position hatte.

Es wurde aber schwierig; ich wollte gerne arbeiten, aber eine Wohnung in Berlin zu bekommen war zu der Zeit äußerst kompliziert. Wenn wir etwas zum Tauschen gehabt hätten, wäre es vielleicht einfacher gewesen, aber das hatten wir nicht. Mein Mann arbeitete bei der Akademie der Wissenschaften und die hatten ein Wohnungskontingent in Marzahn. Dort bekamen wir eine Wohnung. Mit unseren zwei Kindern, unsere Tochter war 1986 noch in Thüringen geboren, zogen wir 1987 nach Berlin. In Berlin habe ich gehofft, einen Krippenplatz zu bekommen, aber das war nicht einfach. Und so habe ich mir bei meinem Chef »den ersten Schiefer eingezogen«, weil ich nicht zu dem von ihm gewünschten Zeitpunkt anfangen konnte. Ich fand keinen Krippenplatz. Es ist ja nicht so, dass man sich einfach anmelden konnte und einen Krippenplatz bekam. Das ging über die Betriebe. Schließlich bekamen beide Kinder einen Platz im Betriebskindergarten. Die Kindergärten wurden von der Stadt gebaut, und die Betriebe übernahmen sie. Vier Monate arbeitete ich Teilzeit, weil meine Tochter oft krank war. Ich wollte aber immer voll arbeiten. Ohne die Anfälligkeit meiner Tochter hätte ich nicht auf Teilzeit umgestellt.

Da in meinem Elternhaus schon von meiner Mutter ökonomische Unabhängigkeit gelebt wurde, war das für mich selbstverständlich. Kein eigenes Geld zu verdienen, wäre mir nicht in den Sinn gekommen. Das sah meine Mutter genauso. Mein Vater hat im Haushalt geholfen und mein Mann macht das genauso. Damals war es aber noch homogener verteilt, da die Kinder zu versorgen waren, die Wäsche zu waschen, zu bügeln oder Staub zu saugen – was eben anfällt. Das machte mein Mann mit dem gleichen Verständnis wie ich. Er sagt trotzdem manchmal

»Heute ist es besser, wenn du kochst und nicht ich«. Einmal war ich zwischendrin sehr krank, da hat er die Kinder alleine versorgt und das auch hingekriegt. Manchmal hätte ich mir gewünscht, dass die Großeltern näher bei uns gewohnt hätten, dann hätten wir uns leichter getan. Aber wir sind klar gekommen, weil sich jeder darauf eingestellt hat.

Meine Tochter sagt heute: »Ich bin das beste Beispiel dafür, dass es nicht geschadet hat, dass wir in die Kindereinrichtungen gegangen sind.« Sie macht es bestimmt bei ihren Kindern auch mal so. Bei meinem Sohn ist es heute schon genauso. Ich habe zwei Enkelkinder.

Bei meiner Tochter habe ich mir das eine Jahr Elternzeit gegönnt. Mein Sohn und meine Schwiegertochter haben es ebenso gemacht. Jetzt kann ja auch der Mann zu Hause bleiben, das haben sie gemeinsam toll ausgenutzt. Er blieb beim ersten Kind mehrere Monate zu Hause, beim zweiten Kind nur zwei Monate, da er gerade den Arbeitgeber gewechselt hatte. Ich hoffe, ich habe die Denkweise der Gleichberechtigung an meine Kinder weitergegeben.

Die Wende kam für mich in Berlin. Die Wende, nicht nur die Öffnung der Mauer, war ein Prozess. Mindestens 1 ½ Jahre vorher gab es die ersten Anzeichen. Wir haben das verfolgt, denn die Zeit war sehr spannend, vor allen Dingen als die Berichterstattung offener wurde. Die *Aktuelle Kamera* war zu jeder Sendezeit eine neue *Aktuelle Kamera*, das kannten wir vorher so nicht. Leider erlebe ich heute, dass in der Fasson à la DDR die Nachrichten, die ich früh um sechs höre, dieselben sind wie die, die um 09:00 Uhr gesendet werden. Ich glaube, wir haben geschlafen, als die Mauer geöffnet wurde. Das war ein Ereignis, das keiner vorhersehen konnte. Und am nächsten Tag bin ich ganz normal zur Arbeit gefahren. Ich habe in einem speziellen Bereich gearbeitet, in dem man besondere Bedingungen erfüllen musste und nicht einfach in den Westen gehen oder reisen konnte. Einige erklärten dem Chef, dass sie jetzt nach Westberlin möchten, um sich das alles anzugucken. Zu diesem Zeitpunkt war die gesamte Stimmung in dem Umfeld so: »Ja, das möchten wir auch mal sehen.« Aber es gab keinen Trend dazu, jetzt die Chance zu nutzen, das Land auf Nimmerwiedersehen zu verlassen. Man wusste nicht, in welche Richtung sich das Ganze entwickeln würde. Meine Eltern kamen an einem Wochenende, da war die Mauer schon mindestens eine Woche lang auf, und sagten: »Na, jetzt sollten wir doch mal gemeinsam rüber fahren.« Das haben wir dann gemacht.

Ich weiß noch, was mich wirklich beeindruckt hat: Es war ein Stand in einem Kaufhaus mit Blumen über Blumen. Mein Sohn war 1989 acht Jahre alt, und ich empfand diese überladene Buntheit für das Kind als eine Überforderung. Nach der Wende sind wir zu unserer Oma gefahren, die lebte im Westen. Die Oma hatte uns zu DDR-Zeiten das eine oder andere zukommen lassen, weil wir ja eine Zeitlang noch Kontakt haben durften, aber dann nicht mehr. Da hat mich am meisten überrascht, wie hohl die Brötchen vom Bäcker waren und wie dünn der Aufschnitt beim Metzger geschnitten wurde.

Ich war damals schon auf dem Absprung zu einem anderen Arbeitsplatz. Von Marzahn jeden Tag in die Stadt rein, und dann zwei kleine Kinder, der sechsjährige Sohn mit dem Schlüssel in der Tasche, damit er in die Wohnung kam, Telefon, Handy gab es nicht – das war nicht ideal. Ich hatte zwei S-Bahnstationen weiter bei einer großen Computerfirma eine Stelle bekommen. Mein Mann hat es anders getroffen, bei ihm fingen die Abwicklungsmechanismen an, und er bekam die Chance, bei einer Westberliner Firma übernommen zu werden. Er kam zu einem Projekt, das er schon zu DDR-Zeiten mit bearbeitet hatte. Das war letzten Endes der Auslöser, dass wir 1992 Berlin ganz verlassen haben, weil die Firma meines Mannes an den Rand von München zog und wir mit. Mein Mann versuchte, für uns eine Wohnung zu finden. Allerdings sah man 1992 zwei Hunde lieber als zwei Kinder. Da habe ich mich schon gefragt, wo ich denn hier hingeraten bin. Andererseits muss ich aber sagen, dass wir schon lange ganz tolle Nachbarn haben.

Wir sind bis heute geblieben. Aber ich habe im Unterschied zu meinem Mann noch in verschiedenen Firmen fast zehn Jahre gearbeitet, bevor ich dort ankam, wo ich heute noch bin.

Ich ging in der Arbeit immer offen an Neues heran, mit der Einstellung: »Gut, das kennst du nicht, das wirst du dir mal anschauen, wie das geht, vielleicht hältst du dich erst einmal zurück als jemand, der neu ist.« Das erste Erlebnis war, dass die Unterbringung von Kindern in Krippe und Kindergarten in München und Umgebung keine Normalität war. Ich musste mich bei der Gemeinde melden, kam auf eine Warteliste, und die Nachbarin, die ich kennenlernte, sagte, sie würde schon ewig warten, ich solle mir keine großen Hoffnungen machen. Auf dem Arbeitsamt sagte ich, dass ich arbeitssuchend sei. Da wurde ich erst einmal darüber aufgeklärt, dass ich gar nicht arbeitssuchend sein könne, weil ich ja dafür Sorge zu tragen hätte, dass meine Kinder betreut werden. Das war der erste Schock. Ich blieb ein paar Monate zu Hause, ich glaube vier. Ich habe mich frei beworben, Zeitungen studiert und bin bei einer kleineren Firma angestellt worden, wieder mit einem sehr langen Arbeitsweg. Das war relativ problematisch in der Großstadt und einer Wohnung am anderen Ende. Ich bekam in dem Ort am Rande von München, in dem wir uns angesiedelt hatten, einen Kindergartenplatz, sehr zum Leidwesen dieser Nachbarin. Sie meinte: »Naja, ihr werdet eben wie Ausländer behandelt.« Der Kindergarten war sehr gemischt, sehr viele türkische Kinder, syrische Kinder, schon damals also die Kinder der zugewanderten Arbeiter und Arbeiterinnen. Die Kosten für die Kindereinrichtungen waren nicht so dramatisch, deshalb kann ich mich daran nicht mehr erinnern. Meine Tochter ging in Berlin sehr gerne in den Kindergarten, zu dem sie sogar nach dem Umzug noch Kontakt gehalten hat. Sie hat zu Hause angemahnt, dass sie hier in München wieder in den

Kindergarten möchte – nur mit mir wollte sie nicht den ganzen Tag zu Hause sein. In Berlin gab es liebevolle Erzieherinnen, ebenso in München. Ich war zufrieden.

Bei meinem Sohn war es in der Schule nicht so gut. Anlaufschwierigkeiten in dem Sinne waren es nicht, außer dass er sich etwas zurücklehnen konnte. Er kam hier in die vierte Klasse, war in Berlin in einer Schule, die seit der dritten Klasse erweiterten Englischunterricht hatte, das gab es hier noch nicht. Er ist in Berlin sehr beweglich gewesen, musste eigenständig mit der S-Bahn in die Schule fahren – undenkbar aus dem Blickwinkel der Eltern in meinem neuen Umfeld. Ich erinnere mich an eine Elternversammlung, wo geplant werden sollte, dass die Lehrerin mit den Viertklässlern für drei Tage in ein Landschulheim fährt. Die Diskussion habe ich heute noch im Ohr: Ob man das den Kindern zumuten könne. Mein Gedanke war eher, ob man das den Lehrern zumuten könne. Aber hier im Bayerischen wurde entschieden, dass die Kinder mit zehn nicht drei Tage von zu Hause weg sein könnten. Das hat mich schon erstaunt. Ich habe meinen Sohn in der ersten Klasse in der DDR ins Ferienlager geschickt. Natürlich hat er nicht jeden Tag seine Socken gewechselt, aber er kam als glückliches Kind zurück. Und der größte Wunsch von ihm war es, gleich noch mal fahren zu dürfen.

Nun wird ja das bayrische Schulsystem hoch gelobt. Ich wundere mich bis heute darüber. Wenn man in der ersten Klasse bis 10 rechnen lernt und in der zweiten Klasse bis 100 und in der dritten Klasse bis 1.000, lernt man im Grunde dabei nichts Neues. Aus der Perspektive, so wie wir Schule erlebt haben, ist das Klippschule. Eines Tages kam mein Sohn nach Hause und sagte, er müsse jetzt das halbschriftliche Dividieren lernen. In Berlin hatte er aber schon das richtige schriftliche Dividieren gelernt, und wir redeten mit der Lehrerin, dass er gleich das richtige Verfahren anwenden durfte.

Ich merkte, dass ich im Arbeitsprozess anders bin als andere, denn ich hatte zwei Kinder und ging arbeiten. Deshalb stand ich früh vor 06:00 Uhr auf, war um sieben oder halb acht auf der Arbeit – und keiner war da. Und wenn die anderen eintrudelten, denn es gab bestimmte Freiheitsgrade, habe ich, salopp gesagt, manchmal schon die Tasche gepackt, um meine Kinder abzuholen. Das hat nicht unbedingt Verständnis hervorgerufen. Ich wollte ja etwas zurückhaltender auftreten und erst einmal schauen. Als mir ein Fehler unterlief, weil die Arbeit für mich Neuland war, wurde das nicht angesprochen, wie man vermuten könnte. Irgendjemand hat den Fehler bereinigt und als der Vorgang gebraucht wurde, wurde mein Fehler plötzlich thematisiert. Ich bin zum Chef gegangen und habe gefragt, was sie sich davon versprächen, es nicht sofort zu sagen, wenn jemand etwas falsch gemacht habe. Ich würde mir wünschen, dass man direkt auf den Menschen zugehe, gerade wenn etwas schief laufe, damit man sich dem Problem stellen könne und den Fehler nicht noch einmal machte. Aber das kam nicht gut an.

Ich suchte mir etwas Neues und fing in einem anderen kleinen Ingenieurbüro für Softwareentwicklung an, das hat mir sehr gut gelegen. Mit den Inhabern dieser Firma habe ich bis heute Kontakt. Mit der damaligen Chefin habe ich gleich darüber gesprochen, dass sie mich ansprechen soll, wenn es etwas zu beanstanden gibt, statt Bedenken zu haben, dass ich damit nicht umgehen könnte. Und da ist mir diese Frau aus dem Westen um den Hals gefallen und hat gesagt: »Endlich kommt mal jemand, der das so sieht!« Es war eine Firma, die sich für die Mitarbeiter einsetzte, vor allem, als es schlecht lief. Das war eine sehr positive Erfahrung.

Natürlich bin ich unterschwellig gefragt worden: »Na, war das denn nicht schlimm im Osten?« Es war ja auch nicht alles toll. Ich kann mich noch entsinnen, dass wir in Berlin wohnten und ich unbedingt einen Friseurtermin brauchte; da wurde mir offeriert, dass ich in einem halben Jahr wiederkommen könnte. Da habe ich gedacht, dass da irgendwas nicht stimmt. Gerne wären wir beweglicher gewesen, zum Beispiel mit einem Auto. Den ersten Trabbi haben wir uns noch in der Wendezeit für den vollen Preis gekauft, damals 15.000 Mark. Und bekommen haben wir ihn, weil ihn keiner mehr wollte.

Meine Eltern sind stets mit uns Kindern verreist, das war sehr schön. Wir haben regelmäßig Winter- und Sommerurlaub gemacht. In Ungarn waren wir, meine Eltern haben die Sowjetunion bereist, mein Mann und ich ebenfalls. Meine Schwester und ich haben als junge Mädchen eine Kreuzfahrt auf dem Schwarzen Meer gemacht. Dass gar nichts ging, kann man nicht behaupten. Es hat einem keiner was hinterher geworfen, man musste sich kümmern. Ich will nicht verhehlen, dass es war wie heute auch noch oft: Man kannte jemanden, der jemanden kannte … dann hatte man Glück.

Ich fand es spannend, über das Leben in beiden Systemen Bilanz zu ziehen, in denen ich gelebt und die ich genossen habe. Verbundenheit, Solidarität, das Miteinander, die Freude am gemeinsamen Schaffen, das ist das, was ich heute häufiger vermisse.

Was die materielle Seite angeht, so sind wir ein Glücksfall. Wir können als Familie materiell aus dem Vollen schöpfen, auch meine Kinder. Die Frage ist nur, was den Menschen zufrieden macht. Mit dem Blick auf meine nächste Null im Alter merke ich doch, dass materielle Sicherheit im Leben wichtig ist, aber nicht allein Zufriedenheit verspricht.

Schon als junger Mensch hat mich die Frage umgetrieben, was das Leben ausmacht. In der Bilanz muss ich sagen: Ich glaube, dass meinem Mann und mir vieles gut gelungen ist, wir haben zwei Kinder, gut geraten, und freuen uns über die Enkel. Ich möchte auch nicht missen, dass ich es so kennengelernt habe, wie ich es kennengelernt habe, mit allen schwierigen Facetten.

Junge Frauen und auch Männer sollen sich möglichst früh überlegen, wo sie im Beruf ankommen wollen. Ich verstehe nicht, dass heute ein Abitur vergeben wird, was Reifezeugnis heißt, aber die jungen Leute nicht wissen, wo sie mit ihrem Leben hinwollen, und die sind in der Regel zwei Jahre älter als wir damals. Unser Anspruch früher war sicher hoch, aber ich empfand das als positiv. Also, bitte orientiert euch früh und findet rechtzeitig heraus, was ihr wollt. Dieses Rumexperimentieren, hier mal etwas probieren, da mal etwas probieren, bringt sicher Erfahrung, aber mich hat das Leben gelehrt, dass man immer Kompromisse eingehen muss, um Dinge, die einem wichtig sind, zu erreichen. Das bedeutet in erster Instanz, die richtige Berufswahl zu treffen.

Alles wäre nie möglich gewesen ohne die Unterstützung meines Mannes
Ursula, Jahrgang 1935

Ost: angestellte Gynäkologin   West: selbstständige Gynäkologin

Ich war eigentlich ein Mutterkind, denn mein Vater musste, als ich fünf Jahre alt war, in den Krieg ziehen, und kam, als ich schon zwölf war, wieder nach Hause. Meine acht Jahre ältere Schwester, die mein Vater in die Ehe mitbrachte, und ich sollten gleich erzogen werden. Das ließ sich schwer realisieren. Unserer Mutter war Bildung wichtig. Sie kam aus ganz ärmlichen dörflichen Verhältnissen, wollte, dass wir gut gebildet werden. Ihre Eltern waren Landarbeiter. Sie hat immer versucht, dass wir mehr lernen können, als es ihr möglich war. Lernen war für sie Herzenssache. Und das war bestimmt nicht einfach. Unmittelbar nach dem Krieg war sie ja gezwungen, ganz allein die Wirtschaft zu führen, ehe mein Vater zu uns zurückkam. Für sie war ganz klar, dass ich nach der achten Klasse weiter zur Schule gehen sollte. Das ging ja nicht so einfach in unserem kleinen Dorf in der Uckermark. Ich habe noch erlebt, dass fünf Jahrgänge in einer Klasse unterrichtet wurden.

Nach dem Krieg änderte sich die Situation, als plötzlich ganz viele Flüchtlingskinder in die Schule kamen. Es wurde klassenweise unterrichtet und zum Ende der achten Klasse besuchte ich die Zentralschule für Schüler mehrerer Orte im Nachbardorf. Nach Abschluss der achten Klasse wurde sortiert, wer in die Oberschule gehen konnte. Ich ging als einzige aus dem Dorf zur Erweiterten Oberschule nach Angermünde, das war unsere Kreisstadt. Um dorthin zu kommen, musste ich vier Kilometer bis zum Bahnhof mit dem Fahrrad und dreißig Kilometer mit dem Zug fahren. Das ging nicht täglich. So wohnte ich in einer Art Pension bei einer Frau zur Untermiete mit drei weiteren Schülerinnen und Schülern. Ich war da 15 Jahre alt.

In dieser Zeit gründete meine Mutter im Dorf einen Frauenausschuss, organisierte die Frauen. Sie kümmerten sich um die vielen Flüchtlingskinder, bezogen die Flüchtlingsfrauen in die Arbeit ein. Sie hat gegenseitige Hilfe organisiert, Feste vorbereitet. Wir, ihre Kinder, haben sie dabei natürlich unterstützt. Als ich in der zehnten Klasse war, wurde meine Mutter plötzlich sehr krank und kam für drei Monate ins Krankenhaus. Mein Vater schaffte es mit der Wirtschaft und den Tieren nicht allein. So musste ich diese drei Monate zu Hause bleiben, ihm helfen, und konnte nicht in die Schule gehen. Als sie wieder zu Hause war, entschied sie, dass ich wieder zur Schule gehen konnte. Meine Mutter hat immer darauf geachtet, dass ich nicht unter die Räder komme und aus mir was wird. Später konnte sich meine Mutter fortbilden und wurde sogar Bürgermeisterin in unserem Dorf.

Nach dem Abitur begann ich, in Greifswald Medizin zu studieren. Leider nur ein Jahr, da danach dort nur noch Militärmedizin studiert werden konnte. Ich setzte mein Studium in Berlin und die Facharztausbildung Gynäkologie an der Charité fort. In diesen Jahren wurde eine ganze Reihe von Frauen zur Behandlung eingewiesen, die eine Abtreibung vornehmen lassen wollten oder an denen sie schon durchgeführt worden war. Wir fanden schreckliche Dinge an diesen Frauen, einige sind an den Folgen gestorben. Unsere Aufgabe bestand auch darin, zur Hausgeburtshilfe zu fahren, dort gemeinsam mit den ambulant tätigen Hebammen bei Entbindungen zu helfen. Oft mussten wir Fehlgeburten ausräumen. Wenn die Frauen es schon geschafft hatten, dass es zur Fehlgeburt kam, mussten wir die Reste beseitigen. Das war ganz schlimm für die Frauen, deren Familien, und auch für uns. Daher waren wir sehr aufgeschlossen, als wir später die Pille verordnen konnten. Zuerst hörten wir von der Pille, als Pharmavertreter aus dem Westen in die Charité kamen. Sie meinten, man könnte das doch mal probieren. Das war uns ganz neu und unser alter Chef hatte überhaupt nichts dafür übrig. Aber man hörte, dass einige Assistenzärzte die Pille im Familienkreis ausprobierten, weil wir diese hässlichen Abtreibungen gesehen hatten.

Im Jahr 1968 bin ich in ein Ambulatorium nach Treptow gekommen und begann gleichzeitig, gemeinsam mit anderen Gynäkologen in der Schwangerenberatung im Stadtbezirk zu arbeiten. Zur damaligen Zeit konnte man eine legale Schwangerschaftsunterbrechung beantragen. Darüber entschied die sogenannte Unterbrechungskommission, in der ich mitarbeitete. Gründe für Genehmigungen waren gesundheitliche und soziale. Einer Abtreibung zugestimmt wurde, wenn man bereits mehr als vier Kinder oder schwierige gesundheitliche Einschränkungen oder soziale Probleme hatte. Auch als es bereits die Pille gab, kam es trotzdem noch zu ungewollten Schwangerschaften. Andere Gynäkologen waren von der Pille nicht so begeistert. Mein Chef kritisierte mich einmal, weil ich sie einer 18-Jährigen verordnet hatte. Nur Frauen ab 19 Jahren sollten sie zunächst erhalten, es könnte schädlich für die Frauen sein. In den ersten Jahren musste die Pille von allen über 18-Jährigen noch bezahlt werden, außer von Familien mit vielen Kindern.

1966 kam unser erstes Kind, nachdem wir 1964 geheiratet hatten. Es war schwierig für mich, meine Schwangerschaft bekannt zu geben. Zum einen waren nur zwei der etwa 35 Gynäkologen Frauen, und zum anderen war ich die erste Gynäkologin im Haus, die ein Kind bekam. Das war schwierig, weil der Chefarzt natürlich in Sorge war, wie der Dienst erfolgen sollte, wenn das Kind da war. Das Übliche war: Dienst von früh um 7:00 Uhr bis zum Abend um 19:00 Uhr, und dann hatten wir jeden dritten Tag Nachtdienst zusätzlich. Uns stand ein Zimmerchen zur Verfügung, in dem man nachts schlafen konnte, wenn nichts zu tun war. Nach der Entbindung war ich sechs Wochen mit dem Kind zu Hause. Dann ging ich in die Klinik und unser Sohn in die Krippe. Mein Mann arbeitete damals in Potsdam. Das hieß fliegende Übergabe des Kindes, aber wenn der Mann nicht pünktlich nach Hause kam, musste ich aus der Klinik in die Krippe, das Kind abholen, und es ihm in der Klinik übergeben. Ich fand immer Kolleginnen, die mich unterstützten. In Berlin hatte ich ja niemanden aus der Familie, der helfen konnte.

Als das zweite Kind 1968 kam, hatte ich inzwischen schon die Facharztprüfung erfolgreich abgeschlossen. Ich bemühte mich um eine ambulante Stelle, um mit den Kindern besser zurechtzukommen. Das zweite Kind starb leider. Mein Sohn ging in die Kinderkrippe in Treptow, ich nahm ihn also immer mit zur Arbeit, denn wir wohnten in Mitte. Am Haushaltstag* war er zu Hause, und er sagte dann immer: »Heute haben wir Haushaltstag.«

Wir haben, nachdem unser zweites Kind verstorben war, eine Tochter adoptiert. Dazu mussten wir einen Antrag auf Adoption stellen. Die Befürwortung war nicht einfach. Das dauerte alles lange. Wir hatten es schon aufgegeben und dann kam plötzlich nach fünf Jahren der Bescheid. Man meinte, dass ein kleines Kind nicht mehr infrage käme und es musste gerade ein Kind unbedingt untergebracht werden. Also haben wir das Kind aus Leipzig zu uns geholt und großgezogen. Da war sie acht Jahre alt. Sie wurde Krankenschwester. Nach ein paar Jahren in diesem Beruf begann sie, Linguistik zu studieren, und lebt jetzt in Holland als Dozentin. Sie ist unverheiratet.

Als mein Mann in Potsdam arbeitete, verließ er früh gegen 4:30 Uhr das Haus und kam abends um 19:00 Uhr nach Hause. Wenn ich Spätdienst hatte, holte er abends die Kinder aus der Kindereinrichtung in Johannisthal ab. Nachher, als sie in die Schule gingen, war das alles unproblematischer. Sie gingen früh allein zur Schule und kamen abends allein aus dem Schulhort nach Hause. Bis zum Ende der vierten Klasse besuchten sie den Hort. Später gingen sie nachmittags zu schulischen und außerschulischen Freizeitveranstaltungen und zum Sport, zum Volleyball, Segeln.

Unser Sohn hat in Mittweida Elektronik studiert. Er wollte die Erweiterte Oberschule nicht besuchen und erlernte zunächst einen Beruf. Nach seiner Rückkehr von der Armee holte er das Abitur nach und ging zum Studium nach Mittweida. Nun lebt er in Frankfurt am Main, ist inzwischen selbstständig, verheiratet, hat zwei Söhne, die jetzt studieren. Mein Sohn ist glücklich mit seiner Arbeit, weil er sein Hobby zum Beruf gemacht hat.

In meiner täglichen Praxis hörte ich einiges über die Sorgen und Nöte der Frauen, natürlich auch über die Freuden der Schwangerschaft. Die Belastung der Frauen war manchmal doch recht groß, vor allem, wenn sie mehrere Kinder hatten und erfolgreich im Beruf sein wollten. Der Haushaltstag* war gut, und auch dass Frauen mit mehreren Kindern in den letzten Jahren der DDR nicht mehr 43, sondern nur noch 40 Stunden in der Woche arbeiten mussten. Die Belastung war trotzdem immer da und die Frauen äußerten dies auch.

Trotz dieser Doppelbelastung aus Berufstätigkeit, der Versorgung der Kinder und der relativ geringen Hilfe durch die Männer wollten alle gerne arbeiten, um selbstständig zu sein. Sie wollten die Männer nicht um jeden Pfennig fragen müssen, wie das im Westen oft noch der Fall war. Sie genossen auch die Anerkennung im Beruf. Vielen war es ein bisschen zu viel, sie hätten gern verkürzt gearbeitet. In vielen Berufen war das leider nicht möglich. Zum Ende der DDR bemerkte ich eine Abnahme des Kinderwunsches. Zudem konnte man die Unzufriedenheit spüren. In der Praxis merkte man, dass viele Frauen mit der gesellschaftlichen und auch ihrer familiären Situation, besonders bei vielen Kindern, überfordert waren. Wir haben in dieser Zeit häufiger als später Unterleibserkrankungen behandelt. Adnexiten, Eierstockentzündungen, traten in dieser Zeit besonders häufig auf. Das fiel uns auf. Belastungen und Beschwerden wurden wohl so projiziert. Man weiß ja, dass die Psyche eine ganz große Rolle bei vielen Erkrankungen spielt, und es hat sich wohl in der Zeit vor und unmittelbar zur Wende gezeigt, wie belastet Frauen waren. Sicherlich bestand auch Angst vor Entlassungen und davor, was aus den Kindern werden sollte. Nach der Wende ebbte dies ab.

Mein Leben hat sich nach der Wende völlig geändert. Bis dahin war ich angestellt, kümmerte mich nur um alles Medizinische, um keine Organisation. Das erledigte das Ambulatorium, zum Beispiel wurde die Schwester von der Verwaltung eingestellt. Eine totale Veränderung war die nun selbstständige Praxis. Jetzt musste ich mich um alles selbst kümmern, von der Organisation bis zum Ankauf neuer Instrumente. Wir benötigten völlig neue Technik. Plötzlich musste ich die Ultraschalluntersuchung selber durchführen, stand ein eigenes Mikroskop auf dem Tisch, musste umgebaut werden. Die Wende war also ein ziemlicher Einschnitt in meinem Leben.

Positiv war die Selbstständigkeit, ich konnte nun selbst alles entscheiden, auch wie viel ich arbeiten wollte. Negativ empfand ich die Reglementierung durch die Kassenrechtliche Vereinigung. Plötzlich musste ich mich rechtfertigen, wenn ich zu teure Medikamente verschrieb. Andererseits war es vorteilhaft, dass man jetzt für jeden Patienten bezahlt wurde und nicht wie früher ein pauschales Gehalt bekam, unabhängig davon, wie viel oder wenig man gearbeitet hatte. Nun erfolgte die Abrechnung nach Patientenzahlen, nach der Leistung, die man am Patienten erbrachte. Natürlich mussten wir nach der Wende Erfahrungen sammeln, wie man mit den neuen Finanzen zurechtkommt, man musste Entscheidungen treffen, ob und wie man die Räume modernisiert. Nun wollten wir sie ein bisschen anders gestalten, etwas individueller. Dann musste ich erstmals lernen, mit Schulden und Krediten zu leben. Aber irgendwie haben wir das ganz gut hinbekommen, trotz der wirklich miserablen Beratung meiner Westkollegen.

Man hatte uns in Westberlin Kurse angeboten, bei denen wir lernen sollten, wie man abrechnet. Das war schrecklich. Da ging es nur darum, wie man abrechnen kann oder muss, um immer mehr Geld zu verdienen. Das war mir völlig unangenehm. Und als der Steuerberater meine Patientenzahlen sah, schwebte ihm eine Planung der Patientenzahlen, der Investitionen und der Kreditaufnahmen in den Größenordnungen vor: »Jetzt 1.200 Patienten und im Jahr 2003 dann 2.400 Patienten.« Da sagte ich: »Stopp.« Ich behandelte ja vor der Wende im Quartal 2.000 Patienten und nach der Wende 1.200. Die Steigerungen waren illusorisch.

Im Umgang mit den Kollegen veränderte sich nach der Wende wenig. Wir waren ja alle schon miteinander im Ambulatorium verbunden. Meine Schwestern übernahm ich natürlich. Eine Veränderung bei den Patientinnen spürte man auch. Es wurden weniger, weil es plötzlich viel mehr niedergelassene Ärzte gab. Die Betriebsärzte mussten ja alle neue Arbeit finden und auch aus Verwaltungen kamen Kollegen und eröffneten Praxen. Diese Verteilung der Patienten war nicht von Nachteil, denn wir hatten vor der Wende mitunter zu viel zu tun. Wir konnten uns oft nicht genug Zeit für die Patienten nehmen. Aber man bemerkte auch Veränderungen an den Patientinnen. Im Wesentlichen behielten wir ja unseren alten Patientenstamm. Wenn welche aus dem Westen kamen, schauten sie natürlich erst einmal, wie die Praxis aussah. Einige haben Ansprüche gestellt, sie wollten, dass sich Äußerlichkeiten veränderten. Im Allgemeinen wohnten unsere Patienten in der Umgebung und besuchten die Praxis weiter.

Einiges veränderte sich durch die fünf bis sechs Prozent Privatversicherten. Einige stellten andere Ansprüche. Aber das war zu verkraften. Schrecklich war, dass wir die Arzneikosten selbst abrechnen mussten. Ich wurde mehrmals von der Kassenärztlichen Vereinigung angemahnt, die Kosten niedriger zu halten, nur Medikamente im Rechner zu suchen, zu verschreiben, die kostengünstig waren. Das war nicht immer einfach. Leider bestand bei manchen Medikamenten derselben Zusammensetzung und Dosierung eine Differenz zwischen 75 und 175 Mark. Das war besonders schwierig, wenn Patienten aus der Klinik kamen, ihnen dort ein teures Medikament verordnet wurde und die Medikation weitergeführt werden sollte. Wenn die Arzneikosten im Quartal höher als der Durchschnitt lagen, wurde man angemahnt, dann musste man sich rechtfertigen. Wenn die Begründung nicht angenommen wurde, sollte man zurückzahlen. Ich bin nie in die Verlegenheit gekommen, zurückzuzahlen, aber der Aufwand, alle Krankenakten herauszusuchen und zu prüfen, was rezeptiert wurde, warum das notwendig war – einfach wahnsinnig. Als ich aufgehört habe, musste ich mich noch zwei Jahre danach rechtfertigen, denn die Abrechnungszeiträume gingen ja über zwei Jahre.

Dieser Druck, diese Kontrolle der Abrechnung und die Bürokratie waren neben dem Alter Gründe, dass ich im Jahr 2000 aufgehört habe zu praktizieren. Zwei Jahre vorher begann ich, eine Nachfolgerin zu suchen. In Kliniken schaute ich mir die Leute in der Facharztausbildung an und fand dort eine gute Nachfolgerin, die zu meiner Praxis, den Beschäftigten und Patienten passte. Dazu kam, dass ich erstmals in meinem Leben relativ viel Geld verdiente, sodass wir das Haus bauen konnten. Das war notwendig geworden, weil wir plötzlich meine Eltern pflegen mussten. Ins Heim wollten wir sie nicht geben. Vor der Wende hätten wir uns nie vorstellen können, mal ein Haus zu bauen, weil wir uns auf der Fischerinsel wirklich wohlgefühlt haben. Möglich, dass wir vielleicht die Arbeit mit Haus und Garten scheuten, uns das nicht vorstellen konnten, weil wir ja noch den ganzen Tag arbeiteten.

Nachdem ich die Praxis aufgegeben habe, bin ich wöchentlich in die Humboldt-Universität gefahren und habe Vorlesungen in Philosophie und Psychologie gehört. Ich wollte nicht in ein Loch zu fallen, also habe ich mich der Kommunalpolitik zugewandt. Ich war in der Gemeindevertretung als sachkundige Einwohnerin im Sozialausschuss tätig und später für zwei bis drei Jahre Abgeordnete. Das hat mir Spaß gemacht. Dabei lernte ich meinen Ort und die Bewohner erst richtig kennen. Bis dahin war es für mich mehr Schlafstatt. Nun bringe ich mich im Kulturverein ein. Wir haben vor sieben Jahren den Verein »Kulturhaus Alte Schule« gegründet und machen sehr interessante Veranstaltungen. Einmal in der Woche betreue ich ein Kultur-Café am Markt mit selbstgebackenem Kuchen. Jeweils 25 bis 30 Leute trinken Kaffee und unterhalten sich über Gott und die Welt. Außerdem gibt es viele Veranstaltungen, etwa zur Betreuung von Flüchtlingen, außerdem Musikveranstaltungen und Gesprächsrunden.

Bei uns zu Hause ging es gar nicht anders, als dass wir uns die Arbeit teilten. An zwei Tagen in der Woche hatte ich Spätdienst und kam immer erst nach 20:00 Uhr nach Hause. Da hat natürlich mein Mann den Kindern Abendbrot gemacht und sie ins Bett gebracht. Das ging auch so an den Samstagen, als ich Sprechstunde hatte. Das war klar, dass er dann den Haushalt machte, Essen kochte und alles zu Hause herrichtete. Ansonsten bastelte er immer sehr gern am späten Nachmittag oder Abend mit dem Sohn, der sich besonders gut fühlte, mit dem Vater an technischen Dingen zu arbeiten. Das hatte wahrscheinlich Einfluss auf sein späteres Leben, denn er bastelt immer, im Beruf und in seinem Haus, da geht es hoch technologisch zu.

Mit den Kindern sind wir im Urlaub oft mit dem Auto nach Polen hinter die Grenze oder in die Masuren gefahren, mieteten uns in ein Hotel ein, stromerten durch die wunderbaren Wälder, fingen Fische und grillten sie oder suchten Pilze und Blaubeeren. Ein Leben in der Natur. Wintersport war nicht unser Ding. Im Sommer waren wir an der Ostsee oder im Thüringer Wald.

Man kann wirklich sagen, dass wir uns zu Hause gut ergänzten. Das war besonders nach der Wende der Fall beim Hausbau und der Pflege der Eltern. All das wäre nie möglich gewesen ohne die Unterstützung meines Mannes. Fünf Jahre war ich ja noch berufstätig und er zu Hause, als unsere Mutter hier im Haus lebte. Sie musste 24 Stunden am Tag versorgt werden und das ging nur gemeinsam. Das war eine harte Zeit, sie hat uns aber auch zusammengeschweißt.

Ich wollte alles dafür tun, nicht das Leben meiner Mutter nachleben zu müssen

Waltraud, Jahrgang 1956

Ost: Diplomsoziologin  West: Verwaltungsbeamtin bei der Bundespolizei

Mein Vater war Kriegsverletzter. Im Lazarett lernte er meine Mutter kennen und heiratete in eine Bauernfamilie ein. Die Großeltern meiner Mutter haben das Haus erbaut. Mein Vater hatte aber im Krieg den rechten Arm verloren. Da er Maler von Beruf war, ein echtes Problem. Er hat deshalb noch Berufsausbildungen als Landwirt, Viehzüchter und Pflanzenproduzent gemacht und ist im Dorf LPG*-Vorsitzender gewesen.

Wir sind drei Schwestern, ein Bruder, Jahrgang '47, '52, '54, und ich Jahrgang '56. Meine Geschwister haben alle eine Berufsausbildung gemacht. Die Älteste ist Buchhalterin, dann ein Fernstudium Ökonomie, ein Bruder hat Traktoren-Kfz-Schlosser gelernt und ist später selbstständig geworden mit einer Fahrschule, eine Schwester wurde Krankenschwester in der Charité. Bis heute übt sie diesen Beruf aus.

Wir haben uns immer behütet gefühlt, lebten mit der Oma zusammen. Mein Elternhaus war geprägt von wenig Geld und viel Arbeit. Wir Kinder hatten alle unsere Pflichten mit den Tieren. Kühe, Schweine, Kaninchen, Hühner, Enten. Morgens haben die Eltern ohne uns den Hof versorgt, abends mussten wir die Tiere mit versorgen. Meine Schwester war der Mutter zugeordnet, ich dem Vater. In diesen Aufgaben haben wir selbstständig gearbeitet, gemolken, auch am Sonntag, die Schweinebuchten repariert. Durch den Altersunterschied waren die beiden Ältesten früher vom Hof weg und sind eigene Wege gegangen und wir jüngeren halfen den Eltern, zumal unser Vater durch die fehlende rechte Hand eine andere rechte Hand brauchte.

Ich war die erste, die in den Kindergarten gegangen ist. Er war vier Kilometer durch den Wald entfernt. Wir sind entweder gelaufen oder Fahrrad gefahren, aber als ich in den Kindergarten gekommen bin, hat die LPG einen Barkas gestellt, eine grüne Minna, die die Kinder sowohl in die Stadt, in die höheren Klassen zur Schule, als auch in den Nachbarort in die Unterstufen und uns in den Kindergarten gefahren hat.

Die Grundschule war eine Waldschule. Die erste und zweite sowie die dritte und vierte Klasse wurden zusammen unterrichtet, es waren wenige Kinder. Die Lehrer kannte man persönlich, die kamen nach Hause zu den Eltern, um zu berichten, wie man sich entwickelte, und haben auch mal ein Päckchen Eier oder Wurst mitgenommen. Sie waren freundschaftlich verbunden mit dem Elternhaus.

Dann ging es in die weiterführende Schule in die Stadt, bis zur zehnten Klasse. In der achten Klasse hatte ich die Reife für die weiterführende Abiturschule, die EOS*, nicht erreicht, aber in der zehnten habe ich mich so gemausert, dass ich mit 1,3 abschloss und anschließend eine dreijährige Berufsausbildung als Agrotechnikerin mit Abitur machte. Die Ausbildung war in Praxisteile und Theorie eingeteilt. Dafür gab es im dritten Lehrjahr 120,80 Mark. Ich wohnte im Internat in einem ehemaligen Kloster. Das war sehr schön, raus von zu Hause, es gab eine Disco, es gab viele interessante neue Leute, und das Jugendleben fing an. Am Wochenende bin ich nach Hause gefahren, aber mit dem ersten Freund bin ich am Wochenende auch mal im Internat geblieben. In meiner Klasse waren immer mehr Mädchen, aber in der Traktorenklasse gab es fast nur Jungs. Es gab Traktoristen mit Abitur, Zootechniker mit Abitur und Agrotechniker mit Abitur.

Ich wollte die Ausbildung haben, ich wollte von zu Hause weg. Ich wollte alles dafür tun, nicht das Leben meiner Mutter nachleben zu müssen, das nur durch Arbeit – oft von morgens um vier bis Mitternacht – geprägt war. Es war meine Motivation, dieses Leben nicht zu teilen. Ich fand es für mich schön als Kind, aber als Erwachsene wollte ich das so nicht. Wir waren also alle nicht bereit, auf dem Bauernhof zu leben. Am Ende ist mein Bruder geblieben, er hat den Beruf eines Traktorenschlossers gelernt und den Hof übernommen. Wir waren nicht traurig darüber.

Ich hatte von einem Bekannten gehört, dass er Soziologie studieren wollte, und fand das sehr interessant. Ich habe mich an der HUB* beworben und mich damit auseinandergesetzt, wie ich von der Agrotechnik zur Soziologie kommen könnte. Ich wollte Landwirtschaft und Soziologie betreiben, das Leben der Landbevölkerung untersuchen aus soziologischer Sicht. Das habe ich beim Auswahlgespräch gesagt und durfte Soziologie studieren. Nach fünf Jahren erhielt ich meinen Abschluss als Diplomsoziologin.

Ich habe im letzten Studienjahr, 1980, mein erstes Kind, einen Sohn, bekommen und mit dem Baby die Diplomarbeit geschrieben. Das Kind ging ab der zwölften Woche in die Krippe. Ich war da 25, 26 Jahre alt. 1978 habe ich geheiratet, das Kind ist also schon ehelich geboren. Mein Mann war Werkzeugmacher, der im Fernstudium Ökonomie studiert hat, aber er ist erst zur Wende fertig geworden. Er hat in einer Firma im Ort gearbeitet, die gibt es heute noch.

Wir haben uns im Winterurlaub der Landjugend kennengelernt. Wir waren so gut in der Ausbildung, dass wir drei Wochen im Rahmen einer FDJ*-Initiative in den Urlaub an die Werra fahren durften. Da kamen Menschen aus verschiedenen Landkreisen zusammen, wir waren ca. 20. Das war schön, drei Wochen bezahlter Urlaub. Taschengeld, Unterkunft und Verpflegung und Gleichaltrige, ich war 18, das war toll.

Ich war in der FDJ und immer in irgendwelchen Vorständen. Einmal musste ich den Vorsitz übernehmen, einmal sogar übergangsweise bis zur nächsten Wahl. Dafür habe ich eine Artur-Becker-Medaille* in Bronze erhalten.

Nach meiner Diplomarbeit bin ich arbeiten gegangen. Meine erste Anstellung war in der VEB* Werkzeugmaschinenfabrik. Da war ich Betriebsgestalter. Ich sollte mich mit den Arbeitsbedingungen der Werktätigen und den Lebensbedingungen beschäftigen, um die Rahmenbedingungen so zu verbessern, dass die Leute gerne und gut arbeiten konnten. Wir wurden ja von der Uni vermittelt, in welche Richtung wir gehen wollten, und ich habe mich dafür entschieden, weil wir in der Nähe des Betriebs in einem Neubaugebiet wohnten. Mein Mann ist wieder im Rahmen der FDJ-Initiative nach Berlin in ein großes Kombinat gegangen, und die Wohnung haben wir über die FDJ-Initiative bekommen. Vorher hatten wir nur eine Studentenbude, wo das Kind geboren ist, ein Zimmer, Küche, das Klo eine halbe Treppe tiefer. Nach 1 ½ Jahren hatten wir die Neubauwohnung. Drei Zimmer, Küche, Bad, Fernheizung. Wir hätten die Wohnung nie bekommen, wenn mein Mann nicht in das große Kombinat gegangen wäre.

Die FDJ-Initiative hat dieses große Neubauwohngebiet aufgebaut und es wurden Wohnungskontingente vermittelt. Er hat damit Anspruch auf eine Wohnung bekommen, was uns natürlich freute. Am Anfang war noch nicht alles fertig, die Bürgersteige beispielsweise, da ist man durch Modder spaziert, aber dahinter war alles schön. Es gab einen Kindergarten, und da ist unser Kind hingegangen.

Ich bin mit 18 in die Partei gegangen, weil ich die Welt verbessern wollte. Ich habe immer gesagt: »Meckern kann jeder, aber man muss etwas verbessern wollen.« Mein Mann ist später in die Partei eingetreten.

Ich habe 1982 noch ein zweites Kind bekommen. Mit den zwei Kindern wurde uns aber das Neubaugebiet zu viel. Wir wollten die Kinder dort nicht einschulen, und deshalb haben wir uns bemüht, wieder zurück in unseren alten Wohnort zu ziehen. Das ging, weil mein Mann zu der Initiative nur abgeordnet war und in seine ursprüngliche Firma zurückkonnte. Und dann musste ich eine Arbeit finden. Uns war in Berlin einfach zu viel Gewimmel, wir waren ja beide Dorfkinder.

Unser Familienleben war arbeitsteilig, aber eigentlich hatte ich die Gesamtverantwortung im Haushalt. Mein Mann war sehr hilfsbereit, wenn ich ihm gesagt habe: »Bitte saug doch mal« oder »Hol doch mal die Wäsche« oder »Mach doch mal dies«. Das hat er alles gemacht, aber ich musste es ihm sagen. Wir hatten beim ersten Kind schon eine Waschmaschine. Ansonsten habe ich keinen Tick für Haushaltsmaschinen, das war zu unserer Zeit nicht üblich. Noch ein Bügeleisen war da, aber besondere Einwecktöpfe oder so etwas habe ich nie gehabt. Wir haben im Haus zur Miete gewohnt, in einem großen Zweifamilienhaus mit 2.000 Quadratmeter Land, und davon für uns 200 Quadratmeter Gemüsegarten. Ich kannte das von zu Hause, und wir haben hunderte Gläser in jeder Saison eingeweckt,

Gurken, Bohnen, alles Mögliche. Wir beide haben zusammen gehackt und gejätet und geerntet, aber eingeweckt habe ich. Hilfsarbeiten hat mein Mann gemacht. Die Kinder hatten dort ihre Beete, und das hat uns auf dem Land beschäftigt.

Mein Mann hat mehr Geld verdient, weil er eine führende Funktion hatte, und er war auch immer zur Leipziger Messe im Frühjahr und Herbst. Dann bin ich drei Wochen alleine klar gekommen mit den Kindern. Ich hatte hinterher immer die ganzen Hemden auf der Leine und am Bügelbrett. Er hat Karriere gemacht, ich habe eine schöne Anstellung gefunden. Ich habe überlegt, welche Möglichkeiten ich habe, welche Kontakte, und da kamen die Grenztruppen der DDR infrage. Die waren nur vier Kilometer von mir entfernt und der ganze Ort war von den Menschen geprägt, die dort gearbeitet haben. Es gab noch ein anderes Werk, aber das war sieben Kilometer weg. Ohne Auto und nur mit Öffentlichen Verkehrsmitteln war das schwierig zu erreichen. Also fiel die Entscheidung auf die Grenztruppen. Und verdient hat man dort nicht schlecht. Ich habe dort als Organisator im Rechenbetriebszentrum gearbeitet. Damals hieß Organisator Projektbetreuung in Lochkartenstapeln. Das entsprach nicht meiner Ausbildung, aber zu DDR-Zeiten ist es ja oft vorgekommen, dass man, um eine Hochschulplanstelle einnehmen zu können, nur den Hochschulabschluss nachweisen musste. Der Rest wurde angelernt. Es gab einige Kollegen, die dort angelernt wurden, manche hatten studiert oder ihren Hochschulabschluss nachgeholt, die mussten mathematische Methoden studieren. Anders wurde das nicht gefördert. Aber ich wurde als Soziologin genommen, und ich fand das nicht schlecht, weil ich dachte, dass es einem Soziologen nicht schadet, zu lernen, mit Zahlen, Statistiken, Projekten und EDV umgehen zu können. Denn bei der Auswertung von Daten braucht man immer EDV. Die Arbeit hat mir Spaß gemacht. Da habe ich gut verdient, ich habe nur 100 Mark weniger verdient als mein Mann. Das war in der Zeit relativ ausgewogen.

Gleichberechtigung und Geld verdienen war für mich nie ein großes Thema, ich habe nie darüber nachgedacht. In den ganzen Jahren, in denen mein Mann in der freien Wirtschaft war, habe ich mehr verdient als er. Das war aber zwischen uns nie ein Konflikt. Denn er hat mich ja auch durchs Studium geschleppt, da hatte ich kein Geld mit dem bisschen Stipendium. Zu Hause bleiben bei den Kindern, das geht gar nicht, habe ich immer gedacht. Nachdem ich schon zwei Kinder hatte, kannte ich nur eine Nachbarin, die nicht regelmäßig zur Arbeit gegangen ist. Die haben sehr frei gelebt mit sehr vielen Kindern und galten immer als ein bisschen asozial. Für mich war es unvorstellbar, nicht arbeiten zu gehen. Heute würde ich sagen: »Wenn du bloß sechs Stunden gegangen wärst, wäre das auch in Ordnung gewesen.« Aber auf die Idee bin ich gar nicht gekommen. Das war nie ein Thema, die Kinder waren Vollzeit in Einrichtungen. Die Öffnungszeiten der Kindergärten waren nur auf Vollzeit ausgerichtet, außerdem haben wir gerne so viel verdient wie wir konnten, denn wir wollten uns das Leben schön einrichten.

Mit meinen Kindern sprechen wir heute darüber, weil die Einstellung meiner Kinder zur Vollzeit eine andere ist. Die Kinder legen mehr Wert auf eigene, freie Zeiteinheiten für sich. Die Gedanken haben wir uns ja nicht gemacht, wir haben in allem funktioniert. Die Kinder fragen uns schon, ob das immer so gut und richtig war, dass wir die ganze Zeit gearbeitet haben. Das frage ich mich heute auch, denn wir haben uns selbst ziemlich verschlissen mit der Doppelbelastung Beruf und Familie. Das war schon anstrengend. Vielleicht ist das eine oder andere auf der Strecke geblieben. Man hatte weniger Geduld oder man hat sich weniger mit den Kindern beschäftigt, denn die Kinder mussten funktionieren. Schwierig war es, wenn die Kinder krank waren. Meine Schwägerin und ich haben uns dann die Kinder tageweise übergeben. Wenn das eine krank war, konnte ein anderes krankes noch dazu. Die Kinder mussten mitziehen.

Mein Sohn, der erstgeborene, ist heute Schreinermeister, hat studiert, dann abgebrochen und seinen Meister gemacht. Er ist über den zweiten Bildungsweg zum Abitur gekommen. Heute arbeitet er in seinem Beruf in einer sozialen Bildungseinrichtung. Meine Tochter ist 1982 geboren und arbeitet heute als Bildungsmanagerin bei der Landesverwaltung in einer Großstadt. Als sie ein Baby war, blieb ich zu Hause, aber nach einem Jahr wurde mir das schon zu viel und ich drängelte, wieder arbeiten gehen zu können. Ich musste aber die Sicherheitsüberprüfung bei den Grenztruppen überstehen. Zur Überbrückung bot man mir an, acht Wochen in der Kinderkrippe zu arbeiten, in die meine Tochter ging. Das war nicht schön, weil sie mir immer hinterher weinte. Im Oktober 1984 fing ich bei den Grenztruppen an und blieb dort bis 1989.

Die Wende war bei uns auf der Arbeit und privat immer ein Thema. Was passiert um uns herum, mit Gorbatschow. So heiß auf die *Aktuelle Kamera* und die *Tagesschau* waren wir die ganzen Jahre nicht wie zu dieser Zeit. Man saß vor den Nachrichten, hat sich informiert und diskutiert und merkte, dass sich etwas veränderte. Aber eine richtige Vorstellung hatte man nicht. Die Grenztruppen haben den Betrieb nach der Wende bald eingestellt, wir mussten uns selbst abwickeln. Das Rechenzentrum wurde gesichert und teilweise übernommen. Wir haben in der Kaffeerunde gesessen und überlegt, was jetzt aus uns werden wird. Wir haben auf die Bundesgrenzschutzkollegen gewartet und uns zwei deutsche Staaten nebeneinander vorgestellt. Dass es wirklich zu einer Wiedervereinigung kommen würde, und das auf friedlichem Wege, war für uns unvorstellbar. Wir haben uns als politisch Beschäftigte vor heiklen Situationen gefürchtet, denn wir wussten ja nicht, wie wir politisch eingeordnet würden. Am Tag des Mauerfalls haben wir politisch korrekt entschieden, dass mein Mann mit dem Trabbi auf den Kudamm fährt und ich als Angehörige der Grenztruppen zu Hause bleibe. Denn ich hatte unterschrieben, keine Westkontakte zu haben. Er war begeistert: einmal Westberlin und zurück. Ich bin erst viel später nach drüben, als es alle gemacht haben. Wir haben uns Weihnachten das Begrüßungsgeld geholt.

Die Grenztruppen wurden abgewickelt. Mein Mann blieb in der freien Wirtschaft und hatte eine Führungsposition. Er hatte mit der Umwandlung der VEB* in eine GmbH zu tun, auch mit Entlassungen und Umstellungen in der Produktion. Er musste sich von langjährigen Kollegen trennen. Das hat ihn belastet. Meine ehemaligen Kollegen haben sich alle etwas anderes gesucht, viele sind zum Finanzamt gegangen, viele in die freie Wirtschaft, und ich habe abgewartet. Ich bin nebenbei für einen Freund, der eine Firma gegründet hat, mit einem alten Audi auf Kunden-Werbung gefahren, denn alle wollten einen Kundenstamm haben. Das war aber nichts.

Dann kamen Führungskräfte vom Bundesgrenzschutz, die sich das Rechenzentrum ansahen und Leute suchten, die bereit waren, nach Koblenz zu gehen. Das habe ich mit drei oder vier anderen gemacht. Ich bin ein halbes Jahr gependelt und dann nach Koblenz umgezogen. Mein Mann hat sich von seiner Firma getrennt und ist mit mir gegangen. Die Kinder wurden mit zehn und zwölf Jahren in eine neue Schule eingeschult. Für die jüngere Tochter war das in Ordnung, der Junge kam nachträglich aufs Gymnasium und tat sich mit der Eingewöhnung schwer. Der Unterschied zwischen dem Ost- und Westschulsystem machte es schwierig, und die ganzen Lebensumstände waren anders, vom Dorf in die Stadt. Auf dem Dorf hatten die Lehrer persönlichen Kontakt, die Lehrerin backte mit den Kindern noch Kuchen, ließ auf der Wiese Drachen steigen, und plötzlich kam er in eine relative Eigenständigkeit, die er nicht kannte und auf die er nicht vorbereitet war. Die Bezugspersonen fehlten. Vor allem meiner Tochter fiel das Verlassen des gewohnten Umfeldes schwer, ihr fehlte die Oma.

Als Berufstätige wurden wir im Westen als Rabeneltern betrachtet. Plötzlich kostete auch alles Geld. Der Anschluss an andere Kinder klappte nur mit denen, die auch zugezogen oder leistungsmäßig zurück waren, denn die anderen waren Kinder von Rechtsanwälten und Ärzten. »Ach, ihr geht beide arbeiten, und Vollzeit, ach«, hörte ich. Aber ich hatte ziemlich zeitig Trost, weil der Direktor mich zu sich bat und mir sagte, ich solle mich nicht verrückt machen, er und seine Frau hätten ebenfalls drei Kinder und wären beide berufstätig. Für meine Kinder war das keine einfache Zeit. Die hatten dadurch eine schwere Jugend. Ob sie die hier auch gehabt hätten, weiß man nicht.

Meine Tochter war ein Omi-Kind und die Omi haben wir zurückgelassen. Und bei 600 Kilometer Entfernung kann man nicht einfach mal hinfahren. Der Sohn war schon kurz vor der Pubertät und hat vieles in sich rein gefressen und sich zurückgezogen. Er hat blockiert und vieles abgelehnt. Er ist vom Gymnasium geflogen, von der Realschule und hat in einem Berufsvorbereitungsjahr Holz und

Metallverarbeitung gelernt, wollte Schreiner werden. Schließlich ist er in einem kleinen Familienbetrieb herzlich aufgenommen worden, wo er sich sehr gut entwickeln konnte. Nach der Gesellenprüfung machte er Abitur.

Ich lebte 15 Jahre in Koblenz. 2003 bin ich geschieden worden. Wir haben uns auseinander entwickelt und ich habe mich anderweitig orientiert. Mein Mann ist heute noch in Koblenz. Er hat '92 eine Anstellung gefunden in einer Firma, in der er bis heute arbeitet.

Nach der Scheidung blieb ich in Koblenz beim Grenzschutz. Die Kinder gingen dort zur Schule. Er zog aus, ich blieb mit den Kindern in dem gemieteten Reihenhaus, habe zeitweilig noch die Tochter meiner Schwester mit Baby aufgenommen, die als alleinstehende Mutter mit 300 Euro ohne Arbeit nicht überleben konnte. 2003 sind wir in eine Wohnung gezogen. Meine Kinder haben zur Scheidung nicht viel gesagt, weil sie schon älter waren, aber im Nachhinein glaube ich, dass sie einen Schlag weg haben. Sie haben nicht offen geweint, vielleicht mehr für sich. Ich habe immer gedacht, dass es nicht gut ist, wenn man sich trennt, wenn die Kinder klein sind. Heute kann ich das nicht mehr bestätigen. Meine Tochter hat sich schwer getan und zeigt es mehr als mein Sohn. Meine Kinder haben bis heute keine Kinder. Sie sind mit 35 und 37 noch nicht verheiratet. Meine Tochter lebt in einer festen Beziehung seit zehn Jahren, mein Sohn lebt auch in einer festen Beziehung und hat jetzt seine erste gemeinsame Wohnung. Ich selbst habe einen Freund, aber keine feste Partnerschaft.

Ich bin eine selbstständige Frau und komme gut alleine zurecht. Ich wäre aber nicht abgeneigt, noch einmal einen Partner voll in mein Leben zu lassen. Es muss passen, aber bis jetzt standen sie nicht Schlange.

Die Bundespolizei wurde 2007 reformiert und hat die Behörde, in der ich in Koblenz gearbeitet habe, umgewandelt und nach Potsdam verlegt. Erst bin ich gependelt und dann nach Potsdam in die umgewandelte Behörde gegangen.

Meine Ausbildung als Soziologin hatte man nicht anerkannt, man wollte mich auch nicht verbeamten. Dann hat man mir trotz Diplom eine Stelle als Beamtin im mittleren Dienst angeboten, und weil ich die Sicherheit wollte, habe ich angenommen. Ich bedaure zwar, dass meiner Ausbildung Respekt und Anerkennung verweigert wurde, aber dennoch bin ich zufrieden.

Zur Zeit der Trennung und Scheidung lebte ich allein. Damit war ich wieder Herr meiner Zeit und konnte meinen Neigungen stärker nachgehen. 2001 stellte ich mich als Gleichstellungsbeauftragte zur Wahl. Jetzt kann ich das leben, denn zur Zeit des Frauenfördergesetzes '98 war ich familiär zu sehr eingebunden. Jetzt kann ich auf Reisen gehen, kann mich voll einbringen und habe ganz bewusst gedacht, du wirst nie mehr erreichen, aber du kannst als Gleichstellungsbeauftragte dein eigenes Leben gestalten.

In der DDR war die Berufstätigkeit der Frau Normalität. Deshalb war es auch Normalität, dass Kitas, Krippen und Schulen darauf ausgerichtet waren. Trotzdem hatten die Frauen in der DDR mehr Familienpflichten. Durch den Haushaltstag* und 40-Stundenwoche hatten sie mehr Freizeit und damit noch mehr Pflichten für die Familie. Für den Westen waren die vielen arbeitenden Frauen mit hohem Bildungsstand ungewöhnlich. Bei meiner Arbeit in Koblenz gab es nur zwei Frauen mit Diplom. In der Bundespolizei war das eine Rarität. 1987 wurden in der Bundespolizei überhaupt erstmalig Frauen eingestellt. Das wurde alles kritisch betrachtet. »Naja, wer weiß, was das für ein Diplom ist, ob das überhaupt etwas Richtiges ist«, sagten sie.

Ich habe wahrgenommen, dass es wirklich Leute gab, die sich für die Verhältnisse in der DDR interessiert haben, und Leute, die Vorurteile hatten und diese gerne bestätigt sahen. Ich habe mir überlegt, dass die bei Vorurteilen bleiben werden und ich daran nichts ändern könnte. Vor allem Vorurteile über Frauen und Arbeit und Kinder. Ich habe gelernt, wann es sich lohnt, zu diskutieren, und wann nicht.

Ich arbeite heute noch bei der Bundespolizei, bin im Personalrat Sachbearbeiterin, zuständig für Gleichstellung, Vereinbarkeit, Gesundheitsmanagement und kümmere mich um Telearbeit, mobiles Arbeiten usw.

Ich profitiere von der Arbeit als Gleichstellungsbeauftragte.

Alles hat seine Zeit. Die Zeit in der DDR war eine glückliche Zeit, weil sie durch das private Leben mit den Kindern geprägt war. Die Karriere stand nicht im Vordergrund, weil man damit ausgelastet war, den Alltag zu meistern. Wir hatten eine gute Ausbildung, eine adäquate Bezahlung ... Meine Kinder sagen, dass ihre Kindheit mit der Wende und mit dem Umzug zu Ende gegangen ist.

Beruflich war ich auch im Westen zufrieden. Für mich und meinen Mann war der Schritt in den Westen nicht falsch. Wir haben uns gut eingefunden, obwohl nicht jeder die Ossis mag.

Seit zwei Jahren bin ich Mitglied der SPD. Ich habe mich geprüft, ob ich das will und kann.

Bei der Bundespolizei wird man davon geprägt, nicht zwischen Ossi und Wessi zu unterscheiden, sondern zwischen den Regionen, ob man also mit den Niedersachsen, mit den Bayern klarkommt.

Zur Wende hatten wir kein gutes Einkommen. Wir mussten uns an den teuren Preis der Wohnung gewöhnen, mussten ein Fahrzeug unterhalten, da wir 25 Kilometer bis zum Arbeitsplatz zurücklegen mussten. Anschaffungen waren immer ein Thema und dann immer die 600 Kilometer lange Fahrt in die alte Heimat. Da war Urlaub kaum drin.

Verwandlung. © copyright 2018, Beate Kern

Für mich hatte immer eigenes Geld Priorität

Renate H., Jahrgang 1949

Ost: Friseurin   **West:** Altenpflegerin

Ich war nicht in der Kita und nicht in der Krippe, das war damals nicht üblich. Meine Mama war zu Hause und meine Oma war auch da. Meine Tante und alle anderen wohnten zusammen in einem Haus in Berlin. Ich hatte eigentlich eine tolle Kindheit. Wenn ich was essen wollte, bin ich immer zu der einen oder der anderen gegangen.

Mein Vater hatte mit Batterien zu tun und arbeitete in einem Lager. Meine Mutter lernte Hauswirtschafterin, fing später im Kabelwerk an und machte eine Ausbildung als Kabelfacharbeiterin. Beide haben im gleichen Betrieb gearbeitet, bis mein Vater 1962 inhaftiert wurde. Er war von 1962 bis 1969 in Haft, meine Mutter von 1962 bis 1964. Er wurde dann nach Westdeutschland entlassen. Meine Mutter kam zurück nach Berlin und konnte über die Familienzusammenführung ausreisen. Ich hätte mit ausreisen können, war aber zu diesem Zeitpunkt schon verlobt und wollte deshalb nicht, denn dann hätte mein Verlobter auch einen Ausreiseantrag stellen müssen, und das wollten wir nicht, wir wollten hier leben.

Ich habe eine Schwester, die zehn Jahre älter ist. Deshalb war meine Kindheit so wie die eines Einzelkindes. Ich kann mich noch erinnern, wohin sie mich überall mitnehmen musste und ich nicht wollte. Sie hatte mich immer im Schlepptau. Dennoch sind meine Erinnerungen nur gut.

Ich bin ganz normal in die Schule gekommen, habe die zehnte Klasse abgeschlossen und Friseuse gelernt. Das war mein Lieblingsberuf. Ich konnte mir den Beruf selbst wählen, meine Eltern hatten nichts dagegen. In der DDR war es schwierig, den Beruf zu bekommen, den man wollte. Das wurde ja gesteuert. Ich hatte großes Glück. Es wurden für den Bezirk fünf Lehrlinge als Friseuse ausgebildet und ich bin genommen worden, weil ich Beziehungen hatte. Unser Friseur, zu dem wir als Familie gingen, kannte den Obermeister und der legte ein gutes Wort für mich ein. Es ging nach Zeugnissen, und das klappte.

Politische Diskussionen gab es bei uns zu Hause überhaupt nicht. Meine Eltern haben mich da völlig rausgelassen. Ihre Verhaftung war für mich ein Schock. Ich wusste nichts. Die Leute kamen einfach in die Wohnung gestürzt, nahmen sie mit, und ich als Kind wusste gar nicht, was Sache war. Ich bin sofort zur Oma gebracht worden, meine Eltern waren einfach weg. Ich lebte dann bei meiner Oma. Ein Glück, denn es gab ja auch andere Fälle, bei denen die Kinder einfach irgendwo hingekommen sind. Das war bei mir nicht der Fall. Ich hatte weiterhin ein sehr schönes Leben. Meine zehn Jahre ältere Schwester arbeitete zu diesem Zeitpunkt im Ministerium. Sie hatte trotzdem keinerlei Ärger. Darüber waren wir alle erstaunt.

Ich habe meine Lehre als Friseuse angefangen, nach zwei Jahren abgeschlossen und immer als Friseuse gearbeitet. Ich wollte überhaupt immer arbeiten. Das hat mir Spaß gemacht, ich konnte selbstständig sein, von niemandem abhängig, vor allem nicht von einem Mann. Ich wollte für mich alleine sorgen können. Geld verdienen und dadurch allein Entscheidungen treffen. Damit bekommt man Selbstbewusstsein. Das war mir ganz wichtig. Ich war bis zur Wende Friseuse.

Dann kam der Schnitt. Ich wollte nicht mehr in meinem Beruf weiterarbeiten, wegen des Gehalts. Ich wusste ganz genau, dass ich mit diesem Gehalt nach der Wende nicht mehr leben kann. Ich wusste das von meinen Eltern. Die wohnten ja drüben und haben immer, wenn sie zu Besuch kamen, gesagt: »Dabei verdienst du nichts, davon kannst du nicht leben.« Ich war auch manchmal drüben und habe das gesehen. Ich ging deshalb in die Altenpflege. Da habe ich eine Teilausbildung gemacht, denn ich wollte ja Geld verdienen. Der Teilabschluss reichte mir und hat Spaß gemacht. Aber nur die ersten fünf Jahre, danach wurde es in der Altenpflege so schlimm, dass ich es nicht mehr aushalten konnte. Trotzdem habe ich bis 2008 weitergemacht.

Nach meiner Ausbildung habe ich meinen ersten Mann kennengelernt, mit 18 Jahren. Er war Werkzeugmacher, hat aber nie in dem Beruf gearbeitet, sondern als personengebundener Kraftfahrer. Er war viel unterwegs und hatte ein schönes, freies Leben, vor allem mit vielen Freundinnen. Das ging eine ganze Zeit, bis ich das gemerkt habe. Dann kam es zu Auseinandersetzungen, nicht körperlich, aber heftig verbal. Mit Kolleginnen habe ich mich beraten, und die sagten mir: »Der hat schon länger eine andere.« Nach zwölf Jahren Ehe ließ ich mich scheiden. Für die Scheidung habe ich ganz wenig Geld bezahlt, 120 bis 150 Mark. Wir mussten auch nicht ein Jahr getrennt leben, das ging damals alles ganz schnell. Nach drei Monaten waren wir geschieden. Wichtig ist noch, dass ich die Scheidung eingereicht habe, es ging ruck, zuck. Ich musste eine Begründung abgeben, denn damals, 1984, ging es ja noch nach Schuld oder Unschuld. Er war schuldig. Mir ist die Scheidung sehr gut bekommen, anfangs natürlich nicht, aber danach war ich sehr zufrieden. Ich konnte ein neues Leben mit meinem neuen Mann beginnen.

Im Januar geschieden, im Oktober meinen neuen Mann kennengelernt. Er war Uhrmachermeister. Zu diesem Zeitpunkt hatte ich schon meinen Sohn, der ist 1972 geboren. Ich dachte, dass er die Scheidung mit seinen zwölf Jahren gut verkraftet hat, aber als er älter wurde, hat er einiges erzählt, was ich nicht gemerkt habe. Er bekam Schwierigkeiten in der Schule und zu Hause.

Mein Sohn ist in den Kindergarten gegangen, ich habe in zwei Schichten gearbeitet. Um 06:00 Uhr ging meine Arbeit schon los. Bei der Frühschicht habe ich ihn so gebracht, dass die Kita gerade aufmachte. Meine Schicht ging bis 14:00 Uhr. Es war sehr umständlich, denn es gab kaum Krippen- oder Kitaplätze. Ich musste mit dem Kinderwagen treppauf, treppab, aber es hat damals jeder geholfen, den Wagen zu tragen. Dennoch, ein Weg war eine Stunde. In der Krippe war mein Sohn nicht von Anfang an, denn meine Schwiegermutter kümmerte sich. Ich habe mein Baby mit ins Geschäft genommen, und meine Chefin hat sich um das Kleine gesorgt. Das war prima. Ich habe immer voll gearbeitet. In diesem Privatgeschäft waren wir wie eine Familie. Meinen Sohn konnte ich mitnehmen, bis meine Schwiegermutter sagte: »Eine fremde Frau, deine Chefin, versorgt dein Kind, das geht nicht.« Sie kam daraufhin zwei Tage zur Betreuung zu mir nach Hause. Ich habe mit der Mutter meines ersten Mannes bis zu ihrem Tod eine sehr gute Beziehung gehabt.

Ich hatte nie ein schlechtes Gewissen, dass mein Sohn in den Kindergarten ging, nie, das war selbstverständlich. Hier lernt ein Kind, mit anderen Kindern umzugehen, das fand ich gut. Zu Anfang ist er nicht so gerne in die Kita gegangen, aber das war die Eingewöhnungsphase, dann ging er gerne. Mein Sohn macht mir bis heute keine Vorwürfe, dass er in den Kindergarten ging. Für mich war das selbstverständlich.

Auch in der Ehe mit meinem zweiten Mann lag für mich die Priorität auf dem eigenen Geld, der eigenen Sicherheit, ökonomischer Unabhängigkeit. Von meinen Eltern bekam ich diese Ansicht nicht mit, das war meine eigene Natur. Schon als ich in die Lehre ging, habe ich immer gefragt: »Wie lange muss man denn arbeiten, bis man Rente erhält?« Damals waren es 15 Jahre bis zum Rentenanspruch. Ich hatte immer im Kopf: Die 15 Jahre musst du schaffen, durchhalten, und dann gucken, was kommt. Als die 15 Jahre herum waren, habe ich gesagt: »Siehst du, das hast du geschafft, jetzt hast du deinen eigenen Rentenanspruch erarbeitet.« Das war für mich ganz, ganz wichtig. Nicht abhängig sein, von niemandem. Mit meinem ersten Mann hatte ich ein gemeinsames Konto, mit meinem zweiten nicht mehr. Mein zweiter Mann war fünf Jahre geschieden und hatte dadurch eine eigene Wohnung und ein eigenes Konto. Als wir geheiratet haben, blieb jeder bei seinem Konto. Mein Konto, dein Konto. Die anderen haben das nie verstanden, aber ich habe immer gesagt, dass ist das Beste, was du machen kannst. Mein zweiter Mann dachte genauso wie ich. Wir waren genau auf einer Linie.

Das Geschäft meines Mannes hatte von 9:00 bis 18:00 Uhr geöffnet. Ich war immer um 15:00 Uhr daheim. Wenn er kam, war ich mit allem fertig und es war kein Thema zwischen uns, dass mir mein Mann nicht im Haushalt helfen konnte. Ich habe nicht jeden Tag gekocht. Er hat sich im Laden was gemacht, denn mein Mann war sehr unkompliziert, der hatte einen Angestellten, der einkaufte und kochte. Da hatte mein Mann ein schönes Leben. Im Friseursalon hatten wir weder Zeit zum Kochen noch zum Essen. In der DDR gab es ja nicht so viele Friseure, nicht wie heute, wo sie überall sind. Wir haben wirklich gearbeitet, oft ohne Pause.

Mein Sohn war erst im Hort und später Schlüsselkind.

Es gab schon in der Schule Probleme. Er hat zehn Klassen gemacht und dann im Heizkraftwerk Anlagenfahrer gelernt. Das war eine sehr schöne Arbeit und gutes Geld. Und dann erhielt er ein Angebot mit Abfindung. Er war dumm und hat das Angebot angekommen und ein Lotterleben begonnen, das Geld auf den Kopf gehauen. Zu diesem Zeitpunkt war er verheiratet, aber die Ehe ging in die Brüche. 150.000 Euro waren weg. Er fing sich, aber nicht so, wie eine Mutter sich das wünscht. Mit der Wende hatte er kein Problem, wurde nur einfach leichtsinnig. Er sollte sich eine Arbeit suchen, aber wenn man sich keine sucht, dann wird das auch nichts. Ich bin ganz anders. Ich verstehe ihn nicht. Es gab Auseinandersetzungen, eine Zeit lang haben wir gar nicht miteinander gesprochen. Heute ist das Verhältnis wieder auf einem normalen Weg. Er hat das zweite Mal geheiratet, ein Kind bekommen und arbeitet wieder, zurzeit im Handel mit noch einem halben Jahr Probezeit, sodass man nicht richtig weiß, wie es wird. Er wird mit der Rente Probleme kriegen, denn er denkt ja nicht so weit. Seine Frau ist Friseuse. Sie arbeitet sehr viel.

Zur Wende bin ich ganz normal in mein Friseurgeschäft gefahren und habe mich gewundert, dass überall so viele Leute standen. Ich hatte gar nicht mitbekommen, dass die Grenze auf war. Es war ein Schock, als die anderen mir das gesagt haben. Aber ich arbeitete trotzdem, weil ich Pflichtbewusstsein habe. Abends bin ich mit meinem Sohn und der Schwiegertochter in eine S-Bahn gestiegen – egal wohin – und wir sind irgendwo ausgestiegen. Es war Wahnsinn. Da es abends war, konnten wir nicht mehr einkaufen gehen. Wir sind nur gefahren, haben gestanden, geguckt und nicht mehr, und am nächsten Tag haben wir uns unser Geld geholt. Das Begrüßungsgeld musste ja sein. Ich kaufte mir nichts, denn ich gebe mein Geld vorsichtig und überlegt aus. Ich habe immer noch gewartet, vielleicht käme ja noch ein wenig dazu. Ich kannte ja den Westen und dadurch war das für mich nicht außergewöhnlich. Zweimal konnte ich schon zuvor in den Westen fahren. Da habe ich mir schöne Sachen mitgebracht. Ich musste nicht meine 100 Mark ausgeben.

Heute ärgere ich mich, mit meinen Eltern nicht über die damalige Zeit gesprochen zu haben. Es war einfach kein Thema. Wenn meine Mutter manchmal etwas andeutete, wollte ich das nicht hören. Die haben viel durchgemacht, und das, was man im Fernsehen sieht, stimmt wirklich. Ich bin mir mit meiner Schwester einig, dass es schade ist, dass wir nicht mehr gefragt haben. Das Schlimme wollte man nicht hören. Das Urteil habe ich gesehen, mein Vater hat lebenslänglich bekommen. Die Begründung war »Gegner der DDR«. Im Fernsehen, in der Zeitung, überall waren meine Eltern zu sehen, und die Kinder haben darüber geredet, jetzt kommen deine Eltern nach Sibirien, ins Straflager. Für mich war es zwar schlimm, ich wurde aber dadurch stark. Ich bin mein ganzes Leben durchgekommen, habe mich immer gewehrt, das ist meine Natur.

Die Staatssicherheit hat mich aus der Klasse geholt, in der dritten Klasse, und sie wollten von mir wissen, ob das richtig gewesen sei, was meine Eltern gemacht haben. Da habe ich gesagt, dass ich das nicht beantworten könne, das seien meine Eltern. Das hat mich stark gemacht und selbstständig.

Die Wende war für mich gut. Der Schock bestand darin, dass ich nicht wusste, wie es weiter geht. Trotzdem dachte ich gleichzeitig, dass ich gut leben wollte und jetzt andere Möglichkeiten hätte. Dazu musst du aber Geld haben. Mein Leben hat sich so zum Positiven gewendet.

Zufällig habe ich mit einer Kollegin darüber gesprochen, wie es weiter gehen soll, und habe erzählt, dass bei uns in der Nähe ein Altersheim eröffnet wird. Damals gab es in diesen Heimen noch Geschäfte, u.a. einen Friseurladen. Wir haben da 1989 beide als Friseusen angefangen, hatten unseren eigenen Raum, eine tolle Arbeitszeit, das war alles wunderbar. Ein Jahr ging es gut. Anfang 1990 wurde der Laden aufgelöst, weil es in der BRD kein Altersheim gibt, zu dem ein eigener Friseur gehört. Da wir als Friseusen angestellt waren, wurden wir gekündigt. Ich fragte, ob sie mich auf der Station arbeiten lassen würden. Mein Vorteil war, dass ich die älteren Herrschaften von meiner Arbeit als Friseuse bereits kannte. So bekam ich meine neue Arbeitsstelle ganz reibungslos. Ich war also immer aktiv und habe nie auf irgendetwas gewartet, stets einen Vorstoß gewagt.

Mein Sohn lernte zu dieser Zeit seine erste Frau kennen. Sie kam aus Stralsund, hatte hier in Berlin eine Arbeit und gleich eine Wohnung. Er ist zu ihr gezogen, hat sie geheiratet. Damit waren sie finanziell selbstständig.

In dem Pflegeheim war ich bis 2008. Mein Mann wurde schwer krank. Ich wollte kündigen, da ich ihn zu Hause pflegte und das nicht neben dem Beruf schaffen konnte. Sie haben mich aber nicht gekündigt, sondern krankschreiben lassen. Die Arbeitslosenzeit habe ich noch in Anspruch genommen und mit 63 bin ich mit Abzügen in den Vorruhestand gegangen.

Zufrieden bin ich nicht, denn ich habe nicht viel Rente, der Friseurberuf wurde gering bezahlt, und das macht sich natürlich bemerkbar. Ich konnte das Geld für eine richtige Westrente nicht mehr aufholen. Es ist wenig mehr als ein Hartz-IV-Empfänger erhält. Witwenrente dazu, weil mein Mann selbstständig war, aber keine große Rente hatte. Damit könnte ich mir nichts anschaffen. Zum Glück haben wir beide zusammen gebaut, es sind keine Schulden mehr auf dem Grundstück, zum Glück, sonst würde das nicht gehen. Ich könnte körperlich noch nebenbei arbeiten, aber ich will nicht, nur wenn ich das Geld unbedingt brauchen würde, dann ja. Ich mache ehrenamtlich etwas, ich arbeite im Kulturbeirat einer Wohnungsbaugesellschaft. Die machen Veranstaltungen für ihre Bewohner, auch Tanzabende, und das macht mir Spaß. In dem Objekt, in dem ich jetzt ehrenamtlich arbeite, ging ich zur Tanzstunde. Da war mein Mann schon gestorben und ich wollte irgendetwas machen, ich musste raus, mich bewegen, und bin mit meiner Freundin als Tanzpartnerin hingegangen. Da aber bei zwei Frauen eine die falschen Schritte lernt, habe ich einen Mann als Partner zugeteilt bekommen und das hat geklappt und jetzt tanze ich mit ihm schon zwei Jahre. Er sieht das auch als Sport. Ich fühle mich wohl dabei und der Chef der Wohnungsbaugesellschaft sprach mich an, ob ich nicht Lust auf andere kulturelle Aktivitäten hätte, zum Beispiel die Mitarbeit in einem Kulturbeirat, und das mache ich jetzt seit einem Jahr und bin bei jeder Veranstaltung dabei.

Zu DDR-Zeiten hatte ich keine Zeit für Hobbys. Ich habe gar nicht an so etwas gedacht. Das war ein ganz anderes Denken. Jetzt bin ich älter und bin überzeugt, etwas machen zu müssen, damit ich nicht zu Hause versauere. Aber damals hast du Arbeit, Familie, Eltern, Schwiegereltern, Mann gehabt. Wir hatten im Osten ein Boot, ein Motorboot, und sind bei schönem Wetter damit gefahren. Das ist ja auch ein Hobby.

Ich sage ganz ehrlich, als Friseuse habe ich in der DDR schwer gearbeitet. Als ich in das Altersheim gegangen bin, habe gedacht, ich habe jetzt einen Ausruhposten, da es so viel Personal gab. Die ersten fünf Jahre war das so und eine schöne Arbeit. Am Anfang waren es sieben Arbeitskräfte, am Ende noch zwei. Diese Arbeit war so schlimm wie noch nie in meinem Leben. Aber man hat es durchgehalten.

Ich war in beiden Arbeitswelten glücklich. In der ersten sowieso und in der zweiten die ersten fünf Jahre. Unmittelbar nach der Wende haben die Leute ja mit 120 bis 150 Mark im Heim billiger gelebt als zu Hause. Das wurde später anders. Es kamen nur noch Schwerkranke, das Personal wurde weniger, die Arbeit immer mehr. Auch wenn die Arbeit Spaß machte, der Stress und die körperliche Schwere machten mir neben dem Elend, das man sah, sehr zu schaffen. An meinem letzten Arbeitstag habe ich mir ganz bewusst gemacht, dass es der letzte Tag ist. Die jungen Leute, die nachgekommen sind, sind anders, die denken nur noch an sich, aber wir, die älteren, nicht.

Ich bin manchmal ganz erstaunt, heute noch freundliche junge Leute zu treffen. Meine Enkeltochter ist Hotelfachfrau. Wenn die erzählt, dass sie nach sieben Tagen Arbeit erst einmal ausschlafen muss, dann sage ich, dass wir manchmal zwölf Tage am Stück gearbeitet haben. Dieses Jammern kann ich nicht verstehen, entweder ich arbeite oder ich arbeite nicht. Die Jungen sind nicht so belastbar, Mama und Papa nehmen alles ab. Die Kinder müssen ihre Probleme nicht selbst lösen. In der DDR hatten wir eine andere Verantwortung, wir wurden schneller erwachsen.

Gleichberechtigung war für mich immer selbstverständlich. Ich habe das für mich natürlich in Anspruch genommen. Jungen Frauen würde ich raten, so zu leben, wie ich gelebt habe. Vor allem selbstständig sein. Ich würde es schlimm finden, wenn meine Enkeltochter sich abhängig machen würde von einem Mann. Der Knall kann kommen und dann stehst du da. Manche Frauen fallen in ein tiefes Loch und kriegen das Leben nicht mehr in den Griff. Meine Cousinen waren in der BRD und gingen alle nicht arbeiten. Die waren für die Kinder und den Haushalt zuständig. Das wäre nicht mein Ding.

Ich habe versucht, meine Prinzipien, die ich gelebt habe, weiter zu geben, aber sie sind nicht bei meinem Sohn angekommen. Das ist aber keine Erziehungssache, denn mein Kind hat das von mir nicht gesehen. Ich weiß, wo der Weg hinführt, da will ich hin oder nicht. Und wenn ich will, schaffe ich das. Und trotzdem staune ich immer, wie das bei vielen funktioniert.

Meine Enkeltochter lässt sich über ihre Sicht zu Familie und Kind nicht aus. Die ist 25 und sagt noch nichts dazu. Meine Schwester hat fünf Kinder. Sie ist immer noch mit ihrem ersten Mann verheiratet. Sie hat immer voll gearbeitet, die Kinder sind alle in Krippe und Kita gegangen. Mein Schwager arbeitet auf einem leitenden Posten und meine Schwester ist Dispatcherin. Sie arbeiten beide zu gleichen Teilen, teilen sich den Haushalt, es war und ist bei ihnen 50/50. Weniger zu arbeiten oder zu Hause zu bleiben bei fünf Kindern kann gut sein, aber ich finde, dass es besser ist, wenn man arbeiten geht. Ihre Kinder haben alle Berufe, alles Facharbeiter, keiner hat Abitur. Bei den Enkelkindern sind zwei, die nach der Wende studiert haben. Meine Schwester ist inzwischen auch in Rente. Zu DDR-Zeiten hatte sie Vergünstigungen. Zum Beispiel musste sie, wenn sie die Wäsche zum Waschen weggeschafft hat, nichts bezahlen. In der Kita und in der Schule war für alle das Essen kostenlos, ebenso das Ferienlager. Das waren besondere Zuwendungen und eine Unterstützung. Das Geld war trotzdem immer knapp, früher und später. Nach der Wende ging es ihnen so gut, dass man neidisch werden könnte. Der Mann ist in den Vorruhestand gegangen, hat Übergangsgeld bekommen und eine sehr gute Rente. Meine Schwester hat ebenfalls eine gute Rente und das Müttergeld dazu. Denen geht es wirklich sehr gut. Bei denen klappte alles.

Ich selbst bin von Frauen oder Kollegen aus dem Westen nie schlecht gemacht worden, habe es aber von anderen gehört. Zum Beispiel hätten die Ostfrauen eine viel zu dicke Rente. Oft sind es Bundesbürger, die keine Ostverwandtschaft haben und den Osten nicht kennen und nie gesehen haben, die so etwas sagen. Ich selbst habe immer nur mit DDR-Frauen gearbeitet, überall, und das war ein ganz tolles Arbeiten.

Wir haben nicht alles Sozialistische mitgemacht

Renate K., Jahrgang 1937

Ost: Pfarrerin, Ehe- und Familienberaterin   West: Ehe- und Familienberaterin, Seelsorgerin

Geboren wurde ich auf Gut Ellershagen im Inspektorenhaus, weil mein Vater auf dem Rittergut als erster Inspektor tätig war. Meine Mutter starb, als ich zwei Jahre alt war. Danach hatte ich fünf Jahre meinen Vater für mich alleine, was gar nicht schlecht war. Im Gegenteil, ich hatte es sehr gut mit ihm. Kinderfrauen, die er extra für mich angestellt hatte, wurden immer wieder entlassen, wenn er oder ich nicht zufrieden waren. Ich hatte ein sehr gutes Verhältnis zu meinem Vater, der leider schon mit 71 Jahren gestorben ist. Als ich sieben Jahre alt war, hat er wieder geheiratet, sodass ich mit einer Stiefmutter groß geworden bin, die wiederum leider schon mit 69 Jahren verstarb.

Ich habe zunächst die Grundschule besucht. Mit der weiterführenden Schule war es damals etwas schwierig. Ausschlaggebend war, dass der Vater bis 1945, also in der Kriegszeit, Gutsinspektor war. Das nannten die Kommunisten »Kulakendiener«. Mein Vater war immer Pazifist und Christ und niemals Nazi. Das wusste wohl auch mein Lehrer, der sich sehr ins Zeug gelegt und somit veranlasst hat, dass ich zur Oberschule kam. Damit hatte ich überhaupt nicht gerechnet, denn ich wollte gerne Katechetin oder Krankenschwester werden. Dafür wäre ich nach dem achten Schuljahr für ein Jahr zur Berufsfindung nach Heiligengrabe gegangen. Das ist ein evangelisches Kloster in der Prignitz. Die Entscheidung wurde mir zunächst abgenommen und ich ging zur Oberschule und habe mein Abitur mit Gut abgelegt. Anschließend begann ich an der Humboldt-Universität in Berlin Theologie zu studieren, um Pastorin zu werden.

Meinen späteren Mann kannte ich schon lange. Er hatte seine Frau nach einer Krebskrankheit verloren. Sie war eine fröhliche Südtirolerin. Nach ihrem Tod bat er darum, ihm einen Vikar als Hilfe zu schicken. Er schaffte es nicht mehr alleine, die vielen Gemeinden zu versorgen. Ich ging zu ihm, wir verstanden uns so gut, dass wir heirateten und eine Tochter bekamen.

Um als richtige Pfarrerin tätig sein zu können, hätte ich das zweite Staatsexamen ablegen müssen. Da wir aber schon verheiratet waren und gemeinsam ein Kind hatten, bekam ich zwar die Erlaubnis, alle Arbeiten tun zu dürfen, die man als ordinierter Pfarrer erledigt, aber als Pfarrerin konnte ich nicht ordiniert werden. Bis 1969 gab es ein Gesetz in der Kirche, dass verheiratete Pfarrerinnen, Pastorinnen, Theologinnen nicht ordiniert werden konnten. Seitdem dürfen verheiratete Frauen Pastorinnen werden. Ich bin sehr gerne in der Ostprignitz gewesen, hatte da meine zwei Dörfer. Mein Mann und ich haben uns die Arbeit geteilt. Ich habe sehr gerne Gottesdienste gehalten und gepredigt, da ich weniger pädagogische Talente hatte als mein Mann. Er unterrichtete gerne, mir lag die Erwachsenenarbeit mehr als die mit Kindern. Manchmal tauschten wir auch. Das war eine sehr gute Zusammenarbeit, Teamwork, wie man heute sagen würde. Mein Mann war sehr viel älter als ich und ist nach zehn Jahren unserer Ehe, die meine schönsten Lebensjahre waren, mit 76 Jahren gestorben. Ich bin heute 80, habe ihn also schon um ein paar Jährchen überlebt.

Ja, meine Ehe war natürlich durch den Altersunterschied geprägt. Meine Eltern hatten großes Verständnis, da sie ihn als einen sehr verlässlichen Mann kannten. Nur gewarnt haben sie mich, dass ich wahrscheinlich einmal sehr lange alleine sein würde. Dem war auch so. Aber ich habe in meiner Tätigkeit in der Lebens- und Eheberatung und in der Seelsorge gelernt, alleine zu leben. Meine Devise war immer: Ich kann alleine leben, aber mit jemand anderem ist es schöner. Das war auch so in der Ostprignitz in unserer gemeinsamen Pfarramtszeit in Freyenstein und nach seiner Pensionierung, als er zu mir in das Klosterstift Marienfließ kam. Unsere Tochter hat hier eine sehr gute Kindheit erleben können. Als sie im dritten Schuljahr war, starb mein Mann. Ich bin mit meiner Tochter nach Potsdam gegangen, weil man mich dort in der Evangelischen Frauenhilfe, einem freien Werk der Landeskirche Berlin-Brandenburg, benötigte. Dies ist die Zentrale der evangelischen Frauen- und Familienarbeit. Da ein Krankenhaus zu diesem Werk gehörte, wollte man mich hauptsächlich für die Krankenhausseelsorge, für die Ehe- und Familienberatung und für die Bildung Erwachsener einsetzen.

Wir sind in die Städte und Dörfer gefahren und haben dort die Leiterinnen von Frauenhilfekreisen geschult, gaben Anleitungen für Bibelarbeiten, für Teamgespräche und die Leitung von Zusammenkünften. In dieser Zeit hatte ich eine sehr liebe Nachbarsfamilie mit drei Söhnen, bei denen meine Tochter sozusagen groß geworden ist, mit denen sie zusammen zur Schule ging und die mir sehr geholfen haben, als ich viel dienstlich unterwegs war in Potsdam und Umgebung. Die Leute kamen auch zu mir ins Büro mit ihren Problemen. Die evangelische Frauenhilfe hat mir die für diese Aufgabe notwendige Ausbildung ermöglicht und bezahlt. Dafür bin ich ihr dankbar.

In dieser Arbeit habe ich sehr viele Einzelgespräche geführt und erfuhr viel über Menschen, die miteinander, mit der Lebenssituation oder mit dem Staat Schwierigkeiten hatten. Ich konnte ein wenig helfen, Anstoß zur Selbsthilfe geben, auch dazu, dass die Menschen wieder miteinander redeten. Aktiv war ich zudem in der Weiterbildung Erwachsener, um Bibelkreise vor Ort zu leiten, sodass sie selbst in Dörfern und Städten im Umgang mit der Bibel helfen und Gespräche führen konnten.

Unsere Tochter ist Krankenschwester geworden. Sie durfte leider nicht wie ich das Abitur machen, da in diesem Jahr in der DDR ein Numerus clausus existierte. Das heißt, dass nur ein einziger von fünf guten Schülerinnen und Schülern das

Abitur machen konnte. Aus dem Jahrgang wurde also nur einer zugelassen. Seine beiden Eltern waren Lehrer. Das habe ich eingesehen. Ich muss aber ehrlich sagen, mein Mann hätte gekämpft, wenn er noch gelebt hätte, dass seine Tochter das Abitur hätte machen können. Aber ich habe meine eigenen Erfahrungen gemacht und war froh, dass sie überhaupt Krankenschwester werden durfte. Noch einmal vier Jahre »Rotlichtbestrahlung« in der EOS* wollte ich ihr nicht zumuten. In meiner Beratungstätigkeit hatte ich häufig mit Menschen zu tun, die von der Stasi bedrängt wurden; da wollte ich meine Tochter ihren eigenen Weg gehen lassen. Ich weiß, da haben zum Beispiel Bäckerfrauen viel mehr darüber gejammert als ich, dass ihre Kinder nicht zur Oberschule kamen. Meine Tochter hat ihren Wunschberuf erlernt und ist heute noch begeisterte OP-Schwester und jetzt mit einem Arzt verheiratet.

Benachteiligt wurden wir nicht, weil wir in der Kirche waren und nicht alles Sozialistische mitgemacht haben. Ich hatte den Eindruck, dass man uns akzeptiert hat. Als der Wehrkundeunterricht eingeführt wurde, hat sich meine Tochter geweigert, teilzunehmen. Stattdessen bin ich mit ihr nach Weimar gefahren und wir haben der Lehrerin eine Friedenskarte geschrieben mit einem Goethe-Zitat. Das war bestimmt nicht einfach für die Lehrerin, die keine hundertprozentige Teilnahme melden konnte. Und mir brachte es ein Gespräch mit der Direktorin ein. Für uns war klar: Zum Wehrdienst geht die Tochter nicht. Wir sind Pazifisten und Christen. Mein Vater musste als Pazifist schon in Kaisers Zeiten Spießruten laufen.

Ich hatte bei meiner Arbeit mit den Menschen auf dem Lande den Eindruck, dass ich durch klare Ansagen viel Respekt erhalten habe. Sie wussten ja, dass ich Angestellte der Kirche bin und nicht über etwas rede, wovon ich nicht überzeugt bin. So war es auch bei den Familienfreizeiten, wenn Familien mit ihren Kindern mit uns in die Ferien gefahren sind. Es war zu DDR-Zeiten für viele schwierig, wenn sie ihre Kinder nicht in die FDJ* gelassen haben. Meine Tochter war weder in der FDJ noch bei den Pionieren. Sie ist in ihrer Freizeit lieber reiten gegangen, und das wurde akzeptiert. Wir hatten deshalb keine Nachteile. Ich weiß aber, dass das bei vielen anders war. Mir und meiner Tochter ist nie etwas passiert, vielleicht deshalb, weil wir sehr tolerant und immer bereit waren, mit den anderen zu sprechen. Das war auch bei unseren jährlichen Sammlungen für die Diakonie so. Ich habe mich vor das Haus der Stadtverwaltung gestellt und gesagt: »Das ist eine staatlich genehmigte Sammlung, darf ich sie um eine kleine Spende für die Diakonie bitten?« Und dann haben mir alle was gegeben.

Die Wende sehe ich persönlich als einen ganz großen Vorteil, weil wir immer Kontakt zu westdeutschen Verwandten hatten. Wir konnten diese Kontakte pflegen, anders als manche, die das leider wegen ihrer Berufe nicht durften. Ohne diese Verwandten hätten wir wesentlich weniger gut in der DDR leben können, aber durch diese Kontakte, die wir immer offen und ehrlich zugegeben haben, ist es uns nicht schlecht gegangen. Trotzdem habe ich schon sehr darunter gelitten, dass ich meine Hamburger Tante zum 90. Geburtstag nicht besuchen durfte. Andererseits hatte ich Möglichkeiten, in die Bundesrepublik zu reisen, einmal mit Frau Schönherr, der Frau unseres Bischofs, oder zu kirchlichen Konferenzen.

Ich würde sagen, dass die Frauen in der DDR im Vergleich zu westdeutschen Frauen emanzipierter waren, in Bezug auf die Arbeit, die Selbstständigkeit und vielleicht auch die Unabhängigkeit vom Mann. Wir haben schon in total unterschiedlichen Systemen gelebt. Ich war wie gesagt froh, als die Wende kam, weil ich diese Trennung furchtbar fand, wie andere Menschen ihre Verwandten verleugnen mussten. Darunter haben viele sehr gelitten, weil sie das überhaupt nicht verstehen konnten, diese Mauer in einem Land. Ich bin sehr froh, dass nun diese Freiheit da ist. Wenn ich bei meinen Enkelkindern sehe, wie sie in die Welt hinausfahren können und Sprachen erlernen, beneide ich sie ein wenig. Meine Eltern hatten mir das auch ans Herz gelegt, aber es ließ sich nur sehr eingeschränkt realisieren. Diese Freiheit, die meine Enkelkinder heute erleben, macht natürlich manches schwieriger, aber ich möchte sie dennoch nicht mehr missen.

Nach der Wende habe ich meine Arbeit fortgesetzt. Ich habe nichts anderes getan als vorher auch. Vielleicht bin ich etwas weniger als zuvor rausgefahren in die Städte und Dörfer, habe das mehr den Jüngeren überlassen. Meine Hauptschwerpunkte blieben das Krankenhaus und die Arbeit in der Frauenhilfe. Das war wirklich eine schöne Arbeit. Auch jetzt, im Ruhestand, mache ich das ehrenamtlich noch weiter hier in meinem Bürgerstift, in dem ich jetzt lebe. Das geht von der Betreuung Sterbender über die Aktivitäten in unserer kleinen Kapelle bis zu Spielen mit Dementen. Unsere Evangelische Frauenhilfe war ja Eigentümerin des Krankenhauses. Dem Leiter unseres Werkes ist es zu danken, dass sie dieses Stift kaufte. Seit 1877 besteht das Bürgerstift als eigenständiges Alters- und Pflegeheim. Hier ist Betreutes Wohnen und Pflegeheim kombiniert. Die Leitung der Frauenhilfe hat es geschafft, dass ein neuer Trakt ausgebaut werden konnte, und das Haus so vergrößert, weil neue Einzelzimmer geschaffen wurden. Wenn man das mit früher vergleicht, da waren mehrere Personen in einem Zimmer. Heute gibt es kleine Wohnungen und nur noch Einzelzimmer. Das Stift war immer ein eigenständiges Bürgerstift. Potsdamer Bürger haben damals für ihre Alten das Land erworben und darauf dieses Haus gebaut.

Einwohner unseres Heimes wollen viele werden, weil die schöne Lage in der Nähe des Heiligen Sees und des Jungfernsees einmalig ist. Als wir das Heim kauften, hat unser Geschäftsführer gesagt, dass es sehr attraktiv für gut betuchte ehemalige Westdeutsche ist, die ihre in den alten Bundesländern lebenden Eltern hierher nach Potsdam holen werden. Und er hat Recht behalten. Wir haben hier Leute aus Hamburg, Bremen, München, Berlin und aus der Umgebung im Land Brandenburg. Wir nehmen auch Bezieher von Hartz IV auf. Denn wir wollen kein

Heim nur für Reiche sein, die alles bezahlen können, sondern wir wollen sozial Schwache aufnehmen. Ich setze mich dafür ein, dass wir diese Mischung behalten, auch wenn wir wirtschaftlich denken müssen. Hier achtet jeder den anderen und es herrscht wirklich eine gute Atmosphäre. Darauf achtet auch die Leitung. Jetzt leitet es wieder ein Diakon, der eine Pflegeausbildung hat und in der kirchlichen Leitung war. Das Heim war nie ein kirchliches Haus, stand aber immer unter kirchlicher Leitung. Wir haben Christen, Nichtchristen, auch Muslime, jeder geht freiwillig in seinen Gottesdienst, freitags in den katholischen und mittwochs in den evangelischen mit 15 bis 20 Teilnehmern. Sie rufen mich manchmal, wenn es Patienten schlecht geht und der Pfarrer gerade nicht erreichbar ist. Neulich half ich, weil eine sterbende Frau nicht allein bleiben wollte. Ich habe mich zu ihr gesetzt, viele Lieder gesungen, dazwischen einige Gebete gesprochen. Viele Menschen beteiligen sich hier ehrenamtlich, zum Beispiel bei der Pflege des Gartens, andere haben die Kaninchenversorgung übernommen oder ein Insektenhotel gebaut. Ich muss sagen, ich habe es keine Minute bereut, vor sechs Jahren hierher gezogen zu sein.

Mein Familienzusammenhalt hält mich frisch. Wir telefonieren viel, mailen und senden WhatsApps. Nach anfänglicher Verteufelung der Computerwelt kann ich es mir gar nicht mehr ohne das Internet und das Handy vorstellen. Wir sind alle in Verbindung. Ich bin die Älteste mit 80 Jahren. Meine Tochter wohnt in Berlin. Alle sind glücklich mit- und füreinander.

Meine Enkeltochter hat in Paris Politikwissenschaften studiert. Sie spricht inzwischen fünf Sprachen. Jetzt verdient sie in Brüssel ihre allerersten Brötchen in der EU bei Jean-Claude Juncker. Sie will später Botschafterin werden, mal sehen, wie das mit ihrem französischen Partner klappt. Kinder möchte sie unbedingt, sie hat sich im Studium ihr Geld mit Babysitten verdient. Das hat sie gerne gemacht. Zu den Kindern hat sie heute noch Kontakt, die sind jetzt inzwischen schon große Schulkinder. Auch mit meinem Enkelsohn verstehe ich mich gut. Er will Jurist werden und arbeitet nach dem 1. Staatsexamen in Frankfurt am Main bei der ARD. Ich bin so froh, dass wir alle gesund sind und ein schönes Leben haben. Dafür bin ich sehr dankbar.

Manchmal habe ich mich abgewandt, damit sie meine Tränen nicht sahen

Helga K., Jahrgang 1940

Ost: Fachschulabsolventin Pflanzen- und Saatgutzucht, Brigadierin in der LPG*, Bürgermeisterin

West: Bürgermeisterin, Bereichsleiterin Verwaltungsgemeinschaft von 10 Gemeinden

Ich war fünf Jahre alt, als der Zweite Weltkrieg zu Ende ging, und meine Mutter mit vier kleinen Kindern und dem kranken Großvater alleine eine kleine Landwirtschaft zu bewältigen hatte. Sie musste sich um alles kümmern. Die jüngste Schwester war gerade zwei Jahre alt, als sich herausstellte, dass sie nicht sprechen lernen würde, dass alle Funktionen auf dem Niveau einer Zweijährigen stagnieren würden. Meine älteste Schwester war sieben Jahre alt, ihr oblag die hauptsächliche Betreuung. Das belastete uns alle sehr. Mit elf Jahren starb die Kleine. Es fällt mir heute noch schwer, daran zu denken. Bis mein Vater 1948 aus der Kriegsgefangenschaft nach Hause kam, musste meine Mutter alles alleine bewältigen. Das tat sie sehr couragiert. Im Dorf lebten nur Frauen und ganz Alte.

Sie kümmerte sich um ein verlassenes Haus, in dem noch Waffen versteckt waren. Ein ehemaliger ukrainischer Zwangsarbeiter, der in der Landwirtschaft meiner Mutter half, machte sie darauf aufmerksam. Ich war fünf Jahre alt, erinnere mich aber ganz genau daran. Der Ukrainer sagte immer, die Waffen müssten unschädlich gemacht werden, bevor der Russe komme. Sonst würden wir alle an die Wand gestellt. Also ist sie mit dem Ukrainer in dieses Haus gegangen, hat die Waffen herausgeholt und in den Dorfteich geworfen. Dann verkleidete sie sich als alte Oma, zog Sachen übereinander, stopfte sich ein Kissen als Buckel in den Rücken, beschmierte sich das Gesicht und war nur noch an der Stimme zu erkennen. Viele andere Familien und Verwandte suchten bei uns im Dorf Zuflucht. Meine Mutter versteckte alle auf dem Heuboden. Immer wenn Russen kamen, riefen sie oder wir Kinder: »Dicke Luft!« Dann waren plötzlich alle verschwunden. Als Kind fragte ich mich immer, warum alle solche Angst vor den Russen hatten, das waren doch alles hübsche junge Männer.

Dann erkrankte mein Opa. Er hatte Diabetes und sicherlich keine Medikamente. Er verstarb im Herbst 1945 im Krankenhaus, ohne dass meine Mutter davon erfahren hätte. Sie haben ihn anonym beigesetzt. Die Verbindungen waren alle ja noch unterbrochen. Wir haben nicht gehungert, das verdanken wir vor allem unserer Mutter. Sie schaffte Schafe an für Milch, Fleisch und Wolle. Alles konnte sie verwerten. Sie strickte uns Strümpfe, Pullover. Sie wusste immer Rat. Als der Krieg zu Ende war, kam eine enorme Aufbruchstimmung auf. Schnell wurde wieder Musik gemacht, getanzt. Meine Mutter hat immer gesagt: »Bloß gut, dass Deutschland den Krieg verloren hat, was wäre sonst noch geworden.« Als mein Vater 1948 zu uns zurückkehrte, musste er feststellen, dass es nicht mehr alles war wie früher. Meine Eltern haben sich oft gestritten, weil meine Mutter sich besser auskannte – er wollte zum Beispiel das geforderte Abgabesoll nicht erfüllen.

1946 wurde ich im Nachbardorf in einer Zweiklassenschule eingeschult. Zwei Räume für 80 Schüler und zwei Lehrer, ein neuer und ein alter. Nach der achten Klasse fuhr ich nach Lychen in die Oberschule. Innerhalb von zwei Jahren habe ich dort die mittlere Reife geschafft. Wegen meiner Probleme mit Sprachen brach ich die Schule ab, und das gegen den Willen der Schulleitung. Danach arbeitete ich ein Jahr auf dem elterlichen Hof, ehe ich die Facharbeiterausbildung für Saat- und Pflanzgut begann. Gleich nach dem Abschluss startete ich für drei Jahre ein Studium an der landwirtschaftlichen Fachschule für Saat- und Pflanzgut Neugattersleben. Wir Absolventen wurden nach Mecklenburg oder in die Uckermark vermittelt. Das war auch mein Wunsch. Ich wollte gerne in einer neuen LPG meine Kenntnisse mit Saat- und Pflanzgut anwenden.

So kam ich 1963 in die Landwirtschaft und in die Uckermark. Gleich bei meinem Vorstellungsgespräch in der LPG habe ich meinen Mann kennengelernt. Er war ein halbes Jahr vorher als staatlich geprüfter Landwirt dorthin geschickt worden. Ein Jahr später haben wir geheiratet, 1965 wurde unsere erste Tochter geboren. Die LPG baute Häuser mit vier Wohnungen, alle für junge Leute mit Kindern. Als ein Einfamilienhaus – das Fischerhaus – frei wurde, hat die LPG uns dieses Haus zur Verfügung gestellt.

Wir waren beide als Brigadiere eingesetzt. In einem postgradualen Studium konnte ich mich im Kartoffelanbau weiterbilden. Das interessierte mich schon während der Ausbildung und in meiner Assistenzzeit in Mecklenburg. Das Suchen nach Neuem hat mir immer Spaß gemacht. Ich wollte im Betrieb einiges im Anbau verbessern. Unsere LPG hatte 400 Mitglieder, viele gut ausgebildete junge Leute, und einen Chef, der vom Wirtschaften etwas verstand und daher im Kreis einen guten Ruf genoss. Wir wollten möglichst das Beste herausholen und ich wollte nach den neuesten Erkenntnissen die Kartoffelproduktion organisieren, immer die neuesten Anbaumöglichkeiten ausprobieren. Da gab es öfter Meinungsverschiedenheiten, das passte dem Chef nicht immer.

Unser zweites Kind – ein Sohn – ist leider tödlich verunglückt, ein Schmerz auch noch nach so vielen Jahren, furchtbar. 1967 habe ich meinen zweiten Sohn und 1974 meine zweite Tochter geboren. Aussetzen musste ich wegen der Kinder zeitweise. Eine Kinderkrippe gab es noch nicht, zunächst nur einen Erntekindergarten. Erst als unsere zweite Tochter aus dem Gröbsten raus war, wurde eine Krippe im Dorf eingerichtet. Da war gegenseitige Hilfe vor allem unter uns Frauen im Dorf angesagt. Als die Große in die Schule kam, habe ich viel mit ihr üben müssen. Aber als sie es verstanden hatte, ging es fast von allein. Mein Mann und ich haben uns die Arbeiten geteilt, er war aber oft länger abends noch in der LPG, also kontrollierte ich die Hausaufgaben. Zu Elternversammlungen gingen wir zu zweit, Heinz engagierte sich im Elternbeirat. Leider war er wegen seiner Lunge häufig krank. Nachdem die Krankheit endlich entdeckt worden war, fuhr er bestimmt alle zwei bis drei Jahre für mehrere Wochen zur Kur. Da war ich mit unseren drei Kindern öfter allein. Geholfen haben mir aber immer meine Eltern und meine älteste Schwester, die zum Glück in der Nähe lebten.

Nach dem Babyjahr 1975 begann ich als Brigadierin für die zwanzig Frauen der Pflanzkartoffelproduktion. Die Auseinandersetzungen mit dem Chef brachten mich dazu, zu kündigen. Ich wollte weg. Da meinte der LPG-Vorsitzende: »Das geht nicht, vielleicht machst du einfach etwas anderes.« Von da an leitete ich die Futterbrigade, diesmal vorwiegend mit Männern.

1984 ging der alte Bürgermeister nach dreißig Jahren im Dienst in den Ruhestand. Da kam der LPG-Vorsitzende auf mich zu und sagte: »Du musst Bürgermeister werden, der Rat des Kreises hat dich vorgeschlagen.« Zu Hause und mit Freunden diskutierten wir, ob der Vorschlag nicht von ihm stammte. Ich war mir nicht sicher, ob der Chef mich weggelobt hatte, um zusehen zu können, wie ich den neuen Job nicht schaffte, oder ob er wirklich von meinem Potenzial überzeugt war. Von der Gemeindearbeit hatte ich doch überhaupt keine Ahnung. Im Gemeindebüro arbeitete aber eine sehr erfahrene Sekretärin, die mich sehr gut unterstützte und meinte: »Das schaffen wir.« Auch mein Mann half mit guten Ratschlägen und Unterstützung zu Hause. In der vierwöchigen offiziellen Weiterbildung zur Bürgermeisterin erfuhr ich sehr wenig Nützliches, obwohl mit mir mehrere neue Bürgermeister begannen. Entscheidend waren die Dienstbesprechungen alle vier Wochen beim Rat des Kreises. Da wurden wir auf Linie gebracht.

In unserem Dorf lebten ca. 500 Einwohner, wir hatten einen Dorfkonsum und eine Gaststätte. Ansonsten bestimmte die LPG das Dorfleben. Für die anstehenden Bauarbeiten stand uns und den anderen Gemeinden die ZBO* mit ihren Handwerkern aller Gewerke zur Seite. Ich erinnere mich an meinen ersten Winter als Bürgermeisterin. Der war sehr kalt und lang. Der Ratsvorsitzende des Kreises hatte uns Bürgermeister ermahnt, auf die Rentner zu achten, damit diese genügend Feuerung und Essen hatten. Ich kannte doch alle Alten schon, bin aber doch zu allen gegangen. Tatsächlich kam ich in ein Haus, in dem es brenzlig roch. Eine Decke lag zu dicht am Ofen, sie war schon braun und heiß geworden. Da war ich sehr froh, dass ich den alten Mann rechtzeitig aufgesucht hatte, er hätte verbrennen können.

Die Arbeit mit den Rentnern hat mich in der Gemeinde stark beansprucht. Eines Tages baten sie darum, sich regelmäßig in der Gaststätte treffen zu können. Also organisierte ich das. Von da an gab es alle vier Wochen Kaffeekränzchen, mit Musik, denn die Alten tanzten so gern. Dann baten Jugendliche um einen Platz, auf dem sie Fußballspielen konnten. Davon wollte der LPG-Vorsitzende nichts wissen. Es wurde in der Gemeindevertretung besprochen. Der LPG-Chef meinte, dass alle verfügbaren Flächen für Mieten oder für private Kleintierhaltung oder Gemüseanbau genutzt würden. Viele Leute bauten ja zum Eigenbedarf oder zum Verkauf noch einiges an. Wir natürlich auch. Zu unserem Fischergrundstück gehörten 5.000 Quadratmeter Land, das wir hauptsächlich mit Kartoffeln bestellten. Dann unterbreitete der LPG-Vorsitzende doch einen Vorschlag. Er bot ein Stück des Eidberges an, wohlgemerkt: des Berges. Er dachte wohl, dass ich daraus nichts machen könnte. Ich fand aber wirklich gute Helfer in der ZBO*, die das ganze Land planierten, Muttererde aufbrachten – ein Traum von einem Fußballplatz. Dann sprach ich einen alten Kutscher an, der in der LPG die Pferde versorgte, ob er das Feld richtig besähen könnte. Und der bekam es hin. Zur rechten Zeit regnete es noch, der Sportplatz war grün und bespielbar. Den Platz eröffneten wir mit einem großen Dorffest, von dem heute alle noch sprechen. Die Fußballer organisierten ein Turnier gegen benachbarte Gemeinden, für die Kinder gab es verschiedene Spiele, der Ausschank erfolgte durch die Gaststätte, der Fischer verkaufte Fische und die Lychener Blaskapelle spielte auf. Ein Gewitter unterbrach den Spaß nur kurz. Die VdgB* hatte Tische, Bänke und Verkaufsstände günstig von den kürzlich beendeten Arbeiterfestspielen in Boitzenburg erworben, und diese stellten sie uns zur Verfügung. Das machen sie im Übrigen heute noch. Wir haben gemeinsam mit der LPG einen Jugendklub, ein Feuerwehrhaus und einen Kinderspielplatz gebaut. Diese Gemeindearbeit hat mir wirklich Spaß gemacht.

Im Frühjahr 1989 zu den Wahlen war die Stimmung angespannt. Irgendwie war die Luft raus. Der alte Vorsitzende des Rates des Kreises ermahnte uns, unbedingt dafür zu sorgen, dass eine Wahlbeteiligung von hundert Prozent gemeldet wird. Ich hatte die Wahl gut vorbereitet, kannte aber einen im Dorf, der seit Jahren nicht zur Wahl ging. Als am Nachmittag die Wahlbeteiligung abgefragt wurde, sollte ich zu den Nichtwählern nach Hause gehen, nur um ihnen den Wahlschein zu übergeben. »Sie könnten ja ein anderes Wahllokal aufsuchen«, hieß es. Die Wahlbeteiligung von hundert Prozent war wichtiger als das Wahlergebnis. Dagegen verwahrte ich mich. Ich sagte: »Der sitzt hier auf der Treppe, geht nirgendwohin wählen und beobachtet dann die Auszählung.« Am Ende habe ich gemeldet, dass drei Leute aus meinem Dorf nicht gewählt haben. Ich habe mir niemals etwas zu Schulden kommen lassen und spürte im Dorf immer Rückhalt.

Mit der Wende kam ein wirkliches ökologisches Problem auf den Tisch. Zu unserem Dorf gehörte ein wunderschöner See. Aber die Wasserqualität wurde schlechter. Durch die großen Kuhställe war der See verunreinigt worden. Er lag viel tiefer, Gülle muss wohl eingelaufen sein. Wir haben gemeinsam mit dem

Kreis versucht, das abzustellen und die Verunreinigung durch einen Oxydationsgraben zu beheben.

Zur Vorbereitung der Frühjahrswahlen 1990 schlug ich der sich findenden Opposition vor, den Wahlvorstand zu bilden. Wortführerin war die Pfarrerin, Vorsitzende wurde die Gemeindeschwester. Da erfuhr ich erstmalig, was die verdienten. Ich bekam 530 Mark dafür, dass ich Tag und Nacht für alle großen und kleinen Dinge im Dorf ansprechbar war. Sie verdienten viel mehr. Zu dieser Wahl fanden sich genügend Kandidaten. Mich fragte die VdgB*, ob ich für sie kandidieren wolle. Als Einzelkandidatin hätte ich mich nicht beworben, da hätte man viele Unterstützungsunterschriften gebraucht, und von der PDS als Nachfolgerin der SED, deren Mitglied ich war, wurde ich nicht gefragt. Die Wahlbeteiligung war gut. Obwohl die Pastorin meine Stimmen zweimal nachzählte, bekamen ich und der Vertreter des Sports die meisten Stimmen. Die Gemeindevertretung schlug mich wieder als Bürgermeisterin vor. Und dann kamen wöchentlich Vorschläge, was wir alles im Dorf errichten sollten. Richtig Druck machten sie, dass jedes Dorf ein Gewerbegebiet ausweisen solle. Solchen Irrsinn habe ich nicht mitgemacht.

1993 wurde mit der Kreisgebietsreform die Verwaltungsgemeinschaft aus zunächst neun, jetzt zehn Gemeinden gebildet. Damit sollte die Verwaltung besser und billiger organisiert werden. Aber es musste geklärt werden, wo sie ihren Sitz haben sollte. Wir fanden Räume im ehemaligen Boitzenburger Schloss, das bis dahin als Erholungsheim der NVA* und wohl zum Teil von der Stasi genutzt worden war. In den Gemeinden selbst waren die Ortsvorsteher nur noch ehrenamtlich tätig. Weil ich ja genügend von der Landwirtschaft verstand, übernahm ich in der Verwaltungsgemeinschaft das Aufgabengebiet des Wasser- und Bodenverbandes. Ziel war, alle Eigentümer der Bodenflächen zu identifizieren, eine wirkliche Puzzlearbeit.

Inzwischen haben wir in unserem Dorf keinen Konsum mehr, keinen Kindergarten, keine Gaststätte. Die LPG-Küchen, die das ganze Dorf und viele Durchreisende versorgten, wurden abgewickelt. Als einziges öffnet im Sommer noch ein Ausschank an drei halben Tagen die Woche. Und der Sportplatz ist nicht mehr bespielbar, weil er inzwischen auf privatem Land liegt und die neuen Eigentümer keine Haftung für den Spielbetrieb übernehmen. Traurig. Die LPG wurde inzwischen an zwei Brüder aus Nordrhein-Westfalen verkauft. Von den 400 Beschäftigten arbeiten heute nur noch 40 Leute im Nachfolgebetrieb. Traurig ist auch das Kapitel Kindergarten: Wir hatten doch so viele Kinder im Dorf. Wir waren mit unserem Altersdurchschnitt das jüngste Dorf im Kreis Templin. In den Räumen der LPG wurden daher Krippe und Kindergarten eingerichtet. Bezahlt wurden die Krippen durch das Gesundheitswesen und die Kindergärten durch die Volksbildung der DDR. Nach der Wende bauten wir noch einmal die alte Lehrerwohnung dafür um. Wir waren so happy. Und dann begannen die Entlassungen, die jungen Leute zogen fort, es waren nicht mehr genügend Kinder im Dorf. Viele Frauen wurden arbeitslos. Die Kartoffelproduktion, in der viele Frauen arbeiteten, wurde, weil sie zu teuer war, sofort eingestellt. Die Gärtnerei und die beiden Betriebsküchen wurden geschlossen. Für einige Frauen fanden sich ABM*, junge Frauen aus dem Büro vermittelte mein Mann aus der LPG in das Finanzamt.

Im Jahr 2000, als ich 60 Jahre alt wurde, hörte ich auf zu arbeiten und ging in Altersrente. Unser Haus, das ehemalige Fischerhaus mit eigenem Zugang zum See, war inzwischen als Eigentum des Landes identifiziert worden. Wir kauften Haus und Grundstück 1990. Im Jahr 2017 fanden wir eine Käuferin und verkauften es, um in die Nähe unserer jüngeren Tochter zu ziehen. Auch unsere Kinder sind ja nicht im Dorf geblieben. Mein Sohn lebt heute mit seinem Mann in Berlin. Er rief uns 1987 aus Frankfurt am Main an. Wie er über die Grenze gekommen ist, hat er nie erzählt. Wir waren damals völlig ahnungslos und erschrocken. Bei allen Befragungen durch die Stasi und meine Vorgesetzten konnten wir immer nur wahrheitsgemäß sagen, dass wir wirklich vorher von nichts wussten.

Anlässlich unseres Wegzugs aus dem Dorf gaben wir ein kleines Abschiedsfest in unserem Garten. Wir wollten die neue Eigentümerin mit unseren Nachbarn bekannt machen. Wer da alles kam, um sich zu verabschieden oder sich mit Blumen oder Selbstgefertigtem zu bedanken, war wirklich beeindruckend.

Wenn ich über die Gleichberechtigung nachdenke, so hatte ich es am Anfang unter den alten Genossenschaftsbauern schwer. Manchmal habe ich mich abgewandt, damit sie meine Tränen nicht sahen. Es hat einige Zeit gedauert, bis ich mich durchgesetzt habe, man musste schon zeigen, dass man etwas von der Sache verstand. Auch bei den Gehaltsfragen musste ich kämpfen, damit ich genauso viel wie die anderen Brigadiere bekam. Durch das zeitweilige Aussetzen oder weniger Arbeitsstunden wegen der Kinder war das nicht einfach, die Gleichbehandlung zu berechnen. Später als Bürgermeisterin war ich voll anerkannt, vor allem weil wir gemeinsam was geschaffen haben und ich sozusagen die Führung übernahm bei den Bauten des Sportplatzes, der Abwasserleitung, des Feuerwehrhauses, des Kinderspielplatzes oder des Kindergartens. Ehrlicherweise muss ich sagen, dass wir das ohne die Unterstützung der LPG, vor allem finanziell und durch die Geräte und Leute, nicht geschafft hätten.

Was meine Familie betrifft, so bin ich zufrieden. Das Zupacken habe ich wohl von meiner Mutter mitbekommen. Mein Mann und ich waren ja noch in der Kirche, wurden getauft und eingesegnet. Obwohl wir später aus der Kirche austraten, sind uns die humanistischen Werte und Gebote wichtig. Das haben wir an unsere Kinder weitergegeben. Ehrlichkeit, Selbstständigkeit, durch eigene Hände Arbeit leben, Achtung der Anderen, das sind schon Werte, die uns unsere Eltern mitgaben. Ich bin zufrieden, dass alle ihren Weg gefunden haben und dass wir hier in unserem neuen Zuhause der Mittelpunkt der Familie für die Kinder und Enkel sind. Und noch ein Plus: Ich habe hier einen neuen Chor gefunden. In meinem Dorf habe ich immer gesungen. Der neue Chor hat mich mit offenen Armen aufgenommen, als wenn ich schon immer dazu gehören würde. Und das ist für eine Hinzugezogene heute gar nicht selbstverständlich.

Oft haben sie sich lieber auf mich und meine Entscheidungen verlassen

Anne, Jahrgang 1940

Ost: staatlich geprüfte Landwirtin, LPG-Vorsitzende, Bürgermeisterin, Abgeordnete des Bezirkstages

West: Bürgermeisterin, Bauamtsleiterin, leitende Verwaltungsangestellte der Amtsgemeinde

Meine Eltern habe ich früh verloren. Mein Vater ist 1944 gefallen, meine Mutter 1946 gestorben. Ich habe noch zwei Schwestern, eine ist mittlerweile tot. Wir sind von den Großeltern mütterlicherseits großgezogen worden. Ich kann mir keine bessere Kindheit vorstellen. Ich bin zwar ohne Eltern, aber trotzdem glücklich aufgewachsen.

Mein Großvater hatte eine neun Hektar große Landwirtschaft in der Nähe von Dresden. Bis zum Jahr 1956 lebte ich bei meinen Großeltern, bin dort bis zur achten Klasse zur Schule gegangen und danach zwei Jahre bei meinem Großvater in die Lehre. Er besaß die Berechtigung zur Lehrausbildung für landwirtschaftliche Facharbeiter. Von 1956 bis 1959 studierte ich an der landwirtschaftlichen Fachschule in Bautzen und schloss sie mit dem Staatsexamen als staatlich geprüfter Landwirt ab. Dass ich überhaupt nach Bautzen und von zu Hause wegging, habe ich meinem Nachbarn zu verdanken, der zuerst bei meinem Großvater ausgebildet wurde und dann dort studierte und zwei Jahre älter war. Er meinte: »Willst du nicht auch zur Fachschule gehen, oder willst du dein Leben lang auf dem Acker rumreißen?« Von allein wäre ich bestimmt nicht auf die Idee gekommen. Ich hätte mich nicht getraut, von zu Hause wegzugehen und meine schon alten Großeltern mit der Landwirtschaft allein zu lassen. Aber meine Schwestern waren noch da.

Meine jüngere Schwester ist 2016 verstorben. Meine ältere Schwester ist inzwischen 80 Jahre alt und wohnt nach wie vor in dem Haus, in dem wir aufgewachsen sind. Sie hat die Wirtschaft meines Großvaters übernommen. Wir sind von Anfang an immer an die landwirtschaftliche Arbeit gewöhnt worden. Ab dem siebten Schuljahr bin ich jeden Morgen mit aufgestanden, um zu melken. Das hat mir Spaß gemacht. Ich habe meinen Großeltern wirklich gerne geholfen. Aber als die Frage mit dem Studium in Bautzen kam, habe ich nicht gezögert. An den Wochenenden half ich natürlich zu Hause. Das habe ich auch noch gemacht, als ich nach dem Studium in den Spreewald geschickt wurde, um eine Stelle als Agronomassistent anzutreten. Nach zwei Jahren war es wieder der Nachbar, der mich überzeugte, näher an meinen Heimatort zu ziehen. Ich sollte dort als Lehrausbilder eingesetzt werden. Aber als ich anfangen wollte, war die Stelle schon besetzt, also arbeitete ich zunächst für ein Jahr als Erzieher im Lehrlingsheim.

Dann erreichte uns ein Aufruf, dass junge, ausgebildete Landwirte für die neu gegründeten LPG* in den Nordbezirken gesucht würden. Mit meinen Freunden wollten wir da hin. Letztendlich war ich die Einzige, die ging, und so landete ich 1962 in P. Ich hatte dort einen ganz schön langen Arbeitstag: früh und nachmittags die Kühe melken, dann haben sie mich noch als Besamungstechniker und zur Milchkontrolle eingesetzt. Ich war doch die einzige ausgebildete Zootechnikerin der LPG. Das hört sich vielleicht nicht so viel an, aber das Vieh stand ja noch in den 28 einzelnen kleinen Ställen der LPG-Bauern. Genug zu tun. Aber das hat mir immer Spaß gemacht.

Ein wenig stolz bin ich, dass ich es geschafft habe, dass endlich ein großer Kuhstall mit 192 Plätzen gebaut werden konnte. 1964 war ich gerade Bezirkstagsabgeordnete geworden, da traute ich mich, den damaligen 1. Sekretär der Bezirksleitung der SED, Harry Tisch, anzusprechen. Eine Baugenehmigung und das Baumaterial zu bekommen waren schwer. Ich lud ihn ein, sich anzusehen, wie die Frauen in den 28 Ställen des Dorfes alles mit der Hand melken, und wie sie mit der Schubkarre hoch und runterfahren müssen, um zu füttern und zu entmisten. Er half und wir bekamen zwei moderne Kuhställe für jeweils 96 Kühe.

In dieser Zeit lernte ich meinen Mann kennen. Er war bis zur Wende Kfz-Meister in der Meliorationsgenossenschaft. Auf unserem Grundstück standen immer Fahrzeuge, an denen er schraubte. 1968 haben wir geheiratet und gemeinsam zwei Töchter, die 1968 und 1969 geboren wurden, großgezogen. Die Jüngere lebt hier mit im Haus, hat drei Kinder und ist Qualitätsmanagerin für Transporter. Sie ist in meine Fußstapfen getreten und ehrenamtlich stellvertretende Bürgermeisterin. Die große Tochter wohnt in T., sie haben sich dort ein Häuschen gebaut. Als Krankenschwester arbeitet sie im dortigen Pflegeheim. Ihr Sohn lebt jetzt in Hamburg.

Zur damaligen Zeit hatten wir noch nicht genügend Krippenplätze. Also musste ich mehr oder weniger zu Hause bleiben. In unserem Haus wohnte aber eine alte Dame, die passte auf die Kleinen auf. Ich habe in der Zeit noch in unserem Stall auf dem Grundstück Jungrinder aufgezogen, für die Versicherung gearbeitet und die Milchkontrolle für die LPG durchgeführt. Als die Kinder drei Jahre alt waren, konnten sie in den Kindergarten gehen und ich wieder voll in der LPG arbeiten. Im Haushalt hat mir mein Mann nicht viel geholfen. Das kannte ich auch nicht von meinem Großvater. Ich weiß noch, wie schlimm das Abwaschen für ihn war, ja geradezu eklig, wenn in dem Wasser was herumschwamm.

Ende der 1960er Jahre sollten die LPG spezialisiert und in eine LPG Pflanzenproduktion und eine LPG Tierproduktion aufgespalten werden. Der damalige LPG-Vorsitzende wollte die Pflanzenproduktion übernehmen. Ich wurde als

LPG-Vorsitzende für die Tierproduktion vorgeschlagen. Die Genossenschaft wählte mich 1974 zu ihrer Vorsitzenden. Das war ich mehr als zehn Jahre. Die Arbeit wurde nicht weniger, für alles war ich nun verantwortlich: für das Freiräumen der Zufahrtswege zu den Ställen nach Wetterkapriolen, die verstopfte Wasser- oder Milchleitung oder als das Dach eines Stalles einbrach. Ich erinnere mich noch, wie schwer es war, staatliche Bilanzen, also Zuweisungen, für Baumaterial und dann die Materialien selbst zu bekommen. Ich fand einen guten Kumpel, der hatte Bilanzen für Dachbinder, brauchte sie aber nicht so dringend. Wir sollten uns die Dachbinder aus Stralsund abholen. Mehrere Male habe ich Fahrzeuge mit jeweils zwei Hängern umsonst hingeschickt, einmal kamen sie bloß mit ein paar Brettern hinten drauf zurück. Die Verteilung der Dachbinder wurde ein Geduldsspiel. Ich bin einmal mitgefahren, aber das hat alles nichts genützt. Irgendwann hat es doch noch geklappt, wir standen ja unter Zeitdruck, die Dachbinder mussten doch auf den Stall, bevor die Tiere wieder zum Überwintern eingestellt wurden.

Probleme als Frau unter den Männern hatte ich nicht. Ich wusste ja, wie die Arbeit läuft. Ich hatte fast in allen Bereichen schon einmal vertreten, kannte mich also aus. Ich habe, wenn es nottat, im Stall mitgeholfen. Da war der Tag schon ganz schön lang, wenn es morgens um 3:30 Uhr losging und ich in dem einen Jahr noch als Besamungstechniker um 21:00 Uhr in der Abendsonne losgefahren bin. Ich erinnere mich, dass ich nach so einer Hilfe beim Melken nach drei Wochen beim Essen das Besteck nicht mehr festhalten konnte und ich nur abwechselnd mit einem Löffel mit rechts und mit links aß.

Wir erweiterten und modernisierten unsere LPG immer mehr. Stolz war ich auf die große neue Milchviehanlage mit 900 Kuhplätzen. Wir hatten natürlich auch Hühner, Schafe und Schweine. Ende 1984 waren wir 120 Leute in der LPG, denn 1975 musste ich die LPG aus C. noch übernehmen.

Im Jahr 1981 wurde in unserem Dorf, genau gegenüber von meinem Grundstück, ein großer Armeestützpunkt errichtet. Im Zuge dessen wurden hier 150 Wohnungseinheiten gebaut. Es zogen alles junge Leute mit vielen kleinen Kindern ein. Also musste eine Kinderkrippe und ein Kindergarten für 120 Kinder errichtet werden. Die Schule in C. wurde erweitert. Im Friseurladen eröffnete mir die Friseuse, wer schon wieder schwanger war. Mit so vielen jungen Menschen bauten wir einen Jugendklub und Sportplätze.

Der ehemalige Bürgermeister, mein Vorgänger, bewarb sich in dem Armeeobjekt als Koch. Er wollte kein Bürgermeister mehr sein. Daraufhin sprach der Vorsitzende des Rates des Kreises mit mir, ob ich die Funktion nicht übernehmen wolle, da es inzwischen doch ausreichend Nachwuchskader in der Landwirtschaft gäbe. Vielleicht hat auch mein Nachfolger ein bisschen Druck gemacht, weil ja mit meinem Weggang mehrere Genossenschaften der Umgebung zusammengeschlossen wurden. Ich jedenfalls hatte mir vorgestellt, dass es als Bürgermeisterin vielleicht etwas ruhiger werden würde. So habe ich mich zur Kommunalwahl 1984 aufstellen lassen und wurde von sechs Dörfern zur Bürgermeisterin gewählt. Mit weniger Arbeit wurde es nichts, denn wir mussten für die vielen neuen Kinder Krippe, Kindergarten und Schule bauen und einrichten, Lehrer und Erzieher gewinnen. Wir bauten noch ein Dorfgemeinschaftshaus, hatten regelmäßig Ärzte, Zahnärzte, Physiotherapeuten hier, in drei Dörfern meines Bereiches auch Gaststätten, in denen regelmäßig Tanzabende stattfanden, wir viele Dorffeste feierten.

Problematisch wurde es für meine Familie im Jahr 1981, als am 19. Dezember bei minus 20°C unser gesamtes Haus abbrannte. Für drei Jahre wohnten wir dann in T. Das war natürlich noch schwieriger für uns alle, abgebrannt und in fremder Umgebung. Ich wollte immer wieder gerne hierher zurückziehen. Das Grundstück gehörte ursprünglich einem Westeigentümer. Nunmehr war es Bestandteil des Armeeobjektes. Ich machte meine Entscheidung, Bürgermeister zu werden, von dem Wiederaufbau des Hauses abhängig. Ich wollte wieder in mein Dorf zurück und nicht in der Stadt wohnen bleiben. Der Ratsvorsitzende garantierte mir das. Es hat aber noch über ein halbes Jahr gedauert, bis von der Armeeführung in Strausberg der Bescheid kam, dass das Haus wiederaufgebaut werden kann. Und es gab Auflagen für die Fenster im oberen Stockwerk, wohl zum Sichtschutz für das Armeeobjekt.

Die Wende habe ich noch gut in Erinnerung. In einer Dorfversammlung haben sie mich ganz schön fertig gemacht, mir alles Mögliche vorgeworfen, Sachen zur Sprache gebracht, alles, was ihnen auf der Seele lag, was sie im Fernsehen gesehen hatten, mich beschuldigt, aber eigentlich nichts, was ich »verbrochen« hatte. Einer, der kam schon besoffen rein und rief: »Wir sind das Volk, wir sind das Volk!« Am nächsten Tag haben meine Frauen aus dem Büro geheult, weil sie wegen etwas beschuldigt wurden, das sie nicht zu verantworten hatten. Ihnen fehlte aber der Mut, das richtig zu stellen. Das waren Vorwürfe wie: »Warum bekommt die alte Großmutter keinen Platz im Altersheim, wo sie sich doch jeden Tag von oben bis unten bepisst?« Oder ein anderer, dessen Enkel an Krebs erkrankt und gestorben war, beklagte sich, dass dieser nicht richtig behandelt worden sei. Auf diesem Niveau bewegte sich das.

Für mich war dieser 9. November ein ganz schlimmer Abend. An den nächsten Tagen drehte sich das. Diejenigen, die Vorwürfe erhoben, wollten davon nichts mehr wissen, kamen angelaufen und baten um Hilfe. Und dann brach alles auseinander. Die Bundeswehr übernahm den Stützpunkt, aber nur noch wenige Beschäftigte. Die Leute zogen weg, die Kindereinrichtungen leerten sich, die Fahrten aus den Dörfern zu den Einrichtungen wurden weniger, es wurde überall gekündigt, in der Schulküche, in jedem Kindergarten. Ich war heilfroh, dass ich nicht mehr Vorsitzende der LPG war, denn dann hätte ich 120 Kündigungen aussprechen müssen. Die Gemeinde hatte kein Geld mehr, um das alles aufrecht zu erhalten. Trotzdem habe ich mich als Mitglied der PDS 1990 wieder zur Wahl gestellt. Und ich wurde wiedergewählt.

Im Jahr 1991 kam die Kreisgebietsreform, da wurde für unsere neun Gemeinden eine gemeinsame Amtsverwaltung gebildet mit nunmehr ehrenamtlichen Bürgermeistern. Ich ging in die Amtsverwaltung, Bürgermeister wurde ein ehemaliger Klauenpfleger. Ich übernahm das Bauamt und war bis zum Ende meiner Berufstätigkeit im Jahr 2000 Leitende Verwaltungsangestellte der Amtsverwaltung. Entsprechende Anpassungslehrgänge A1 und A2 habe ich natürlich vernünftig abgeschlossen. Bei einem dieser Lehrgänge hatten wir es mit einem West-Dozenten zu tun, der den Raum betrat, die Füße auf den Tisch legte und uns erklärte, dass er seiner Frau beizeiten klar gemacht habe, dass sie keine Kinder haben werden, weil man dann viel besser durchs Leben komme. Da bin ich aufgestanden und habe ihn einen bevölkerungspolitischen Blindgänger genannt. Befremdlich fand ich, als ein älterer Herr, der uns in Sozialkunde unterrichtete, erzählte, dass es schön sei, wenn er nach Hause komme und seine Frau ihm die Pantoffeln hingestellt habe und die Schuhe putze. Ich dachte nur: »Um Gottes Willen, das wäre alles nicht dein Ding.« Nun haben wir in unserem Dorf weder Gaststätte noch Verkaufsläden, keinen Friseur, keine Arztstation und auch keinen Jugendklub. Geblieben ist uns die Kirche, die Feuerwehr und der Sportplatz.

Ich hatte ein erfülltes Leben, eine gute Kindheit, eine erfolgreiche Ausbildung und ein sehr interessantes Berufsleben. Freunde sind mir aus allen Lebensabschnitten geblieben. Jährlich treffen wir uns mit den Absolventen der Fachschule in Bautzen, jetzt im April fahren noch zehn oder zwölf Leute zusammen nach Bad Flinsberg zur Kur. Der letzte Dozent ist mit 96 Jahren kürzlich verstorben. Wir hatten auch mit ihm immer noch einen guten Zusammenhalt.

Gleichberechtigung war für mich nie ein Problem, es gab nichts anderes für mich, weder bei der Arbeit noch zu Hause. In der LPG habe ich überall mal mitgearbeitet, alle wussten, dass ich anpacken kann, oft haben sie sich, auch als ich Bürgermeisterin war, lieber auf mich und meine Entscheidungen verlassen. Es wurde erwartet, dass man das kann. Und zu Hause: Ich habe immer mehr verdient als mein Mann, das war nie ein Streitpunkt. Nach der Wende hat er sich mit einem Reifenservice selbstständig gemacht. Später, als weitere in der Umgebung entstanden, ging der Umsatz zurück. Im Jahr 2003 begannen seine gesundheitlichen Probleme mit einem Herzinfarkt, den zweiten 2004 und der Vorfußamputation 2009 wegen seines Diabetes. Danach ist er leider verstorben. Unser Haus, in dem ich ja noch mit der Familie meiner Tochter lebe, konnten wir von den Alteigentümern kaufen. Sie hatten es rückübertragen bekommen. Wir wurden ihre Mieter. Die Frau hätte das Grundstück sicherlich gern behalten, aber die nötigen Investitionen zum Beispiel für eine neue Wasserleitung waren schon groß. Also kauften wir Haus und 10.000 Quadratmeter Land. Da habe ich noch ganz schön zu tun. Aber arbeiten kann ich ja, und es macht mir immer noch Spaß.

Was habe ich noch nicht gesagt: 1964 bekam ich den Vaterländischen Verdienstorden in Bronze, von 1964 bis 1991 war ich Bezirkstagsabgeordnete, leitete die Ständige Kommission für Kultur und später für Jugend und Sport und war die am längsten gewählte Abgeordnete. Ich wurde von dem ehemaligen Standortkommandanten der Bundeswehr zu Festtagen geladen, obwohl oder vielleicht gerade weil er weiß, dass mein Enkel und ich die Mitglieder DER LINKEN in unserem Dorf sind.

»Die Schweine sind die gleichen, aber die Tröge ändern sich«

Ute, Jahrgang 1956

Ost: Diplomagraringenieurin, Bürgermeisterin, politische Mitarbeiterin Kreisverband der LDPD*

West: Bürgermeisterin, Verwaltungsangestellte Jobcenter

Ich bin auf dem Lande groß geworden und das sechste von sieben Kindern. Ich habe fünf ältere Geschwister und einen jüngeren Bruder. Meine Eltern waren Viehpfleger. Sie arbeiteten direkt im Kuhstall. Ursprünglich war meine Mutter Näherin und kam aus einem kleinbürgerlichen Haushalt. Mein Vater ist in der Landwirtschaft in einer Großfamilie aufgewachsen.

Meine Kindheit war behütet, wir waren eine in sich geschlossene, aber sehr unterschiedlich zusammengesetzte Familie. Alle Kinder haben einen Beruf erlernt, und bis auf eine Schwester mit einer leichten Lernbehinderung haben alle die zehnte Klasse absolviert und sind heute im Rentenalter. Unsere Berufe sind unterschiedlich. Außer mir hat sich kein anderer für die Landwirtschaft entschieden.

1965 wurde ich in der Stadt eingeschult. Während des ersten Schuljahres sind wir aufs Land gezogen. Das war für uns eine riesige Umstellung. Wir haben auf einem Gutshof gelebt. Mütterlicherseits hatte unsere Familie nichts mit Landwirtschaft zu tun, sodass die Eingewöhnung für mich sehr schwierig war. Ich bin mit »Nase-Zuhalten« über den Gutshof gelaufen. Nach der achten Klasse ging ich zur Oberschule in eine sogenannte Sammelschule, ländlich geprägt. Es war nicht vorprogrammiert, dass man einige Jahre später eine höhere Schule besuchen konnte. Wir mussten uns für diese Schule bewerben, und es sind nur wenige angenommen worden. Die ging von der neunten bis zur zwölften Klasse mit Abitur. Die Schule war drei Kilometer von unserem Wohnort entfernt, sodass ich in der Regel mit dem Fahrrad gefahren bin und im Winter im Schnee zu Fuß, denn der Schulbus fuhr nicht.

Aufgrund meiner sehr guten Leistungen sollte ich für ein Auslandsstudium in der Sowjetunion vorbereitet werden, weil ich als Arbeiterkind aus einfachen Verhältnissen kam. Aber ich lehnte das ab, meine Eltern haben das nicht erlaubt. Der Grund war, dass ich auf ein Internat gehen sollte und dazu täglich mit der Bahn hätte fahren müssen. Meine Eltern fürchteten, dass ich mich der Familie entziehen würde, und das wollten sie nicht. Ich habe das ohne Widerrede hingenommen, und es hat mir nichts ausgemacht. Ich war nicht so ehrgeizig, dass ich das unbedingt gewollt hätte.

Die sozialpolitischen Maßnahmen hat meine Familie als positiv empfunden. Bei mir griffen sie aber nicht mehr. Ich war immer ein Jahrgang zu spät. Als es die Möglichkeit gab, mehr Kindergeld und Essenszuschüsse zu erhalten, habe ich davon nichts mehr gehabt. Unsere Familie musste sich im Familienverband durchschlagen, was nicht immer einfach war. Der Weg, den ich über das Abitur gehen konnte, war nicht selbstverständlich. Aber meine Eltern sagten: »Okay, wenn du das möchtest, legen wir dir keine Steine in den Weg.« Ich hatte Freunde, deren Eltern nicht so großzügig dachten, schon gar nicht auf dem Bauernhof. Dort hieß es: »Der Bauer braucht auch Leute.« Ich machte aber mein Abitur.

Ich war immer ein sehr eigenwilliger Mensch. Mir wurde oft gesagt, dass ich zu gradlinig sei. Aber in meinem Leben gab es auch Stolpersteine. Das hatte weniger mit dem System zu tun. Ich fühlte mich wohl, habe aber wahrgenommen, dass es andere politische Richtungen gab, von denen ich mich fern hielt. Ich wollte nie auf Konfrontation gehen. Das ging natürlich nicht immer, da ich meinen eigenen Kopf hatte. Aber die Unterstützung der Eltern und Geschwister war mir sicher.

Man hatte in der DDR gute Voraussetzungen, einen Beruf zu ergreifen. Es hat nicht jeder den Beruf bekommen, den er sich gewünscht hat. Aber man hat es akzeptiert, sich neu orientiert und geschaut, was geht und was nicht. Ich als Mädchen vom Land wollte Jura studieren, weil ich viel Ungerechtigkeit gesehen habe, gerade in einer Familie mit so vielen Geschwistern, und ich wollte etwas verändern. Außerdem bin ich jemand, der sich nicht damit abfinden wollte, als Mädchen benachteiligt zu werden. Mitschüler und Lehrer entgegneten diesem Berufswunsch Jura mit: »Das geht nicht, das dürfen nur ‚Bestimmte'.« Ich empfand das und anderes als ungerecht, hätte aber deshalb nicht rebelliert.

Ich bin nicht so gerne auf diese Schule gegangen, weil ich die einzige war, die aus dem Dorf kam. Es waren viele Kinder von Intelligenzlern dort, auch Kinder von »Ministerien-Eltern«, Botschaftern und so. Ich bin mit diesen Kindern gut klargekommen, das war ganz spannend, weil die so unterschiedlich waren, die kannten ja etwas vom Leben außerhalb unserer Kreise und hatten Dinge gesehen, die ich nicht gesehen habe. Das war ein Tausch Schokolade gegen hausschlachtenes Paket. Die waren genauso an meinem Leben interessiert wie ich an ihrem. Ich habe aber immer das Gefühl gehabt, dass alles überwacht war, und fühlte mich manchmal eingeengt. Man musste sehr vorsichtig sein, wem man was sagte und mit wem man was unternahm. Eine Mitschülerin hat nach der zehnten Klasse die Schule verlassen, sie war die Älteste von vier Geschwistern. Aus heutiger Sicht würde ich sagen, dass sie gemobbt wurde und damit nicht fertig wurde.

Ich war der Landwirtschaft sehr verbunden. Seit meinem neunten Lebensjahr arbeitete ich in den Ferien auf dem Feld, am Wochenende im Kuhstall, ich trug die großen, schweren Eisenkannen, habe sie gewaschen, um Taschengeld zu erhalten. Ich kannte es nicht anders. Deshalb habe ich beschlossen, Landwirtschaft zu studieren. Mit einer Freundin ging ich zum LPG*-Vorsitzenden bei uns und wir ließen uns erklären, wie das Studium abläuft, was man machen kann. Einige fragten, ob ich denn nichts Besseres gefunden hätte.

Ich bin Diplomagraringenieur geworden und habe an der Uni in Rostock begonnen. Nach Hochzeit und Kind beendete ich die Uni in Halle. Ich lebte im Wohnheim. Schon im ersten Monat lernte ich meinen Mann kennen, der war mit dem Studium bereits fertig. Er hat nicht direkt den Weg über Abi zum Studium, sondern den über Berufsausbildung mit Abitur gewählt. Bei einem Besuch bei einem Freund haben wir uns kennengelernt; wie im Märchen, das erste Mal gesehen und schon verliebt.

Zwei Jahre später bin ich schwanger geworden. Im Mai 1979 haben wir geheiratet und im September ist mein erster Sohn geboren. Mein Mann war aufgrund des Studiums in Leipzig drei Jahre gebunden. Wir mussten uns ja für einige Zeit verpflichten, denn das Studium war kostenfrei. Man ging dahin, wo man gebraucht und hingeschickt wurde. Bei ihm war es Leipzig. Wir wollten aber mit dem Kind keine Fernbeziehung, noch dazu ohne Telefon, und so habe ich schweren Herzens einen Hochschulwechsel vorgenommen, obwohl das Studium in Rostock sehr gut war.

Aus Leipzig musste ich jeden Tag an die Uni Halle pendeln. Das war auch mit Kind zu schaffen. Mein Sohn ging in die Kindereinrichtung gleich vor der Tür. Ich hatte sogar eine Sondergenehmigung, damit mein Kind schon mit zehn Wochen in die Krippe gehen konnte, weil ich im Studium war. Es war eine Tageskrippe. In der Theorie war das alles sehr schön. Aber egal in welchem System man lebt, für eine Mutter, die am Kind hängt, ist es emotional belastend, das Kind in dem Alter morgens abgeben zu müssen und erst nachmittags wieder abzuholen. Mein Mann musste ja noch lange Zeit studieren, da war das Kind die meiste Zeit nur bei mir. Unser Sohn war in Leipzig viel krank und vertrug die Luft nicht. Ich habe mein Direktstudium deshalb fast im Fernstudium gemacht, vor allem viel im Selbststudium wegen der Fahrerei. Ich musste Prüfungen verschieben, aber es ging, und ich kam gut durch.

Als nächstes machte ich in Leipzig ein sogenanntes Leitungsstudium. Das war ein Praktikum in einer LPG, um als Führungskraft vorbereitet zu werden. Sofort wurde ich damit konfrontiert, dass der Beruf des Diplomagraringenieurs ein Männerberuf sei, und erhielt die Warnung, dass bereits zwei Frauen es versucht hatten, aber nur geweint hatten und nicht durchhielten. Und ich hätte noch ein Kind, was ich denn hier wollte.

Es kam aber anders. Ich war zuständig für Pflanzenschutz und Düngung. Da waren Berechnungen und viele Fragen der Organisation zu meistern, und ich musste mich durchsetzen. Als ich als Praktikantin einen Fehler machte, war das der Aufhänger für den LPG-Vorsitzenden, mich rund zu machen. Ich habe mir das aber nicht gefallen lassen. In dem Vorstand war keine einzige Frau, aber ich hatte den Mut, den Vorsitzenden zu konfrontieren, fragte ihn, was er sich einbilde, ob er Gott König sei. Danach schloss ich mich im Bad ein und heulte. Ich bin zu einem alten Herrn gegangen, den ich noch heute kenne. Er hat mich wieder aufgebaut. Er erzählte mir Dinge, die ich in meiner DDR-Naivität nicht wusste. Aber er hat mich geschickt gelenkt und mir Kraft gegeben. Er sagte: »Die Schweine sind die gleichen, aber die Tröge ändern sich.« Das war ein Spruch! Er hatte ja schon andere Zeiten erlebt und meinte damit nichts anderes als »Mädel, pass auf, sei auf der Hut, dass du dich nicht mit jedem anlegst«. Diesen Rat habe ich instinktiv aufgenommen und später oft in mein Gedächtnis gerufen. Der Vorsitzende aber akzeptierte mich fortan, gab mir Sonderaufgaben, und ich hatte bei ihm einen Stand, über den ich nur staunte, auch bei den anderen Kollegen, weil sich das keiner getraut hatte. Das Praktikum schloss ich mit Note 1 ab, trotzdem ich durch mein krankes Kind verlängern musste. Eine Prämie bekam ich außerdem. Ich erfuhr, dass in der Uni zwischenzeitlich Wetten abgeschlossen wurden, ob sie mich nochmal wiedersehen würden. Das ganze Ergebnis war für mich einfach toll.

Als mein Kind krippenunfähig wurde, wechselte mein Mann die Arbeitsstelle, nahm vier Wochen seines Jahresurlaubs und betreute das Kind. Meine Schwiegermutter kam auch für vier Wochen. Ohne diese Unterstützung und die meiner Nachbarin hätte ich das nicht durchgestanden. Sie hat mein Kind oft abends geholt. Solche lieben Leute muss man haben.

Das Studium ging zu Ende und ich bekam ein Angebot für eine Promotionsstelle. Da habe ich zunächst zugesagt, konnte aber nicht annehmen, weil mein Kind wieder krank wurde. Beim Amt für Arbeit war ich, um eine andere Stelle zu bekommen. Ich durfte mir selbst etwas suchen, ohne Vermittlung. Das war schwierig, und als Frau in der Landwirtschaft erst recht. Die Ärzte empfahlen mir einen Ortswechsel wegen meines Kindes und der Luft in Leipzig.

Ich ging in die Nähe von Rostock. Mein Mann bekam dort eine Stelle und ich übernahm ein Wohnheim mit 180 Leuten, Kind unterm Arm, da war er knapp drei Jahre alt. Das war 1982. Aber ich wollte ja eigentlich in die Landwirtschaft.

Später sind wir in eine schöne Wohnung umgezogen. Ich trat in die liberaldemokratische Partei ein, war Mitglied in der Gemeindevertretung und leitete die Sozialkommission. Da war ich mit 23 Jahren diejenige, die den Hut auf hatte.

Beruflich war ich aber nicht zufrieden.

Auch als politische Mitarbeiterin im Kreisverband der Liberalen habe ich gearbeitet und wurde zur stellvertretenden Kreissekretärin gewählt. Dann wurde ich wieder schwanger. 1984 ist mein zweiter Sohn geboren. Mein Kind sollte aber nicht wieder so früh in die Krippe gehen. Ich nahm das Babyjahr und blieb noch sieben Monate länger zu Hause, das hatte ich mit meinem Arbeitgeber, der Partei, abgesprochen, unbezahlt. Manche sagten zwar, ich sei zu faul zu arbeiten oder habe wohl zu viel Geld. Aber das hat mich nicht gestört. Wir kamen gut klar, hatten eine schöne Plattenbauwohnung, einen kleinen Garten und waren Selbstversorger. Das war schön.

Als das Angebot kam, eine computergestützte Schweinemastanlage aufzubauen, interessierte mich das zwar, aber es wurde nichts, weil unsere Gehaltsvorstellungen nicht übereinstimmten.

Über einen Wohnungstausch kamen wir auf die Insel Rügen. Der erste Sohn war eingeschult, der zweite in der Kita, und dann bekamen wir ein Haus. Ich arbeitete in einer LPG für Pflanzenschutz und Düngung, genau meine Richtung. 1987 war ich endlich glücklich. Unser Haus war zur Miete und hatte viel Land. Dazu 120 Gänse, ebenso viele Enten, 50 Karnickel, Hühner, zwei Gewächshäuser, es war wie ein kleiner Betrieb. Nebenbei gingen wir in der LPG voll arbeiten. Ich für mein Gebiet Düngung, mein Mann war im Bau tätig. Wir beide waren immer ein Team. Manchmal fühlte ich mich allerdings überfordert. Meinen 30. Geburtstag habe ich zum Beispiel auf dem Kohlacker verbracht, habe Rüben gezogen. Als das dritte Kind kam, 1989, ein Sohn, blieb er oft auf dem Rücksitz meines Autos, dem Trabbi, am Feldrand stehen. Ich hatte auch keine Unterstützung mehr, denn meine Mutter war verstorben. Das Leben bestand nur aus Arbeit. Der Tag endete um 23:00 Uhr. Am Wochenende hielten wir zusammen mit den Kindern konsequent Mittagsschlaf, weil wir das brauchten.

Es kam die Wende. Wir hatten zwar einen Fernseher, aber den nutzten wir nicht. Meine Freundin rief an und sagte: »Die Mauer ist gefallen!« Und ich dachte, die spinnt. Ich wollte es nicht glauben, dachte aber, dass das dann eben so sei. Eine Schwester von mir hatte 1987 noch einen Ausreiseantrag gestellt und reiste im Frühjahr 1989 aus. Ich glaube, dass ich auch deshalb damals beruflich nicht weiter kam. Aber das störte mich nicht.

Mein Mann und ich sind nach Lübeck gefahren und haben uns einen Musikturm gekauft und für die Kinder etwas. Aber so toll fanden wir das nicht, nur neugierig waren wir. Ich bin mit meinem Ältesten mal nach Berlin gefahren und dort durchs Brandenburger Tor gegangen, das war gut.

Die Situation wurde schwierig. Wir hatten bisher u.a. Gänse an Hotels verkauft, das war nun nicht mehr drin. Wir schlachteten alle und verkauften die Daunen.

In der Gemeinde wurde ich angesprochen, ob ich nicht auf der Liste für die Liberalen kandidieren würde, obwohl ich mit Politik nichts mehr zu tun haben wollte. Ich hatte mich zurückgezogen, wegen meiner Schwester. Ich bin auf die Liste gekommen und dachte, dass ich sowieso nicht gewählt werden würde. Aber es kam anders und ich bin für vier Jahre als Mitglied der Freien Demokraten in die Gemeindevertretung gewählt worden. Wir waren 1990 euphorisch. 1993 wurde ich wieder schwanger mit Nr. 4. Ich war unglücklich, denn ich wollte gar nicht so viele Kinder, habe aber keinen Grund gefunden, Nein zu sagen. Es wurde wieder ein Junge. 1994 wurde er geboren. Als Freie Demokraten sind wir wiedergewählt worden, und ich war die einzige Frau im Gemeinderat. Im Dorf gab es ohnehin eine Männerdomäne und ich kämpfte mich durch. »Du als Schwangere und mit Kindern hast doch jetzt wieder Zeit, da kannst du auch den Bürgermeister machen«, haben sie gesagt. Ein Jahr, bis das Kind soweit ist, dazu habe ich eingewilligt. Es wurden fast fünf Jahre. Das war bis 1999 ein außerordentlicher politischer Kampf. Es hieß immer »unsere Leute«. Für mich waren aber alle gleich. Andererseits war ich im Dorf zugezogen und hatte nicht diese Bindungen und konnte unabhängig sein. Man kämpfte gegen mich mit vielen Mitteln. Trotzdem haben wir viele Vorhaben realisiert: Eine Kita im Dorf, eine Krippe, einen Jugendklub. Es war eigentlich ein Kampf vor allem gegen Alteingesessene, die keine Veränderung, sondern Macht erhalten wollten, und das konnte nicht gut gehen. Als Frau aber habe ich nicht unter den Männern gelitten, da ich von mir überzeugt war.

Als die Direktwahlen kamen, stellte ich mich erneut zur Wahl und bin die erste direkt gewählte Bürgermeisterin in Mecklenburg-Vorpommern geworden, sechzig Prozent der Stimmen habe ich erhalten. Aber der Kampf blieb.

Einige Jahre später bröckelte es und ich glaube, es wurde Zeit, das Feld zu räumen, denn man wird betriebsblind. In der Politik ist das so, man verliert das Feeling für die Basis. Ich wollte beruflich noch weiterkommen, begann ein Fernstudium im sozialpädagogischen Bereich.

2004 wurde ich nicht mehr gewählt, meine Zeit war rum. Ein Großteil der Menschen, für die ich angetreten war, war nicht mehr da, das Dorfsterben begann. Ich bin abgewählt worden, war aber nicht besonders traurig. Mein Sohn sagte mal: »Mutti, mach dir nichts draus, das ist eine Schule fürs Leben.«

Ich machte eine Weiterbildung. Denn darauf zu warten, dass mir jemand etwas schenkt, das war und ist nicht mein Ding. Mein stetiges Motto war: »Situationen abchecken und das Beste daraus machen.« Heute arbeite ich als Angestellte in Berlin.

Wir haben inzwischen ein eigenes Haus gebaut, sind beide beruflich angekommen, zufrieden und jetzt 40 Jahre verheiratet. Meine Kinder sind versorgt.

Für mich war Gleichstellung auch in der DDR immer ein Thema. Ich habe mich als Mädchen nicht unterdrückt gefühlt, ich fand, dass mir alle Türen offen standen. Ich habe meinen beruflichen Weg bewusst eingeschlagen, wollte eigenes Geld verdienen, obwohl das nicht die Hauptrolle spielte. Meine Motivation war das Interesse an der Arbeit und in zweiter Linie das Geld, sonst hätte ich einiges anders gemacht.

Ich habe mich bewusst gegen Teilzeit entschieden. Das war für mich nie ein Thema. Wir hatten unseren Hausarbeitstag*, und das war richtig gut. Wir konnten an dem Tag Behördengänge machen oder im Haushalt etwas erledigen, denn wir hatten ja sonst nicht die Zeit dazu. Wir arbeiteten mehr Stunden, die Belastung mit Kind und Arbeit war eine große Herausforderung, aber ich habe es nie als Zwang empfunden. Wir bekamen die Kinder früher als heute. Die Überzeugung war, dass man durchaus die Möglichkeit hatte, mit Kind ein Studium zu machen. Damals kein Problem und heute fast undenkbar. Ich hatte auch in unserem Bekanntenkreis den Eindruck, dass nicht der Mann die Dominanz hatte. Eine Quotenfrau wollte ich nicht sein. Meine Einstellung ist nach wie vor, dass ich eine Frau, die Hausfrau sein und ihre Kinder erziehen will, für ihren Mann da sein möchte, weil er das Geld verdient, genauso achte wie eine, die sich im Beruf weiterentwickeln, qualifizieren und mitreden möchte. Gleichstellung heißt für mich nicht Gleichmacherei. Denn jeder Mensch ist individuell. Es gibt ja auch die, die weder das eine noch das andere sind. Man kann nicht immer davon ausgehen, dass nur die Frauen die Benachteiligten sind. Sicher, insgesamt sind sie mehr betroffen, aber so pauschal lässt sich das nicht sagen.

Ich möchte zwischen damals und heue nicht vergleichen, denn es waren andere Zeiten, das Empfinden ist heute anders als damals. Man sollte sich heute als junger Mensch rechtzeitig für Familie und Kinder entscheiden. Erst mit 35 und 40 Kinder zu bekommen, da wird man mitten im Weg herausgerissen. Ich habe mit 21 das erste Kind bekommen, und das ist mir leichter gefallen als mit 36 mein letztes. Es ist besser, tagsüber das Kind in eine Einrichtung zu geben, dann sind die Eltern nicht überfordert und die Kinder sind froh mit den Eltern und leben in einem normalen Haushalt.

Ich habe in der DDR gerne gelebt und habe profitiert. Ich war keine Kämpferin, die die DDR nicht mehr wollte. Aber heute sage ich, dass wir mehr von unseren Errungenschaften hätten »rüberretten« sollen.

Blühend. © copyright 2018, Beate Kern

Heute kann ich mit Stolz sagen: »Ich habe es geschafft, auch wenn ich aus dem Osten kam«

Maya, Jahrgang 1958

Ost: Diplom-Bauingenieurin für Städtebau, wissenschaftliche Mitarbeiterin im Institut für Gesundheitsbauten und im Institut für Denkmalpflege

West: Projektmanagerin und Projektsteuerung von Großprojekten

Berlin ist meine Heimatstadt. Geboren bin ich in Friedrichshain, gelebt habe ich in Treptow, Mitte, Prenzlauer Berg und seit der Wende in Schöneberg und Wilmersdorf. Wo auch immer ich mich in der Welt herumgetrieben habe, für mich war das alles immer Wochenbeschäftigung und Broterwerb, gelebt habe ich immer an den Wochenenden in Berlin.

Meine Familie hat einen für die DDR untypischen Hintergrund. Mein Vater ist 1916 in Berlin geboren, dort als ein säkularer jüdischer Junge in ärmlichen oder kleinbürgerlichen Verhältnissen aufgewachsen. Seine Mutter starb schon 1918. Mein Vater wuchs mit seinem Bruder bei seinem Vater und dessen Lebensgefährtin auf. Sehr frühzeitig trat mein Vater aufgrund seiner Herkunft, seines Interesses und des sehr guten Verhältnisses zu seinem Bruder der kommunistischen Jugendbewegung bei. Bis 1933 war er in Deutschland politisch aktiv. Dann emigrierte er nach Palästina, lebte dort bis 1950. Meine Mutter ist 1929 in Polen geboren und mit ihrer Familie ebenfalls nach Palästina ausgewandert. Meine Eltern haben sich in der Mitte der 1940er Jahre in der kommunistischen Jugendbewegung Palästinas kennengelernt. Aus der Familie meines Vaters haben bis auf ganz wenige entfernte Verwandte alle die Nazizeit nicht überlebt. Er ist seinem Bruder, der 1947 nach Deutschland zurückgegangen war, 1950 in die DDR gefolgt. Meine Mama holte er 1951 nach. Hier in Berlin kam 1952 mein Bruder auf die Welt. Deutsch lernte meine Mama erst ab Anfang der 1950er Jahre. Und man hört bis heute, dass Deutsch nicht ihre Muttersprache ist.

Groß geworden bin ich in Treptow. Dieser Kreis schloss sich für mich 1995/96, als ich für einen Auftraggeber das Neubauvorhaben »Treptowers« in der Hoffmannstraße Ecke Elsenstraße betreut habe und mein eigenes Geburtshaus habe abreißen lassen. Für meine Eltern konnte ich davor noch Fotos aus unserer alten Wohnung machen. Im Jahr 1964 sind wir in die Karl-Marx-Allee gezogen, in den neuen Teil, der zwischen Alexanderplatz und Strausberger Platz in den 1960er Jahren errichtet wurde. Das Haus steht unter Denkmalschutz. In dieser Wohnung lebt meine Mutter noch heute.

Ab 1972 besuchte ich die Heinrich-Hertz-Oberschule, eine Schule mit der Spezialausrichtung Mathematik. Ich weiß bis heute nicht, wie ich die Aufnahmeprüfung überstanden habe. Einige meiner damaligen Klassenkameraden waren naturwissenschaftliche Genies und sind bis auf ganz wenige Ausnahmen bis heute naturwissenschaftlich tätig. 1976 begann ich an der Hochschule für Architektur und Bauwesen in Weimar nicht Architektur, sondern Städtebau zu studieren. Heute sagt man Gebiets- und Stadtplanung. An mein Studium kann ich mich kaum erinnern, das fand wohl im Wesentlichen im Studentenklub statt. Trotzdem bekam ich gegen den Widerstand des Direktors mein Diplom und ging nach Berlin zurück. Berlin musste sein.

Meinen ersten Job hatte ich 1981 im Institut für Gesundheitsbauten in Berlin-Buch. Zwar war ich – wie ich heute weiß – für die wissenschaftliche Arbeit alles andere als geeignet, aber nur so konnte ich in Berlin arbeiten. Ich beschäftigte mich mit Grundsatzvorgaben: Wie ein Krankenhaus oder eine Kindertagesstätte oder ähnliches nach modernsten erziehungs- oder gesundheitstechnischen Aspekten gebaut werden muss, also Normen, Standards und ähnliches todlangweiliges Zeug. Hinzu kam, dass ich 1982 meine Tochter auf die Welt gebracht habe. Nach zehn Wochen musste ich wieder losmarschieren. Ich habe damals in Berlin Prenzlauer Berg gewohnt, und das bedeutete, eigentlich vor 6:00 Uhr an der Krippe zu stehen, um mit der S-Bahn um 7:00 Uhr bei der Arbeit zu sein. Ich war nie pünktlich und habe meine Tochter um 18:00 Uhr immer als letzte abgeholt. Das führte natürlich bei der Arbeit zu Spannungen. Meine Tochter war sehr oft krank, sodass ich eine Zeitlang zu Hause arbeiten musste. Das was damals nicht so einfach wie heute. Computer gab es ja noch nicht. Ohne die Unterstützung meiner Eltern, die ihr einziges Enkelkind innig geliebt haben, wäre es nicht gegangen.

Ich war seit Ende 1981 allein. Als ich meine Schwangerschaft bemerkte, war der Vater schon aus meinem Leben verschwunden. Ich habe lange überlegt, ob ich das Kind bekommen soll. Es war ja zu DDR-Zeiten problemlos möglich, die Schwangerschaft abzubrechen. Aber ich war damals mit 23 Jahren völlig naiv und habe gedacht: »Mein Gott, was kann mir schon passieren, ich habe eine Arbeit, eine Wohnung, eine Familie, es wird nicht lange dauern, bis ich einen neuen Partner kennenlerne. Das Kind wird überhaupt nicht merken, dass das nicht der richtige Vater ist.« Also habe ich mich für das Kind entschieden. Rückblickend muss ich sagen, dass es Tage gab, an denen ich diese Entscheidung verflucht habe.

Heute kann ich nur jeder Frau abraten, den gleichen Weg zu gehen. In der heutigen Zeit ist das, zu dem ich mich damals entschieden habe und was ich auch leben konnte, kaum noch möglich. Man muss sich heutzutage wesentlich mehr zwischen Kind und Job entscheiden. Das war zu Zeiten der DDR einfacher. Aber ich hatte natürlich Glück mit meinen Eltern. Mein Vater war für meine Tochter der Großvater, aber eigentlich war er auch der Vater. Die beiden hatten eine sehr innige Beziehung. Ich glaube, dass meine Tochter lange Zeit ein sehr viel besseres Verhältnis zu meinem Vater und zu meiner Mutter hatte als zu mir. Meinen Vater hat sie abgöttisch geliebt und er sie ebenfalls, sie bildeten eine unzertrennliche

Einheit. Unter der Erkrankung meines Vaters hat sie unwahrscheinlich gelitten. Das fiel in die Zeit ihrer beginnenden Pubertät und hat sie sehr belastet. Sie hat – das hat sie mir gesagt – mit ihrem kranken Großvater nichts anfangen können, für sie war ihr Großvater immer dieser lebendige, liebevolle, aktive Mann. Ihn plötzlich völlig verändert zu sehen, krank, nicht mehr beweglich, nicht mehr eigenständig, das hat sie nicht verarbeiten können, und es hat ihr in ihrer Pubertät, glaube ich, den Halt genommen.

Ihre Pubertät ist eine Zeit, an die wir beide nicht gerne zurückdenken. Ich wünsche keiner Mutter, keinem Vater, dass sich das Kind so benimmt wie meine Tochter während ihrer Pubertät. Zum Glück hat sie sich gefangen. Manches ist leider hängengeblieben, aber sie hat es überstanden. Ich bin froh, dass wir uns nicht aus den Augen verloren und zueinander zurück gefunden haben.

1985 begann ich im Institut für Denkmalpflege in der Zentralverwaltung zu arbeiten, denn ich wollte und konnte in dem Job im Institut für Gesundheitsbauten nicht bleiben. Zusammen mit einer Kollegin war ich verantwortlich für die Verteilung von Materialien wie Kupfer, Dachziegeln – höchst spannend. Das waren Raritäten. Damals trat eine weitere Person in mein Leben, die für mich in Bezug auf meine Arbeitshaltung und mein Arbeitspensum sehr prägend war. Sie erkannte in mir den »ungeschliffenen« Diamanten. Sie hat mir ins Herz geschaut und mir Arbeitsmoral, Intensität, Disziplin und Strukturen beigebracht. Wohl mehr im Hintergrund steuerte sie meine Entwicklung zu dem Arbeitstier, das ich heute bin. Ich habe mit Kollegen zusammengearbeitet, die zehn Jahre lang über die »Rosetten von Rheinsberg« geforscht und sich über jedes neue Detail gefreut haben. Ich habe diese Freude nie begriffen, aber immer bewundert. Um in der Denkmalpflege voranzukommen, begann ich ein postgraduales Studium für zwei Jahre in Dresden, heute heißt das berufsbegleitendes Studium mit dem Abschluss als Fachingenieur für Denkmalpflege.

Ich hoffte, dass ich eine Aufgabe in der Denkmalpflege bekomme, die mir Spaß machte. Es gab zwei Optionen, die mich interessierten. Das erste war, dass 1987 mit dem Wiederaufbau der Synagoge in der Oranienburger Straße begonnen wurde. In das Team des Instituts für Denkmalpflege Berlin war kein Reinkommen für mich. Das zweite war die Aufarbeitung des Jüdischen Friedhofs in Weißensee. Auch das war nicht möglich. Heute würden man vielleicht denken, dass das etwas mit meiner jüdischen Herkunft zu tun hatte. Damals habe ich gesagt, okay, die wollen mich einfach nicht. So beschäftigte ich mich bis zum Ende meiner Anstellung mit der Inventarisierung des Invalidenfriedhofes direkt im Mauerstreifen.

Bis 1989 gab es ein paar Schlüsselfiguren in meinem Leben und Kreise, in denen ich mich bewegte, in denen ich groß geworden bin. Es gibt den Kreis der Freunde meiner Eltern mit Kindern und Kindeskindern, der zum Teil bis heute noch aktiv ist. Das waren alles Leute aus dem jüdisch-kommunistischen Umfeld, fast alle waren in irgendeiner Form in der Emigration, teilweise in Lagern, auch in Australien. Ich war ja die jüngste in diesem Kreis und eigentlich das Küken. Ich erinnere mich an viele Feiern, Weihnachten oder Silvester, gemeinsame Reisen, Wochenenden auf Grundstücken im Süden Berlins, Pilze suchen, Skifahren, Baden und Schwimmen.

Als ich 14 oder 15 war, gingen meine Eltern ins Ausland. In den ersten Jahren habe ich bei einer dieser Freundesfamilien gelebt. Die haben aus diesem Kreis mehrere Kinder großgezogen. Bevor ich in ein Internat ging, was ich nie wollte, sollte ich zu ihnen kommen. Ich blieb dort, bis mich meine Eltern 1973 nachts anriefen und sagten: »Wir sind in Paris und kommen nach Hause.« Der nächste Einsatz meiner Eltern begann 1974. Da zogen Freunde meiner Eltern mit ihrem Sohn zu uns für eineinhalb Jahre in die Wohnung. Diese Phase hat mich extrem geprägt. Hier erlebte ich meine Pubertät, hier wurde zusammen mit den Freunden meiner Eltern über meine Berufswahl beraten und die abschließende Entscheidung getroffen, die mir bis heute meine Existenz sichert. Ich bin diesen Freunden bis heute sehr dankbar.

Als 1976 die letzte Auslandsreise meiner Eltern anstand, war ich 17. Ich wollte alleine bleiben, fühlte mich erwachsen. Meine Eltern gaben das Okay und mir das Vertrauen. Ich hatte die Verantwortung für die Wohnung. Meine Klassenkameraden schwärmen heute noch von den Partys, die wir da gefeiert haben. Ich frage mich heute, ob ich den Stempel eines Bonzen-Kindes hatte. Ich fand nichts Besonderes an dieser Situation. Ja, meine Eltern brachten mir immer etwas mit, Schallplatten, Jeans, ich durfte eine Zeitlang in den Ferien zu ihnen reisen; wichtiger war damals, dass ich mich nicht mit den »Alten« rumärgern musste, wie es meine Freunde taten, und dass ich um die pubertären Auseinandersetzungen mit dem Elternhaus herumgekommen bin. Probleme gab es, als meine Mutter zurückkam. Da war ich erwachsen, und sie meinte, sie müsste mich erziehen. Das funktionierte natürlich nicht mehr. Diese Schwierigkeiten begleiten uns bis heute. Vieles ist nicht ausdiskutiert und auch nicht ausgesprochen worden. Rückblickend hätte ich mir gewünscht, dass meine Eltern bei mir und nicht im Ausland gewesen wären. Aber diese Erfahrung hat mich frühzeitig erwachsen und selbstständig gemacht. Das hat mir bis heute geholfen.

Es gibt noch etwas in meinem Leben, was nicht so typisch ist. Normalerweise wächst man mit Großeltern und Eltern, Tanten und Onkeln auf. Aufgrund der Familiengeschichte ist unsere Familie sehr klein, dafür weit verzweigt. Damals wusste ich, dass ich Großeltern in Israel habe. Und plötzlich standen sie vor der Tür. Meine Großmutter und mein Großvater sprachen ein wenig Iwrit, hauptsächlich Jiddisch und Polnisch. Jiddisch konnte ich wegen der Ähnlichkeit zum Deutschen zum Glück etwas verstehen.

Mein Großvater war Tischler. Er wurde ein glühender Verfechter der DDR und der Solidaritätsbewegung für Vietnam. Er hat sein ganzes Leben in der DDR mit Möbeltischlereien für Vietnam verbracht. Alle Möbel, die er gebaut hat, veräußerte er zugunsten Vietnams. Meine Großmutter war eine sehr stille, gebildete und kluge Frau, sehr fromm. Sie hat sich in der DDR nie eingewöhnen können, ihr fehlte Israel, ihre zweite Heimat. Mit Iwrit, der Sprache, die meine Eltern noch untereinander sprachen, oder den Liedern, der Musik, sind wir groß geworden, aber ganz bestimmt nicht mit religiösem, jüdischen Leben. Ich wusste nichts vom Shabbat, warum ich am Freitagabend zu meiner Großmutter gehen sollte, mir das Gemurmel anhören, wenn die Kerzen angezündet werden. Zugegeben: Das leckere Essen genossen wir, aber es war oft eine Pflichtveranstaltung. Erst als ich selber Mutter war, begriff ich, was das alles bedeutete. Zu diesem Zeitpunkt habe ich mich mit meiner Familientradition intensiv auseinandergesetzt, denn ich wünschte mir für mein ungeborenes Kind, dass es seine Identität findet und später weiß, wo es herkommt. Meine Tochter sollte ihr Leben selbst gestalten, ob es religiös, nicht religiös, jüdisch, deutsch, chinesisch oder was auch immer sein sollte. Aber ich wollte, dass sie weiß, wo sie herkommt, die Gebräuche, die Traditionen kennenlernt, nicht die Religiosität. Das war mir sehr wichtig und ist gelungen, meine Tochter kennt ihre Identität. Und manchmal wünschte ich, meine Großmutter hätte das noch erlebt, sie wäre glücklich und froh.

Die Wende 1989 führte auch zu meiner persönlichen Wende, zu einer Erlösung vom wissenschaftlichen Arbeiten. Ich arbeitete, wie in der DDR für fast jede Frau selbstverständlich, sorgte selbst für den Lebensunterhalt, als alleinerziehende Mutter sowieso. Ich konnte mir nie vorstellen, zu Hause zu bleiben und in einer Mutterrolle aufzugehen. Meine Tochter sollte sich in mein Leben einfügen und nicht ich in ihres. Das war mir sehr wichtig. Ich wollte meine persönliche Freiheit und Eigenständigkeit behalten, dafür hatte ich studiert, das wollte ich nicht wegen eines Kindes aufgeben. Deswegen gab es bei uns ganz feste Regeln: Der Tag endete für meine Tochter mit dem Sandmann, der Gute-Nacht-Geschichte und dem Gute-Nacht-Lied. Danach begann meine Zeit. Wenn nötig, haben Freunde oder Nachbarn auf sie aufgepasst. Ich war nie Sklave meiner Tochter, sondern sie war Teil von mir und meinem Leben.

Als 1989 die Mauer fiel, sagte mein Vater: »Du musst dich selbst kümmern, jetzt tut das kein Mensch mehr für dich.« Bis 1989 war ja alles vorgezeichnet. Ich hatte das Glück, etwas Systemneutrales studiert zu haben, also Bauingenieurwesen, Architektur, Städtebau. Ich kannte zwar die ganzen neuen Vorschriften nicht, aber ich musste mein Wissen nicht überprüfen lassen, ich konnte mit meinem Diplomabschluss sofort im Westen arbeiten. Ich rief meinen Cousin in Westberlin an, er war Geschäftsführer eines Immobilienunternehmens, und fragte: »Hast du eine Idee? Ich brauche Arbeit.« Er fragte nur zurück: »Hast du den Führerschein, kannst du Auto fahren, kannst du lesen und schreiben?« So habe ich mich bereits zum Ende des Jahres 1989 für ein halbes Jahr vom Institut für Denkmalpflege verabschiedet und unbezahlten Urlaub genommen, um mich in Westberlin weiterbilden zu lassen. In der Firma meines Cousins bin ich durch eine sehr harte Schule gegangen. Alles, was ich heute kann, habe ich von der Pike auf lernen müssen. Ich hatte keine Zeit für Kurse, Schulungen am Computer, die VOB* oder die Honorarordnung. Ich bin ins kalte Wasser geworfen worden und musste schwimmen – und das Wasser war verdammt kalt. Alles, was ich wissen musste, habe ich mir entweder durch die Arbeit erschlossen, durch Zuhören, durch logisches Denken, durch »charmante Seitenhiebe« von Kollegen. Heute kann ich mit Stolz sagen: Ich habe es geschafft, auch wenn ich aus dem Osten kam.

1993 begann ich, für einen Generalunternehmer in Wriezen zu arbeiten. Das ist rechts um die Ecke vor Warschau. Ich habe also schnell dafür gesorgt, dass noch ein Standort in Berlin eröffnet worden ist. Ab 1994 betreute ich für diesen Generalunternehmer als Projektleiter Bauprojekte unterschiedlicher Größe. 1995 beschloss ich, meinen Marktwert zu testen und mich auf einige Stellenausschreibungen zu bewerben. Ich wurde Mitarbeiterin eines großen Ingenieurbüros und half von 1995 bis 1998 mit, für die Allianz die »Treptowers« in Berlin zu errichten. Das war der Einstieg in meine heutige Tätigkeit als Projektmanagerin von Großprojekten. Ich dachte damals, dass ich mir um meine berufliche Tätigkeit nie wieder Sorgen machen brauchte, wenn ich dieses Großbauvorhaben erfolgreich abwickeln würde. Mein Selbstbewusstsein sagte mir, dass ich das schaffen würde.

Der Plan ist aufgegangen. Ich habe in meinem Leben nicht einen Tag ohne Arbeit sein müssen, obwohl die Baubranche für eine Frau nicht leicht ist. Neben den Treptowers der Allianz habe ich zum Beispiel die Projekte des Verbandes der Privaten Bausparkassen im Klingelhöfer Dreieck, die Turm-Erlebniscity in Oranienburg, die Europa-Passage in Hamburg, das LOOP5-Shoppingcenter in Weiterstadt, die Höfe am Brühl in Leipzig und derzeit einen Büroneubau in Potsdam betreut. Bis zum Eintritt in das sogenannte Rentenalter sollte es so bleiben. Darauf bin ich eigentlich sehr stolz.

Die Frage, die ich mir stelle, ist, ob ein solcher Weg, wie ich ihn gemacht habe, für Frauen heute üblicher als damals ist. Sicherlich ist er mir deshalb gelungen, weil ich als Frau in der DDR gelernt habe, sehr selbstständig zu arbeiten, mich durchsetzen konnte und nicht getan habe, als wüsste ich alles. Das ist gerade, wenn man auf Baustellen ist, ganz wichtig. Bauen ist ja immer noch eine Männerdomäne. Ehrlich, bis heute glaube ich jedem Klempner und jedem Elektriker, dass er von seinem Gewerk mehr versteht als ich. Das nutze ich und erzähle ihnen nicht, wie sie ihre Arbeit machen müssen.

Die Werte meines Vaters habe ich verinnerlicht: Menschen zu achten, egal was sie gelernt haben. Kein Müllkutscher oder keine Putzfrau ist schlechter, keine

Sekretärin, wir alle sind in erster Linie Menschen. Meine Position gibt mir nicht das Recht, auf diese Menschen herabzuschauen. Dieses Selbstverständnis hat mir oft sehr geholfen, authentisch aufzutreten. Über den beruflichen Erfolg ist aber das Private auf der Strecke geblieben. Zum Glück ist mir mein Freundeskreis erhalten geblieben, trotz des Jobs, trotz des Stresses. Aber Freundschaften muss man pflegen. Das war sehr schwierig. Irgendwann haben Freunde akzeptiert, dass ich nicht viel Zeit habe. Ich habe mich in diesem Beruf wohlgefühlt. Vielleicht war er manchmal eine Flucht vor der privaten Einsamkeit, das kann sein. Aber ich denke, dass man in diesem Job nicht mit einem Standardarbeitstag rechnen kann. Das geht einfach nicht. So bin ich lange alleine geblieben und habe irgendwann mit dem Thema einer neuen Partnerschaft abgeschlossen. Die Probleme, die meine Tochter in der Pubertät hatte, belasten mich bis heute. Ich hätte da sein müssen, aber ich war es nicht. Ob es anders geworden wäre, wenn ich zu Hause gewesen wäre? Wer weiß das schon. Andererseits hat mir meine Arbeit auch meinen jetzigen Mann serviert. Er trat 1999 in mein Leben, genau zu dem Zeitpunkt, als der bis dahin wichtigste Mann – mein Vater – aus meinem Leben schied. Ein Verlust, mit dem wir alle und vor allem ich als sein Lieblingskind heute noch, fast 19 Jahre nach seinem Tod, schwer zu kämpfen haben.

Mein jetziger Partner war Auftraggeber eines Projektes und erlebte mich in meinem Job. Und da bin ich wahrlich anders als in meinem privaten Umfeld. Er hat trotzdem hinter der Fassade mich als Mensch erkannt. Im Jahr 2004 zogen wir zusammen und 2010 haben wir geheiratet. Dass privates Glück für mich in Erfüllung gehen konnte, habe ich wirklich lange nicht geglaubt. Ich hätte nie gedacht, als ich damals mit 23 Jahren die Entscheidung getroffen habe, ein Kind alleine groß zu ziehen, dass ich 45 Jahre alt werden musste, um einen Partner kennenzulernen, mit dem ich den Rest meines Lebens glücklich verbringen werde. Er hat mein Leben bereichert und mir in jeder Situation Halt gegeben. Natürlich vermisse ich meinen Vater und wäre froh, wenn er sehen könnte, dass sein Plan aufgegangen ist, seine Tochter Arbeit hat und sich dank ihres Charakters, der stark durch ihn geprägt wurde, im Leben tapfer geschlagen hat. Mein neuer Partner hat in meinem Leben eine große Lücke gefüllt und ich bin dankbar für diese Fügung.

... aber dann sollen die Männer die gleichen Steine in den Weg geschmissen kriegen wie die Frauen!

Christa M., Jahrgang 1947

Ost: Chemiefacharbeiterin, Regisseurin, Drehbuchautorin

West: Regisseurin, Drehbuchautorin, Schriftstellerin

Meine Mutter ist quasi als letzte Generation des Krieges aus dem Gleis geworfen worden. Sie wollte eigentlich an die Kunsthochschule. Das ist ihr aber durch die schwere Nachkriegszeit nicht gelungen. Und so wurde sie Verkäuferin. Sie bekam zwei Kinder. Ich wurde in Halle an der Saale geboren. Mein Bruder ist vier Jahre jünger als ich. Meine Mutter arbeitete in den Chemischen Werken Buna, hat mit meinem Vater später ein Haus gebaut und noch einmal an der TU Merseburg Ökonomie studiert. Sie war bis zu ihrem frühen Tod – sie wurde nur 49 Jahre alt – Frauenbeauftragte in Buna. Mein Vater war Elektriker und hat bis zu seinem Tod in dem Beruf gearbeitet. Mein Bruder arbeitete als Hebezeugschlosser bis zur Rente.

Meine Großeltern väterlicherseits waren Arbeiter, Verfolgte des Naziregimes und in der kommunistischen Partei. Sie hatten eine sehr strenge politische Haltung, die sie auf meine Eltern übertrugen. Sie waren mit der DDR sehr verwurzelt und hatten die Überzeugung: »Da kann mal etwas Besseres draus werden.« Mein Großvater mütterlicherseits war Eisenbahner, meine Oma Schneiderin.

Ich bin sehr behütet groß geworden, obwohl meine Mutter, nachdem sie die ersten Jahre zu Hause war, in den Chemischen Werken Buna arbeitete. Das war halt so, auch für die Frauen. Ich war nicht im Kindergarten, meine Kindheit in Merseburg spielte sich gegenüber diesen Werken ab. Da wurde so ein Dreck abgelassen, dass es schlimme Umweltverschmutzungen und in der Folge viele kranke Kinder gab. Fast alle hatten Asthma, ich auch. Aber die Kindheit an sich war schön. 1954 kam ich in die letzte »Zwergenschule«, die es in Sachsen-Anhalt gab, da waren die vier ersten Klassen zusammengefasst. Aber nach wenigen Wochen wurde schon eine neue Schule eröffnet. Ich war im Ferienlager vom Buna-Werk aus, vor allem an der Ostsee. Seitdem bin ich ein Ostseefan.

Mein Bruder war ein Muttersöhnchen, der hat immer geheult und musste aus dem Ferienlager meist früher abgeholt werden. Wir waren auch mal im Ferienlager in Berlin. Das war toll, diese Stadt zu sehen. Da habe ich mir gedacht, wenn ich groß bin, will ich mal nach Berlin. Ich wollte unbedingt Abitur machen und studieren. Meine Eltern wollten das ebenfalls. Sie haben mich aber nicht beeinflusst oder gedrängt. Ich wusste schon sehr zeitig, dass ich entweder Schauspielerin oder noch lieber Regisseurin werden wollte, und dazu benötigte man ein Studium. Das habe ich alles für mich selbst entschieden.

Mit der Gründung der Buna-Werke in den 1930er Jahren baute man Wohnungen für die vielen Arbeitskräfte – streng getrennt. Es gab eine Intelligenzsiedlung, eine Meistersiedlung und billige Blocks mit winzigen Wohnungen für die Arbeiter. Es siedelten sich ringsum viele junge Familien an, die Häuschen bauten. Auch später, nach dem Kriege. Meine Eltern gehörten dazu, sie zogen von Halle nach Merseburg.

Ich erinnere mich an eine Demo zum 1. Mai, ich war vielleicht sechs Jahre alt. Meine Mutter mit an der Spitze. Am Werk waren noch viele Leute dabei, dann wurden es immer weniger, denn sie gingen durch die Intelligenzsiedlung. Dort lagen die Frauen nackt auf den schicken Terrassen ihrer schönen Häuser. Ich konnte als Kind gar nicht verstehen, wieso die nicht mit bei der Mai-Demo waren. Die meisten waren 1961 schon weg, in den Westen. In der Oberschule gab es nur noch wenige Kinder aus dieser Siedlung. Sie konnten sich teure Klamotten leisten, wir nicht. Aber wir Mädchen waren immer toll und sicher phantasievoll gekleidet, da wir fast alle nähen konnten. Später sind einige in den Westen gegangen. Das hat uns zwar beeindruckt, war aber für mich weit weg. In der Oberschule hatte ich Lehrer, die mein Interesse für Literatur, Musik und Theater gefördert haben. Und es gab das berühmte Buna-Klubhaus. Dort wurde ich Mitglied des dramatischen Zirkels. Außerdem war ich noch beim Fallschirmspringen, weil ich zu den mutigen Mädchen gehörte.

Meine Leidenschaft fürs Theater nahm ab der neunten Klasse noch größere Formen an. Das Chemiekombinat hatte einen Freundschaftsvertrag mit dem Berliner Ensemble. Um Vorstellungen in Berlin besuchen zu können, fuhren immer Sonderzüge für die Arbeiter. So eine Fahrt war für 'nen Appel und 'nen Ei zu haben, und ich wollte immer mit. Ich habe als Schülerin die ganzen großen Inszenierungen des Berliner Ensembles gesehen. Viele Leute fuhren zwar mit dem Zug nach Berlin, aber nicht unbedingt ins Theater. Dann boten wir diesen Leuten schon im Zug »Kohle« an, fragten, ob wir ihre Theaterkarten haben könnten, und kauften sie ab. Beide Seiten machten ein gutes Geschäft und alle hatten einen schönen Abend. Die Leute des Berliner Ensembles kamen auch zu Gastspielen und Veranstaltungen nach Buna.

Im dramatischen Zirkel habe ich schon im ersten Stück *Die Mitschuldigen* von Goethe als Regieassistentin mitgemacht. Beim nächsten Stück, *Harlekin und Columbine*, spielte ich die Hauptrolle und mischte mich so ein, dass der Leiter aus dem Landestheater gesagt hat: »Du wirst keine Schauspielerin, du musst Regisseurin werden.«

Geworden bin ich aber zunächst Chemiefacharbeiterin. Und darauf bin ich stolz, denn es ist eine wichtige Etappe meines Lebens gewesen. Heute würde man das löblich finden, aber damals war Arbeiten in der Produktion vor dem Studium ganz und gar nicht angesagt, denn jeder Abiturient sollte studieren.

Danach bewarb ich mich an der Schauspielschule Ernst Busch in Berlin und wurde genommen. Trotzdem habe ich dort wieder abgesagt und blieb tatsächlich erst einmal in der Produktion in den Chemischen Werken Buna. Viele Jahre später traf ich den Direktor der Schauspielschule und er sagte: »An Sie kann ich mich ganz genau erinnern, Sie waren die erste und einzige, die gesagt hat, ich möchte eigentlich gar nicht Schauspiel studieren, sondern Regie.« Viele haben mich gehänselt, auch später, und gesagt, das ist die Christa M., geborene Buna.

Ich arbeitete in einer Fabrik, die die Japaner gebaut hatten, hochmodern in 12-Stunden-Schichten. Eine Schweine-Arbeit. Ich fand das unsäglich, dachte aber, du musst das machen, du brauchst die Praxis, egal wie die Leute reden oder denken. Ich blieb zwei Jahre. Heute sage ich, das war das Beste, was ich machen konnte. Natürlich bin ich immer noch ins Theater gegangen, habe mich mehr und mehr für Bertolt Brecht interessiert, weil das Berliner Ensemble Seminare über Kunst anbot, wo ich natürlich hinging. 1967 habe ich dort meinen Mann kennengelernt. Er war Dramaturg und betreute die ganzen Brechtsachen. Wir zogen zusammen in eine kleine Hinterhauswohnung in Prenzlauer Berg. Eigentlich waren das Gewerberäume. Wir hätten da nie einziehen dürfen, aber für uns war es die einzige Lösung. Heiraten wollten wir nicht. Aber dann gingen wir 1971 schnell am Standesamt vorbei und taten es doch. Der Grund dafür war, dass man nur verheiratet einen Wohnungsantrag stellen konnte. Vorher ging das nicht.

In dieser Zeit trat ich in die SED ein, weil ich dachte, dass man hier was verändern muss.

Nach vielen Stationen bin ich schließlich doch Regisseurin geworden. Damals sah man diesen Beruf ja noch etwas anders. Heute ergreifen die jungen Leute den Beruf, um sich zu »verwirklichen«. An so etwas habe ich auch gedacht, aber ich wollte was für die Leute machen, die über ein mieses Fernsehprogramm jammerten, das vor allem langweilig war. Das klingt vielleicht abwegig, aber ich stehe dazu bis heute. Damals hatten zwar noch nicht alle einen Fernseher, aber mir war klar, dass dieses Medium die meisten Menschen erreicht, und dass ich da hin wollte, bessere Sachen machen, damit die Leute sich gut unterhalten fühlen. Priorität hatte und hat dabei für mich eindeutig eine interessante und spannende Arbeit und nicht die »Karriere«.

Ich bin als Regieassistentin nach Halle gegangen und habe danach vier Jahre studiert. Vor dem Studium war das Volontariat, das man im Fernsehen oder in der DEFA machen konnte. Ich bewarb mich beim DDR-Fernsehen. Die Aufnahmeprüfung lief für mich glänzend. Ich hatte auch bereits ein Zimmer in Berlin.

Nach dem Volontariat sollte ich nach Moskau zum Studium, Arbeiterkind und Frau waren damals die gewünschten und besonders geförderten Studenten. Aber ich habe gesagt: »Nein, das mache ich nicht!« Erstens, weil ich verliebt war und bei meinem Mann in Berlin bleiben wollte. Und zweitens wollte ich da nicht hin, in ein fremdes Land. Ich wollte hier was für die Leute machen. Mein »Nein« hat man mir übel genommen und ich hatte Schwierigkeiten. Aber dann kam alles anders.

Die Volontäre des Vorjahres hatten nicht alle die Aufnahmeprüfung für die Filmhochschule bestanden. So bekam ich die Möglichkeit, gleich eine Aufnahmeprüfung für das laufende Studienjahr zu machen. Ich wurde genommen und damit entfiel das Volontariat für mich und auch die Sache mit Moskau. Ich fing später, nämlich sechs Wochen nach Studienbeginn, an der Filmhochschule an, weil die Ausstellung eines Grenzausweises so lange dauerte, denn die Schule lag direkt im Grenzgebiet.

Nach dem Studium kam ich im Fernsehen in den Bereich dramatische Kunst. Da ich Ende des letzten Studienjahrs schwanger war, hatten sie mich eigentlich schon abgeschrieben. »Was sollen wir denn mit der machen bis zur Entbindung, und dann mit Kind!« Aber ich wollte genau den gleichen Weg gehen wie die anderen Absolventen. Wir hatten Förderungsverträge, und ich war die einzige mit Kind. Ich habe angefangen und bekam zuerst einen »Schonplatz«. Im Dezember 1973 habe ich meine Tochter zur Welt gebracht und zog von Prenzlauer Berg in eine Neubauwohnung in Berlin-Mitte. Nach der Geburt war ich drei Monate zu Hause. Dann ging meine Tochter in die Krippe. In dieser Zeit habe ich meine krebskranke Mutter zu mir genommen. Ich kam zum Fernsehen zurück, da hatten die mich völlig vergessen. »Was können Sie denn jetzt machen, was ist denn mit dem Kind?«, hieß es.

Meine Tochter fühlte sich sauwohl in der Krippe. In den ersten Wochen der Eingewöhnung haben wir zwar beide Rotz und Wasser geheult. Aber es erwies sich als guter Entschluss, sie so zeitig in die Krippe zu geben. Sie kam mit anderen Kindern in Kontakt, vorher Einzelkind, die Kinder wurden gut betreut und auch auf den Topf gesetzt. Ich erwähne das extra, weil mir später meine Kolleginnen immer an den Kopf knallten: »Naja, bei euch im Osten mussten die Kinder ja sogar in Gemeinschaft auf den Topf.« Und dann habe ich gesagt: »Gott sei Dank, da waren die alle ganz schnell sauber.« Heute kann man ja sogar Vierjährige noch mit Windeln sehen!

Bis zum dritten Lebensjahr ging meine Tochter in die Krippe, danach in den Kindergarten. Ich habe mich nie als Rabenmutter gefühlt, weil wir uns das in der Familie gut aufgeteilt haben. Ich war Assistentin bei einem damals schon weltbekannten Theaterregisseur, meinem Meister, bei dem ich unheimlich viel gelernt habe. Man hatte ordentliche Arbeitszeiten, da die Schauspieler Theaterproben und Vorstellungen hatten. Mein Meister kam vom Theater und ich von der Filmhochschule. Er hat es sehr geschätzt, dass ich den Filmbetrieb kannte und alles vorbereiten konnte.

Die Arbeit als Regieassistentin hat mir viel Spaß gemacht und ich habe viel gelernt, vor allem, was die Arbeit mit Schauspielern betrifft. Aber es war keine einfache Zeit, vor allem als meine Mutter gestorben ist. Mein Mann war immer da. Wenn ich nicht konnte, holte er das Kind aus der Krippe ab. Wir haben das mit vereinten Kräften gut hingekriegt. Das war für uns eine ganz andere Art von Gleichberechtigung.

Ich wollte immer ein zweites Kind. Aber das wäre für uns zu schwierig gewesen. Als ich meinen ersten eigenen Film machen konnte, war unsere Tochter schon etwas größer. Bei DEFA und Fernsehen gab es die Regelung, dass die Kinder zu Außentouren mit durften und eine Betreuung organisiert wurde, wenn es ein Problem gab.

Es gab zudem einen Betriebskindergarten und extra Betreuung bei Krankheit des Kindes. Das hat nichts gekostet, und ich habe es mehrmals in Anspruch genommen.

Mein erster eigener Film sollte zu einem großen Festival ins Ausland, nach Italien. Eigentlich wollte meine Chefin fahren, denn die Macher durften selten mit, vor allem nicht ins »nichtsozialistische Ausland«. Aber wir hatten einen guten Bereichsleiter, der sagte: »Da fahren die, die den Film gemacht haben.« Das ist ein Punkt, wo ich voller Zorn auf die DDR gewesen bin, dass sie ihre Leute nicht rausgelassen hat. Wenn die hätten reisen können, wären die meisten doch zurückgekommen. Für mich war das nie eine Frage. Ich habe studiert, ein Stipendium bekommen, und jetzt war ich erst einmal dran, etwas zurückzugeben.

Es gab auch keine Diskussion darum, ob man in der Arbeit Beziehungen hatte oder eine Frau war. Ich habe einen der aufwendigsten Filme gemacht, den damals das Fernsehen produzierte, das war ein Riesenunternehmen, das man mir als Anfängerin anvertraute. Es war eine tolle Zeit und natürlich eine Herausforderung. Leider durften wir nicht nach London fahren und dies und jenes nicht machen. Aber das hatte den Vorteil, dass wir alle Zeit der Welt hatten und dass man vieles nicht kriegen konnte, führte zu einer Kreativität, die heute unvorstellbar ist.

Für Fernseh-Spielfilme gab es nur eine Handvoll von Regisseurinnen. Dagegen standen viele Männer. Aber die Gleichberechtigung war trotzdem kein Thema. Nur einmal stellte sich heraus, dass die Männer alle mehr Geld bekamen als ich. Ich bin zur Leitung gegangen und habe nachgefragt. Da wurde mir gesagt: »Na hör mal, du hast doch einen Mann, der gut verdient!« Da bin ich aber pampig geworden und habe mich beim Intendanten beschwert. Ich habe alles nachbezahlt bekommen. Es war das einzige Mal, wo ausgerechnet eine Frau benachteiligt wurde, denn ansonsten war die Bezahlung von Männern und Frauen gleich. Die, die länger da waren, haben mehr bekommen, aber das war nicht so üppig. Man kriegte auch Drehbücher extra bezahlt, aber für mich spielte das nie eine Rolle, auch wenn ich einen Mann hatte, der gut verdiente.

Bei einem Studentenfilm hatte ich mal Schwierigkeiten, weil wir Leute auf der Straße befragt haben, was sie davon hielten, dass Kinder auf dem Käthe-Kollwitz-Denkmal herumturnten. Eine Polizistin sagte: »Wenn es meine Kinder wären, die würden was aufs Maul kriegen.« Das musste rausgeschnitten werden, denn Leute in Uniform mit so einer Aussage waren nicht erwünscht.

Die Wende traf uns aus heiterem Himmel. Ich wohnte ja direkt an der Mauer, saß vor dem Fernseher, und als ich auf den Balkon ging, wunderte ich mich, was denn jetzt hier los sei. Ich habe versucht, meinen Mann zu wecken, und sagte ihm, dass die Mauer auf sei. »Du hast zu viel getrunken«, antwortete er.

Ich bin mit einer Freundin an die Mauer gegangen, und wir dachten, dass wir träumen. Einige sind mit Kinderwagen und Federbetten einmal hin und nie wieder zurück. Wir sind bis zum Brandenburger Tor und zurück über den Checkpoint in den Westen, beide fassungslos. Obwohl ich mich freute, fragte ich mich, was nun auf uns zukommen würde.

Ich habe zur Wende immer noch gedreht, draußen, in der DEFA, und kam deshalb gar nicht auf das Fernsehgelände in Berlin, bis mein Film fertig wurde. Aber da gab es das DDR-Fernsehen schon nicht mehr. Ich bin ziemlich früh entlassen worden, denn ein Herr aus dem Westen hat uns erzählt, was Fernsehen ist. Ich bin nur rausgerannt und konnte das nicht ertragen. Ich erinnere mich daran, wie ich mit einem bekannten Schauspieler von irgendeiner Versammlung in die Kantine kam und die Frauen dort Geschirr aussortieren sah. Da haben wir uns hingesetzt und geheult. Wir konnten das nicht fassen. Warum schmeißen sie das Geschirr weg, das war doch noch gut, davon haben wir gegessen, und zwar jahrelang! Ich konnte vieles, was damals passiert ist, überhaupt nicht verstehen. Ich hatte zum Glück immer Arbeit, das lenkte ab. Ich weiß noch, am Morgen nach dem Mauerfall bin ich nach Kreuzberg, da hatten schon die Grenzer die Mützen verkehrt rum auf und machten Halligalli.

Die ganze Zeit war sehr angespannt. Wir kriegten auf einmal Westgeld. Ein Schauspieler, der eine Hauptrolle spielte, sagte: »Ich lade euch alle von meiner ersten Westgage ein, wir gehen essen, in ein Chinarestaurant.« Als wir dort saßen, sagte einer von uns: »Guckt euch mal die Wessis an, die lassen sich ihr übrig gebliebenes Essen einpacken.« Wir haben uns darüber totgelacht. Und wir philosophierten, was für komische Sachen es im Westen gibt.

Dann wurde das Fernsehen aufgelöst und ich wusste gar nicht, was ich machen sollte. Ich war nicht daran gewöhnt, Klinken zu putzen. Und auf einmal hatte ich keine Arbeit. Nur ganz wenige von uns sind losmarschiert und haben sich beworben. Ich bin aber gleich in den neuen Film-Verband eingetreten, in den Bundesverband, und das war gut, weil da eine unheimliche Solidarität war, vor allem unter den Frauen. Nach einem Jahr Arbeitslosigkeit hat eine Kollegin von uns, die nun in München arbeitete, viele nachgeholt. Einer sagte: »Jetzt können wir unsere alte DDR-Gruppe neu gründen.«

Ich habe als Drehbuchschreiberin und als Regisseurin gearbeitet. Und da fing es an: »Ach, die Frauen, ob die das schaffen«, weil es ein hartes Arbeitspensum war. Es gab aber auch Frauen in der Führungsebene. Eine Produzentin sagte, dass wir jetzt eine Weiberstaffel machen, eine Ostfrau und eine Westfrau. Das ging gut und wir verstanden uns. Später, als ich dort wegging, sagten mir die Leute, also die Arbeiter, Beleuchter usw., dass ihnen zuvor noch nie ein Regisseur »Guten Morgen« gesagt und ihnen die Hand gegeben hätte. Da gab es einen Unterschied: Im Osten waren wir beim Drehen immer ein Team. Jeder machte seine Arbeit. Natürlich hatte der Regisseur oder die Regisseurin den Hut auf. Aber im Westen war es so: Erst kam der Regisseur, dann die Schauspieler, dann eine ganze Weile gar nichts und dann der Rest. Es wurde nicht im Team gearbeitet. Schließlich habe ich immer sehr gute

Angebote bekommen, 90-Minuten-Filme, große Serien, alles ganz toll. Ich habe Glück gehabt, auch als Drehbuchschreiberin. Dann wurde es immer böser und zugespitzter, weil sehr viele Kollegen aus dem Osten gute Arbeit hatten und die Westkollegen sagten: »Die immer mit ihrer guten Ausbildung.« Ich bin auch angegriffen worden, man redete über mich, »Die hat ja nicht mal Markenjeans«, hieß es. Das fand ich ja noch lustig. Aber auf Foren sagten die jungen Regisseurinnen: »Ihr habt eure Kinder in Zwangskindergärten gesteckt, eure Kinder mussten Kampflieder singen.« Ich sagte dann: »Ja, das erste Kampflied, das meine Tochter in der Krippe gelernt hat, war ›auf der Donau wollen wir fahren‹.« Die Leute konnten sich nicht vorstellen, wie es im Osten wirklich war. Sie hatten oft eine andere Berufsauffassung. Oft hörte ich: »Du hast so große Filme gemacht, warum machst du jetzt so einen Serienscheiß?« Ich sagte immer: »Das ist Arbeit, ich muss mein Kind ernähren und meine Miete bezahlen.« Man kann ja mit so einer Arbeit auch seinen Beruf ausüben. Wenn ich tolle Filme angeboten bekam, haben es die Männer häufig gar nicht gern gesehen. Die wollten lieber einen jungen Mann und nicht so eine alte Frau wie mich. Obwohl ich mich gar nicht als alt bezeichnen würde. Einer hat zu mir gesagt: »Regie führen kann jeder.« Da sagte ich: »Ja, so sieht es auch bei manchen Filmen aus.« Die Verantwortlichen nahmen gerne unsere Assistenten als Regisseure, denn die waren billiger. Wir hatten unseren Preis. Vor allem bist du als Frau immer schlechter bezahlt worden. Ich habe später erfahren, dass die Männer wesentlich mehr Geld kriegten. Das war in der DDR nicht so. Ich kann das sagen, ich habe es erlebt.

Hier in der Bundesrepublik gibt es Teamarbeit nur noch nach ganz strengen Regeln, aber darüber hinaus ist jeder für sich allein. Die meisten üben den Job aus, um sich zu profilieren, Karriere zu machen, viel Geld zu verdienen. In der DDR konnte man Nein sagen, wenn man einen Film nicht machen wollte. Wenn du hier und heute einmal Nein sagst, kriegst du nie wieder einen Fuß in die Tür. Dir werden schon die Hauptdarsteller vorgeschrieben. Ich habe mal ein Buch angeboten bekommen von einer sehr bekannten Filmfirma und habe gesagt: »Nein, mit dieser Schauspielerin kann ich das nicht drehen.« Nach so einer Aussage kriegst du das und andere Filmprojekte nicht mehr. Und dabei habe ich nur gesagt: »Die sehe ich in der Rolle nicht.« Du bist als Regisseurin nicht mehr so eingebunden und frei in den Entscheidungen. Du kommst hin, machst deine Arbeit, und den Rest machen andere. Das finde ich nicht gut. Das Berufsbild hat sich verändert.

Ich bin in der Pro-Quote-Film-Bewegung, der sich auch Gewerke angeschlossen haben und in der Frauen für die Gleichberechtigung kämpfen. Ich bin der Meinung, dass es begabte Männer und Frauen gibt. Aber vor allem im Fernsehen sind Frauen nur zu einem so geringen Prozentsatz repräsentiert. Ich will ja nicht, dass Frauen bevorzugt werden, weil sie Frauen sind, aber die Männer sollten wenigstens die gleichen Steine in den Weg geschmissen kriegen wie die Frauen. Ich will eine gleiche Behandlung – und die gibt es derzeit nicht. Ich habe es etliche Male erlebt, dass ich bei Projekten gerne die Regie übernommen hätte, aber sie gesagt haben, dass sie nur Männer nehmen. Es ist auch vorgekommen, dass Redakteure gesagt haben: »Ja, das Drehbuch ist gut, aber wir werden es nicht machen.« Wenn ich dann sagte: »Aber **Sie** sind doch nicht **das Fernsehen**«, bekam ich die Antwort: »Aber ich sorge dafür, dass es nicht gemacht wird.« Sowas ist oft vorgekommen. Leute, die ein wenig Macht haben, denken auf einmal, dass sie den ganzen Sender besitzen. Wenn einer einen kennt, der einen kennt, und so weiter. Und als Frau hast du gar keine Chance. Ich habe Drehbücher geschrieben und an Leute geschickt, die ich kenne, so dachte ich jedenfalls. Dann schrieb mir die Sekretärin zurück: »Unangeforderte Bücher lesen wir nicht.« Du wirst behandelt wie der letzte Husten. Also – neuer Versuch. Keine Reaktion. Mich erschüttert es am meisten, wenn man nicht mal eine Antwort bekommt, nicht einmal zwei Zeilen einer E-Mail wert ist. Das ist unerträglich. Und schwer haben es auch Schauspielerinnen, die nicht mehr jung sind. Gut finde ich dagegen, dass gerade jetzt Diskussionen stattfinden, die die Arbeitsbedingungen in diesem Medium zur Sprache bringen. Es gibt auch Verwicklungen privater Art. Es sitzen in der Hauptsache Männer in den Führungsetagen, und wenn es Frauen sind, hätten die lieber einen jungen Mann, der ihnen den Hof macht, als so eine Alte wie mich, die auch noch rote Haare hat, aus dem Osten kommt und alles besser weiß.

Gleichberechtigung war in der DDR kein Thema. Dass du eine Frau warst, spielte keine Rolle. Dass die Frau selbst Geld verdient, war gewünscht. Wenn ich in der BRD gelebt hätte, hätte ich nie Regie studieren können. Es ist mit das teuerste Studium, weil ja die Technik dran hängt, das hätte ich mir nie leisten können, meine Eltern auch nicht. Begriffen habe ich das erst später, nachdem ich mich mit anderen unterhalten hatte. Ich habe nie darüber nachgedacht, ob ich einmal viel Geld verdiene oder nicht, oder ob ich berühmt werde. Ich bin kein Mensch für den roten Teppich wie das heute so ist. Ich wollte meine Arbeit machen und die möglichst gut, und Inhalte waren mir wichtig. Ich wollte die Leute unterhalten und das Leben zeigen, das wir hatten, mit all den Problemen natürlich.

In Frauenfragen kam mir der Westen vor wie ein Rückfall ins Mittelalter. Ich war ganz verwundert, als mir jemand sagte, dass sie erst mit 19 Jahren ein Konto eröffnen konnte. Und dann mussten Frauen ihre Männer um Erlaubnis fragen, wenn sie arbeiten gehen wollten. Das war bei uns undenkbar. Oder dass man in der DDR ab 1973 entscheiden konnte, ob man sein Kind kriegen wollte oder nicht. Das war deine Entscheidung, Abtreibung war legalisiert. Dass eine Diskussion um diese Themen in unserem Leben noch einmal ein Rolle spielen würde, hätte ich mir nie vorstellen können.

Mein Leben in beiden Systemen war höchst interessant und ich bereue es nicht, beides erlebt zu haben. Ich habe mich nie verbogen, immer versucht, das zu machen, was ich vertreten konnte. Viele Sachen lehne ich ab und habe dadurch wahrscheinlich ein bescheideneres Leben in meinem Beruf geführt als ich es hätte führen können. Ich bin bald umgefallen, als ich meine erste Regiegage im Westen bekam, da dachte ich, die hätten sich vertan. Wie viel Geld man da verdient! Einiges habe ich versucht, weiterzugeben, mich zu engagieren.

Ich glaube nicht, dass unsere gegenwärtige Gesellschaft hier und heute am Ende der Entwicklung angelangt ist. Brecht hat ja auch über die gesprochen, die da noch kommen. Der Zustand der Welt ist in diesem Moment so schlecht, dass man am liebsten davonrennen möchte. Viele Leute sind froh, dass sie nicht mehr jung sind. Das finde ich schlimm. Man möchte doch sein Leben in Würde zu Ende bringen. Und wenn man sieht, wie die Leute sich die Köpfe einschlagen, was für rabiate Auswüchse das annimmt, habe ich Angst vor dem aufkeimenden rechten Spektrum.

Man ist ja schon versucht, die DDR zu verteidigen. Das hätte man früher nicht gemacht. Richtig ist aber schon, dass Vieles, was in der DDR gut war, nicht in die neue Bundesrepublik aufgenommen worden ist, in das neue Land, für das man sich vieles erhofft hatte. Und jetzt, dreißig Jahre später, werden viele dieser Dinge wieder salonfähig – etwa Kindereinrichtungen oder die Poliklinik. Sehr spät, aber immerhin!

Durch die DDR-Frauen sind in die Einheit kleine Pflänzchen zur Gleichberechtigung eingebracht worden. Ich habe die Hoffnung, dass sich die neuen Generationen wieder für das interessieren, was wir aus der Zeit der DDR lernen können.

Zum Schluss:
Stark, selbstbewusst und verletzlich –
Frauenleben in zwei Welten

Wodurch zeichnen sich Lebensverläufe von Frauen aus, die als Nachkriegskinder in der DDR aufgewachsen sind und nach 1989 den Transformationsprozess in ein marktwirtschaftlich verfasstes Gesellschaftssystem mit seinen Verwerfungen, aber auch mit neuen Perspektiven durchlebt haben? Siebenunddreißig facettenreiche Biografien geben im vorliegenden Band über diese spannende Fragestellung Auskunft und erlauben einen anschaulichen Einblick in die Lebensbilanzen einer Frauengeneration, die sich heute im Rentenalter befindet. Die von den beiden Autorinnen dieser Veröffentlichung porträtierten Frauen vermitteln ein ausgesprochen vielschichtiges Bild von ihren Wünschen, Hoffnungen und Lebenserfahrungen. Sehr deutlich wird, dass Frauenbiografien in der DDR keineswegs uniform waren, und die Lebenswege nach der Wende ebenso wenig. Wer nach Gemeinsamkeiten sucht, wird sie dennoch unschwer finden: Ganz gleich, ob ostdeutsche Frauen als Bauingenieurin, Köchin, Frauenärztin oder Friseurin gearbeitet haben, die hohe Wertschätzung für eine qualifizierte und sinnstiftende Berufstätigkeit und eine weitgehende finanzielle Unabhängigkeit durchziehen ihre Erzählungen ebenso wie die vielfältigen Widrigkeiten bei der Bewältigung des Familienlebens in einem größtenteils durch Versorgungsmängel geprägten Alltag.

Viele von ihnen haben nach dem massiven gesellschaftlichen und wirtschaftlichen Umbruch Anfang der 1990er Jahre zunächst ihren Arbeitsplatz verloren, mussten sich ganz neu orientieren, umschulen, sich weiterbilden oder einen völlig anderen Beruf erlernen. Aufgrund ihrer ausgeprägten Erwerbsorientierung und vielseitiger subjektiver weiblicher Bewältigungskompetenzen ist ihnen das aber auch gelungen. Wenig hilfreich war in diesen Jahren allerdings die politisch-ideologische Hintergrunddebatte führender Experten aus dem Westen, mitunter sekundiert durch Ostdeutsche, für die Frauen plötzlich zu Konkurrentinnen geworden waren. Sie gipfelten damals in unglaublichen Thesen: Die ostdeutschen Frauen, so lautete eine Handlungsempfehlung für die Bundesregierung, sollten doch jetzt ihre überzogene Erwerbsneigung endlich zurückschrauben und lernen, Mutter zu sein. Oder: Als es Anfang der 1990er Jahre zu rechtsradikalen Übergriffen auf Flüchtlingsheime in Rostock-Lichtenhagen und Hoyerswerda kam, wurde von einem führenden Kriminologen aus Hannover allen Ernstes die Behauptung aufgestellt, dass diese Ereignisse ursächlich auf die Sozialisation der ostdeutschen Jugendlichen in den Kinderkrippen mit dem gemeinsamen Sitzen auf dem Nachttopf zurückzuführen sei. Ich erinnere mich an Fachtagungen, auf denen diese »Töpfchen-These« dazu führte, dass ostdeutsche Frauen aus Protest in Scharen den Konferenzsaal verlassen haben.

Die Abwertung weiblicher Lebensgeschichten in dieser Form, verbunden mit dem Vorwurf, »Rabenmütter« gewesen zu sein, hat den Verständigungsprozess zwischen Ost und West jedenfalls ungeheuer belastet und verzögert.

Es sollte noch mehr als ein volles Jahrzehnt dauern, bis die Bundesrepublik Deutschland ihren auch europaweit massiven Modernisierungsrückstand in der Frauenfrage als Problem erkannt und endlich den Ausbau einer familien- und kinderorientierten Infrastruktur in Angriff genommen hat. Anlass dafür war allerdings nicht in erster Linie das Ziel einer gleichberechtigten Teilhabe der weiblichen Hälfte an der Gestaltung gesellschaftlicher Verhältnisse in Wirtschaft, Wissenschaft und Politik, sondern vielmehr ein immer mehr sichtbar werdender Fachkräftemangel. Das trifft im Übrigen auch auf die Arbeitsmarktsituation in der ehemaligen DDR zu: Nach dem Mauerbau 1961 tat sich ein evidenter Fach- und Führungskräftebedarf auf, der allein durch die Nutzung des weiblichen Bevölkerungspotenzials geschlossen werden konnte. Vor allem aus diesem Grund investierte die Partei- und Staatsführung in Frauenförderpläne und in den Ausbau einer flächendeckenden Kinderbetreuung. Dadurch wurde der Aufbau von eigenständigen Erwerbsbiografien ermöglicht, ohne deshalb auf Kinder verzichten zu müssen. Für die meisten berufstätigen Mütter in der DDR war allerdings ebenfalls charakteristisch, was bis heute gesamtdeutsch nicht überwunden werden konnte: Die alltägliche Haus- und Sorgearbeit blieb weitgehend an den Frauen hängen – trotz Erwerbstätigkeit, zumeist in Vollzeit. Die »zweite Schicht zu Hause« war zu DDR-Zeiten ein geflügeltes Wort und zeugt von Doppel- oder Dreifachbelastung, wenn dann zusätzlich noch pflegebedürftige Eltern oder Schwiegereltern zu versorgen waren. Bitter bleibt für viele ostdeutsche Frauen, dass sie heute meist dennoch knappe Renten beziehen, denn in den typischen Frauenberufen wurde und wird schlecht gezahlt. Die Anerkennung von Kindererziehungszeiten in der Rente fällt bekanntlich ebenfalls gering aus.

Die porträtierten Frauen blicken auf Brüche und erhebliche Turbulenzen in ihren Lebensverläufen zurück. Es sind starke und verletzliche Frauen, die mit ihren Partnern und Kindesvätern keineswegs nur positive Erfahrungen gemacht haben. Aber eine Trennung oder Scheidung konnten sie als berufstätige Mütter im Allgemeinen besser bewältigen als westdeutsche Frauen. So sagt Maya, stellvertretend für alle interviewten Frauen: „Heute kann ich mit Stolz sagen: Ich habe es geschafft, auch wenn ich aus dem Osten kam." Mit ihrer reichen Lebenserfahrung erfreuen sie sich heute an den neu gewonnenen Freiheiten, selbst reisen und ihre Meinung unumwunden äußern zu können. Sie wissen es zudem sehr zu schätzen, ihre Verwandten im Westen seit 1989 nicht mehr verleugnen zu müssen. Als aktive Großmütter sind sie stolz auf ihre Enkelkinder, die ihren Weg machen, Sprachen lernen und sich in Europa und in der Welt frei bewegen können. Manche warten allerdings immer noch auf ein Enkelkind, obwohl ihre Kinder schon Mitte bis Ende 30 sind …

Was den porträtierten Frauen im Westen schnell negativ auffiel, ist der Hang zu einer gewissen Oberflächlichkeit in den sozialen Beziehungen und einer Vorliebe für Selbstinszenierungen. Und dass es häufig eine erhebliche Diskrepanz zwischen Form und Inhalt gibt. Ihr Ärger darüber ist verständlich. Dennoch wünsche ich mir an dieser Stelle mehr Offenheit von meinen ostdeutschen Geschlechtsgenossinnen. Es ist nämlich mehr als „political correctness", wenn wir uns als Frauenbewegung für einen geschlechtersensiblen Sprachgebrauch stark machen. Frauen sind eben nicht einfach „Mitgemeinte" in der männlichen Sprachform. Das haben wir viel zu lange gehofft – gebracht hat es uns wenig. Richtig ist, dass die Form den Inhalt nicht ersetzen kann, wohl aber kann die Sprachform auf Inhalte und Differenzierungen verweisen. Männliche Sprache kommt nur vermeintlich geschlechtsneutral daher. Sie erzeugt Bilder und Denkmuster, die Menschen ausgrenzen. Eine schöne und kreative Alternative ist die durchgängige Verwendung des Gender-Sternchens (*), um alle Menschen einzubeziehen und um Vielfalt deutlich zu machen. Es schafft mehr Sichtbarkeit für Frauen, Lesben, Schwule, Bisexuelle, Transgender, trans- und intersexuelle Personen (LSBTTI) und für Menschen, die sich keinem Geschlecht eindeutig zuordnen wollen. Dass Inhalte und echte Verwirklichungschancen außerdem durchgesetzt werden müssen, darunter diskriminierungsfreie Zugänge zu Wohnraum und Job, eine partnerschaftliche faire Arbeitsteilung oder ein gleicher Lohn für gleichwertige Arbeit – wer wüsste das besser als die in dieser Veröffentlichung zu Wort kommenden starken Frauen?

Prof. em. Dr. sc. oec. Uta Meier-Gräwe
Lehrstuhl für Wirtschaftslehre des Privathaushalts und Familienwissenschaft an der Justus-Liebig-Universität Gießen
Freiburg, im August 2018

Ostfrauen in beiden deutschen Systemen
Ein Diskurs

Die vorliegenden Interviews mit den nach dem Schneeballprinzip ausgewählten Ostfrauen aus allen neuen Bundesländern und Berlin spiegeln die Vielfältigkeit des Lebens und die unterschiedlichen Entwicklungsmöglichkeiten in Ost und West wider. Dabei wird deutlich, dass verschiedene historische Entwicklungsphasen in der DDR sehr persönlich interpretiert werden. Unterschiedliche Aspekte der Frauenförderung in der DDR, des Umgehens mit der Wende und des Sich-neu-Zurechtfindens in der Bundesrepublik werden angesprochen. Auch wesentliche Erkenntnisse der Frauenentwicklung nach der Deutschen Einheit lassen sich ableiten. Die folgende Betrachtung und Einordnung der Aussagen der Interviewten erheben keinen Anspruch auf Wissenschaftlichkeit.

Die idealtypische Frau gab und gibt es nicht, auch nicht in der DDR. Trotzdem sind häufig typische Entwicklungen und Verhaltensmuster der Gesellschaft erkennbar. Diese werden wesentlich von den materiellen Verhältnissen bestimmt, aber auch von den gesellschaftlichen Normen und Werten sowie dem Zugang zu Bildung. Eine wichtige Rolle spielen Vorbilder in der eigenen Familie sowie das soziale Umfeld, Medien und Werbung.

Die Frauen in der DDR – und das gilt aus heutiger Sicht vielleicht stärker als zuvor – schätzten vor allem ihre soziale und ökonomische Unabhängigkeit, ihre Selbstständigkeit. Weit mehr als 90 Prozent aller DDR-Frauen war berufstätig. Sie nutzten die Möglichkeiten der beruflichen Qualifikation zu ihrer Persönlichkeitsentwicklung. Die gesellschaftlichen Bedingungen ermöglichten ihnen, Berufstätigkeit und Mutterschaft miteinander, jedoch oft als Doppelbelastung, zu verbinden. Das förderte ihren Selbstwert als eigenständige Persönlichkeit und machte sie ihrem Partner ebenbürtig. Mit Blick auf die bundesdeutschen Frauen und mit den z.T. schlechten Erfahrungen nach der Wende schauen sie heute oft auf diese – so bezeichnen sie es – sozialen Errungenschaften zurück.

Neben einer Reihe typischer DDR-Verhaltensmuster zeigen die von uns interviewten Frauen, dass auch individuelle Lebensentwürfe oder die Verweigerung der Anpassung an gesellschaftliche Standards mehr oder weniger erfolgreich verwirklicht werden konnten – wenn wir doch von vielen Schicksalen wissen, deren Individualität Unterdrückung erfahren hat.

Die Frauen in der DDR, ihre gesellschaftliche Stellung, darf nicht aus heutiger Sicht oder vor dem Hintergrund des Untergangs der DDR bewertet werden. Vielmehr muss sie in Beziehung gesetzt werden zu den damaligen historischen und sozialen Gegebenheiten.

Die gleichberechtigte Frau war das Ziel, der Anspruch der sozialistischen Familienpolitik. Diesen in der gesamten Gesellschaft, in der Familie wie im Beruf, Wirklichkeit werden zu lassen, wurde in 40 Jahren DDR-Geschichte nicht ganz erreicht. Nachdem die rechtliche Gleichstellung der Frauen seit Beginn der 1970er Jahre erlangt worden war, blieb die soziale Gleichstellung bis zum Ende der DDR eine nicht vollständig gelöste Aufgabe.

Das traditionelle Rollenverständnis von Männern und Frauen aufzubrechen, war ein Ziel der Frauenpolitik der DDR. Dafür waren viele Hindernisse zu überwinden: rechtliche und ökonomische, die fehlende berufliche Qualifikation der Frauen, der Mangel an Kinderbetreuungseinrichtungen und Dienstleistungseinrichtungen zur Unterstützung der Hausarbeit, soziale Einstellungen, gesellschaftliche Wertevorstellungen, tradierte Rollenverständnisse, Familienbeziehungen und nicht zuletzt die Einstellungen der Frauen selbst.

Auch in der DDR war es kein Geheimnis, dass die soziale Gleichstellung der Frau noch nicht erreicht war, wie eine Einschätzung von Inge Lange, Kandidatin des Politbüros und zuständig für Frauenfragen in der SED, zeigte: »Es reicht nicht aus, lediglich die Gleichberechtigung der Frau zu verwirklichen […] Es erfordert auch ihre soziale Gleichstellung, und diese wiederum ist erreichbar, wenn sie auch über die gleichen Bedingungen zur Entfaltung ihrer Fähigkeiten und Talente verfügt.« (zitiert nach Herta Kuhrig 1988, S. 296ff) Anspruch und Wirklichkeit klafften also auseinander, und das konnten weder Politik noch Wissenschaft verschweigen.

Die von uns interviewten Frauen sind keine Superfrauen, die Kind und Karriere spielend unter einen Hut brachten, nie mit Problemen oder Hindernissen zu kämpfen hatten – ganz im Gegenteil. Aber sie empfinden, das zeigen ihre Erzählungen, einen Erfahrungsvorsprung gegenüber westdeutschen Frauen. Damit beeinflussten sie die gesamtdeutsche frauenpolitische Entwicklung. Das brachte uns zu der Auffassung, dass es ohne die Erfahrungen, die vor allem die DDR-Frauen in die deutsche Einheit und die heutige Bundesrepublik eingebracht haben, heute keinen gesetzlichen Anspruch auf einen Kindergartenplatz, kein Streben so vieler Frauen in Arbeit und ökonomische Selbstständigkeit, keinen solchen Kampf um gleichen Lohn für gleiche Arbeit, um mehr Frauen in Führungspositionen und die gesellschaftliche Forderung an Männer, sich stärker in die Kinder-, Haus- und Familienarbeit einzubringen, gäbe.

Je mehr Zeit nach der Wende vergeht, desto selbstbewusster und emanzipierter werden die Ostfrauen im öffentlichen Bild wahrgenommen. Häufig sehen sie sich mit dem Vorwurf der Ostalgie konfrontiert. Der Begriff enthält unterschwellig den Vorwurf der Rückwärtsgewandtheit (vgl. Rennefanz 2017), sich erinnern wird als nachtrauern vor allem von Westdeutschen oder jüngeren Wissenschaftlern bewertet, die die historische Betrachtung vernachlässigen oder bewusst ausblenden. Dem stellen wir die Sicht von DDR-Frauen selbst entgegen und gestatten uns eine vor allem politische und historische Betrachtung dazu.

1. Frauenpolitische Errungenschaften der DDR, die bis in die heutige Zeit nachwirken

Frauen und Männer waren vor dem Gesetz gleich. Dies war bereits seit 1949 Verfassungsgrundsatz. Es folgten wichtige Gesetze zum Mütter- und Kinderschutz, das Familiengesetzbuch, Arbeitsgesetzbuch, sozialpolitische Maßnahmen zur Förderung der Familie und zur Vereinbarkeit von Berufstätigkeit und Mutterschaft. Bereits mit dem Befehl 253 der SMAD* vom 17. August 1946 wurde gleicher Lohn unabhängig von Geschlecht und Alter gefordert und alle Gesetze aufgehoben, die der Gleichberechtigung der Frauen im öffentlichen und privaten Leben entgegenstanden.

Frauen erwarben Bildung und einen Berufsabschluss. Um das Bildungsprivileg der Männer zu brechen, waren in den 1950er und 1960er Jahren außergewöhnlich große Anstrengungen notwendig. Zum Ende der DDR schlossen mehr als 95 Prozent der Frauen die zehnte Klasse der Polytechnischen Oberschule ab. Mehr als 70 Prozent bildeten sich weiter. Sie erwarben entweder mit dem Abitur die Hochschulreife oder den Facharbeiterabschluss, sie wurden Meister oder studierten an Hoch- und Fachschulen.

Frauen waren berufstätig und erwarben so ihre ökonomische Unabhängigkeit: Zum Ende der DDR waren mehr als 90 Prozent aller Frauen berufstätig, verfügten somit über ihr eigenes Einkommen und konnten daher frei über ihre persönliche Entwicklung entscheiden.

Frauen bekamen frühzeitig Kinder: Mit durchschnittlich 22 Jahren brachten DDR-Frauen ihr erstes Kind zur Welt und heirateten. Für viele vielleicht zu früh, viele Ehen scheiterten. Das Alleinerziehen der Kinder wurde sukzessive immer mehr anerkannt. Immer besser und schließlich flächendeckend wurde die Versorgung mit Kindergartenplätzen (1950: 34 Prozent, 1989: 92 Prozent), obwohl es keinen gesetzlichen Anspruch gab.

Frauen sollten sich persönlich und beruflich weiterentwickeln: Es wurde ein breites System der Frauenförderung entwickelt. In allen Betrieben gab es Frauenförderungspläne, Frauenkommissionen in allen Gewerkschafts- und SED-Parteileitungen, Frauensonderstudien* für Frauen mit Kindern, Kindereinrichtungen in Betrieben, Universitäten und Hochschulen.

Frauen sollten Berufstätigkeit und Mutterschaft vereinbaren können: Dazu trug eine Vielzahl sozialpolitischer Maßnahmen bei, etwa eine verkürzte Arbeitszeit, ein Haushaltstag*, Kindergeld und finanzielle Unterstützung nach der Geburt von Kindern, bezahlte Freistellung von der Arbeit bei Erkrankung von Kindern, Babyjahr ... Außerdem wurden große Anstrengungen unternommen, die Hausarbeit durch Wohngebietsgaststätten*, durch Haushaltsgeräte und öffentliche Dienstleistungen zu erleichtern.

Unsere Interviews legen die Vermutung nahe, dass der Feminismus im westlichen Sinne und dessen Kampf gegen das Patriarchat für die Frauen der DDR nur eine untergeordnete Rolle spielten.

2. Gesellschaftliche Grundlagen der Frauenpolitik der DDR

Die Frauenpolitik in der DDR war eine vorwiegend **von Männern** bestimmte Politik **für die Frauen**. Frauen waren in dem Sinne mehr Objekt als Subjekt dieser Entwicklung. Die Politik entsprach aber häufig ihren Interessen, war ein Gewinn für die Frauen und wurde und wird daher heute noch von vielen positiv bewertet. Nicht selten wurden Entscheidungen – wie zum Beispiel die sozialpolitischen Maßnahmen – auf vorherigen Druck der Frauen getroffen. Für die männerdominierte Partei- und Staatsführung der DDR bildeten die Schriften von Marx, Engels, Bebel, Zetkin, Luxemburg die ideologischen Grundlagen. Konsens bestand darin, die Jahrhunderte lange Unterdrückung der Frau in der DDR beseitigen zu wollen. Bis dahin wurden die Frauen hauptsächlich auf ihre Rolle als Mutter und Hausfrau reduziert. Erst nach Beendigung der Mutterschaftsaufgaben wurden ihnen Tätigkeiten in klassischen Frauenberufen (Dienstleistungen, Handel, Gesundheitswesen, Pflege) zugestanden. Eine Überwindung dieser traditionellen Geschlechterrollen kann nicht in einem einmaligen Akt, sondern nur in einem komplexen, längerfristigen Prozess erfolgen, der nicht isoliert und unabhängig nur auf individueller Ebene abläuft, sondern in jedem Land in die gesamtgesellschaftlichen Entwicklungsprozesse eingebettet sein muss. Eine Veränderung der Arbeitsteilung zwischen Mann und Frau erfordert nicht nur materielle und finanzielle Anreize und Unterstützung, sondern vornehmlich einen grundlegenden Wandel in den Einstellungen zur Rolle der Frau in der Gesellschaft, zur Rolle des Mannes in der Familie und entsprechende neue Verhaltensweisen sowie Geisteshaltungen. Mit der Beseitigung der wesentlichen ökonomischen Ursachen der Herrschaft des Mannes über die Frau verändern sich nicht automatisch auch ihre sozialen, kulturellen und geistigen Wesensmerkmale. Traditionelle Rollen, Einstellungen und Verhaltensweisen vieler Generationen, die über Jahrhunderte weitergegeben und verfestigt wurden, verschwinden nicht sofort. Dazu braucht es materielle, politische, kulturelle Veränderungen in der gesamten Gesellschaft und in den Köpfen der Männer und Frauen selbst. Einstellungen und Verhaltensweisen, die in früher Kindheit in der Familie erlebt und erlernt wurden, führen oft zu selbstverständlichen Gewohnheiten, das Vorbild der Eltern wirkt in den Familien nach. Offenbar ist der Veränderungsprozess der Rollen von Mann und Frau nicht unbedingt linear.

3. Gleichberechtigung der Frauen in der DDR aus internationaler Sicht

Was in der DDR in der historisch kurzen Zeit von etwas mehr als 40 Jahren erreicht wurde, war ein hoher Stand der Gleichberechtigung von Mann und Frau in allen Bereichen des gesellschaftlichen Lebens. Das bezeugen internationale Vergleiche, auch unter den anderen sozialistischen Staaten, aber vor allem der UNO. Dabei muss allerdings berücksichtigt werden, dass sich diese Entwicklung in einem vergleichsweise hoch entwickelten Industrieland mit einem Entwicklungsvorsprung gegenüber allen anderen sozialistischen Ländern vollzog. Frauenpolitik erfuhr wie kaum ein anderer Politikbereich der DDR internationale Beachtung und Anerkennung. Seit 1973 war die DDR Mitglied der UNO und darauf bedacht, diese Entwicklung international bekannt zu machen. So veröffentlichte das DDR-Komitee für Menschenrechte eine Schrift zur Frauenpolitik der DDR in mehreren Sprachen. Aus 40 Ländern erhielt es in Reaktion hunderte Anfragen. Die internationale Würdigung bezeugen auch die Aktivitäten und Anerkennungen der DDR auf den UNO-Weltkonferenzen der Frauen in den Jahren 1975 in Berlin, 1980 in Kopenhagen, 1985 in Nairobi und 1990 in Wien. Diese Konferenzen widmeten sich der weltweiten Überwindung der Diskriminierung der Frauen. Beachtenswert ist die Tatsache, dass in die UNO-Kommission »Status der Frau« von 1976 bis 1990 die Vertreterin der DDR immer wieder gewählt wurde – als einzige aller Vertreterinnen der sozialistischen Staaten. Alle UNO-Mitgliedsländer verpflichteten sich, zu diesen Weltkonferenzen den Stand der Gleichstellung anhand einheitlicher Kriterien zu analysieren. Einzelne Länder wurden aufgefordert, dazu zu berichten. Die Ergebnisse bezeugten die gute Entwicklung der DDR und den großen Nachholbedarf der Bundesrepublik. So sagte etwa Rita Süssmuth 1984, dass die DDR im internationalen Vergleich in Sachen Gleichberechtigung für die Masse der Frauen weit voraus sei. (vgl. Süssmuth 1985, S. 322)

Es lässt sich feststellen, dass nach dem Zusammenbruch der sozialistischen Staaten der internationale und damit auch der nationale Kampf gegen die Diskriminierung und für die Gleichberechtigung der Frauen zum Stillstand kam. »Auf der Grundlage von Staatenberichten, UNO-Studien, Berichten von NGOs und UNO-Fragebogenaktionen wurde im März 2005 eingeschätzt, dass der Prozess der de facto Gleichberechtigung, also der vollen Integration der Frauen in den Entwicklungsprozess oder der vollen Beteiligung der Frauen am politischen Leben, langsamer oder gänzlich zum Stillstand gekommen ist [...] Die DDR hatte ihren Einfluss in der UNO genutzt, um als Vorbild und mit Aktivitäten zur Verbesserung der Lage der Frauen in der Welt beizutragen.« (Hörz 2010, S. 171)

Brunhilde Raiser, die zeitweilige Vorsitzende des Bundesdeutschen Frauenrats, zitiert aus einem Aufruf des Bündnisses Peking+10 unter dem Titel *Die Beschlüsse der 4. Weltfrauenkonferenz auf dem Prüfstand*, dass es erstens weltweit mehr Rückschritte als Fortschritte bei der gleichberechtigten Teilhabe von Frauen an der Erwerbsarbeit und ihrer sozialen Sicherung gebe. Zu selten würden Existenz und Altersversorgung von Frauen durch Erwerbsarbeit gesichert. An der ungleichen Bezahlung auch gleichwertiger Arbeit habe sich wenig geändert. Die massive Ausweitung von Teilzeit- und Niedriglohnbeschäftigung verfestige in Kombination mit der unzureichenden sozialen Absicherung wieder die Abhängigkeit der Frau vom Mann. Zweitens habe Gewalt gegen Frauen als schwere Verletzung ihrer Menschenrechte durch häusliche Gewalt, Frauenhandel und bewaffnete Konflikte weltweit ungeheuer zugenommen. Auch in Deutschland erlebe jede fünfte bis siebte Frau körperliche und sexuelle Übergriffe. Drittens sei der Einfluss ethnisch, religiös und nationalistisch begründeten Fundamentalismus auf nationale und internationale Politiken in seinen Auswirkungen auf Frauen gravierend. (vgl. Hörz 2010, S. 84f)

4. Entwicklungsphasen der Frauenpolitik der DDR

Der wirtschaftliche **Aufschwung der 1950er,** aber besonders der 1960er Jahre war vor allem dadurch gekennzeichnet, dass Frauen massenhaft ins Berufsleben strömten mit entsprechenden Qualifikationsanforderungen, die die gesamte Volkswirtschaft stark beanspruchten. Kontinuierlich stieg in diesen Jahren die Zahl der weiblichen Berufstätigen von 55,5 Prozent im Jahr 1955 auf 70,5 Prozent im Jahr 1965. Auf der anderen Seite arbeiteten 36 Prozent mehr Frauen als Männer nach dem Eintritt in das Rentenalter, weil ihre Rente zu gering war (vgl. Ebert, Heft 6/1967, S. 3ff). In der DDR betrug das Renteneintrittsalter für Frauen 60 Jahre. Für viele Frauen war das Rentenniveau niedrig, weil sie im Niedriglohnsektor arbeiteten oder weil sie vor allem in den 1950er und 1960er Jahren erst mit fortgeschrittenerem Alter berufstätig wurden. Ein hoher Anteil von Frauen war damals aus der nicht berufstätigen Bevölkerung mit der Möglichkeit der Teilzeitbeschäftigung für den Arbeitsmarkt gewonnen worden. Voraussetzung dafür war der enorme Zuwachs an Kinderbetreuungsplätzen. Untersuchungen der Voranmeldungen für solche Plätze zeigten, dass der Bedarf noch viel höher war.

»Die 1960er Jahre waren ein Jahrzehnt moderner Frauenpolitik« (Schröter/Ulrich 2004, S. 21). Von herausragender Bedeutung war das Frauen-Kommuniqué der SED *Die Frau – der Frieden und der Sozialismus* aus dem Jahr 1961. In ihm ist das Ziel der

Gleichberechtigung der Frauen und die dafür notwendige hohe Bildung und gleichberechtigte Teilhabe am gesellschaftlichen Leben formuliert, was nur verwirklicht werden könne, wenn sich die Männer im gleichen Maße an der Haus- und Familienarbeit beteiligten. Durch alle Abschnitte des Kommuniqués zieht sich neben einer kritischen Bilanz die Forderung, Frauen Leitungsfunktionen zu übertragen. Nach Lotte Ulbricht diente das Kommuniqué vor allem »der Erziehung und Umerziehung der Männer« (Schröter/Ulrich 2004, S. 21).

1965 wurde das Familiengesetzbuch veröffentlicht, an dem seit 1947 unter der Leitung der Justizministerin Hilde Benjamin gearbeitet worden war. Am 1. April 1966 trat es nach sechsmonatiger breiter öffentlicher Diskussion und Einarbeitung vielfältiger Hinweise in Kraft.

Eine besondere Rolle bei der Durchsetzung der Gleichberechtigung der Frau spielte deren Bildung und Qualifizierung. In den 1950er Jahren mussten Frauen in der DDR oft noch ohne Qualifikation arbeiten. Sie holten ihren Qualifizierungsabschluss häufig später nach. Wichtig waren dabei die betrieblichen Qualifizierungseinrichtungen und die Arbeiter- und Bauernfakultäten*. Die Erhöhung der beruflich-fachlichen Bildung der Frauen wurde vor allem in den **1970er Jahren** forciert. Dem gingen umfangreiche Forderungen der Frauen zum Beispiel in den Frauenkommissionen der Betriebe voraus. Wissenschaftliche Untersuchungen und Debatten über Möglichkeiten zu deren Umsetzung begleiteten diesen Prozess. Besonders den Produktionsarbeiterinnen sollten nach jahrelanger Tätigkeit im Beruf günstige Möglichkeiten der Erwachsenenqualifikation im Betrieb geboten werden. 1971 hatte nur jede fünfte Arbeiterin einen Facharbeiterabschluss. 1974 waren es bereits 36 Prozent. Frauen, die sehr viele Jahre hochqualifizierte Arbeit leisteten, wurden diese Tätigkeiten nach entsprechender Weiterbildung als Facharbeiterabschlüsse anerkannt, was ihr gesellschaftliches Ansehen und natürlich auch ihr Einkommen erhöhte. Die Frauen der späteren Generation standen nicht mehr vor diesem Problem, da de facto alle Mädchen der DDR einen zehnjährigen Schul- und 70 Prozent einen Facharbeiter- oder höheren Abschluss erwarben.

> In Betrieben wurden Frauenförderungspläne als Teil der Betriebskollektivverträge* vereinbart. In ihnen sollte konkret festgelegt werden,
> - welche fachliche und politische Weiterbildung die berufstätigen Frauen durchführen,
> - welche ihrer Arbeits- und Lebensbedingungen verbessert werden könnten,
> - wie die besonderen Belange der berufstätigen Mütter in den Betrieben berücksichtigt,
> - wie die Frauen in ihrer beruflichen Entwicklung gefördert,
> - wie vor allem Hoch- und Fachschulabsolventinnen auf höhere Leitungsfunktionen vorbereitet werden könnten.

Unzufrieden war man mit der z. T. formalen Handhabung auf allen politischen Ebenen. Das betraf auch die Umsetzung der Forderungen des IX. Parteitages der SED. Dort war explizit gefordert worden, mehr Frauen für leitende Funktionen heranzubilden. Jeder Leiter sollte persönlich für die Entwicklung der Frauen für leitende Funktionen Verantwortung übernehmen. Diese Maßnahmen waren zu großen Teilen Propaganda und wurden nur sehr schleppend umgesetzt.

Allerdings zeugte der hohe Anteil von Frauen in Parteien (29 Prozent), in gesellschaftlichen Organisationen (mehr als 50 Prozent), DFD* (40 Prozent der DDR-Frauen war Mitglied) davon, dass Frauen mehr zum aktiven Gestalter ihrer eigenen Persönlichkeitsentwicklung wurden. (Angaben aus dem Statistischen Jahrbuch der DDR 1989) Viele Mitwirkungsmöglichkeiten verfielen dem allgemeinen Trend der formalen Handhabung der letzten Jahre der DDR. Wirklich kritische Auseinandersetzungen erfolgten nur sehr selten.

Die Last der Vereinbarkeit von Beruf und Familie trugen trotz aller politischen Beteuerungen zum großen Teil die Frauen. Mit ihrer Reproduktionsfunktion und ihrer Verantwortung als Mutter waren Ausfallzeiten im Beruf und Schwierigkeiten bei der Wahrnehmung von Weiterbildungen oder der Übernahme von Leitungsfunktionen verbunden. Einher ging diese Doppelbelastung mit dem Verharrungsvermögen der Männer in ihren überkommenen Rollen. Diese Ungleichheit aus der Familie übertrug sich auf die Gesellschaft. Ein Versuch, dies zu verändern, ist zumindest in den **1980er Jahren** durch die SED- und Staatsführung, aber auch durch die Medien und die Wirtschaft nur halbherzig oder gar nicht mehr verfolgt worden. Man sprach nun nicht mehr von der Vereinbarkeit von Beruf und *Familie*. Nicht ganz unberechtigt wurde diese Phase der Frauenpolitik mit dem Fokus auf der Vereinbarkeit von Beruf und *Mutterschaft* als »Muttipolitik« bezeichnet.

5. Frauenpolitik vs. Frauenbewegung

Eine institutionalisierte Frauenpolitik hat es in der DDR nicht gegeben – kein Ministerium, keine Gleichstellungsstellen. Die führende Rolle spielte auch hier, wie in der Verfassung seit 1968 verankert, die Partei. Es gab weder in der Volkskammer einen Frauen- oder Gleichstellungsausschuss, noch gab es auf staatlichen Ebenen – Kommune, Kreis, Bezirk, Regierung – eine institutionelle Verankerung der Verantwortung für Frauenpolitik. Begründet wurde das damit, dass die Frauenpolitik immanenter Bestandteil jeglicher Führungstätigkeit sei. Ausnahme bildeten die SED und die Gewerkschaften. Hier war die Frauenpolitik haupt- und ehrenamtlich auf allen Ebenen verankert. Seit Beginn der 1950er Jahre wurden die frauenpolitischen Aktivitäten der SED zunächst in der Arbeitsgruppe Frauen unter der Leitung von Edith Baumann, der ersten Frau von Erich Honecker, koordiniert. 1960 beschloss das ZK* der SED, eine Frauenkommission beim Politbüro (ab 1961) zu bilden. Als Leiterin fungierte Inge Lange. Sie blieb bis zum Ende der DDR in dieser Position. Ziel der Kommission war es, die Arbeit mit Frauen auf verschiedenen Gebieten der Gesellschaft zu koordinieren und der Parteiführung Lösungen zu einzelnen Bereichen der Frauenförderung zu unterbreiten. In ihr wirkten 25 funktionsbezogene Persönlichkeiten des öffentlichen Lebens: Vorsitzende des DFD*, Frauensekretärin des Bundesvorstandes des FDGB*, Chefredakteurin der Frauenzeitschrift *Für Dich*, Leiterin der AG Frauen des Ministeriums für Landwirtschaft, Referentin für Frauen im Büro des Ministerrates, Verantwortliche für Gesundheitsschutz von Mutter und Kind im Ministerium für Gesundheitswesen, Leiterin für den Bereich Kindergärten im Ministerium für Volksbildung, SED-Parteisekretäre von Industriebetrieben mit hohem Frauenanteil, LPG*-Vorsitzende. Dazu kamen 19 Arbeiterinnen, Genossenschaftsbäuerinnen und Wissenschaftlerinnen. Die Weichen für die Frauenpolitik wurden im Politbüro der männerdominierten SED gestellt. Dies zeigt sich exemplarisch im DFD*, der 1964 sein Statut dahingehend ändern musste, dass der »DFD die führende Rolle der Arbeiterklasse und ihrer Partei anerkennt, die mit ihrer Politik die Forderungen der Frauen nach Frieden, Gleichberechtigung und Menschenwürde verwirklicht. Ihre Beschlüsse sind Richtschnur für die Organisation«. Diese Richtschnur der Partei führte am Ende der DDR zur Selbstauflösung des DFD. (vgl. Kuhrig 1995, S. 220)

> Ende der 1950er Jahre wurden vor allem am Institut für Gesellschaftswissenschaften der SED diverse Dissertationen zu Frauenthemen bearbeitet. Lotte Ulbricht versuchte sich im 4. Lehrgang, ihre Dissertation wurde jedoch nicht zur Verteidigung angenommen, was sowohl von ihr als auch von Walter Ulbricht, dem damals führenden Mann der DDR, erstaunlicher Weise ohne Widerspruch hingenommen wurde. Die Frauenforschung konnte nie an einer Universität etabliert werden. Sie wurde auf Vorschlag von Lotte Ulbricht seit 1964 in einem Wissenschaftlichen Beirat an der Akademie der Wissenschaften der DDR koordiniert. Vorsitzende war bis 1990 Herta Kuhrig. Alle Forschungen und viele praktische Erprobungen zu frauenpolitischen Themen wurden von den im Beirat mitwirkenden Universitäten und Hochschulen, verschiedenster Zweige der Volkswirtschaft, Vertretern von Medien und Gewerkschaften initiiert und koordiniert. Dieses Gremium aus Vertretern der Praxis, der Leitung und der Forschung gab seit 1964 insgesamt 99 Hefte – sechs Ausgaben jährlich – zu den Arbeitsergebnissen heraus. An der Humboldt-Universität gab es unter der Leitung von Anita Grandke einen Forschungskreis zur Familie. Erst im Dezember 1989 gründete sich dort das Zentrum für interdisziplinäre Frauenforschung.

Über die DDR wurde nach der Wende und auch in aktuellen Veröffentlichungen geschrieben, es habe eine »verordnete Gleichberechtigung« oder eine von oben »auferlegte Emanzipation« gegeben. Im Unterschied dazu habe sich in der BRD die Frauenemanzipation oder Frauenbewegung von unten entwickelt. Anna Kaminsky schreibt in *Die Frauen in der DDR*: »Die Anforderungen, die eine Frau zu erfüllen hatte, legte die SED fest. Frauen sollten flächendeckend in Berufstätigkeit gebracht werden […] Die staatlich geförderte und angeordnete Emanzipation zielte eben nicht auf die Stärkung von Selbstwahrnehmung und Frauenbild, sondern vor allem auf die Integration in die Arbeitswelt.« (Kaminsky 2016, S. 19) Das gegenüber der Bundesrepublik liberalere Scheidungsrecht der DDR wird als Instrument betrachtet, »Frauen zum Arbeiten zu bewegen« (ebd., S. 10). Das verdeutlichte Kaminsky auch in ihrem Interview mit der MOZ* vom 27. September 2017, in dem sie äußerte: »Auferlegte Emanzipation meint eine von der Staatsführung vorgegebene Gleichberechtigung. Frauen sollten wie Männer arbeiten. Eine Emanzipation im Sinne, die wirklichen eigenen Positionen zu artikulieren, gab es nicht. Allerdings hatten die Frauen aus ihrer Berufserfahrung heraus ein großes Selbstvertrauen […]. Die DDR taugt als Vorbild für Emanzipation, Feminismus und Unabhängigkeit nicht.«

Dieser Sichtweise liegen die Feststellungen zugrunde, dass es in der DDR tatsächlich keine Frauen**bewegung** gab, die um ihre Rechte kämpfte, und dass Entscheidungen zur Frauenpolitik ausschließlich durch Männer im Politbüro oder im Ministerrat (mit einer Ausnahme) getroffen wurden. Hanna Behrend brachte zum Ausdruck, was so viele DDR-Frauen dachten: »Während mich das Thema

Gleichberechtigung schon immer interessierte, brachte ich der organisierten Frauenbewegung sehr lange wenig Sympathie entgegen. Ich war damals, wie die meisten Frauen in der DDR, von meiner Gleichberechtigung und Gleichwertigkeit überzeugt. Deshalb betrachtete ich den DFD, den Demokratischen Frauenbund Deutschlands, die einzige Frauenorganisation in der DDR, als eine weitere sogenannte Massenorganisation, die dafür sorgte, dass das geschah, was der SED [...] richtig erschien.« (Behrend, 2010, S. 641) Frauenpolitik pauschal als »verordnet« und damit als aufgezwungen zu bezeichnen, greift zu kurz. Unser eigenes Leben und die Interviews bestätigen dies nicht. Zum einen fühlten sich die Frauen in der DDR als bereits weitgehend gleichberechtigt und sahen keine Notwendigkeit, sich in einer weiteren Massenorganisation zu organisieren. Zum anderen beförderten sie ihre Entwicklung auf vielfältige Weise selbst, und zwar durch ihre aktive berufliche und politische Arbeit. Damit zwangen sie die männerdominierte Politik geradezu, in ihrem Sinne Veränderungen vorzunehmen.

Tatsächlich erfolgte die Entwicklung der Gleichberechtigung in der DDR im Interesse der Mehrzahl der Frauen. Gerichtet war sie im Unterschied zur Frauenbewegung in Westdeutschland auf alle berufstätige Frauen und nicht auf wenige ausgewählte Karrierefrauen. Und: Weder Mann noch Frau kann emanzipiert werden, jedes Individuum muss diesen Schritt selbst vollziehen. Jede Frau muss und kann ihren Kampf nur selbst führen. Auch aus den Erzählungen der von uns interviewten Frauen geht hervor, dass sie die Gleichberechtigung nicht als »verordnet« empfanden, sondern diese als selbstverständlich wahr- und in ihrem eigenen Interesse angenommen haben. Veränderungen der gesellschaftlichen Stellung der Frau gehen, das haben geschichtliche Entwicklungen eindeutig gezeigt, von der Berufssphäre aus. Eine Tätigkeit im Beruf, ökonomische Unabhängigkeit vom Mann und Selbstständigkeit fördern das Selbstbewusstsein und das Streben nach Gleichberechtigung der Frau, auch in der Familie.

»Die DDR-Frauen wollten mit ihren Leistungen anerkannt werden, sahen die Gleichberechtigung als Chance und nicht als Zwang. Sie taugen nicht als Superweib.« (Blaschke 2017) Ob die Frauen die ihnen offenstehenden rechtlichen Freiheiten, die Möglichkeiten für Beruf und Qualifikation in Anspruch nahmen, war von vielen gesellschaftlichen, individuellen und familiären Faktoren abhängig, nicht zuletzt von der Einstellung des Mannes.

Insgesamt war die DDR bei der Überwindung der patriarchalischen Strukturen ein gutes Stück vorangekommen. Am Ziel angekommen war sie aber noch lange nicht.

Die Gleichbe**recht**igung war erreicht, die **soziale** Gleich**stellung** noch nicht.

Diese Feststellung soll das Erreichte nicht schmälern, muss aber näher betrachtet werden. Denn trotz der wirklich zu würdigenden Errungenschaften blieben eine Reihe wichtiger sozialer Ungleichheiten bestehen:
- Trotz des Grundsatzes gleicher Lohn für gleiche Arbeitsleistung verdienten die Frauen der DDR insgesamt nur zwei Drittel dessen, was Männer verdienten.
- Die Bereitschaft, hohe Leistungen zu erbringen, unterschied sich nicht zwischen den Geschlechtern. Allerdings erbrachten Frauen weniger Sonderleistungen, Patente, Überstunden. Die Hauptursachen sind Zeitgründe, abhängig von der Familiensituation. Frauen erbrachten allerdings schon am Ende der Schulzeit weniger Spitzenleistungen im Umgang mit Forschung, Wissenschaft und Technik (vgl. Bertram 4/1986, S. 13). Ihr Interesse an wissenschaftlich-technischen Problemen, etwa an thematisch so ausgerichteten Arbeitsgemeinschaften in den Schulen, war geringer (ebd., S. 20).
- Der hohe Stand der Qualifikation der Frauen wurde damit nicht genügend für die Wirtschaft und Wissenschaft genutzt, das Interesse von Frauen an Technik entwickelte sich nicht wie gewünscht. (vgl. Bertram 3/1989, S. 21) In der eher zufälligen Auswahl unserer Interviewten zeigt sich dieser Trend allerdings nicht. Einige unserer befragten Frauen studierten an Ingenieur- bzw. Technischen Hochschulen und sagten von sich, dass sie von früher Jugend an Interesse an Technik hatten.

Einige Erklärungen für die noch nicht erreichte soziale Gleichstellung könnten folgende sein:
- Frauen waren überwiegend in den Niedriglohnsektoren tätig, vor allem im Handel, dem Dienstleistungssektor, dem Gesundheitswesen, der Leichtindustrie, dem Post- und Fernmeldewesen.
- Frauen leisteten aufgrund ihrer familiären Verpflichtungen weniger Schichtarbeit, was sich mindernd auf ihr Einkommen auswirkte. Die Zahl der Schichtarbeiterinnen entwickelte sich seit 1985 rückläufig.
- Frauen mit Hochschulabschluss und Aufgabenfeldern in der Forschung und Entwicklung hatten nach Befragungen 1984 zu 50 Prozent auf eine berufliche Entwicklung zugunsten ihrer Kinder verzichtet und akzeptierten in erheblichem Maß die traditionelle Rollenverteilung (vgl. Röth, Hefte Nr. 5/1989, S. 51). Mit dieser Entscheidung für die Kinder und gegen einen beruflichen Aufstieg begann oft die Spirale der Ungleichheit. Die Frauen verzichteten auf Weiterbildungen, nahmen niederqualifizierte Tätigkeiten an, verdienten deutlich weniger als Männer – mit lebenslangen Folgen bis zur Rente.

- Das Tempo der Lohnentwicklung der Frauen war geringer als das der Männer.
- Frauen waren zu 27 Prozent in Teilzeit beschäftigt. Im Jahr 1989 betraf dies 1,017 Millionen Frauen.
- Frauen waren unverhältnismäßig oft nicht in qualifikationsgerechten Tätigkeiten eingesetzt und wurden daher oft als ungelernte Beschäftigte oder weniger Qualifizierte entlohnt. Bei der Post waren es 16,7 Prozent, im Handel 14,6 Prozent und im Bauwesen 10,8 Prozent der Werktätigen.
- Frauen hatten weniger Freizeit als Männer. Untersuchungen des Marktforschungsinstitutes der DDR im Jahr 1970 zeigten, dass Frauen 47,1 Stunden in der Woche für Hausarbeit aufwanden, dass die Hausarbeit zu 78,1 Prozent von der Frau und zu 13,1 Prozent vom Ehemann erledigt wurde. Das änderte sich bis zum Ende der DDR nicht grundsätzlich, in den 1980er Jahren wandten Frauen noch 40 Stunden in der Woche, die Männer 18 für den Haushalt auf.
- Die Ehe zwischen Mann und Frau und die Gründung einer Familie waren die von der DDR propagierte Lebensweise und mehrheitlich gelebte bzw. angestrebte Lebensform. Im Familiengesetzbuch wurde in § 9 festgeschrieben, dass »die Ehegatten gleichberechtigt sind, sie leben zusammen und führen einen gemeinsamen Haushalt. Alle Angelegenheiten des gemeinsamen Lebens und der Entwicklung des einzelnen werden von ihnen im beiderseitigen Einvernehmen geregelt.« Die Berufstätigkeit der Frau war zu einer Selbstverständlichkeit geworden, die gleichberechtigte Arbeitsteilung in der Familie allerdings nicht. Dieser Widerspruch ließ sich oft nicht anders als durch Scheidung lösen, meistens beantragt durch die Frau.
- Obwohl die Ehe die favorisierte Lebensweise war, nahm die Anzahl der Eheschließungen zum Ende der DDR ab, sodass der Anteil der Ledigen, Geschiedenen oder Verwitweten ständig zunahm. Die Abnahme der Eheschließungen wurde nicht dadurch abgefangen, dass es Ehekredite gab, die »abgekindert«* werden konnten.
- Zunehmend mehr Frauen lebten allein mit ihren Kindern, auch in gleichgeschlechtlichen Beziehungen. In Befragungen äußerten über 96 Prozent der Frauen den Wunsch nach Kindern, unabhängig von ihrem Familienstand. Ursache für den kontinuierlich wachsenden Anteil alleinerziehender Frauen war zum einen die hohe Zahl an Ehescheidungen, in deren Folge viele Frauen mit ihren Kindern allein weiterlebten. Zum anderen zogen viele Frauen ihre Kinder von Anfang an allein groß. Den höchsten Anteil alleinerziehender Mütter gab es mit 34,4 Prozent im Jahr 1987.

- In der Erziehung der Mädchen und Jungen wurden tradierte Rollenvorstellungen nie ganz überwunden. Jungen wurden nicht so wie Mädchen, auch nicht von den Müttern selbst, auf ihre spätere Rolle als gleichverpflichteter Partner vorbereitet.
- Unzufrieden war die Staatsführung mit der Anzahl der Geburten. In den Jahren 1980 bis 1986 sank sie leicht. Zwar hatten 90 Prozent der Frauen Kinder, allerdings wäre für die einfache Reproduktion der Gesellschaft die Geburt von mehr als zwei Kindern je Frau notwendig gewesen. Alle sozialpolitischen Maßnahmen führten zu keiner grundlegenden Wandlung.
- Bis Mitte der 1970er Jahre erhielten nur Frauen Lohnfortzahlungen, wenn sie aufgrund von Erkrankungen der Kinder Fehlzeiten hatten, allerdings mit entsprechenden Lohneinbußen bei längerfristigen Erkrankungen. Auch wenn Männern die gleiche Möglichkeit rechtlich später eröffnet wurde, waren in der übergroßen Mehrheit die Mütter mit der Kinderpflege betraut. Denn sie verdienten weniger und auch in der DDR nahmen nur wenige Männer diese Aufgabe wahr. Ursache war – wieder einmal – das tradierte Rollenverständnis.
- Babyjahr und Haushaltstag* konnten nur Frauen nutzen. Ausnahme bildeten alleinerziehende Väter, die dieses Recht ebenfalls erhielten. Auch alleinstehende Frauen erhielten zum Ende der DDR ab dem 40. Lebensjahr monatlich einen Haushaltstag.

(Alle Angaben aus dem Statistischen Jahrbuch der DDR 1989)

> Dass die DDR-Frauenforschung die vielfältigen Probleme der sozialen Angleichung sah und die Gleichberechtigung sich nicht »verordnen« ließ, bezeugt bereits der im Jahr 1978 herausgegebene Sammelband *Zur gesellschaftlichen Stellung der Frau in der DDR*, der die wichtigsten Forschungsbereiche und -ergebnisse zu folgenden Themen vorlegte:
> - Gleichberechtigung der Frau – Aufgaben und ihre Realisierung in der DDR,
> - zur Verwirklichung des Rechts auf Arbeit in der DDR (mit den Schwerpunkten: Bedeutung der Berufstätigkeit für die Gesellschaft und die Persönlichkeitsentwicklung der Frau, der Vereinbarkeit von Berufstätigkeit und Familie, der Motivationen der Frauen für die Berufstätigkeit, zur Teilzeit und zum Mehrschichtsystem),
> - zur besonderen Entwicklung der Frau in der Landwirtschaft,
> - zur Bildung von Frauen und Mädchen,
> - zur Entwicklung von Ehe und Familie,
> - zu den gesellschaftlichen Kindereinrichtungen als Voraussetzung für die Vereinbarkeit der Berufstätigkeit und der Mutterschaft,
> - zu einigen Aspekten der Reduzierung der Hausarbeit sowie
> - zur Förderung und Erhaltung der Gesundheit der Frauen und Mütter.

Zwar wurde in den Folgejahren viel für die soziale Angleichung getan, letztlich ließen sich die jahrhundertelangen Traditionen und Rollenvorstellungen innerhalb von 40 Jahren nicht völlig überwinden. Eine große Bedeutung hatte dabei die Hausarbeit, die nach wie vor zu ¾ von Frauen geleistet wurde. Dass die Hausarbeit eine Doppelbelastung darstellte, wurde nicht gewürdigt. (vgl. Dölling, 1/1990, S. 31ff) Die DDR wollte dieses Problem vor allem durch gesellschaftliche Dienstleistungen verringern. Unabhängig von der beruflichen Qualifikation und der sozialen Stellung der Frauen folgte die Arbeitsteilung in der Familie nach wie vor vorwiegend einem geschlechtstypischen Muster: Frauen oblag zumeist das sozialbetreuerische, routinehafte, zeitlich und räumlich gebundene Handeln in der Familie, Männern eher das sachlich instrumentelle, zeitlich und räumlich weniger regelhafte. Dieses Verhalten reproduzierte sich als Stereotype auf die Heranwachsenden (vgl. Nickel, 3/1989, S. 7ff).

Die Hausarbeit blieb ein notwendiges Pendant zur Berufsarbeit. Im Unterschied zur beruflichen Tätigkeit ist und bleibt dies unbezahlte Arbeit und wurde daher wie auch heute ökonomisch nicht als gleichwertig betrachtet.

6. Frauen und Führungsfunktionen in der DDR

35 Prozent aller Führungs- oder, wie es in der DDR hieß, Leitungsfunktionen waren zum Ende der DDR mit Frauen besetzt, eine damals international anerkannte Leistung. Allerdings waren dies vor allem Funktionen zur Führung von Menschengruppen in den Wirtschaftsbereichen, in denen mehrheitlich Frauen tätig waren, wie in der Leichtindustrie und Landwirtschaft, in öffentlichen Verwaltungen, im juristischen Bereich, im Bildungs-, Gesundheits- und Sozialwesen sowie im Handel und in der Versorgung. Und es betraf vor allem mittlere Leitungsebenen. Hohe Funktionsträgerinnen mit entsprechendem Gehalt und Einfluss gab es wenige, was berechtigterweise besonders auch durch Feministinnen der Bundesrepublik kritisiert wurde. In der DDR selbst wurde diese Diskrepanz von Anspruch und Wirklichkeit ebenfalls bemängelt. Immer wieder wurden Untersuchungen zu diesem Thema initiiert, zwar Beschlüsse zur Überwindung des Problems gefasst, deren Umsetzung sich aber als sehr schwierig erwies.

Berufstätige Mütter übernahmen erst ab Mitte 30, mit bereits schulpflichtigen Kindern, eine Führungsfunktion. Demgegenüber konnten Väter bereits kurz nach dem Studienabschluss als Leiter tätig sein. »Der erhöhten zeitlichen, physischen und psychischen Beanspruchung der Leiter steht im Durchschnitt die aus der geschlechtsspezifischen Arbeitsteilung in der Familie resultierende höhere zeitliche, physische und psychische Beanspruchung der Mutter gegenüber.« (Röth, Hefte Nr. 5/1989, S. 52) Führungsfunktionen erforderten von den Frauen eine weitere zeitliche Belastung, die sie oft nicht auf sich nehmen wollten oder konnten.

Viele Faktoren hinderten Frauen daran, Führungsfunktionen zu übernehmen. Hier eine kleine Auswahl:
- Frauen hatten *Sorge, mit der Übernahme von Führungsfunktionen ihre zusätzlichen Verpflichtungen in Haushalt und insbesondere Kindererziehung* nicht mehr entsprechend ihrer selbst gestellten hohen Ansprüche ausführen zu können.
- Frauen hatten *weniger Selbstvertrauen*, eine Führungsfunktion zu übernehmen, sie stießen auf viele *Vorurteile*.
- *Frauen befürchteten negative Auswirkungen auf ihre Ehe:* Die eigenen Männer hatten oft kein Verständnis für die Karrierewünsche, weil sie dadurch stärker in der Familie belastet sein würden oder weil sie annahmen, dass durch den beruflichen Erfolg der Ehefrau ihr eigenes Ansehen geschmälert werden könnte. Sie fürchteten, die Frau könne mehr Einkommen, Macht oder Ansehen als sie selbst erhalten.
- *Frauen wollten sich dem Stress einer Führungsfunktion nicht aussetzen.* Dem täglichen Druck von »oben«, zum Beispiel zur Planerfüllung, und von »unten«, zum Beispiel aufgrund des Materialmangels, wollten sie sich nicht stellen.

Auch scheuten sie die vielen Versammlungen und oft sinnlosen Berichterstattungen.

- *Frauen kamen durch die Auszeiten von Schwangerschaften und Babyjahr oft zu spät bei der Vergabe von Führungsfunktionen.* In diesen Jahren waren die begehrten Posten mit Männern besetzt worden, auf freiwerdende Stellen mussten Frauen weiter warten.

Mehr noch als die persönlichen Motive der Frauen behinderten Männer Frauenkarrieren:

- Männer fühlten sich durch Frauen als Führungskräfte *verunsichert*.
- Männer wollten in Führungsfunktionen lieber *unter sich bleiben*.
- Männer scheuten sich vor Problemen von *Müttern als Führungskräften* durch Ausfälle bei Erkrankung der Kinder, regelmäßige Dienstzeiten, die wegen der Kinderbetreuung notwendig waren, weniger Möglichkeiten, Überstunden zu leisten.

Frauen in hohen Entscheidungsfunktionen

Frauen blieben bis zum Ende der DDR in Führungsfunktionen der Parteien, in der Regierung, in den Bezirken und Kreisen unterrepräsentiert. Lediglich in den Volksvertretungen wuchs ihr Anteil bis zur Volkskammer kontinuierlich, sicherlich ein Ergebnis einer frühzeitigen Quotierung. Die Ansätze aus dem Frauen-Kommuniqué der SED von 1961 wurden nie realisiert. So blieben Inge Lange und Margarete Müller seit 1973 Kandidatinnen und wurden nie Mitglieder des Politbüros. Inge Lange leitete die Abteilung Frauen des ZK* der SED. Margarete Müller, eine LPG*-Vorsitzende, wurde unterstellt, dass sie vor allem als »Alibifrau« im Politbüro wirkte. Leider konnten wir mit ihr kein Interview führen.

Es gab eine überschaubare Anzahl von Frauen als Ministerinnen, stellvertretende Ministerinnen oder Staatssekretärinnen. Sie waren insbesondere in den Bereichen Bildung, Handel und Versorgung, Gesundheitswesen, Leichtindustrie, Finanzen und Außenhandel zu finden.

Allerdings spielte in der DDR die Quotierung bereits eine Rolle. Das betraf die Besetzung von Funktionen im Partei-, Staats- und Gewerkschaftsapparat sowie die ständige Suche nach künftigen Führungsfunktionärinnen. Besonders augenscheinlich war die Quotierung bei Parteitagen und Gewerkschaftskongressen, wo der hohe Anteil teilnehmender Frauen propagandistisch herausgestellt wurde.

Für unser Buch ist es uns gelungen, mit einigen der führenden Frauen der DDR zu sprechen und sie nach ihren persönlichen Erfahrungen zu befragen:

Prof. Dr. Christa Luft, eine von drei Rektorinnen einer Universität/Hochschule der DDR – der Hochschule für Ökonomie –, stellvertretende Vorsitzende des

Ministerrates der DDR und Ministerin für Wirtschaft in der Modrow-Regierung vom 18. November 1989 bis 18. März 1990.

Annelis Kimmel, eine von zwei Parteiorganisatorinnen des ZK* der SED in einem Kombinat – des Kombinats NARVA* –, Vorsitzende des Landesvorstandes Berlin des FDGB* von 1979 bis 1989, Vorsitzende des Bundesvorstandes des FDGB von November bis Dezember 1989.

Christa Bertag, eine von drei Generaldirektorinnen eines Kombinats – des VEB* Kosmetik Kombinat Berlin – von 1985 bis 1990.

Prof. Dr. Helga Hörz, Sektionsdirektorin Philosophie der Humboldt-Universität zu Berlin von 1987 bis 1990 und von 1976 bis 1990 Vertreterin der DDR in der UNO-Kommission »Status der Frau«, Präsidentin bzw. Vizepräsidentin mehrerer Weltfrauenkonferenzen.

Ingrid Pankraz, einzige Vorsitzende einer Bezirksplankommission der DDR in Berlin.

Frauen in Führungsfunktionen waren zum Ende der DDR:
34 Prozent der Bürgermeister (1949: 5 Prozent),
32 Prozent der Abgeordneten der Volkskammer,
38 Prozent der Schuldirektoren,
41 Prozent der Wissenschaftler (1949: 3 Prozent) und
50 Prozent der Richter.

Für die Wissenschaftlerinnen lässt sich allerdings Folgendes feststellen: Von ihnen waren 37,8 Prozent befristete Assistentinnen, 39 Prozent unbefristete Assistentinnen, 16,9 Prozent Oberassistentinnen, 12,0 Prozent Dozentinnen und 4,9 Prozent Professorinnen. Hier spiegelt sich das gesamtgesellschaftliche Bild wider: Die höheren Funktionen waren überproportional mit Männern besetzt. Im Jahr 1988 wurden 38 Prozent aller Promotionen in der DDR von Frauen geschrieben (BRD: 26 Prozent). Bezeichnend ist, dass 70 Prozent aller ordentlichen Professorinnen geschieden waren, aber 90 Prozent von ihnen Kinder hatten. (vgl. Bollinger 2002, S. 66)

In der DDR, wie in den übrigen sozialistischen Staaten, konnte nicht erreicht werden, Frauen angemessen in Entscheidungsgremien des Staates und der führenden Partei einzusetzen. Die DDR blieb in Teilen eine von Männern dominierte Gesellschaft. An einer Veränderung waren vor allem die Männer – und ganz besonders die in leitenden Positionen – nicht wirklich interessiert.

7. Wie leben Ostfrauen heute in der Bundesrepublik?

Fast 30 Jahre nach der deutschen Einheit ist die rechtliche und soziale Gleichstellung von Frauen und Männern keineswegs erreicht. Im Gegenteil. Ostfrauen haben

Errungenschaften verloren, eine gesellschaftliche und ökonomische Rückentwicklung vor allem mit der Wende hinnehmen müssen. Durch Arbeitslosigkeit oder geringere Entlohnung sind sie eines Großteils ihrer ökonomischen Unabhängigkeit beraubt worden. Viele Frauen mit Kindern leben von Hartz IV oder erhalten wegen des geringen Lohns Aufstockungen, beziehen Grundsicherungsrenten, obwohl sie ihr ganzes Leben berufstätig waren. Alleinerziehende tragen heute das größte Risiko für das Abrutschen in strukturelle Armut.

In den Jahren nach der Wiedervereinigung traf es kompetente ostdeutsche Frauen besonders hart. Sie wurden arbeitslos, mussten z.T. unsinnige und entwürdigende Umschulungen mitmachen, beeinträchtigt waren sie als Mütter mit Folgen für die Arbeitsfindung durch fehlende Mobilität und Flexibilität. Besonders traf es Alleinerziehende und Mütter mit behinderten Kindern. Der Einsatz der Frauen erfolgte oft unterhalb ihrer Qualifikation mit entsprechenden Folgen für Bezahlung und Rente. Die Vernichtung der mehr als vier Millionen Dauerarbeitsplätze traf in der Mehrheit Frauen: »Etwa 64 Prozent aller Arbeitslosen im Osten waren Mitte 1992 Frauen.« (Schröter 2002, S. 6) Im Jahr 1998 arbeitete nur noch ein Drittel aller Erwerbstätigen im Osten in der gleichen Tätigkeit wie vor der Wende.

Verlierer der Deutschen Einheit waren die vormaligen Eliten der DDR. Ca. 1,4 Millionen Menschen in der öffentlichen Verwaltung, in Parteien, Organisationen, der Polizei, im Sicherheits- und Bildungsbereich wurden erwerbslos, davon gingen 700.000 Menschen in die Warteschleifen, denen sich in der Regel Vorruhestand und Berufsende anschlossen (vgl. Bollinger 2002, S. 66ff). Insbesondere in den gesellschaftswissenschaftlichen Bereichen der Universitäten und Hochschulen, in der Akademie der Wissenschaften behielten nur wenige Frauen ihre Führungsfunktionen.

Ebenso bezeichnend wie beschämend ist Folgendes: »Der Abbau von Wissenschaftlerinnen an der Humboldt-Universität Berlin betrug 77 Prozent, von 3356 auf 776 Stellen gegenüber lediglich 20 Prozent von 1731 auf 1385 Stellen bei männlichen Wissenschaftlern. Von 52 vergebenen C4-Professuren (im Zeitraum 1989 bis 1991 E.H.) gingen nur zwei an Frauen.« (Behrend 2008, S. 761) Damals belegten arbeitslose Wissenschaftlerinnen in Berlin Platz drei unter den schwer vermittelbaren Berufsgruppen. Bis 1990 waren Frauen besonders stark im wissenschaftlichen Mittelbau vertreten und deckten den größten Teil der Lehre ab. Die massenhafte Abwicklung von Frauen hatte negative Folgen für die Studierenden. Während zu DDR-Zeiten rund 20 Studierende in einem Seminar saßen, wurden es jetzt im Durchschnitt 40 bis 50 (vgl. ebd.). Selbstverständlich gewordene Rechte wurden abgeschafft. Frauen gerieten wieder massenhaft in Armut und in ökonomische Abhängigkeit des Mannes.

Allerdings zeigen die Beispiele aus unseren Interviews, dass es insbesondere gebildete DDR-Frauen schafften, mit ihrem Mut, ihrem Selbstbewusstsein, ihren

Fähigkeiten und ihrem hohen Bildungsniveau sich zum Teil völlig neue berufliche Aufgabengebiete zu erschließen und noch einmal Karriere zu machen. Flexibilität und Durchsetzungsvermögen waren in der DDR wie heute notwendig.

8. Frauenpolitik heute

Anders als in der DDR wurde in der alten BRD trotz grundsätzlicher verfassungsmäßiger Gleichberechtigung der Frau seit 1949 die Hausfrauenehe favorisiert. Gepriesen wurde das sogenannte Drei-Phasen-Modell. Danach sollte die Frau zunächst einen Beruf erlernen. Mit der Eheschließung und der Geburt der Kinder begann die zweite Phase. Bis zur Selbstständigkeit der Kinder waren die Frauen verantwortlich für Haushalt und Kinderbetreuung. Erst danach sollten sie wieder berufstätig werden und zum Familieneinkommen beitragen. Teilzeitarbeit und der Verlust vieler Jahre beruflicher Entwicklungsmöglichkeiten führten oft dazu, dass sie nicht mehr in ihren eigentlichen Beruf zurückkehrten. Bei ihrem Einkommen mussten sie viele Abstriche hinnehmen – mit Folgen bis zur Rente, die heute zu spüren sind. Erst 1976 gab das Erste Gesetz zur Reform des Ehe- und Familienrechts das Leitbild der Hausfrauenehe auf.

Einige der von uns Interviewten fühlten sich nach der Wende »ins Mittelalter« – so Christa M. – versetzt, als sie hörten, dass Frauen lange keine eigenen Konten eröffnen oder Verträge abschließen konnten, ohne die Zustimmung des Ehemannes zu haben. Inzwischen hat sich in der Bundesrepublik glücklicherweise vieles geändert. Allerdings ist dem Gleichstellungsbericht der Bundesregierung vom 09. März 2017 weiterhin zu entnehmen: In 51 Prozent der Familien ist der Mann der Hauptverdiener, in 24 Prozent der Alleinverdiener, nur in 10 Prozent der Fälle verdienen die Partner gleich viel. Manuela Schwesig zitierte anlässlich des internationalen Frauentages am 8. März 2017 aus dem Gutachten zum Zweiten Gleichstellungsbericht: »Männer und Frauen sind noch nicht gleichberechtigt. Frauen leisten täglich 52 Prozent mehr unbezahlte Tätigkeit als Männer (Erziehung und Pflege Kinder, Angehöriger und Ehrenamt). Frauen haben weniger Einkommen pro Stunde und im Lebensverlauf. Die Lohn-Sorge-Lücke bringt ungleiche Verwirklichungschancen.« Notwendig seien mehr Lohngerechtigkeit und die Aufwertung der sozialen Berufe, mehr Frauen in Vorständen und die Anerkennung der Familienarbeitszeit. Nur zehn Prozent der Mütter mit Kindern unter drei Jahren hatte laut Statistischem Bundesamt 2015 einen Vollzeitjob, bei den Männern waren es 83 Prozent. In Ostdeutschland waren 21 Prozent der Mütter voll erwerbstätig. Laut OECD tragen nur 22,6 Prozent der Frauen in Deutschland bei Paaren mit Kind zum Familieneinkommen bei, dem schlechtesten Wert von 15 ausgewählten Ländern.

Die meisten Alleinerziehenden kommen mit einem Vollzeitjob nicht über die Runden, wenn sie nur den gesetzlichen Mindestlohn erhalten. **87 Prozent der Alleinerziehenden mit einem Kind, die Mindestlohn erhalten, sind auf ergänzende Sonderleistungen** angewiesen. Laut Regierungsantwort auf eine Anfrage der Linkspartei arbeiten diese Alleinerziehenden durchschnittlich 37,7 Stunden, erhalten den Mindestlohn von 8,84 Euro und haben dennoch einen Mehrbedarf, besonders für Wohnkosten.

Gender-Pay-Gap – die Lohnlücke zwischen Männern und Frauen klafft im Laufe des Berufslebens immer weiter auseinander. Ursachen sind nach wie vor traditionelle Rollenbilder. 37 Prozent der Frauen arbeiten in Teilzeit und die Mehrzahl im Niedriglohnsektor in den schlechter bezahlten, sogenannten Frauenberufen. Interessant ist, dass in den Ostländern die Lohnunterschiede viel geringer sind. So betragen sie in Mecklenburg-Vorpommern nur vier Prozent, was auf den hohen Bildungsstand der Frauen, ihr Bedürfnis nach Vollzeittätigkeit, einer ausreichenden Versorgung mit Kindereinrichtungen und das Weiterwirken der Lohngleichheit aus der DDR zurückzuführen ist.

Carsten Wippermann stellte im März 2017 in einer Gleichstellungsstudie im Auftrag des Bundesministeriums für Familie, Senioren, Frauen und Jugend fest, dass sich ein deutlicher Wandel der Rollenbilder bei Männern zeige. »Die Mehrheit der Männer ist der Überzeugung, dass in einer Partnerschaft beide berufstätig sein sollten – dieser Anteil ist in den letzten 10 Jahren deutlich angestiegen. Vor allem junge Männer finden das Hauptverdiener-Modell nicht mehr attraktiv.« Allerdings sehen 49 Prozent der Männer, bei mehreren Kindern 84 Prozent, hohe Hürden, Familie und Beruf zu vereinbaren. Das traditionelle Männerbild ist bei 66 Prozent der Männer und 50 Prozent der Frauen das dominante Leitbild. 27 Prozent der Männer denken, ein richtiger Mann sei der Frau überlegen. Trotz großer Zustimmung für die Gleichstellung in der Gesellschaft sind die tief verwurzelten Sehnsüchte in Bezug auf die Männlichkeit noch vorhanden. Dem Ziel der Gleichstellung der Frauen stehen Beharrungskräfte der Männer nach wie vor gegenüber.

Prozesse zur Veränderung des Rollenverständnisses von Mann und Frau verlaufen nicht gleichförmig. Es kann zu Veränderungen kommen – etwa als vormals berufstätige Frauen nach der Wende arbeitslos wurden und sich deshalb, als vermeintlich geringeres Übel für die Familie, Haushalt und Kindern widmeten. Natürlich ist es legitim, wenn Frauen nach der Geburt der Kinder über mehrere Jahre zugunsten der Kinderbetreuung auf eine Berufstätigkeit verzichten. Dennoch erschweren fehlende Betreuungsplätze und ungenügende Möglichkeiten für einen adäquaten beruflichen Wiedereinstieg eine gleichberechtigte Teilhabe am Berufsleben. Auch bei einer Entscheidung zu einem Teilzeitmodell verzichten Frauen oft »freiwillig« auf die qualifizierte Fortsetzung ihrer beruflichen Laufbahn. In den letzten Jahren engagieren sich insbesondere Frauen verstärkt in der Pflege ihrer Angehörigen und nehmen dadurch in Kauf, alte Rollenmuster zu bedienen. Im Ergebnis führt all dies allzu oft zu einem geringeren Einkommen von Frauen und geringer anerkannter Lebensarbeitszeit, was sich dann in geringeren Rentenansprüchen und Altersarmut ausdrückt.

War in der DDR der Blick vor allem auf die ökonomische und soziale Gleichstellung **aller** werktätigen Frauen gerichtet, steht im Vordergrund der heutigen Politik die Schaffung von Möglichkeiten zur Karriereentwicklung von wenigen Frauen. Das betrifft vorwiegend deutsche, gebildete Frauen mit Karriereambitionen und einem mehr oder weniger großen Kinderwunsch. Diese Frauen können oft nur Karriere machen, wenn sie keine Kinder haben oder wenn sie die Kinderbetreuung und die Haushaltsarbeit outsourcen, meist an Frauen mit niedrigem Bildungsstand, gerne an Migrantinnen, deren Ausbeutung sie in Kauf nehmen. Das Leben von berufstätigen Frauen in der Industrie oder Landwirtschaft, im Gesundheits- und Sozialwesen, im Handel oder in der Bildung ist nach wie vor ein täglicher Kampf um Emanzipation, um Angleichung der Löhne, um Vereinbarkeit von Beruf und Familie. Dies steht nur selten im öffentlichen Fokus.

Allerdings zeigen die Entwicklungen der letzten zehn Jahre, dass möglicherweise auch mit der Übernahme des Erfahrungsvorsprungs der Ostfrauen und des Umsetzens vieler über Jahre erhobener feministischer Forderungen wie der Quotierung und der Anerkennung unterschiedlichster Lebensformen der Geschlechter wirkliche Fortschritte erreicht wurden. Wer hätte vor zehn Jahren geglaubt, dass in den großen politischen Parteien CDU, SPD, Grüne und LINKE Frauen an der Spitze stehen (Stand Herbst 2018) und wirklich viele Frauen in Ministerien, gesellschaftlichen Organisationen und Aufsichtsräten führende Funktionen besetzen? Wer hätte vor Jahren für möglich gehalten, dass so viele Männer Elternzeit nehmen oder sich, zum Beispiel bei getrenntlebenden Paaren, die Kindererziehung wirklich teilen? Breite und Vielfalt der Gleichstellung sind herangereift und charakterisieren die Bundesrepublik von heute.

Allerdings darf nicht außer Acht gelassen werden, dass das weitere Auseinanderdriften von Armen und Reichen in Deutschland und in der ganzen Welt vor allem Frauen trifft. Der Mindestlohn reicht vielen nicht zum Leben, staatliche Unterstützungen vor allem für Alleinerziehende ermöglichen nur ein Leben am Existenzminimum. Kinder werden in ihrer Entwicklung benachteiligt und in strukturelle Armut geführt.

9. Unser Fazit

Wir haben 37 Frauen vorgestellt. Ihre Berichte sind keinesfalls repräsentativ. Denn obwohl Frauen aus 17 verschiedenen Berufszweigen zu Wort kamen, haben wir weder nichtberufstätige Frauen noch solche, die in der DDR Repressalien ausgesetzt waren, oder solche, die bis heute Verlierer der Wende sind, interviewen können.

Unsere Gesprächspartnerinnen haben alle in der DDR Bildung erworben, waren berufstätig, engagiert, emanzipiert, fühlten sich gleichberechtigt, konnten Berufstätigkeit, Familie und Mutterschaft mehr oder weniger gut bewältigen, allerdings oft mit großem Kraftaufwand. Sie konnten nicht immer ihren favorisierten Beruf erlernen. Viele der Frauen studierten, übten Leitungsfunktionen aus, engagierten sich in Elternaktiven, Kultur- und politischen Organisationen. In unserer Stichprobe erwarben vor allem Frauen, deren Eltern Arbeiter oder Bauern waren, uneingeschränkt, ja geradezu gezielt höhere Bildung und konnten damit das Bildungsprivileg für nur Ausgewählte, vor allem Männer, brechen. Eine besondere Rolle spielte dabei die Arbeiter- und Bauernfakultät*, die zwei der interviewten Frauen besuchten und die Grundlage für eine spätere Führungstätigkeit wurde.

Die Mehrzahl der von uns Interviewten wollte die DDR verändern, aber nicht abschaffen. Alle genossen ihre ökonomische Unabhängigkeit vom Mann und damit die Möglichkeiten zur eigenen Persönlichkeitsentwicklung. Die meisten waren erfolgreich in ihrem Beruf. Für sich, die Familie und besonders die Kinder war die soziale Sicherheit des Systems ein uneingeschränktes Plus. Keine von ihnen hätte zugunsten der Familie auch nur zeitweilig – bis auf das Babyjahr – gerne auf die Berufstätigkeit verzichtet. Ingrid musste auf Druck ihres Mannes bis zum Schulbeginn des Sohnes zu Hause bleiben. Ein zweites Mal wollte sie das nicht. Deshalb adoptierte sie ein älteres Kind.

Die Kinder aller Interviewten besuchten staatliche Betreuungseinrichtungen. Schwieriger war es für die älteren Frauen, weil Anfang der 1950er Jahre nur wenige Einrichtungen zur Verfügung standen. So waren sie oder ihre Eltern wegen ihrer Berufstätigkeit gezwungen, für bestimmte Zeiten Wochenkrippen oder Kinderheime zu nutzen, zum Teil mit Langzeitfolgen für die Beziehung zwischen Eltern und Kindern, wie das Beispiel von Sonja und Gerda zeigt. Die Mütter fühlten sich alle nicht als »Rabenmütter«, bedauerten allerdings, nicht immer genügend Zeit für ihre Kinder gehabt zu haben.

Bis auf Sabine waren alle Frauen einmal verheiratet. Von drei Frauen abgesehen haben alle Kinder, inzwischen viele Enkel. Ein großer Teil von ihnen ließ sich zu DDR-Zeiten scheiden, in der Regel, weil der Mann fremdgegangen war oder sich nicht an der Hausarbeit beteiligte. Zum Zeitpunkt unseres Interviews waren 14 Frauen geschieden, zehn verwitwet und elf alleinerziehend. Ines und Sabine lernten nach der Wende Partnerinnen kennen und heirateten sie 2018. Heute lebt ein großer Teil der von uns Interviewten allein. Bei den meisten besteht kein Wunsch mehr nach einer neuen festen Partnerschaft.

Viele Frauen bedauern, dass solche Werte, die sie auch an ihre Kinder weitergegeben haben, wie die Achtung vor der Arbeit und den Leistungen anderer, verloren gehen. Gegenseitiger Respekt und menschlicher Zusammenhalt schwinden, Egoismus und Verrohung nehmen erschreckend zu.

In ihren Lebensberichten verwiesen vor allem Frauen, die in den 1950er Jahren in Schule und Ausbildung waren, auf die besondere Rolle der Lehrer. Oft überzeugten Lehrer die Eltern, vor allem Arbeiter und Bauern, den Mädchen eine höhere Schulbildung zu ermöglichen. Drei Frauen verließen dazu schon als 15-Jährige die Familie und wurden schnell selbstständig. Erstaunlicherweise interessierten sich sehr viele unserer Frauen für naturwissenschaftliche oder technische, wenige für sogenannte Frauenberufe. Und sie sagten uns, dass der Wunsch für dieses Berufsbild von ihnen ausgegangen sei. Im Zuge der organisierten Frauenförderung wurden fünf Frauen Ingenieurinnen oder Diplomingenieurinnen.

Ein Phänomen, das gelegentlich beschrieben wird, trafen wir nur bei Heike an, nämlich dass Mädchen, deren Eltern keine Arbeiter und Bauern waren, nicht zum Abitur oder zum Studium zugelassen wurden – möglicherweise ein Zufall. Bei ihr war die Zulassung durch eine Eingabe der Eltern an den Staatsrat letztlich doch noch erfolgreich.

Die Arbeitsteilung in der Familie war bei der Mehrzahl der Frauen klassisch. Die Frauen waren doppelt belastet. Bei denjenigen, die auf dem Dorf lebten, kümmerte sich der Mann um Haus und Garten. Bei den von uns interviewten Frauen, die hohe Führungsfunktionen bekleideten, ist bemerkenswert, dass alle zwei oder drei Kinder haben. Ohne Kinderfrau oder Haushälterin konnten sie ihre beruflichen, auch zeitlich umfangreichen Verpflichtungen nur wahrnehmen, weil ihre Partner sie uneingeschränkt unterstützten, ihre beruflichen Verpflichtungen voll respektierten, aber auch, weil die Kinder frühzeitig sehr selbstständig ihren Lebensalltag bewältigten.

Einige Frauen verließen mit der Wende die DDR, arbeiteten in den alten Bundesländern. Alle zog es irgendwann wieder in die alte Heimat.

Die Wende stellte die Frauen vor völlig neue Herausforderungen. Für die Mehrzahl von ihnen bedeutete sie ein völliger Bruch mit der bisherigen Berufstätigkeit, zum Teil mit existenzbedrohenden Folgen. Einige Frauen gingen z.T. frühzeitiger als gewollt in Rente. Alle anderen fanden nach oft schwierigen Phasen der Arbeitslosigkeit neue Tätigkeiten, in der Regel in anderen Berufszweigen. Die Lehrerinnen Heidi und Ilse mussten sich die völlig neuen Lehrpläne aneignen und die Gepflogenheiten im Umgang mit den Eltern ändern. Diese Zeiten waren mit starken psychischen und physischen Belastungen verbunden. Einige Ehen scheiterten, weil Partner die Folgen der Wende unterschiedlich verkrafteten. Sorgen bereiteten allen die beruflichen Entwicklungen von Partner und Kindern. Einige Frauen schafften den Sprung in die Selbstständigkeit.

Alle erklärten, dass der Zusammenhalt untereinander, mit Nachbarn und Freunden, in der DDR viel stärker ausgebildet war, mehr gegenseitige Hilfe und Vertrauen herrschte. Heute, so beklagten die von uns Interviewten, vereinsamten die

Menschen oder zögen sich in die Familie zurück. Oft herrsche Neid und Missgunst. Kerstin fand: »alles geht vom Menschen weg, oft auf die Computer.« Keine der von uns interviewten Frauen wünschte sich die DDR zurück. Viele der sozialen Errungenschaften, von denen sie als Frauen und Mütter in der DDR profitierten, vermissten sie jedoch für sich und ihre Kinder im vereinten Deutschland. Es lohnt sich, 30 Jahre nach der Wende die Erfahrungen der Ostfrauen anzuhören und von ihnen zu lernen.

Literatur

Bebel, August: Die Frau und der Sozialismus, Berlin 1977.

Behrend, Hanna: Die Überleberin, Wien 2008.

Bertram, Barbara: Geschlechtstypik bei Lebenswerten und Arbeitsleistungen Jugendlicher, in: Informationen des Wissenschaftlichen Beirats (WB) »Die Frau in der sozialistischen Gesellschaft«, Heft 4/1986.

Bertram, Barbara: Arbeitsteilung und künftige Geschlechterrollen, in: Informationen des Wissenschaftlichen Beirats (WB) »Die Frau in der sozialistischen Gesellschaft«, Heft 3/1989.

Bialas, Christiane: Alleinstehende Frauen in der DDR, in: Informationen des Wissenschaftlichen Beirats (WB) »Die Frau in der sozialistischen Gesellschaft«, Heft 5/1986.

Blaschke, Rosi in »neues deutschland« vom 03. März 2017.

Bollinger, Stefan: Deutsche Einheit und Elitenwechsel in Ostdeutschland, Berlin 2002.

Deutscher Juristenbund: Juristinnen in der DDR, Berlin 2011.

Dölling, Irene: Marxismus und Frauenfrage in der DDR, in: Informationen des Wissenschaftlichen Beirats (WB) »Die Frau in der sozialistischen Gesellschaft«, Heft 1/1990.

Ebert, Manfred: Einfluss demografischer Faktoren auf die Berufstätigkeit der Frauen, in: Informationen des Wissenschaftlichen Beirats (WB) »Die Frau in der sozialistischen Gesellschaft«, Heft 6/1967.

Gast, Gabriele: Die politische Rolle der Frau in der DDR, Gütersloh 1973.

Grandke, Anita: Zur Entwicklung von Ehe und Familie, in: Wissenschaftlicher Beirat 1978, Zur gesellschaftlichen Stellung der Frau.

Fischer, Erika, Lux, Petra: »Ohne uns ist kein Staat zu machen«. DDR-Frauen nach der Wende, Köln 1990.

Hörz, Helga E.: Zwischen Uni und UNO, Berlin 2009.

Hörz, Helga E.: Der lange Weg zur Gleichberechtigung, Berlin 2010.

Jäkel, Horst (Hrsg.): Heimat DDR, Schkeuditz 2015.

Kaminsky, Anna: Frauen in der DDR, Berlin 2016.

Kaminsky, Anna: Interview mit der Märkischen Oderzeitung vom 27.09.2017.

Kuhrig, Herta: Mit den Frauen – Für die Frauen, Frauenpolitik und Frauenbewegung in der DDR, in: Geschichte der deutschen Frauenbewegung, Hrg. von Florence Hervé, Köln 1995.

Kuhrig, Herta, Speigner, Wulfram (Hrsg.): Wie emanzipiert sind die Frauen in der DDR? Köln 1979.

Kuhrig, Herta: Die soziale Gruppe der berufstätigen Frauen, in: »Die Sozialstruktur der DDR«, Berlin 1988.

Kuhrig, Herta, Speigner, Wulfram: Zur gesellschaftlichen Stellung der Frau in der DDR, Leipzig 1978.

Kuhrig, Herta, Thürmer-Rohr, Christina: Ein Dialog über den Dialog: zwischen dem »Kommunistischen Manifest« und dem »Feminismus«, in: Verständigung in finsteren Zeiten, Hrg. von Leah Carola Czollek, Gudrun Perko, Köln 2003.

Leo, Annette, König, Christian: Die Wunschkindpille, Jena 2015.

Nickel, Hildegard Maria: Die geschlechtsspezifische Arbeitsteilung in ihrer Bedeutung für die Sozialisation der Jungen und Mädchen – Fragen zur Geschlechtersozialisation, in: Informationen des Wissenschaftlichen Beirats (WB) »Die Frau in der sozialistischen Gesellschaft«, Heft 3/1989.

Süssmuth, Rita: Frauen – der Resignation keine Chance: Sammlung wissenschaftlicher und politischer Texte 1980-1985, Düsseldorf 1985.

Rennefanz, Susanne in »Berliner Zeitung« vom 22.01.2017.

Röth, Uta: Informationen des Wissenschaftlichen Beirats (WB) »Die Frau in der sozialistischen Gesellschaft«, Heft Nr. 5/1989.

OECD: The Pursuit of Gender Equality – An Uphill Battle, Paris 2017.

Schröter, Ursula, Ullrich, Renate: Patriarchat im Sozialismus, Nachträgliche Entdeckungen in Forschungsergebnissen der DDR, Berlin 2004.

Zur Interviewtechnik:

Egger, Michael: Der kleine Oral History Ratgeber, Graz 2013.

Flick, Uwe: Qualitative Sozialforschung. Eine Einführung, Reinbek bei Hamburg 2006.

Flick, Uwe, von Kardoff, Ernst, Steinke, Ines (Hg.): Qualitative Forschung. Ein Handbuch, Reinbek bei Hamburg 2005.

Heistinger, Andrea: Qualitative Interviews – Ein Leitfaden zu Vorbereitung und Durchführung inklusive einiger theoretischer Anmerkungen, Innsbruck 2006.

Helfferich, Cornelia: Die Qualität qualitativer Daten. Manual für die Durchführung qualitativer Interviews, Wiesbaden 2005.

Kruse, Jan: Reader »Einführung in die Qualitative Interviewforschung«, Freiburg 2006.

Küsters, Ivonne: Narrative Interviews. Grundlagen und Anwendungen, Wiesbaden 2006.

MIES, Maria: Feministische Forschung. Wissenschaft – Gewalt – Ethik, in: Ökofeminismus, Beiträge zur Theorie und Praxis, Hg. von Shiva, Vandana, Mies, Maria, Zürich 1995.

Homepage der Oral History Society: http://www.ohs.org.uk 3.11.2006

Ramsenthaler, Christina: Was ist »Qualitative Inhaltsanalyse?«, in: Der Patient am Lebensende. Hrg. von Schnell, Martin, Schulz, Christian, Kolbe, Harald, Dunger, Christine, Wiesbaden 2013.

Rosenthal, Gabriele: Erlebte und erzählte Lebensgeschichte, Gestalt und Struktur biographischer Selbstbeschreibungen, Frankfurt/New York 1993.

Vester, Michael, Hofmann, Michael, Zierke, Ines: Soziale Milieus in Ostdeutschland, Gesellschaftliche Strukturen zwischen Zerfall und Neubildung, Köln 1995.

Glossar

ABF	Arbeiter- und Bauernfakultäten. Einrichtungen zur Förderung von Arbeiter- und Bauernkindern an den Universitäten in Berlin, Greifswald und Halle, die auch der Studienvorbereitung für ein Auslandsstudium in einem sozialistischen Land für Schüler ab der elften Klasse dienten.
abkindern	In der DDR wurde frisch verheirateten Paaren zwischen 1972 und 1988 ein Ehekredit gewährt. Die Sparkasse vergab zinslose Kredite von erst 5.000, ab 1986 7.000 DDR-Mark. Die Rückzahlung erfolgte in Monatsraten à 50 Mark. Bei Geburt eines oder mehrerer Kinder wurde die abzuzahlende Kreditsumme entweder gemindert (beim ersten Kind um 1.000 Mark, beim zweiten Kind um weitere 1.500 Mark) oder galt bei Geburt des dritten Kindes als getilgt, dafür wurde umgangssprachlich der Begriff »abkindern« benutzt. Insgesamt wurden 1.371.649 Ehekredite mit einem Gesamtvolumen von 9,3 Milliarden Mark vergeben, von denen etwa ein Viertel »abgekindert« wurde.
ABM	Arbeitsbeschaffungsmaßnahme. In Zeiten hoher Arbeitslosigkeit in den 1990er Jahren vom Arbeitsamt bezuschusste Tätigkeiten auf dem sogenannten zweiten Arbeitsmarkt. Diese Maßnahme wurde im Jahr 2012 eingestellt.
Artur-Becker-Medaille	Höchste Auszeichnung der Freien Deutschen Jugend der DDR.
Bestarbeiterkonferenz	Hervorragende Arbeitsergebnisse zur sozialistischen Planerfüllung wurden auf Bestarbeiterkonferenzen in Kombinaten und Bezirken präsentiert. Andere Mitarbeiter sollten so zu höheren Leistungen animiert werden.
Betriebskollektivvertrag (BKV)	Ein jährlich ausgehandelter Vertrag zwischen Gewerkschaft und Betriebsleitung zur betrieblichen Planerfüllung. Bestandteil des BKV war der Frauenförderungsplan.
BfA	Bundesversicherungsanstalt für Angestellte
BGW	Berliner Glühlampenwerk, später Stammbetrieb des Kombinates NARVA
BVG	Berliner Verkehrsbetriebe
CEDAW	Convention on the Elimination of All Forms of Discrimination Against Women

DFD	Demokratischer Frauenbund Deutschlands. Die Frauenorganisation der DDR – bis zu 40 Prozent der DDR-Frauen waren hier Mitglied.
DRK	Deutsches Rotes Kreuz
DSF	Gesellschaft für Deutsch-Sowjetische Freundschaft. Eine Massenorganisation in der DDR, die im Jahr 1988 ca. 6,4 Mio. Mitglieder zählte.
EAW	Elektro-Apparate-Werke Berlin-Treptow. Mit über 8.000 Beschäftigten einer der größten Hersteller von Elektrogeräten in der DDR.
Eheversicherung	Eine Versicherung, die Eltern abschließen konnten und die zur Eheschließung der Kinder ausgezahlt werden konnte – sozusagen eine Art Sparvertrag für die Aussteuer.
Eierhäuschen	Eine beliebte alte Ausfluggaststätte im Plänterwald am Ufer der Spree, die zusammen mit dem Kulturpark im Jahr 1991 geschlossen wurde. Derzeit wird die Gaststätte saniert.
EOS	Erweiterte Oberschule. Bezeichnung der zwölfjährigen Oberschule in der DDR, mit deren Abschluss die Hochschulreife erreicht wurde.
FDGB	Freier Deutscher Gewerkschaftsbund. Eine Massenorganisation der DDR, in der 1986 98 Prozent aller Arbeiter und Angestellten organisiert waren. Der FDGB hatte insgesamt 9,6 Millionen Mitglieder und war damit die größte »gesellschaftliche Organisation« der DDR. Mit 61 Abgeordneten stellte er nach der SED die zweitstärkste Fraktion im DDR-Parlament Volkskammer.
FDJ	Freie Deutsche Jugend – Jugendorganisation in der DDR
Frauensonderstudium/Frauensonderklasse	Seit 1963 wurden an Fachschulen, seit 1967 an Hochschulen Sonderklassen zur Qualifizierung von Frauen zunächst für die Ausübung von Leitungsfunktionen eingerichtet. Mit einem in der Regel eingeschränkten, nur auf das Fach ausgerichteten Studium wurde es in kürzerer Zeit absolviert. Voraussetzung waren im Haushalt lebende Kinder oder pflegebedürftige Personen. Delegiert wurden die Frauen von Betrieben, die mit ihnen einen Studienvertrag abschlossen. Dieser enthielt Verpflichtungen zu vorbildlichen Studien- und Arbeitsleistungen, Freistellungen des Betriebes sowie Zahlung eines finanziellen Ausgleichs bei Direktstudenten bis zu 80 Prozent des Nettoverdienstes. In den 1970er Jahren verlor diese Studienform an Bedeutung. Bis 1976 hatten 15.000 Frauen solch ein Studium abgeschlossen.

Freiwillige Zusatzrente (FZR)	Die FZR der DDR gab es zwischen dem 01.03.1971 und 30.06.1990 zur privaten Altersvorsorge. Ein monatlicher Verdienst bis zu 600 DDR-Mark war in der DDR zur Rentenversicherung beitragspflichtig. Von dem Verdienst darüber hinaus konnten 10 Prozent in die FZR eingezahlt werden. Der Betrieb des Versicherten zahlte für die FZR weitere 10 Prozent Sozialversicherungsbeiträge.
GbR	Gesellschaft bürgerlichen Rechts
Geld für Solidarität	Über die Gewerkschaft erfolgten Spendensammlung für Solidaritätsaktionen insbesondere zur Unterstützung nach Kriegen oder für Bildungsentwicklungen vorwiegend in Afrika, Lateinamerika und Vietnam. 1982 spendeten die Gewerkschaftsmitglieder 100 Mio. DDR-Mark.
GmbH	Gesellschaft mit beschränkter Haftung
Handelsorganisation (HO)	Staatliche Einzelhandelsorganisation der DDR
Haushaltstag/ Hausarbeitstag	Arbeitsfreier Tag, den verheiratete Frauen in der DDR ab 1952 einmal monatlich erhielten, ab 1977 auch unverheiratete Frauen über 40 Jahre ohne Kinder. Alleinerziehende Mütter und Väter erhielten ihn ebenfalls.
HUB	Humboldt-Universität zu Berlin
IDFF	Internationaler Demokratischer Frauenbund
IFL	Institut für Lehrerbildung – Fachschule für Absolventen der zehnten Klasse, insbesondere für Unterstufenlehrer und Pionierleiter.
Jugendweihe	Auch Jugendfeier, eine festliche Initiation, die den Übergang vom Jugend- ins Erwachsenenalter kennzeichnen soll. Sie findet meist im Alter von 14 Jahren statt. Jugendweihen werden traditionell von freireligiösen Gemeinden, humanistischen Organisationen und von speziellen Jugendweihe-Vereinen durchgeführt. Sie gehen als außerkirchliche Feiern auf das Jahr 1846 zurück. In der Arbeiterbewegung waren sie seit 1900 etabliert.
Kampfgruppen des Betriebes	Betriebliche militärische Einheiten von Angehörigen großer Betriebe für den Zivilschutz.
Köpenicker Blutwoche	Eine Verhaftungs-, Folter- und Mordaktion der SA gegen Zivilpersonen, die sich zwischen dem 21. und 26. Juni 1933 im Berliner Stadtteil Köpenick ereignete.
KWO	Kabelwerke Oberschöneweide

LDPD	Die Liberal-Demokratische Partei Deutschlands war eine im Juli 1945 gegründete liberale Partei in der Sowjetischen Besatzungszone und der späteren DDR, die selbst auch Abgeordnete und Minister stellte. Sie wurde als eine der sogenannten „Blockparteien" in die Nationale Front eingebunden. Die LDPD akzeptierte und unterstützte den Führungsanspruch der SED. Im Zuge der politischen Wende in der DDR ging sie im August 1990 in der seitdem gesamtdeutschen FDP auf.
LPG	Landwirtschaftliche Produktionsgenossenschaft
MOZ	Märkische Oderzeitung
MR	Ministerrat der DDR
MTS	Maschinen-Traktoren-Station und deren Vorgänger, die Maschinen-Ausleih-Stationen (MAS), wurden 1948 in der Sowjetischen Besatzungszone als Ausleihstation landwirtschaftlicher Geräte für alle kleinen landwirtschaftlichen Betriebe gegründet. Ziel war es, die Klein- und Mittelbauern von den Großbauern ökonomisch unabhängig zu machen. Ab 1950 wurden die MAS komplett verstaatlicht und ins Volkseigentum überführt. Gegen Entgelt konnten die Landwirte sämtliche Feld- und Transportarbeiten von ihnen erledigen lassen. Der SED-Staat subventionierte die Stationen in erheblichem Umfang. Mit der Gründung der ersten Landwirtschaftlichen Produktionsgenossenschaften (LPG) 1952 wurden die MAS in Maschinen-Traktoren-Stationen (MTS) umgewandelt. Die LPGen erhielten die Dienste zu niedrigsten Konditionen. Die Maschinen und Traktoren wurden kein Eigentum der Bauern, sondern blieben in der Hand des sozialistischen Staates. Die MTS waren juristisch selbstständige volkseigene Produktionsbetriebe. Grundlage der Zusammenarbeit zwischen MTS und LPG bildete der zwischen ihnen abgeschlossene Jahresarbeitsvertrag.
NARVA	Der VEB NARVA Kombinat Berliner Glühlampenwerk war der zentrale Hersteller für Leuchtmittel, insbesondere Glühlampen, in der DDR. Der Handelsname NARVA setzt sich zusammen aus den Abkürzungen »N« für Stickstoff, »Ar« für Argon und »Va« für Vakuum.
NSW	Nichtsozialistisches Wirtschaftsgebiet. Eine Bezeichnung aus dem offiziellen Sprachgebrauch der DDR, die in Abgrenzung zu den Mitgliedstaaten des Rates für gegenseitige Wirtschaftshilfe (RGW) für alle Staaten gebraucht wurde, die sich nicht an sozialistischen Wirtschaftsprinzipien orientierten. Das Kürzel NSW wurde

vorrangig im Zusammenhang mit Wirtschaftsbeziehungen (zum Beispiel NSW-Importe, -Exporte, -Dienstreisen) gebraucht.

NVA	Nationale Volksarmee der DDR
PB	Politbüro des Zentralkomitees der SED
PGH	Produktionsgenossenschaft des Handwerks als Alternative zur individuellen Handwerksarbeit. Wurde in der DDR stark gefördert.
POS	Polytechnische Oberschule. Nach dem Abschluss von zehn Klassen konnte an dieser Schule der mittlere Schulabschluss erreicht werden.
Produktionsmittelhandel	Einflussnahme auf die Bedarfsermittlung, die Warenbeschaffung und Versorgung der Kombinate und Betriebe mit Produktionsmitteln auf der Grundlage von Lieferkatalogen, aussagefähigen Preisunterlagen sowie technischen Neuerungen.
Rosenthaler Kadarka	Beliebter bulgarischer, süßer Rotwein.
SMAD	Sowjetische Militäradministration in Deutschland. Nach dem Zweiten Weltkrieg die oberste Besatzungsbehörde und somit De-facto-Regierung in der Sowjetischen Besatzungszone (SBZ) Deutschlands von Juni 1945 bis zur Übertragung der Verwaltungshoheit an die Regierung der DDR am 10. Oktober 1949.
Sprachheilkindergarten	Selbstständige Vorschuleinrichtungen, in denen Kinder bis zur Überwindung ihrer Sprachstörungen verblieben.
Stomatologieschwester	Schwester in einer Zahnarztpraxis der DDR
SU	Sowjetunion
TBC	Tuberkulose
TZ	Teilzeitarbeit
UTP	Unterrichtstag in der Produktion, ein Unterrichtsfach im Schulsystem der DDR, dass die Schüler durch direkte Tätigkeit in der Produktion eines Betriebes an das normale Berufsleben eines Werktätigen heranführen sollte.
VdgB	Die Vereinigung der gegenseitigen Bauernhilfe war eine Massenorganisation für die ländliche Bevölkerung in der DDR.
VEB	Volkseigener Betrieb

Verdi	Die Vereinte Dienstleistungsgewerkschaft mit Sitz in Berlin. Sie entstand im Jahr 2001 durch Zusammenschluss von fünf Einzelgewerkschaften und ist Mitglied im Deutschen Gewerkschaftsbund.
Verrat im FDJ-Zentralrat	1953 floh Heinz Lippmann, Stellvertreter Erich Honeckers, in die Bundesrepublik Deutschland und veruntreute dabei 300.000 Mark aus dem Vermögen der FDJ.
VOB	Vergabe- und Vertragsordnung für Bauleistungen
Wilhelm-Pieck-Stipendium	Ein Sonderstipendium für Arbeiter- und Bauernkinder der DDR, das für herausragende studentische Leistungen vergeben wurde. Bei seiner Stiftung im Jahr 1951 betrug die monatliche Zahlung 300 Mark, ab 1981 450 Mark.
Wohngebietsgaststätten	Vor allem in Neubauwohngebieten entstanden im Rahmen des Komplexen Wohnungsbaus Stadtteilzentren mit Gaststätten, Annahmestellen für die Reinigung und Wäsche, Jugendklubs u.Ä. In den Wohngebietsgaststätten erfolgte oft die Schulspeisung, sie sollten darüber hinaus vor allem die Frauen und Familien entlasten. Zudem wurde hier ein vielseitiges Freizeitleben, zum Beispiel Tanz und Theater, organisiert.
ZBO	Zwischenbetriebliche Bauorganisation in der Landwirtschaft
ZK	Zentralkomitee der SED – höchstes gewähltes Organ der Partei

ibidem.eu